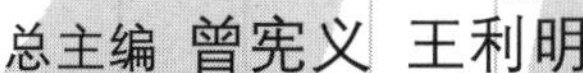

21世纪法学系列教材

司法制度概论

（第二版）

范　愉
黄　娟　编著
彭小龙

中国人民大学出版社
·北京·

编审委员会

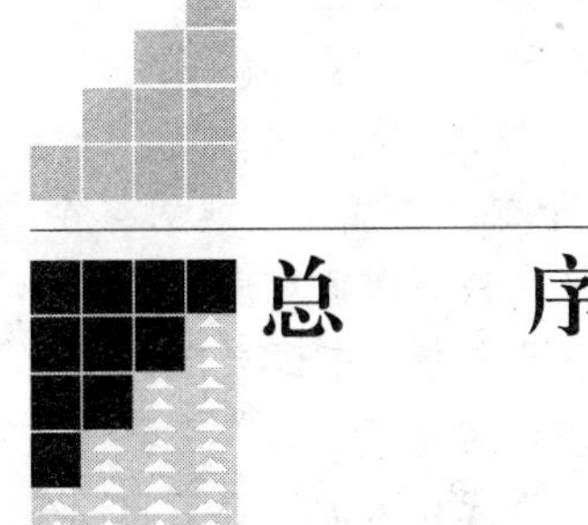

总　序

曾宪义

在人类文明与文化的发展中，中华民族曾作出过伟大的贡献，不仅最早开启了世界东方文明的大门，而且对人类法治、法学及法学教育的生成与发展进行了积极的探索与光辉的实践。

在我们祖先生存繁衍的土地上，自从摆脱动物生活、开始用双手去进行创造性的劳动、用人类特有的灵性去思考以后，我们人类在不断改造客观世界、创造辉煌的物质文明的同时，也在不断地探索人类的主观世界，逐渐形成了哲学思想、伦理道德、宗教信仰、风俗习惯等一系列维系道德人心、维持一定社会秩序的精神规范，更创造了博大精深、义理精微的法律制度。应该说，在人类所创造的诸种精神文化成果中，法律制度是一种极为奇特的社会现象。因为作为一项人类的精神成果，法律制度往往集中而突出地反映了人类在认识自身、调节社会、谋求发展的各个重要进程中的思想和行动。法律是现实社会的调节器，是人民权利的保障书，是通过国家的强制力来确认人的不同社会地位的有力杠杆，它来源于现实生活，而且真实地反映现实的要求。因而透过一个国家、一个民族、一个时代的法律制度，我们可以清楚地观察到当时人们关于人、社会、人与人的关系、社会组织以及哲学、宗教等诸多方面的思想与观点。同时，法律是一种具有国家强制力、约束力的社会规范，它以一种最明确的方式，对当时社会成员的言论或行动作出规范与要求，因而也清楚地反映了人类在各个历史发展阶段中对于不同的人所作出的种种具体要求和限制。因此，从法律制度的发展变迁中，同样可以看到人类自身不断发展、不断完善的历史轨迹。人类社会几千年的国家文明发展历史已经无可争辩地证明，法律制度乃是维系社会、调整各种社会关系、保持社会稳定的重要的工具。同时，法律制度的不断完善，也是人类社会文明进步的显著体现。

由于发展路径的不同、文化背景的差异，东方社会与西方世界对于法律的意义、底蕴的理解、阐释存有很大的差异，但是，在各自的发展过程中，都曾比较注重法律的制定与完善。中国古代虽然被看成是“礼治”的社会、“人治”的世界，被认为是“只有刑，没有法”的时代，但从《法经》到《唐律疏议》、《大清律例》等数十部优秀成文法典的存在，充分说明了成文制定法在中国古代社会中的突出地位，唯这些成文法制所体现出的精神旨趣与现代法律文明有较大不同而已。时至20世纪初叶，随着西风东渐、东西文化交流加快，中国社会开始由古代的、传统的社会体制向近现代文明过渡，建立健全的、符合现代理性精神的法律文明体系方成为现代社会的共识。正因为如此，近代以来的数百年间，在西方、东方各主要国家里，伴随着社会变革的潮起潮落，法律改革运动也一直呈方兴未艾之势。

从历史上看，法律的文明、进步，取决于诸多的社会因素。东西方法律发展的历史均充分证明，推动法律文明进步的动力，是现实的社会生活，是政治、经济和社会文化的变迁；同时，法律内容、法律技术的发展，往往依赖于一大批法律专家以及更多的受过法律教育的社会成员的研究和推动。从这个角度看，法学教育、法学研究的发展，对于法律文明的发展进步，也有着异常重要的意义。正因为如此，法学教育和法学研究在现代国家的国民教育体系和科学研究体系中，开始占有越来越重要的位置。

中国近代意义上的法学教育和法学研究，肇始于19世纪末的晚清时代。清光绪二十一年（公元1895年）开办的天津中西学堂，首次开设法科并招收学生，虽然规模较小，但仍可以视为中国最早的近代法学教育机构（天津中西学堂后改名为北洋大学，又发展为天津大学）。三年后，中国近代著名的思想家、有“维新骄子”之称的梁启超先生即在湖南《湘报》上发表题为《论中国宜讲求法律之学》的文章，用他惯有的富有感染力的激情文字，呼唤国人重视法学，发明法学，讲求法学。梁先生是清代末年一位开风气之先的思想巨子，在他的辉煌的学术生涯中，法学并非其专攻，但他仍以敏锐的眼光，预见到了新世纪中国法学研究和法学教育的发展。数年以后，清廷在内外压力之下，被迫宣布实施“新政”，推动变法修律。以修订法律大臣沈家本为代表的一批有识之士，在近十年的变法修律过程中，在大量翻译西方法学著作，引进西方法律观念，有限度地改造中国传统的法律体制的同时，也开始推动中国早期的法学教育和法学研究。20世纪初，中国最早设立的三所大学——北洋大学、京师大学堂、山西大学堂均设有法科或法律学科目，以期“端正方向，培养通才”。1906年，应修订法律大臣沈家本、伍廷芳等人的奏请，清政府在京师正式设立中国第一所专门的法政教育机构——京师法律学堂。次年，另一所法政学堂——直属清政府学部的京师法政学堂也正式招生。这些大学法科及法律、法政学堂的设立，应该是中国历史上近代意义上的正规专门法学教育的滥觞。

自清末以来，中国的法学教育作为法律事业的一个重要组成部分，随着中国社会的曲折发展，经历了极不平坦的发展历程。在20世纪的大部分时间里，中国社会一直充斥着各种矛盾和斗争。在外敌入侵、民族危亡的沉重压力之下，中国人民为寻找适合中国国情的发展道路而花费了无穷的心力，付出过沉重的代价。从客观上看，长期的社会骚动和频繁的政治变迁曾给中国的法治与法学带来过极大的消极影响。直至70年代末期，以“文化大革命”宣告结束为标志，中国社会从政治阵痛中清醒过来，开始用理性的目光重新审视中国的过去，规划国家和社会的未来，中国由此进入长期稳定、和平发展的大好时期，以这种大的社会环境为背景，中国的法学教育也获得了前所未有的发展机遇。

从宏观上看，实行改革开放以来，经过二十多年的努力，中国的法学教育事业所取得的成就是辉煌的。首先，经过“解放思想，实事求是”思想解放运动的洗礼，在中国法学界迅速清除了极左思潮及苏联法学模式的一些消极影响，根据本国国情建设社会主义法治国家已经成为国家民族的共识，这为中国法学教育和法学研究的发展奠定了稳固的思想基础。其次，随着法学禁区的不断被打破、法学研究的逐步深入，一个较为完善的法学学科体系已经建立起来。理论法学、部门法学各学科基本形成了比较系统和成熟的理论体系和学术框架，一些随着法学研究逐渐深入而出现的法学子学科、法学边缘学科也渐次成型。1997 年，国家教育主管部门和教育部高校法学学科教学指导委员会对原有专业目录进行了又一次大幅度调整，决定自 1999 年起法学类本科只设一个单一的法学专业，按照一个专业招生，从而使法学学科的布局更加科学和合理。同时，在充分论证的基础上，确定了法学专业本科教学的 14 门核心课程，加上其他必修、选修课程的配合，由此形成了一个传统与更新并重、能够适应国家和社会发展需要的教学体系。法学硕士和博士研究生及法律硕士专业学位研究生的专业设置、课程教学和培养体系也日臻完善。再次，法学教育的规模迅速扩大，层次日趋齐全，结构日臻合理。目前中国有六百余所普通高等院校设置了法律院系或法律本科专业，在校本科学生和研究生已达二十余万人。除本科生外，在一些全国知名的法律院校，法学硕士研究生、法律硕士专业学位研究生、法学博士研究生已经逐步成为培养的重点。

众所周知，法律的进步、法治的完善，是一项综合性的社会工程。一方面，现实社会关系的发展，国家政治、经济和社会生活的变化，为法律的进步、变迁提供动力，提供社会的土壤。另一方面，法学教育、法学研究的发展，直接推动法律进步的进程。同时，全民法律意识、法律素质的提高，则是实现法治国理想的关键的、决定性的因素。在社会发展、法学教育、法学研究等几个攸关法律进步的重要环节中，法学教育无疑处于核心的、基础的地位。中国法学教育过去二十多年所走过的历程令人激动，所取得的成就也足资我们自豪。随着国家的发展、社会的进步，在 21 世纪，我们面临着更严峻的挑战和更灿烂的前景。“建设世界一流法学教育”，任重道远。

首先，法律是建立在经济基础之上的上层建筑，以法治为研究对象的法学也就成为一门实践性很强的学科。社会生活的发展变化，势必要对法学教育、法学研究不断提出新的要求。经过二十多年的奋斗，中国改革开放的前期目标已顺利实现。但随着改革开放的逐步深入，国家和社会的一些深层次问题，比如说社会主义市场经济秩序的真正建立、国有企业制度的改革、政治体制的完善、全民道德价值的重建、环境保护和自然资源的合理利用等等，也已经开始浮现出来。这些复杂问题的解决，无疑最终都会归结到法律制度的完善上来。建立一套完善、合理的法律制度，构建理想的和谐社会，乃一项持久而庞大的社会工程，需要全民族的智慧和努力。其中的基础性工作，如理论的论证、框架的设计、具体规范的拟订、法律实施中的纠偏等等，则有赖于法学研究的不断深入，以及高素质人才特别是法律人才的养成，而培养法律人才的任务，则是法学教育的直接责任。

其次，21 世纪是一个多元化的世纪。20 世纪中叶发生的信息技术革命，正在极大地改变着我们的世界。现代科学技术，特别是计算机网络信息技术的发展，使传统的生活方式、思想观念发生了根本的改变，并由此引发许多人类从未面对过的问题。就法学教育而言，在 21 世纪所要面临的，不仅是教学内容、研究对象的多元化问题，而且还有培养对象、培养目标的多元化、教学方式的多元化等一系列问题，这些问题都需要法学界去思考、去探索。

中国人民大学法学院建立于1950年，是新中国诞生后创办的第一所正规高等法学教育机构。在半个多世纪的岁月中，中国人民大学法学院以其雄厚的学术力量、严谨求实的学风、高水平的教学质量以及丰硕的学术研究成果，在全国法学教育领域处于领先地位，并开始跻身于世界著名法学院之林。据初步统计，中国人民大学法学院已经为国家培养法学专业本科生、硕士生、博士生一万余人，培养各类成人法科学生三十余万人。经过多年的努力，中国人民大学法学院形成了较为明显的学术优势，在现职教师中，既有一批资深望重、在国内外享有盛誉的法学前辈，更有一大批在改革开放后成长起来的优秀中青年法学家。这些老中青法学专家多年来在勤奋研究法学理论的同时，也积极投身于国家的立法、司法实践，对国家法制建设贡献良多。

有鉴于此，中国人民大学法学院与中国人民大学出版社经过研究协商，决定结合中国人民大学法学院的学术优势和中国人民大学出版社的出版力量，出版一套“21世纪法学系列教材”。自1998年开始编写、出版本科教材，包括按照国家教育部所确定的法学专业核心课程和其所颁布印发的《全国高等学校法学专业核心课程基本要求》而编写的14门核心课程教材，也包括法学各领域、各新兴学科教材及教学参考书和案例分析在内，到2000年12月3日在人民大会堂大礼堂召开举世瞩目的“21世纪世界百所著名大学法学院院长论坛暨中国人民大学法学院成立五十周年庆祝大会”之时，业已出版了50本作为50周年院庆献礼，到现在总共出版了80本。为了进一步适应高等法学教育发展的形势和教学改革的需要，最近中国人民大学法学院与中国人民大学出版社决定将这套教材扩大为四个系列，即：“本科生用书”、“法学研究生用书”、“法律硕士研究生用书”以及“司法考试用书”，总数将达二百多本。我们设想，本套教材的编写，将更加注意“高水准”与“适用性”的合理结合。首先，本套教材将由中国人民大学法学院具有全国影响的各学科的学术带头人领衔，约请全国高校优秀学者参加，形成学术实力强大的编写阵容。同时，在编写教材时，将注意吸收中国法学研究的最新的学术成果，注意国际学术发展的最新动向，力求使教材内容能够站在21世纪的学术前沿，反映各学科成熟的理论，体现中国法学的水平。其次，本套教材在编写时，将针对新时期学生特点，将思想性、学术性、新颖性、可读性有机结合起来，注意运用典型生动的案例、简明流畅的语言去阐释法律理论与法律制度。

我们期望并且相信，经过组织者、编写者、出版者的共同努力，这套法学教材将以其质量效应、规模效应，力求成为奉献给新世纪的精品教材，我们诚挚地祈望得到方家和广大读者的教正。

2006年7月1日

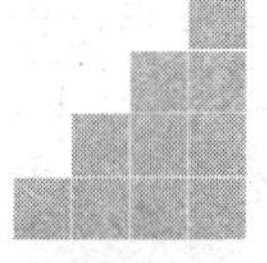

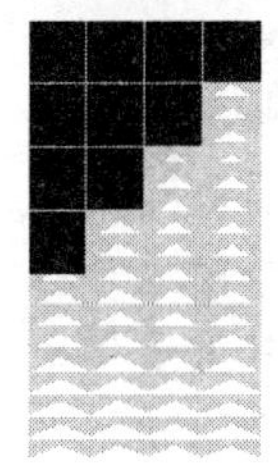

序　言

法学教育是高等教育的重要组成部分，是建设社会主义法治国家、构建社会主义和谐社会的重要基础，并居于先导性的战略地位。在我国社会转型的新世纪、新阶段，法学教育不仅要为建设高素质的法律职业共同体服务，而且要面向全社会培养大批治理国家、管理社会、发展经济的高层次法律人才。近年来，法学教育取得了长足的进步，法科数量增长很快，教育质量稳步提高，培养层次日渐完善，目前已经形成了涵盖本科生、第二学士学位生、法学硕士研究生、法律硕士研究生、法学博士研究生的完整的法学人才培养体系，接受法科教育已经成为莘莘学子的优先选择之一。随着中国法治事业的迅速发展，我们有理由相信，中国法学教育的事业大有可为，中国法学教育的前途充满光明。

教育的基本功能在于育人，在于塑造德才兼备的高素质人才。法学教育的宗旨并非培养只会机械适用法律的“工匠”，而承载着培养追求正义、知法懂法、忠于法律、廉洁自律的法律人的任务。要完成法学教育的使命，首先必须认真抓好教材建设。我始终认为，教材是实现教育功能的重要工具和媒介，法学教材不仅仅是法学知识传承的载体，而且是规范教学内容、提高教学质量的关键，对法学教育的发展有着不可估量的作用。

第一，法学教材是传授法学基本知识的工具。初学法律，既要有好的老师，又要有好的教材。正如冯友兰先生所言：“学哲学的目的，是使人作为人能够成为人，而不是成为某种人。其他的学习（不是学哲学）是使人能够成为某种人，即有一定职业的人。”一套好的教材，能够高屋建瓴地展示法律的体系，能够准确简明地阐释法律的逻辑，能够深入浅出地叙述法律的精要，能够生动贴切地表达深奥的法理。所以，法学教材是学生学习法律的向导，是学生步入法律殿堂的阶梯。如果在入门之初教材就有偏颇之处，就可能误人子弟，学生日后还要花费大量时间与精力来修正已经形成的错误观念。

第二，法学教材是传播法律价值理念的载体。好的法学教材不仅要传授法学知识，更要传播法律的精神和法治的理念，例如对公平、正义的追求，尊重权利的观念。本科生、研究生阶段的青年学子，正处在人生观、价值观形成的阶段，一套优秀的法学教材，对于他们价值观的塑造和健全人格的培养具有重要意义。

第三，法学教材是形成职业共同体的主要条件。建设社会主义法治国家，有赖于法律职业共同体的生成。一套好的法学教材，向法律研习者传授共同的知识，这对于培养一个接受共同的价值理念、共同的法律思维、共同的话语体系的法律共同体，具有重要的作用。

第四，法学教材是所有法律研习者的良师益友。没有好的教材，一个好的教师或可弥补教材的欠缺和不足，但对那些没有老师指导的自学者而言，教材就是老师，其重要作用是显而易见的。

长期以来，在我们的评价体系中，教材并没有获得应有的注重，对学术成果的形式优先考虑的往往是专著而非教材。在不少人的观念中，教材与创新、与学术精品甚至与学术无缘。其实，要真正写出一部好的教材，其难度之大、工作之艰辛、影响之深远，绝不低于一部优秀的专著，它甚至可以成为在几百年甚至更长的时间内发挥作用的传世之作。以查士丁尼的《法学阶梯》为例，所谓法学阶梯，即法学入门之义，就是一部教材。但它概括了罗马法的精髓，千百年来，一直是人们研习罗马法最基本的著述。日本著名学者我妻荣说过，大学教授有两大任务：一是写出自己熟悉的专业及学术领域的讲义乃至教科书；二是选择自己最有兴趣、最看重的题目，集中精力进行终生的研究。实际上，这两者是相辅相成的。写出一部好教材，必须要对相关领域形成一个完整的知识体系，还要能以深入浅出的语言将问题讲清楚、讲明白。没有编写教材的基本功，实际上也很难写出优秀的专著。当然，也只有对每一个专题都有一定研究，才能形成对这个学术领域的完整把握。

虽然近几年我国法学教育发展迅速，成绩显著，但是法学教育也面临许多挑战。各个学校的师资队伍和教学质量参差不齐，这就更需要推出更多的结构严谨、内容全面、角度各有侧重、能够适应不同需求的法学教材，为提高法学教学和人才培养质量、保障法学教育健康发展提供前提条件。

长期以来，中国人民大学法学院始终高度重视教材建设。作为新中国成立后建立的第一所正规的法学教育机构，中国人民大学法律系最早开设了社会主义法学教学课堂，编写了第一套社会主义法学讲义，培养了新中国第一批法学本科生和各学科的硕士生、博士生，产生了新中国最早的一批法学家和法律工作者。中国人民大学法律系因此被誉为"新中国法学教育的工作母机"。半个多世纪以来，中国人民大学法学院为社会主义法制建设培养了大批优秀的法律人才，并为法学事业的振兴和繁荣作出了卓越贡献，也因此成为引领中国法学教育的重镇、凝聚国内法律人才的平台和沟通中外法学交流的窗口，并在世界知名法学院行列中崭露头角。为了对中国法学教育事业作出更大的贡献，我们有义务也有责任出版一套体现我们最新研究成果的法学教材。

承蒙中国人民大学出版社的大力支持，我们组织编写了本套教材，其中包括本科生用书、法律硕士研究生用书、法学研究生用书和司法考试用书四大系列，分别面向不同层次法科教育需求。编写人员以中国人民大学法学院教师为主，反映了中国人民大学法学院整体的研究实力和学术视野。相信本套教材的出版，一定能够为新时期法学教育的繁荣发展发挥应有的作用。

是为序。

2006年7月10日

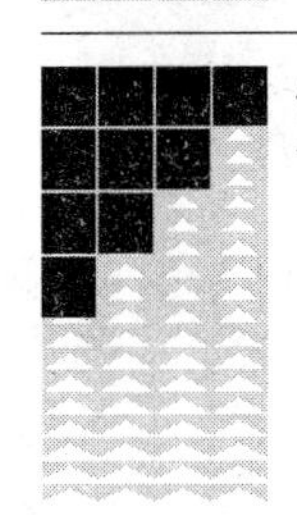

第二版编写说明

司法制度作为法律体系中的重要组成部分，属于一个国家的基本政治制度，也是司法体制在宪法和法律中的具体化和制度化。狭义的司法制度，通常是指法院和诉讼制度；广义的司法制度，则涵盖了国家司法机关和法律授权的社会组织适用法律处理诉讼案件和非讼事务的制度，包括审判制度、检察制度、警察制度、律师制度、调解制度、仲裁制度、公证制度，等等。这些制度相互结合，构成了现代司法活动的制度体系和基础。司法的功能是通过具体的司法制度、程序和法律职业人员，在特定司法理念的指导下，在特定的社会环境中得以实现的。本书作为一部法律专业学生（包括研究生）的选修课教材，系统地阐述了现代司法制度的基本原理、制度设计、基本构成、运作方式，以及相关的法律职业、法律程序、社会条件等因素，揭示司法在现代法治社会中的地位、意义和功能，并对我国现行司法制度及其原理进行了系统的介绍。在体例上注重将基本原理与现实的制度、程序和实践相结合，比较世界司法制度与介绍我国司法制度相结合，静态的制度原理研究与动态的实践和发展改革相结合。在各章中均注意兼顾原理、比较与我国现行制度三方面内容，在方法上倡导一种理论联系实际的学风和解决现实问题的志趣。

本书第一版由范愉主编，负责本教材的体例设计、结构安排、执笔和统稿。中国人民大学的部分博士和硕士研究生参与了本书部分章节的撰写或资料收集，他们是：黄娟、冉井富、李世蓉、赵巧红、周琰、许智飞、杨爱兵、林涛。他们的贡献在第二版中仍然延续。

本书第一版发行之后，受到了国内法学院校的好评，被多所院校选为基本教材，并得到较高的引证率。由于当代司法制度，尤其是我国司法的改革步伐加快，本书第二版根据最新的资料对全书的内容进行了更新；并为了适应法律院校学生司法考试的需要，在各章中增加了司法考试的模拟试题；同时基于篇幅的原因，对全书结构作了部分调整。第二版由范愉、黄娟、彭小龙共同编著，范愉负责统稿。

由于本教材涉及的许多问题跨越若干部门法学和理论法学领域，不仅内容繁杂，且多具有一定的理论难度和认识上的差异；同时受到作者能力和篇幅的双重限制，故内容和观点必然挂一漏万，问题和瑕疵在所难免，在此谨恳请法学界同仁不吝赐教，以便在今后的修订中加以补正。此外，由于篇幅所限，部分引注不得不精简，请读者注意参考本书各章的深度阅读和全书最后的参考文献。

第一版编写说明

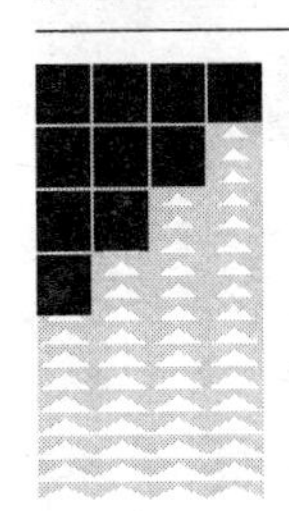

司法制度作为法律体系中的重要组成部分，属于一个国家的基本政治制度，也是司法体制在宪法和法律中的具体化和制度化。狭义的司法制度，通常是指法院和诉讼制度；而广义的司法制度，则涵盖了国家司法机关和法律授权的社会组织适用法律处理诉讼案件和非讼事务的制度，包括审判制度、检察制度、警察制度、监狱制度、律师制度、调解制度、仲裁制度、公证制度等等。这些制度相互结合，构成现代司法活动的制度体系和基础；司法的功能和目的，就是在特定的社会环境和历史条件下，通过具体的司法制度、程序和法律职业的活动，在特定司法理念的指导下得以实现的。

本书是为法律专业学生（包括研究生）提供的一部选修课教材，系统地阐述了现代司法制度的基本原理、制度设计、基本构成、运作方式，以及相关的法律职业、法律程序、社会条件等因素，揭示了司法在现代法治社会中的地位、意义和功能，并注重对我国现行司法制度及其原理的介绍。在体例上注重把现代司法制度和司法活动的基本原理与现实的制度、程序的介绍结合起来；把比较世界各国现实的制度和介绍我国的现行制度结合起来；把研究静态的制度原理和动态的实践、发展和改革结合起来。其中不乏作者近年来有关司法改革和法制建设问题的研究成果。同时，在教材中选用了一些现实的案例，供学生和读者在阅读学习中深入研究和讨论，以此倡导一种理论联系实际的学风和解决现实问题的志趣。

本书主编范愉，是中国人民大学法学院教授、博士生导师、法学博士，本教材的体例设计、结构安排和执笔由主编负责完成。中国人民大学的部分博士和硕士研究生参与了本书部分章节的撰写或资料收集工作，他们是：黄娟、冉井富、李世蓉、赵巧红、周琰、许智飞、杨爱兵、林涛。

由于本教材所涉及的许多问题跨越若干部门法学和理论法学领域，不仅内容繁杂，且多具有一定的理论难度和认识上的差异，而本教材又受到作者能力和篇幅的双重限制，故阐述和观点必然挂一漏万，问题和瑕疵在所难免，在此谨恳请法学界同仁不吝赐教，以便在今后的修订中加以补正。

编者

2004年1月

目 录

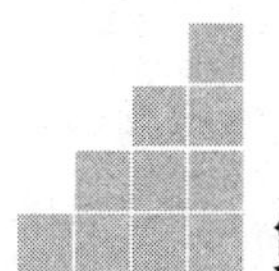

第一章 司法概述

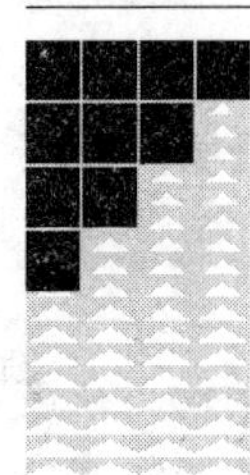

常考知识点

- 司法与司法权
- 司法的构成要素
- 司法制度的起源、发展及现代司法制度的建立
- 现代司法制度的主要标志
- 现代司法的基本功能
- 司法与正义的关系
- 司法模式的概念及主要划分

第一节 司法与司法权

一、司法与司法权的概念

(一) 司法的概念

司法 (Justice)，指由专门的国家司法机关根据法定职权和法定程序，具体适用法律、处理案件的专门活动，特别是指法院的审判活动。司法是一个国家法律体系 (Legal System) 的重要组成部分，是使法律规范转化为现实的法律实践，使静态的法成为动态和活的法，使抽象的权利义务得以实现的最重要和最终的保障。司法活动及其功能是相对于立法和行政而言的，司法活动建立在司法权的基础之上。司法的概念，有广义与狭义之分（参见表 1—1)。

表 1—1 **司法的概念**

	狭义的司法	广义的司法
主体	法院	法院及其他适用法律解决纠纷的机构
内容	审判	审判、行政裁决、仲裁、调解、公证等
界定	法定标准	法定标准、习惯标准、功能标准

1. 狭义的司法

狭义的司法，特指法院的权限及其审判活动。在这个意义上，司法与法院的审判活动具有基本相同的内涵和外延，司法即审判，司法机关即法院，司法程序即诉讼程序。法学研究一般较多地在这个意义上理解司法的概念并据此阐述司法的原理。从狭义的司法概念出发，现代司法制度及原理主要是围绕着审判权的行使、法院的职权及司法独立的保障、法官制度及诉讼程序展开的。狭义的司法是现代司法理论的核心，也是研究司法制度及实践的重点。

2. 广义的司法

广义的司法，是指与立法和行政相对的，通过适用具体法律规范解决纠纷的活动。在这个意义上，许多法院以外的国家机关或机构，甚至部分社会组织，也承担着一定的司法或准司法功能。一个国家的司法系统或体制，首先是由宪法和相关法律所确定的，但除了法定的司法机关（法院）外，往往还根据习惯或功能标准将其他具有司法功能和权限的机构及其活动（如检察机关和侦查机关及其职权活动）也涵盖在司法范畴中，并进一步将与司法活动相关的制度、程序和活动等（如行政裁决、仲裁、调解和公证等）都置于广义司法范围之内。

在当代法治社会，司法逐步从封闭和垄断走向开放。首先，司法活动分工日益细化，司法职能分别由各种司法机关及辅助性法律机构或职业共同分担，如审判机关、检察机关、警察机关、司法行政机关、裁判执行机构及律师的分工协作。其次，纠纷解决的功能开始从国家司法机关更多地向社会分散，许多社会团体、机构实际上都承担了广泛的司法职能，例如，仲裁、调解、鉴定、公证、法律咨询机构等。目前，这种司法社会化的趋势还在继续发展。在这个意义上，广义的司法概念更适于全面把握司法的功能，符合当代社会司法功能扩大的时代趋势。从司法活动及功能的角度，可以将司法视为一种以法院的审判权为核心的，包括各种纠纷解决机制的开放性体系。①

3. 本书的概念

本书的研究对象是广义的司法制度，即以法院及审判权为核心，全面地展示各种司法制度、司法程序及相关机制。之所以如此，一方面是为了适应司法的发展趋势，以更好地阐明司法的功能和运作方式；另一方面也是遵循国内此类课程设置的惯例，使学生和读者能够全面地了解司法制度及司法活动。

值得注意的是，狭义的司法与广义的司法在主体、职权及其行使职权的方式等方面都存在根本性的区别，在基本原理上并不完全一致，在学习和研究时应加以必要的区分。传统的司法原理实际上是以狭义司法为对象的，这些原理有时很难准确地揭示和阐明广义的司法制度与司法活动，因此，本书在界定司法的性质和功能，阐述司法的基本原理时，实际上主要仍是以狭义的司法为基准的，但为了避免理解上的混乱，将根据需要适当加以说明。②

---

① 杨一平认为，仅仅从静态的角度来解释复杂变幻的司法现象的方法显得过于单一，可能会使司法理论陷入一种闭塞性危机，难以适应现实的需要，也无法对我国司法体制的改革提供足够的理论指导。主张将司法视为一个以审判为核心的、结构明晰、内容确定、层次分明的开放性体系。参见杨一平：《司法正义论》，25页，北京，法律出版社，1999。

② 将司法界定为审判，将司法权界定为审判权，在理解把握司法权的属性上有重要意义。因为只有狭义的司法概念才能与现代司法原理及司法权的特征和属性完全契合。所以，本书在论述司法的一般原理时是以法院的审判权为基准的，而检察机关、侦查机关以及司法行政机关的性质、职能及其活动原则等将在以下各章中分别论述。

(二) 司法权

1. 司法权的概念

司法活动以享有并行使司法权为基础。

一般而言，现代国家都存在立法、行政和司法三种基本国家权力及职能活动。其中，立法权是指国家立法机关在其权限内制定、认可、修改、废止规范性法律文件的权力；立法机关的权限还包括监督权、任免权、国家预算审查批准权等。行政权是国家行政机关（政府）管理国家行政事务的权力，其活动方式包括决策、组织、管理、调控等，本质上是一种对立法机关所确定的国家法律法规和政策的执行权。司法权则是以审判权为核心的，与立法权和行政权相区分的国家权力[①]，是一种适用法律、处理案件的专属权力，具有执行、裁判、救济权的特性。严格意义上的司法权（狭义），指法院的审判权。在我国，司法权包括审判权和检察权（广义）。

需要注意的是，当代世界各国由于历史传统、文化理念、政治体制、社会环境等因素的差异，对司法权的界定和职权范围的划分各有不同，司法机关的权限和功能也有所不同。即使是行使司法权的法院，在管辖范围、权限等方面也存在明显的差异。因此，在研究司法权问题时，不能简单地一概而论，而必须根据一个国家的司法体制进行具体分析。

2. 关于司法权的不同界定[②]

在西方法学中，从古希腊的亚里士多德到当代的著名大法官，从近现代政治学说到马克思列宁主义思想家，都对司法权的作用、意义、价值、性质和特征等进行过研究论述。在当代法治社会的法律教育和法学研究中，司法权理论也都占有重要的一席之地。

改革开放以来，我国关于司法和司法权的研究不断深化，已经成为近年来的理论热点。某些学者将迄今为止关于司法权的理论界定和不同观点概括为以下几种：

(1) 大司法权说。认为司法权指审判机关、检察机关、侦查机关、司法行政机关在办理诉讼案件和非讼案件过程中所享有的国家权力，甚至律师、公证、仲裁等组织在从事与司法行为有关的活动时所行使的权力也属于司法权的范畴。这种学说始终是我国有关司法制度的教学体系通常采用的司法和司法权概念，实际上也就是广义的司法概念。

(2) 三权说。认为司法权包括审判权、检察权和侦查权三权，即审判机关、检察机关、侦查机关在司法过程中代表国家行使的权力。三权说相对于“大司法权说”而言，缩小了司法权的范围，将司法行政机关和律师、公证、仲裁等组织和活动排除在司法活动之外。

(3) 多义说。将司法权概念分为广义与狭义两种，狭义的司法权就是指法院的审判权，广义的司法权则是指审判权和与审判权有关的其他各种权力的总称。法院是司法权的核心。

(4) 两权说。根据我国宪法所确立的体制，根据法定标准将审判机关、检察机关明确

---

① See Tim Koopmans, *Courts and Political Institutions: a Comparative View*, Cambridge, Cambridge University Press, *2003*, p. 11.

② 有关内容参见胡夏冰：《司法权：性质与构成的分析》，北京，人民法院出版社，2003。但该作者将各种不同界定对立起来的看法是值得商榷的。实际上国外关于司法活动的研究，也是分别从形式和实质以及功能的角度出发的，形式意义上的司法是指法院（普通法院）的活动，而实质意义的司法则包括了许多法院以外的纠纷解决机构的活动。

界定为严格意义上的司法机关，与其他同时兼有司法功能的国家行政机关，如公安机关、司法行政机关等严格区分开来。在阐释法的基本理论，揭示司法的功能等问题上，两权说更为规范，但是为了避免将二者混为一谈，有必要分别阐述审判权和检察权的本质、功能和特点。也就是说，两权说也不能简单地说明司法权的特征。

实际上，以上四种界定，并不必然是相互矛盾的，而是分别具有自己的特定意义，适用于不同的解释中。本书所采用的司法权概念与司法概念直接相关，是根据司法的功能、权力配置（机关）及其活动特点而界定的，即将法院和审判权作为司法权的核心，将法院和检察院定位为我国法定司法机关，同时基于司法权的多元化配置和现行司法制度的广泛功能，将相关国家机关、社会团体和法律职业的活动也纳入司法研究的视野之中。这种界定也符合本课程的目标：使学生更广泛地了解司法和司法权的本质及其特点。

3. 司法权的性质

相对于立法权和行政权，司法权的性质可以归纳为以下几点：

第一，司法权是一种执行权。司法是与立法相对应的活动。本质上，司法机关的职责和司法活动的使命是准确适用立法机关制定的法律规范，其权限受到主管和管辖范围的限制。在这个意义上，相对于立法权而言，司法权与行政权具有相似的性质和特点。原则上，司法机关不能置国家的法律于不顾，不能任意超越自己的权限，也不能随意干预行政权的合法行使。司法官在处理案件时只能以法律（即成文法、判例法或习惯法等法律渊源，包括法律规则和原则）为判断的基准，而不应任意超越法律。

第二，司法权是一种裁判权。司法活动是司法机关将法律规范适用于具体案件的创造性活动，其目的是依法解决各种纠纷。在这个过程中，法官需要对案件事实作出调查和判断，并通过对法律规范的解释，将其与案件事实联系起来，进行法律推理，作出法律适用的结果。在缺少明确的法律规范或出现复杂的事实和法律问题时（如法律漏洞），法官可以通过行使自由裁量权发现或创造法律规范，推动法律的发展。随着现代司法社会功能的扩大，法官对法律的发展和通过个案追求社会正义的正当性日益得到社会的承认。最高法院和上级法院通过审级制度对各级法院的法律解释进行审查，保证法律的统一适用。司法活动适用法律、处理案件的结果是作出裁判文书，生效的司法裁判具有终局效力，表明国家对纠纷事项的最后判断和决定。在这个意义上，司法与行政执法及行政适用存在本质的不同。这一特性不仅将检察权与审判权明显地区分开来，也凸显出法院的审判权与执行权的区别。

第三，司法权是一种救济权。“无救济则无权利”，法律调整的最终保证就是当权利实现出现障碍时，能够提供一种权威性的救济机制，使受到侵害的权利得以恢复、实现或得到补救，使违法者承担相应的法律责任。司法救济通常是通过司法程序和司法裁判作出的，相对于其他形式的救济，具有最高的权威性和法律效力。司法救济的范围一般与法律调整的范围相当，当社会发生纠纷时，能否诉诸诉讼，即是否具有可诉性或可司法性(Justiciable)，决定着司法管辖和司法救济的范围和限度。同时，救济是一种事后的调整措施，尽管司法能够通过判例确立、发展规则，为以后的行为提供准则，但一般而言，司法主要是针对已经发生的纠纷，适用既有的法律规范提供救济的，其根本使命不是规划未来和参与决策。

此外，司法权实际上也是一种监督权。在分权的制度设计中，每一种权力都对其他权力具有监督和制约的功能。在这个意义上，具有独立地位的司法权，本身是对行政权和立法权的制约和监督。但需要注意的是，审判权中的监督是一种被动的、事后的监督。与此相对，检察权则体现的是一种主动、积极的监督。法院可以通过行政诉讼，直接对行政权的滥用作出纠正，为受到侵害的行政相对人提供司法救济；通过司法审查权，对立法和行政机关的行为及其制定的规范性文件的合法性（是否违宪）作出裁判；通过个案对民主的弊端（如由多数决定的非正义的法律规则或制度）进行纠正；通过对自治性规范、社会团体的活动甚至政治行为进行司法审查和监督，保证公共利益和社会秩序的安全稳定。在当代社会，司法审查原则已经得到越来越广泛的认同和应用，很多国家通过违宪审查程序，使司法更积极地介入对立法的监督和干预中，并直接通过判例参与立法与决策。

（三）界定司法机关的不同标准

司法权是由司法机关行使的专属权力，世界各国司法机关的外延及其权限和性质因标准的不同而存在较大差异。一般而言，各国界定司法机关所采用的标准主要有：

1. 法定标准，即将国家在宪法或相关法律中的明确规定作为认定司法机关范围的标准。根据该标准，我国的司法机关包括审判机关（法院）和检察机关（检察院）；其他国家法律规定的司法机关的范围则各有不同，通常仅将法院确定为司法机关。例如，日本国宪法规定：一切司法权属于最高法院及根据法律规定设置的下级法院。据此，司法机关仅指由最高法院及下级各级法院构成的法院组织体系，而检察院则不属于狭义的法定司法机关。

2. 习惯标准，即在历史发展中，有些国家机关尽管并不属于法定的司法机关，但历来被社会和公众认为属于司法机关，其行使的国家权力也属于国家司法权的组成部分，或具有实质意义上的司法职能。例如，尽管我国宪法并未将公安（警察）机关规定为司法机关，但社会乃至法学界历来习惯将公、检、法以及司法行政机关（司法部）并列为司法机关。有些国家的行政法院尽管属于行政系统，但人们在习惯上也将其作为司法机关看待。一般而言，法、德等大陆法系国家通常把侦查、起诉、审判和裁判的执行都纳入司法的范畴，司法机关习惯上包含了审判机关、检察机关、警察机关和裁判执行机关；而英、美等普通法国家的司法机关习惯上仅限于审判机关及其司法裁判活动。

3. 功能标准，即从法律适用或纠纷解决功能的角度将某些在法律和习惯上并不属于司法机关的国家机关、社会组织或机构及其职能视为司法机关及司法职能。例如，仲裁机构本质上属于民间机构，不具有国家司法机关的属性、特征和职权，但人们仍将其视为准司法机关。再如，我国的基层司法所和西方国家的治安法院（官），尽管性质上属于行政性和服务性机构，但由于它们在日常生活中承担了大量的法律适用和纠纷解决功能，因而也被视为基层司法机关。事实上，目前司法的功能确实有不断分散的迹象，法院也通过与法院外非诉讼解纷机制的联系和衔接，将司法的纠纷解决功能延伸到社会。

我国法学院校以往开设的司法制度概论课程，主要以我国人民司法制度为研究对象，包括审判机关、检察机关、侦查机关、司法行政机关及相关的机构、程序、职能。本书为了使学生全面了解现代司法制度的整体功能和作用，一方面注重阐述现代法治社会司法的基本原理、制度构造和运作状况，另一方面尽可能系统介绍我国现行司法制度。因此，在体系上沿用我国同类课程的传统设置方法，综合采用了上述三种标准：在阐述司法的基本原理时，以法定司法机关为标准和重点，同时将与司法相关的各种国家机关、社会团体机构、法律职业、法律教育、非诉讼程序等也作为课程的内容，进行概要的讲解。

二、司法的特征

司法的特征，即司法权特有的本质特征，具体体现在司法机关行使司法权，进行司法活动的过程中，往往同时体现为司法活动的基本原则。这里阐述的司法的特征，主要是以审判机关及其活动为基准的。

1. 被动性

司法的被动性又称司法消极主义、司法谦抑主义，这是由司法权的性质决定的。其具体要求和体现是：(1) 司法机关应尊重国家权力机关之间的权限划分，尊重立法及行政机关的权限及其行使，严格恪守自身的权限和定位，不能主动对社会生活进行干预，也不能任意地扩张自己的权力以及主管和管辖的范围。近年来，许多国家的法院的社会功能不断扩大，某些具有司法审查权的最高法院出现向司法积极主义或能动主义发展的迹象，有些初审法院也通过在大量类似案件中作出相同判决以形成累积性司法决策（cumulative judicial policymaking）①，但总体来看，被动性仍是现代社会中司法的基本特征。(2) 在司法权的启动上，应严格遵守“不告不理”的原则，只有在接到起诉人、公诉人等提出的诉讼请求时，才可以受理案件。(3) 在诉讼程序中，法院的职权受到当事人权利的制约，是有限度和有节制的，必须严格在程序的框架内行使其权力。

2. 中立性

司法的中立性，是确保司法公正的需要，其要求是：(1) 确保司法的独立性，司法机关独立行使职权，不受其他权力机关以及政治、社会舆论和其他非法律因素的干预。(2) 审判机关在双方当事人之间居中裁判，在司法活动和过程中，平等对待双方当事人，不偏不倚，以中立性追求司法的公正和平等。

3. 合法性与程序性

司法必须以合法性和正当程序为基础，其要求是：(1) 司法活动必须以法律规范作为纠纷解决和案件处理的基本标准，严格遵守实体法的基本原则和规范，以避免司法裁判的恣意。(2) 以程序公正为基本价值，并以此作为制度设计的标准和司法公正的评价标准。司法机关的设立、职权行使必须符合法定程序和形式；司法机关的活动必须严格遵守正当程序的原则和规范，注重证据，保障双方当事人在程序上拥有平等的权利。(3) 司法权行使的公开性和当事人参与。

4. 专属性

又称司法的独占性，是指司法权只能由国家司法机关（主要是审判机关）独立行使，并由宪法加以确认和保护。根据1983年在加拿大魁北克蒙特利尔举行的司法独立第一次世界会议全体大会通过的《世界司法独立宣言》，司法独占性的标准是：(1) 司法机关应对所有司法性质的问题享有直接管辖权或复审管辖权。(2) 司法机关应有绝对权威就某一提交其裁决的问题按照法律是否属于其权力范围作出决定。(3) 不应设立不采用业已确立的正当法律程序的法庭来取代应属于普通法院或法庭的管辖权。不得设立临时法庭。但是，一些行政机关、社会团体或特定人员可根据法律授权有条件地行使司法权。

---

① G. Alan Tarr, *Judicial Process and Judicial Policymaking*, 2nd edition, Beimont, CA, Wadsworth Publishing Company, 1999, pp. 284 - 299.

5. 职业化

指司法人员的职业化，即司法权的行使必须由拥有司法官资格的专职人员，通过专门的程序进行。司法官是司法制度和司法活动中重要的主观性因素，也是直接决定司法运作效果的重要因素。当代世界各国司法体制都要求司法官必须经过专门的法律教育与培训，经过特定的遴选和任命程序才能任职，其职务行为及身份受到法律的特殊保护；他们不仅应掌握娴熟的法律思维和技术，并应具有丰富的社会经验，更重要的是应受到职业道德规范和法律程序的严格约束。

6. 终局性与稳定性

司法终局性的要求是：(1) 唯有司法（审判）机关对具体案件的处理和决断具有最终和最高的法律效力和执行力。司法可以对立法和行政行为进行审查，法院的生效判决具有最高的效力，可以彻底结束对某一事项的法律处理，阻却其他程序重新启动。(2) 司法机关的生效裁判产生既判力。裁判的既判力不仅对作出判决的法院和当事人产生拘束力，并且对其他社会主体和其他司法机关产生一般拘束力。(3) 司法裁判具有强制执行效力。这种执行力不仅指它是由国家强制力加以保证的，并且要求国家应该通过各种机制和措施使其成为一种现实可能性，社会的一切机构、组织和个人都必须协助执行司法机关的生效裁判。如果司法裁判无法得到正常执行，就可能危及司法的权威。司法裁判的终局性要求保证司法活动及其结果为一切社会主体所尊重并履行，司法诉讼程序原则上不应重复或反复启动，以保证司法的稳定性和权威性，形成并维护正常的法治秩序。稳定性是终局性的客观体现。

需要说明的是，在广义的司法机关及其活动中，上述司法活动的特征并不是全部或同时存在的。例如，检察机关和侦查机关以打击犯罪、保护国家和公共利益为使命，在追究犯罪等活动中具有高度的主动性。再如，尽管现代法治国家都在不同程度上强调检察官应当负有站在客观立场上努力发现并尊重案件事实真相的客观义务，但在司法程序中，其实际上是作为代表国家或社会公共利益的一方当事人出现的。因此，被动性和中立性基本上并不符合检察机关和侦查机关的职权特征。同样，绝大多数准司法机构的纠纷解决都不能完全排除法院的司法审查，即不具有最高的权威性和终局性。因此，在研究每一个具体的司法机关及其权限、程序及活动时，仍需加以区分，分别揭示其特殊规律及特征。

三、司法的构成要素

司法活动作为法制的重要组成部分，是由多种要素共同构成的，包括作为其形式的制度结构和司法组织，作为司法主体的司法官及其他相关法律职业人，规范司法行为并作为其处理纠纷之依据的法律规范体系，以及决定司法制度设计、运作并对其产生直接和深刻作用的司法理念、法律文化和司法的社会环境等。因此，在考察一个国家的司法制度时，不能仅仅停留在宪法和法律的规定上，还应该全面了解其基本理念和运作情况，并通过更深刻地了解其经济政治体制、历史传统、文化和社会环境等因素，分析其特色、优劣以及原因和内在的规律等。司法的制度建构及其实际运作与司法的各构成要素息息相关，各种要素构成了一个有机的系统。本书将着重探讨以下几种基本要素。

（一）司法体制

司法体制，是一个国家有关司法机关设置、各司法机关之间职权划分和相互关系的体系、制度、形式和活动原则的总称。由于对司法概念的理解有狭义与广义之分，因而对司法体制概念的界定及其构成也有狭义与广义的理解。司法体制与司法制度这两个概念既有相同之处，也有所区别。广义上的司法体制与广义上的司法制度常常在同一意义上使用，但司法制度常常也在微观意义上使用而与司法体制相区别，具体指的是审判制度、法官制度、检察制度等具体法律制度。司法体制是研究司法活动的起点，本书第二章将对相关概念及原理等问题展开论述。

（二）司法组织

司法组织的概念，可以作狭义和广义的解释。

狭义的司法组织，即行使司法权的国家机关及其组织系统，主要指法院系统。世界各国的法院组织体系各有特色，通常由法院组织法或宪法加以规定。根据等级、功能等标准可以有不同的构成形式。根据等级可以分为下级法院、高级法院、最高法院；根据功能和管辖权可分为宪法法院、普通法院、行政法院、特殊（专门）法院等；根据国家结构可分为中央（联邦）和地方（州地方）法院；等等。各国司法体制有所不同，检察院在有些国家也属于司法组织。本书第四、五章将分别研究法院和检察院组织及相关制度。

广义的司法组织，则将各种实际具有司法功能的国家机关、法律授权的专门组织以及承担部分司法或准司法功能的机构，都纳入其范围。例如，警察（公安）机关、司法行政机关、仲裁机构和部分调解机构等。在这个意义上，广义的司法组织实际上已包括了某些行政机构和民间组织。本教材所论及的司法组织除法定的司法机关外，还涉及一些广义的司法组织及其活动。

（三）法律规范体系与司法程序

1. 法律规范体系，是指司法活动必须严格遵循并作为基本依据的规范性法律文件体系。其中既包括成文法，也包括判例法和习惯法等法的渊源；既包括法律规则，也包括法律概念、原则和具体制度。这些法律规范体系，又具体体现为各种渊源形式和法的部门，如民法、刑法、经济法等。司法是一种法律适用活动，法律规范体系是司法活动的前提，法律规范体系的健全与否直接影响着司法活动和法官的行为方式，不过，这部分内容通常不是司法活动的研究重点，本书也不作专门论述。

2. 司法程序，是指司法活动必须遵循的原则、法定形式、步骤和方法。对这一概念可以作广义与狭义的理解。

广义的司法程序，包括刑事、民事、行政诉讼法（规则）、违宪审查程序等诉讼程序，以及法院、检察院等司法机关的规则和工作原则等，并可以涵盖司法行政机关和其他法律职业（如律师）的行为准则、司法行政程序以及部分非诉讼程序等。

狭义的司法程序，则特指诉讼程序，包括刑事诉讼、民事诉讼、行政诉讼程序及违宪审查程序。当代各国的司法程序集中体现了现代司法程序正义的理念，逐步形成了一系列共同的准则，例如司法程序的合法性原则、平等对待原则、辩论原则、裁判中立性原则和公开审判原则等；但各国司法程序在基本功能相近的前提下，在理念、技术等方面也存在较大的差异，反映出不同法律体系和法系的鲜明特点。

本书将在第九章简要介绍司法程序和非诉讼程序。

（四）法律职业群体

司法的运作离不开人的要素，司法活动不仅必须依靠直接行使司法权的司法官（法官和检察官），而且离不开参与司法运作的其他法律工作者。狭义的法律职业群体由法官、检察官及律师构成，而法学家、立法者，企业法务人员、仲裁员、公证员及其他法律工作者以及部分调解员等则可纳入广义的法律职业群体的范围。

司法活动的独立性、专属性和技术性使法律职业逐步成为与其他职业有明显区别的专门行业。独立的法律职业群体的存在，是西方法律传统的重要标志之一，也是现代法治社会的共同需要。在现代法律体系中，受过专门的职业培训或教育、具有特殊的法律职业思维和技能的法律家被视为与法律规范本身同等重要的要素，二者如同车之两轮，不可偏废。作为司法活动的主体要素或司法的软件系统，法律职业群体也被视为法律体系的缔造者、操作者及其发展的推动者。现代法治国家均通过建立司法官的身份保障制度和选任制度，以及法律职业人员的培训和教育制度，科学规划法律职业人数、规模和组织模式，努力保证和提高法律家的素质。同时，世界各国的法律职业群体在共同体样式、任职资格和方式、教育培训途径等方面也存在显著的差异，形成了不同模式。本书将在第三章和第六章分别探讨各种法律职业、法律教育和培训等相关制度。

（五）司法环境

司法环境，主要指司法制度形成和运作的社会环境。一方面，司法制度的形成，取决于一个国家的政治经济体制和国家性质与结构，受到经济基础、政治体制、社会需求、利益平衡、传统习惯、文化等社会因素以及特定历史条件的制约。另一方面，司法制度在建立之后，同样要在具体的社会环境中运作，社会的作用直接影响司法机制的运作效果和预期目的能否实现。影响司法运作的社会条件，包括社会经济结构、政治因素、法律传统、民众及统治者的法律意识、社会理念等。

社会环境对于司法的实际运作既有积极的作用，又有消极的作用。积极的作用有利于司法既定功能的正常发挥，促进司法产生预期的效果和目的，减少司法运作的成本，并可能推动司法适应社会发展的需求而不断进行改革和发展。社会环境对司法的消极作用，则可能阻碍司法功能和既定目标的实现，增加司法运作的成本，腐蚀司法官等法律职业群体，破坏司法程序，并败坏司法的公信力和权威，最终对法治的运作和法律秩序产生严重的危害。在移植继受西方法的发展中国家，由于法与社会的适应需要一定的过程，社会对司法运作的消极影响尤为明显。因而在法治建设进程中，必须注意法律和司法制度与社会的适应，克服社会对司法活动的消极影响，培养和提高全社会的法律意识，逐步创造良好的司法环境。本书第十一章专门探讨了司法环境及与之相关的法律移植和司法现代化问题。

（六）司法理念

司法理念，属于法律意识形态的组成部分，是建构司法体制、司法制度和司法程序的理论基础和价值观，是指导司法运作和实践的指导思想，也是司法构成的思想和精神要素。司法理念是基于不同的价值观（意识形态或文化传统）对司法的功能、性质和应然模式的系统思考，表现为司法制度的价值取向、司法观念、司法的基本原则、法律职业伦理等，体现在司法制度的设计建构、对司法的评价，及对法律职业的要求和司法运作的行为规范上。

司法理念的作用是深刻和潜移默化的。首先，世界各国在司法的建构和运作中，由于理念的不同，可能设计出完全不同的制度和程序，各国司法制度都是特定的法律文化和政治理念的产物。其次，由于司法理念的不同，形式相同的司法制度或程序在运作中可能表现出完全不同的结果，而移植继受的制度尤其需要注意这种差别。再次，社会理念和司法理念的变化，可能推动司法制度和程序的改革，并进而使其发生重大的甚至根本性的变革，例如，当代司法改革及其对非诉讼程序的重视，就受到了司法理念和社会理念变化的推动和影响。

本书将分别在第二章介绍现代司法理念，第十一章研究司法环境和司法理念问题，第十二章司法改革的部分则涉及当代司法改革的理念。

第二节 司法的历史发展及现代司法制度的建立

一、司法的产生与历史发展

(一) 司法的起源

司法活动是基于人类社会解决纠纷和利益冲突的需要而产生的。在社会生活中，当人们发生纠纷和利益冲突，无法自行解决时，就需要依靠权威或中立的第三方出面进行调整。司法制度的产生，是人类社会发展的结果，并与国家的产生息息相关。

在原始社会，纠纷发生后，往往是依靠共同体的权威（例如，部落的首领、大家族的家长、族长及原始宗教的领袖等社会力量）加以解决。一些法人类学家将原始社会的一些以解决纠纷为基本功能并具有强制力的社会组织或力量称为“法院”或法院的雏形。严格地说，在这一阶段，由于国家尚未产生，并不存在严格意义上的司法和司法权。被害人通过自己的实力（包括家庭和家族的力量）进行报复或权利救济，即所谓“私力救济”或“自力救济”，作为通行的原则和习惯为社会所普遍承认和实行。

原始社会后期，随着私有经济及市场的出现和社会分工的形成，社会规则逐步形成，开始出现专门化和社会化的纠纷解决机制。随着作为公共权力机关的国家逐步形成，出现了专门解决纠纷的司法机关。司法救济以法律规范而不是司法者的个人意志为基准，并受到一定程序的约束，这就是诉讼程序。随着司法活动的出现，正式的司法制度、司法机关、司法程序和法律职业都随之产生，并形成了法学、法律教育与培训等相关机制。

(二) 古代社会的司法制度

人类社会进入近现代之前，其司法活动和司法制度经历了一个漫长的发展过程。为了简略起见，本书不再详细追溯世界各国法律发展的历史过程。根据习惯的理解，我们可以将近现代资产阶级革命之前、现代国家尚未建立的历史阶段统称为古代社会或前近代社会。毫无疑问，在任何国家的任何历史时期，都不同程度地存在司法机关、司法程序以及法律职业群体，而每个国家和地区的司法制度又因由当地、当时的特定社会环境所决定，呈现出极其丰富和复杂的样式，尤其是西方法律传统与中国等非西方国家的司法存在明显的差别。但是，在近现代以前，世界各国的司法权仍然可以归纳出一些共同的特点。

越久远地追溯历史，就越不可能对国家职能进行严格的界分。同一个机构往往既是立法机关，又是行政机关，也是司法机关。

——F. W. Maitland，*The Constitutional History of England*：*A Course of Lectures*，Cambridge：Cambridge University Press，1961，p. 105.

梅特兰（F. W. Maitland，1850年—1906年），英国法律史学家

1. 司法权往往与其他权力，特别是行政权浑然一体、共同行使。无论是古罗马或是古代中国，司法权与行政权或其他权力都没有严格区分，司法隶属于专制君主或从属于行政权。中世纪后期的法院和法官开始出现专门化、职业化趋势，但并未实现真正意义上的司法独立。

2. 存在多元化的司法体制。在中世纪漫长的历史阶段，西方国家的国家权力与地方封建割据共存，构成了宗教法、国家法和地方法等多元化机制同时存在的格局。我国长期实行中央集权，但在地方，仍然存在宗族、家族自治等“民间司法”。

3. 法律规则与程序均未发展成熟。在古代社会的司法活动中，实体法通常与程序法没有严格区别，民事诉讼与刑事诉讼亦尚未各自独立，多数国家的法律规则和法律程序都没有形成系统的成文法典。

4. 司法活动具有严酷性和非理性的特征。司法活动与宗教或巫术等迷信活动（如神判等）相互交融。司法中盛行有罪推定、刑讯逼供，中世纪的一些欧洲国家实行法定证据制度。

神判，又称神明裁判，是指通过神的意志来决定嫌疑人是否有罪或者当事人权利主张是否成立，可分为单向神判和双向神判两种形式。前者通常由被指控的一方当事人接受神判，包括热铁神判、沸水神判、冷水神判、十字架神判等。右图是荷兰画家迪尔里克·包茨（Dirck Bouts，约 1400 年—1475 年）的《火审》，描绘的是热铁神判的景象。后者则要求当事人双方都接受神判，主要是指司法决斗。神判普遍存在于早期世界各国和地区，目前所知的世界上第一部比较完整的成文法典《汉谟拉比法典》就有相关规定。进一步介绍，可参阅穗积陈重的《法律进化论》（黄尊三译，北京，中国政法大学出版社，2003），以及巴特莱特的《中世纪神判》（徐昕等译，杭州，浙江人民出版社，2007）。

火审（约 1460 年）

（三）近现代司法制度的建立与发展

1. 西方近代司法制度产生的背景和条件

当代世界各国的司法制度都是在近现代以后建立发展起来的，属于建立于现代社会经济基础之上的上层建筑。[①] 西方近代司法制度产生的背景主要是，随着近现代民族国家的形成，国家司法权得到强化和统一。现代民主与法治社会以权力制衡和司法独立为政治制度的基础，独立的司法机关及司法权的独立行使成为现代法治国家的标志。现代司法制度产生的历史条件主要是：

（1）统一民族国家的形成。国家和司法的统一，本质上是市场经济发展的需要和结果，而统一民族国家的形成又促进了市场经济的发展。随着统一的国家权力的建立，结束了地方割据的局面，国家实现了法律和司法的统一，从而建立起自上而下的专门的司法机

---

① 本书根据通用的时代划分标准和现代的概念及其特征，同时将 20 世纪 50 年代以后，即第二次世界大战以后至今称为当代，以此加以区分。

关及其组织体系，并通过法律对国家司法权的权威性和专属性加以确认。

（2）法律职业群体的成熟。西方国家的法律职业化形成于古罗马时期，但实际成长于中世纪晚期，12世纪欧洲罗马法复兴运动促进了近现代法律职业与法学的诞生。法律家职业集团在建构各国的法律规范体系和司法程序中发挥了重要作用，对于不同法律体系的技术、形式和法律职业的分工产生了决定性的作用。在近现代法律体系的建构中，成熟的法律职业集团将新制度的创建与历史传统的延续自然贯通，并成为保证法律自治和司法独立的主体因素。法学家的努力则使得近代法的理性化、系统化进入了新的历史阶段，达到了法典化的高峰。

（3）立法和法律规范的发展。司法活动从根本上是一种适用法律规范解决纠纷的过程。欧洲大陆迄今为止的大规模法典编纂都发生于此一时期，英美国家也于19世纪60年代正式形成了现代判例集汇编制度。① 法律规则的完备为现代司法运作提供了基础。

（4）现代民主制度的建立。法治及现代意义上的司法是与民主政治不可分的。随着资产阶级革命的完成，近现代国家先后建立了宪政和民主制度。民主政治的基本政治理念强调保护公民的权利和自由，界定公权与私权之间的关系，实现政治上的自由、民主，要求国家权力依法行使，防止国家权力的滥用及其对公民权利的侵害。这种分权制衡的政治理念在国家权力的配置和制度的设计上体现为三权分立原则，即立法、行政与司法权三权之间的相互独立和制约。司法独立既是三权分立原理的体现，也是对这一制度的保障。

2. 现代司法制度的建立

在多数西方国家，现代司法制度是在经过资产阶级革命后，根据一系列现代司法理念、原则建立起来的，属于现代政治文明的组成部分。现代司法制度的主要标志是：

（1）国家建立统一的司法机关，由司法机关独立和专属地行使司法权。根据分权与制衡原理确立了司法机关的地位和权限，通过建立法官的身份保障制度，保障法官独立审判并拥有一定的自由裁量权，以发挥司法的作用并切实保证司法独立的实现。

（2）司法机关严格依法行使职权。在法律体系上，实体法与程序法相互分离，形成了系统的法律规范体系（包括成文法典和判例法体系）和独立的诉讼法律体系。司法活动实现了规范化和专门化，形成了刑事、民事和行政三大诉讼程序及相应的法律体系，并逐步建立了司法审查（违宪审查）程序或专门机关。法律职业内部的分工也更加专门化。

（3）确立了司法公正的理念。现代司法理念和司法政策以形式合理性和程序公正为基本价值。司法程序和司法活动不断趋向合理和文明，强调法律面前人人平等与人权保护。司法机关注重维护程序公正，正当程序和人权保护被具体化为一系列司法制度和原则。例如，无罪推定、罪刑法定、罪刑相适应、法不溯及既往、疑罪从无、保证公民利用司法的权利、扩大司法救济范围、对非法证据的排除等。

（四）当代司法制度的发展

第二次世界大战之后，西方社会进入了一个新的发展阶段，逐步发生了一系列重大的社会变化，司法制度随之产生了一些新的变化。除了司法的统一性和独立性继续得到巩固以外，当代司法制度显示出一些不同于近现代初期的特色。

1. 司法与政治的界限开始松动，法院在国家治理和社会发展方面扮演越来越重要的角

---

① 判例集汇编的发展历程，参见毛国权：《英国法中先例原则的发展》，载《北大法律评论》，第1卷第1辑，北京，法律出版社，1998。

色。不仅法、德等欧陆国家战后纷纷建立宪法委员会或宪法法院，美、日等国家也在20世纪50年代以后陆续进入较为能动的“沃伦法院”和“自由主义时代”①。此外，司法在原苏联、拉丁美洲、非洲以及亚洲的转型国家中也赢得了从未有过的地位。② 在1992年意大利波伦亚大学召开的专题研讨会上，国际政治科学协会比较司法学研究会甚至宣称“司法权全球扩张”时代的到来。③ 除了司法审查以外，法院越来越多地通过个案（主要是现代型社会诉讼、民权诉讼或公益诉讼）的处理和法官的自由裁量权，参与和介入利益的分配（通过赔偿支付等方式），保护弱者和少数人的利益、纠正民主（立法）的不公正、确立重大的社会原则和规则。

2. 20世纪以来，尤其是第二次世界大战以后，西方国家开始产生社会福利的思想和政策，司法制度（尤其是民事司法制度）出现一些新的改革动向，以谋求更广泛的社会正义。根据不同时期的改革重点，可大致划分为三个阶段。第一阶段主要致力于法律援助制度的改革，为贫困者提供法律服务；第二阶段侧重于公共利益的保障，通过集团诉讼等方式让少数民族、身残者、老人以及消费者或者环境保护主义者等有机会获得“扩散性”或“集合性”利益；第三阶段则关注整个纠纷解决处理机制的改善，尤其重视非诉讼纠纷解决机制的作用。三者亦被称为接近正义（access to justice）的三次“浪潮”或“波”。从整体看来，第三波是前两波的深化和发展。当然，这三个浪潮在各国的发展顺序、方法、程度有所差异。④

3. 司法组织内部功能分化进一步发展。尽管各级法院都有可能通过判决为司法的决策功能作出积累和贡献，但决策功能主要集中在高级法院或宪法法院，而低级法院尤其是基层法院的主要职能是纠纷解决。从大体上看，表现为以下三个方面：（1）部分法院，特别是承担司法审查职能的法院，开始从司法消极主义向司法能动主义政策转化；（2）法院开始将部分纠纷解决功能向非诉讼机制分流，推动ADR的快速发展；（3）法院开始注重通过调解或促进当事人和解等方式改善司法的效果。

二、中国司法制度的建立和发展

（一）古代社会的司法制度

1. 奴隶社会的司法制度

中国古代有文字记载的历史上，最早的国家是夏、商、周三代。这一历史时期属于中国古代的奴隶制时代，已经建立了国家司法机关，司法的基本特征是：

（1）司法权直接由国家最高统治者（国王）掌握，各地方贵族亦拥有一定的司法权。

---

① ［美］霍维茨：《沃伦法院对正义的追求》，信春鹰、张志铭译，北京，中国政法大学出版社，2003；［日］山本佑司：《最高裁物语：日本司法50年》，孙占坤、祁玫译，北京，北京大学出版社，2005。

② See Siri Gloppen, Roberto Gargarella, Elin SKaar eds. *Democratization and the Judiciary: The Accountability Function of Courts in New Democracies*, London, Frank Cass Publishers, 2004; Tom Ginsburg, *Judicial Review in New Democracies: Constitutional Courts in Asian Cases*, Cambridge, Cambridge University Press, 2003; Shannon Ishiyama Smithey and John Ishiyama, "Judicial Activism in Post-Communist Politics", 36 *Law & Society Review* (2002), pp. 719－742.

③ See C. Neal Tate, Torbjörn Vallinder eds., *The Global Expansion of Judicial Power*, New York, New York University Press, 1995.

④ 参见［意］莫诺·卡佩莱蒂主编：《福利国家与接近正义》，刘俊祥等译，北京，法律出版社，2000。

(2) 尚未形成系统的成文法体系，司法活动的依据不统一，具有较大的随意性和专断性。

(3) 司法只保护贵族（奴隶主）及平民（自由民）的利益，奴隶则不具有诉讼主体资格，其权利不受法律保护。

(4) 与西方同时期相比，司法程序中宗教迷信色彩相对较少，而以对血缘关系的重视为特征。司法中神判的痕迹依然存在，但作用相对较小，对于宣誓、决斗等方式也较少采用。

(5) 诉讼程序具有严酷性，通行刑讯逼供。

(6) 初步形成了一些司法技术和经验。司法程序已经初步具备了审级、民刑事程序的区别、证据、定罪量刑、比附类推和刑讯等制度，以及“五听”等审讯方法，并提出了疑罪从轻减免、有犯意无事实不论等有价值的司法理念，为后世延续发展。

2. 封建社会的司法制度

从公元前221年秦始皇统一中国，到1840年鸦片战争，是中国历史上的封建社会。在这一历史时期，各代封建王朝相继接替，在中央集权的国家统治下，建立了具有特色的法律体系和司法制度。其特点是：

(1) 在司法机关的设置上，司法从属于行政，基层司法与行政合体。皇帝拥有最高的国家权力，本身也是最高司法机关。中央设专门的司法机关，各司法机关之间相互制约。但地方司法均由地方行政长官兼理，并兼侦查、公诉、审判、鉴定等职责于一身。

(2) 在司法程序上，重刑轻民，刑民有分有合。一般刑事案件须严格按照程序，由地方官审理后逐级上报，直至中央。户婚田土之类的民间词讼则由地方官全权处理，并尽可能以调处结案。在审判方式上，虽然基本上是不告不理，但国家经常对犯罪主动追究，刑讯逼供方式比较普遍，在处理民事纠纷时也经常采用刑讯逼供的手段并以刑罚加以处置。

(3) 没有形成法律职业群体。法律职业未受到国家的重视，司法官多为科举出身的文官，不谙法律，需要有幕僚等加以辅助，但幕僚的地位仅为附属，不属于国家正式官吏。民间虽然存在众多且活跃的法律家“讼师”，为诉讼当事人提供诉讼服务并事实上对司法活动产生了重要影响，但其存在不具有合法性，陋弊较多，经常受到国家的打击限制。尽管存在律学和讼学等专门知识，但并未形成法律教育或培训的制度和传统，法学研究也很不发达。

(4) 注重对司法过错的责任追究。历代政府均非常重视司法责任，自秦律起便有治狱不直之罪。官吏办案，如出入人罪（漏判或错判）须承担责任。国家禁止地方官不受理诉讼，同时对办案期限等也有规定，违者须承担责任。惩戒方式包括免职或治罪。

中国古代的司法制度曾经对东亚各国，特别是日本和朝鲜等国家产生了重要的影响。近代以后，由于历史的原因，古代司法制度并没有得到延续，但一些传统对我国当代司法仍有深刻的影响。

(二) 近现代司法制度

1840年鸦片战争之后，中国进入半殖民地半封建社会，到新中国成立之前，司法制度经历了若干历史阶段的变化。

1. 清末司法改革。1906年清政府开始进行“变法修律”，仿照西方司法制度对司法制度进行改革。近现代意义上的与立法、行政权相对应的司法及司法权概念已经初步形成。在中央设大理院作为最高审判机关，在全国设立初级、地方、高等三级审判厅，实行四级三审制；并建立了四级检察厅，实行审检合署。诉讼分为民、刑事两类，制定颁布了《刑事诉讼律草案》和《民事诉讼律草案》。但这些制度均未实施，辛亥革命便爆发了。

2. 民国时期的司法制度。民国时期从1911年辛亥革命始，先后经历了南京临时政府、北洋军阀政府和南京国民政府等不同阶段，各阶段的司法制度均有不同程度的变化。这一时期司法制度的特点是：(1) 初步引入了西方现代司法原则和制度，中国传统司法制度解体，近现代意义上的审判、检察、律师、诉讼等司法制度基本建立。(2) 由于战争和社会动乱，基层社会的变革基本没有完成，司法制度与民众的社会生活存在巨大距离，仍然停留在形式上，仅在中心城市发挥作用。司法的统一远未实现。(3) 存在着破坏国家主权的领事裁判权，国家司法管辖权不能进入外国租界内。(4) 司法服务于政治，成为镇压敌对势力的工具，司法腐败盛行，司法公正受到质疑。

3. 革命根据地的司法制度。从第二次国内革命时期开始，中国共产党领导的各革命根据地都建立了司法机关，开展了司法活动。由于战争时期的条件限制和农村的实际情况，根据地时期的政权建设具有军事化特点，并服从于政治斗争的需要，司法机关及司法活动不够正规和规范。但是，根据地的审判活动也形成了一些特有的司法传统以及以“马锡五审判方式”为代表的诉讼模式，其特点是：(1) 司法的简便和常识化。诉讼没有复杂的程序和技术，当事人无须借助律师，无须高昂的诉讼成本，可以口头起诉，法院可以通过简便的方式，就近办案。(2) 司法的民主化。民众直接参与司法过程，法官在办案中听取群众意见，通过办案教育民众、普及法律。(3) 法院审理的高度职权主义。法院直接对证据和当事人、证人等进行调查，当事人不承担举证责任。这种制度具有一定的政治动员和社会治理的功能，并具有强烈的意识形态色彩；司法人员职业化程度不高。但这种低端的司法较适合当时的社会需求和民众的习惯，其廉洁和民主也得到认同。这一司法传统对新中国的司法制度也产生了深刻的影响。

马锡五调解婚姻纠纷案（古元木刻画）

(三) 当代司法制度

1. 新中国司法制度的建立与发展

1949年中华人民共和国成立后，我国司法制度的发展经历了以下几个阶段。

(1) 创建阶段。新中国成立后，我国根据作为临时宪法的《中国人民政治协商会议共同纲领》第7条的规定，着手建立人民司法制度。在中央设最高人民法院、最高人民检察署、公安部、司法部，实行审判、检察、侦查、司法行政的"分立制"。在省、市、县则实行审判与司法行政的"合一制"，不专设司法行政机关，只设人民法院、人民检察署和公安机关，基本上实行三审终审制。此后，逐步建立了人民调解制度、律师制度和公证制度。

1954年，我国颁布了第一部宪法，同时颁布了《人民法院组织法》和《人民检察院组织法》。建立了四级人民法院和各专门人民法院，实行两审终审制。同时，按照法院的审级建立了各级人民检察院，并在省、自治区、直辖市设立了司法厅（局），负责各地方的司法行政工作。

(2) 挫折与停顿阶段。1957年以后，法制建设受到极大破坏，许多已经建立的司法制度重新陷入瘫痪或名存实亡，省一级司法厅（局）一度被撤销，尽管20世纪60年代开始恢复，但很快又被随后开始的"文化大革命"彻底摧毁。各项司法制度几乎都受到破坏，1969年正式撤销了各级检察机关，法院审判工作也基本停顿。

(3) 恢复重建阶段。1976年10月，"四人帮"集团被粉碎后，我国进入了新的发展时期。1978年12月中国共产党第十一届三中全会明确提出加强社会主义法制的目标，重新提出"有法可依、有法必依、执法必严、违法必究"的口号。从此，我国法制建设走上了快速发展的道路，司法制度也得到恢复与发展。全面加强各级法院的建设，恢复了各级检察院，重建了司法行政机关，律师、公证和人民调解等制度也得到恢复和发展。

(4) 发展改革阶段。20世纪90年代初期开始，我国进入了新的历史发展时期，随着经济体制改革和建立社会主义市场经济目标的确定和推进，社会结构、社会意识和国家治理方式都开始发生一系列深刻的转变，并由此导致社会对司法需求的变化。社会转型使得司法体制和司法程序必须进行相应的调整和改革，因而推动了司法改革的进程。1997年，中国共产党十五大提出建设法治国家的目标，并提出"推进司法改革"的口号，并将依法治国写入宪法。2002年，中国共产党十六大继续坚持依法治国的口号，并提出将司法改革推向深入的目标。2003年成立了由中央政法委员会、全国人大内务司法委员会、政法各部门、国务院法制办及中央编制办的负责人组成的中央司法体制改革领导小组，全面领导司法体制改革工作。我国司法改革的总体目标是建设公正、高效、权威的社会主义司法制度，这一过程将会持续一个较长的时期，具体内容参见本书第十二章。

2. 我国当代司法制度的特点

(1) 现代司法体制从形式上已经基本建立，初步形成了具有中国特色的人民司法模式，但一些国际社会公认的现代司法的基本原则和制度尚未完全确立和实现，如司法机关独立行使职权并未完全实现，司法活动仍受到各种因素的干扰。由于法官素质不尽如人意并实际存在着司法腐败的现象，法官的独立审判尚未得到社会的认可。

(2) 司法程序始终处在改革完善中，从2011年开始，刑事诉讼法、民事诉讼法和行政诉讼法相继进行了修改，今后这些司法程序仍需要进一步完善。

(3) 司法队伍的建设、司法官的职业化和身份保障制度成为司法改革的重点问题，与此相关的法律教育与培训、司法官的选任制度、员额制度、司法考试制度等在继续完善。

（4）司法体制具有不同于西方大陆法系和英美法系的特性。包括：法院系统内部的党委领导和行政指导体制，法院的人民性和便利性、效率性，服务大局的工具性职能，具有授权性立法性质的规范性司法解释和能动司法等。这种司法体制，一方面比较符合中国社会现实和司法环境特点，但另一方面，制度和程序的设计上，理性及科学性不足，存在一系列亟待解决的问题。例如，法院内部实行行政化的管理方式，不完全符合司法运作的规律和需要。法官的身份保障和弹劾、罢免机制尚未真正建立，法院以内部管理的方式不仅难以解决司法民主监督的问题，而且行政化的管理容易造成对独立审判的干预。这就需要持续进行改革完善。

（5）司法环境有待改善。一方面，司法公信力较低，司法水准和公正性受到社会质疑；另一方面，公众参与司法的渠道不够通畅，司法容易受到非正常因素的干扰。同时，现代司法的程序公正理念与传统社会观念形成一定程度的矛盾，影响了当事人对司法裁判的接受。因此，司法制度的改革完善面临着与本土社会如何适应的现实课题，有待于更好地解决司法民主与司法监督的问题，需要通过深化政治体制改革、社会观念转变和良好的社会环境加以推进和保障。

（6）自从香港和澳门先后回归祖国后，与我国大陆的司法制度同时存在的，还有实行“一国两制”的港澳地区的司法制度，以及暂时尚未回归的台湾地区的司法制度。这些地区的司法制度自成体系，各有特色，同时与我国大陆的司法制度组成一个整体，形成四个不同的法域。

第三节　现代司法的功能与模式

一、现代司法的基本功能

狭义的司法特指审判，即法院适用法律、处理纠纷的活动。因此，司法的功能主要是指法院通过诉讼程序和审判活动所发挥的作用。就原理而言，司法的基本功能是多层次的，除了解决纠纷或利益冲突这一最直接的功能之外，还承担着某些更为深刻的社会功能。

（一）纠纷解决

司法的直接功能是解决纠纷、调整利益冲突，保护社会主体的合法权益。尽管不同的诉讼程序处理的案件性质有所不同，但司法的直接功能都是解决纠纷。现代司法制度和司法诉讼程序是社会主体权利实现的根本保障，一定的权利必须有相应的司法救济作为后盾。近现代以来，司法权的统一与强化和救济手段的不断完善，表明权利保障机制的日益完善。尤其是行政诉讼机制的建立和运作，使得社会主体的民主权利得到了更为切实的保障，堪称法治进程中的一个里程碑。当然，当事人在实践中并非一定通过司法渠道来解决纠纷。但由于司法审判是纠纷的“法律”解决的典型形式，它所提供的是一种法律的标准答案，故往往能够为其他纠纷解决方式提供重要参考。

（二）法律适用和规则确认

司法活动是一个法律适用的过程，具有确认、实现或发展法律规范，保证法律调整机制的有效和正常运转，从而建立和维护稳定的法律秩序的功能。在法的发展初期，特别是在判例法国家，司法活动就是法律规范的发现和确认过程；在法律规范体系已经确立之后，诉讼和审判活动就是把抽象的规范适用于具体案件以实现法律规范的过程；在出现法律缺漏或空白之时，诉讼和审判活动就是一个在维持法律稳定性前提下发展法律规范的重要途径。作为法的动态运作的一种方式，司法诉讼在建立和维护社会秩序方面与法的创制活动具有相辅相成的作用。司法不可能解决所有纠纷，但通过司法机关所处理的案件向社会宣示了法律处理的结果，昭示了法律的精神、原则和规则，通过解决具体纠纷所确立和维护的规范和秩序，可以促进更多的纠纷据此自发地得以解决，从而长久地、间接地实现纠纷解决的功能。同时，这也是向民众进行法制宣传教育的最好形式。

（三）维护政治秩序和权力的合法性

司法是国家司法权的行使和法的实现的重要环节，其最深刻的社会功能还在于维护整个社会的政治秩序和国家权力的合法性。司法不仅向全社会宣示和承诺了公平和正义，使得包括统治者在内的社会成员都接受了法的普遍约束，而且能把社会中存在的激烈的矛盾和利益冲突转化为具体的诉讼问题加以解决，从而缓和剧烈的社会动荡，避免大规模的动乱和社会的崩溃。在这个意义上，司法常常被视为统治者或国家权力和秩序的“正当性”（或合法性）的象征（或符号），其运作过程也就是确认这种“正当性”或“正统性”的再生产过程。当代法治国家的司法机关在长期的发展中树立了较高的社会公信力，并通过确立司法审查权进一步扩大司法的社会功能。而一个国家的司法体系如果得不到社会的普遍信任，司法机关就很难承担这种重要的社会功能。

应当说，在不同的历史时期、社会背景和制度环境中，司法的三种基本功能受到的重视程度和实现程度有所不同。一般而言，上述三种功能应该是不可分割的，但通常只有解决纠纷的功能最为直接可见，并存在于任何形态的司法活动中。在当代社会，司法已经不再是社会纠纷解决的唯一甚至主要途径，规则确认的功能则不与案件的数量成正比，相比之下，最高法院和宪法法院的决策功能和司法的社会功能受到更多的重视和强调。

二、司法的价值取向

（一）司法与正义

司法与正义、公正概念密切相关。例如在英文中，司法（Justice）与正义本身就是同一概念。司法是通过法官进行审判而实现正义的活动，正义是司法的基本价值取向。

右图为香港立法会大楼前的忒弥斯（Themis）女神雕像，被誉为香港法律女神。忒弥斯女神最早见于古希腊神话。她用布蒙住双眼，代表一视同仁；右手捧着天平，代表公平和公正；左手握着长剑，代表正义和权威。在西方神话中，还存在其他法律女神。例如，古埃及的玛特（Maat）女神、古希腊的阿斯特赖亚（Astraea）女神、忒弥斯女神之女狄克（Dike）女神、古罗马的朱斯提提亚（Justitia）女神等。在历史发展过程中，这些女神的形象有所差异，但基本上都包含了天平等元素，寓意正义。

正义本身是一个复杂的概念，正义观通常具有主观

性（阶级性）、历史性和相对性。但在特定历史条件下，正义又具有相对客观的标准。人类历史上，曾有许多著名思想家对正义及其与司法的关系进行过系统深入的研究，其中最重要的包括古希腊哲学家亚里士多德关于分配的正义和矫正的正义学说，以及当代美国政治哲学家罗尔斯的作为公平的正义（justice as fairness）理论等。一般而言，司法在实现社会正义中的作用主要体现为：

1. 司法是实现立法所确定的社会正义（分配的正义）的最重要的途径，通过法律适用和纠纷解决，使法律调整的目的和法律追求的正义目标得以实现，并以此维护法律面前人人平等的正义准则和法律的权威。

2. 司法是保证社会秩序、经济秩序和法律秩序的最重要的保障机制，通过解决各种纠纷，实行司法救济，使社会主体的权利得以实现，义务得到履行，恢复正常的秩序，为社会的安定和健康发展创造条件。

3. 司法通过公开、公正和公平的程序，为实现社会正义创造基本的条件，为每一个社会成员提供追求正义的平等机会，并由此使社会主体建立对正义的信念。

4. 司法通过审判，衡平利益的冲突，协调社会正义与个体正义之间的矛盾和冲突，同时可以纠正或弥补立法中的不足、缺漏或不公正，促进法律自身的发展。

（二）司法的价值取向

司法在将正义与公正作为永恒的价值目标的同时，往往还承载着其他多种重要的价值目标，例如，效益、纠纷解决、社会稳定、资源分配、弱者保护、教育与启蒙等。国家或司法机关通过价值取向的选择，可以建构司法制度和程序，决定司法政策，推动司法改革。

价值取向是世界各国司法制度建构和运作中的重要决定因素。现代世界各国的司法具有许多相同的理念和原则，司法制度的目的和使命也大同小异，但由于文化传统、历史渊源和政治体制及国家结构的不同，在司法制度的建构、司法程序的设计和司法实践中，仍显示出相当大的差异和鲜明的个性。不同价值取向，可能导致司法功能的不同侧重。

1. 可以根据不同的价值取向而选择不同的诉讼模式，并定位司法的功能。例如，美国和英国的法院近年来越来越多地推动 ADR 的利用，将纠纷解决的功能转移到非诉讼机构及法院外，法院则更多地通过个案的审理向决策和进行利益分配的功能方面转化。而我国法院仍以纠纷解决为主要功能，更多地通过简易化的努力，扩大民众对法院的利用。

2. 可以根据司法的不同功能进行司法机关或法院组织体系内的合理分工，由不同审级的法院承担不同的功能。例如，基层法院主要以纠纷解决为主，注重公正与效率的结合，注重纠纷解决的及时性与效果；上级法院特别是最高法院则侧重实现统一法律适用以及通过典型判例确立规则、参与决策等功能。

3. 可以根据社会的需求和司法自身的条件，通过对不同价值的平衡、协调和价值取向的调整，采取不同的司法政策，对司法制度及程序进行适当的改革，以使司法不断适应时代的发展和需求。例如，在社会更重视安全、打击犯罪的同时，不断加强对犯罪嫌疑人（刑事被告）的人权保护，兼顾受害人的利益和社会公共利益；在强调诉讼程序以对抗辩论获得公平程序的同时，通过调解与和解追求和平解决纠纷的目标；在保障公民诉权的同时，通过程序选择权使当事人有可能获得更为简易、经济、快速的司法救济途径，从而平衡公正与效益；等等。但毫无疑问，在司法所追求和平衡的各种价值中，公正永远是第一位的，只有在这一前提下，才能考虑兼顾效率及其他价值。

三、司法制度的不同模式

(一) 司法模式的概念

模式，即事物的类型，通常是指由特定要素构成的具有显著特征的典型样式。司法制度的模式，主要是指根据不同的司法理念，通过特定的司法体制、制度和程序等要素建构的特定的司法制度的类型或典型样式。

司法制度属于上层建筑，在决定于经济基础的同时，又具有相对的独立性。不同国家在制度建构时，基于不同的社会经济条件、政治权力的配置以及法律传统等因素，通过社会主体的利益平衡和价值选择，有可能选择不同的途径达到既定的目标，采用不同的方式发挥司法的功能。因此，即使在相同的经济基础和历史条件下，也可能存在不同样式的法律体系和司法制度，形成具有不同特点的模式。其中一些模式之间具有较多的共同点，从而可以划归为同一类型。

(二) 区别司法模式的意义

不同的司法模式体现不同的基本理念和价值取向，直接决定着司法活动的特点和方式。因此，在司法体制和具体制度的建构中，首要的问题就是确定基本模式。综观当代世界各国的司法制度，一方面，在许多方面出现了趋同的迹象，例如，对司法独立的保证，对人权的保护，对公正与效率的追求等，许多制度都可以被相互借鉴；但是另一方面，各国的司法制度在许多方面仍保持着自己鲜明的特色，并尝试不同的途径、方式和形式，因而在具体制度和模式上又呈现出多元化的状态。

认清现代司法制度中模式的多样性和选择可能性，有利于全面深刻地理解现代司法制度的特点，分清共性与个性的因素，尤其是在借鉴国外的经验和制度时，一方面，应坚持现代司法的精髓和基本原则，以改革我国现行制度的缺陷；另一方面，只有认清各种模式的特点、利弊、所需要的社会条件、引进的成本等，才能避免盲目性，减少制度移植带来的体系混乱、过高的成本代价和不适应性。

(三) 司法模式的划分

在法学研究中，人们基于不同的目的，根据不同的标准对司法模式进行了不同的划分。其中，最典型的是从法律传统角度划分的普通法系和大陆法系。两大法系尽管同样建立在现代市场经济的基础和相同的历史条件之上，但是在司法体制、司法理念、诉讼程序、法律职业、法律教育等诸多方面却形成了鲜明的对照。不仅如此，在各法系内部，因各国的具体情况不同也发生了许多明显分化，如美国与英国、德国与法国的司法制度都存在重大的差异。因此，除了两大法系传统上的区别之外，各国在具体制度的设计建构上，还存在更多的选择可能性和结果，从而形成不同的模式，例如，司法体制上的法国模式、德国模式、美国模式和英国模式，以及各国不同的违宪审查制度和检察制度等。

从诉讼程序主导权的差异角度，各国司法模式可分为对抗制和纠问制。这种划分也源于对两大法系司法制度的提炼，早在12世纪时期就已出现。[①] 一般认为，对抗制的核心意

---

① 参见［美］米尔伊安·R·达玛什卡：《司法和国家权力的多种面孔——比较视野中的法律程序》，郑戈译，4页，北京，中国政法大学出版社，2004。需要说明的是，就对抗制的形成时间而言，理论界有不同观点。美国耶鲁大学法学院兰博约（John H. Langbein）教授认为，直到18世纪，对抗制诉讼模式才在英格兰出现。相关内容参见［美］兰博约：《对抗式刑事审判的起源》，王志强译，上海，复旦大学出版社，2010。

义是指双方当事人（或诉辩双方）在相对被动的裁决者面前展开竞争，由他们主导大部分的程序性活动；纠问制类似于一项官方调查，大多数程序活动是由官员来推进的。这种司法模式划分对于各国司法组织、诉讼程序、审判运作，甚至法律传统、文化观念等差异有很强的说明力。不过，对抗制和纠问制的内涵及外延目前尚未达成共识，人们常常在不同层面加以使用。此外，一个国家往往并非只奉守其中一种模式，例如，德国等大陆法系国家的刑事诉讼保留了明显的纠问制特征，而民事诉讼则呈现出对抗制特征。

从社会形态的角度，还存在奴隶社会司法模式、封建社会司法模式、资本主义司法模式和社会主义司法模式的划分。这种司法模式的划分注重司法制度与其所身处的社会经济政治环境之间的联系，凸显出司法制度的本质特征以及司法权的政治性，有助于识别和解释各国司法制度背后的意识形态和文化观念。不过，值得注意的是，不同社会形态的司法制度往往具有延续性，相同社会形态下各国的司法制度设计及其实践也可能采取完全不同的方式，尤其是在技术性制度设计和实践惯例中表现得尤为明显。

事实上，由于影响特定国家司法理念、制度设计及实践运作的因素众多，司法权与国家权力密切相关而难以发现共同的传统，司法模式的划分往往难以做到准确和周延。在学习和使用的过程中，一方面要注意司法模式与现实生活中的司法制度总是存在一些背离，另一方面也要注重运用司法模式来认识和理解特定国家的司法制度，切忌直接搬用或者简单套用。我国的人民司法模式具有明显的独特性，但能否抽象为一种独立的现代司法模式，尚存在一定的争议和不确定性，需要在今后的实践中继续探索和研究。

【深度阅读】

1. 张晋藩主编．中国司法制度史．北京：人民法院出版社，2004

2. ［意］卡佩莱蒂．福利国家与接近正义．刘武俊等译．北京：法律出版社，2000

3. ［美］米尔伊安・R・达玛什卡．司法和国家权力的多种面孔——比较视野中的法律程序．郑戈译．北京：中国政法大学出版社，2004

4. ［日］小岛武司等．司法制度的历史与未来．汪祖兴译．北京：法律出版社，2000

5. ［意］莫诺・卡佩莱蒂．比较法视野中的司法程序．徐昕，王奕译．北京：清华大学出版社，2005

【问题与思考】

思考题：

1. 司法的概念是什么？司法与法院及审判是什么关系？
2. 关于司法和司法权的不同界定对于理解司法活动及司法制度有什么意义？
3. 司法权具有哪些性质和特征？
4. 司法的基本功能是什么？
5. 司法是怎样产生的？现代司法制度产生的条件和标志是什么？
6. 中国当代司法制度的特点是什么？

7. 如何理解司法的价值取向？

8. 常见的司法模式划分包括哪些？如何看待这些不同的司法模式？

练习题（选自历年司法考试试题）：

1. 关于司法和司法制度，下列哪一选项是错误的？（D）

A. 现代社会，司法构成社会纠纷解决体系中最具普适性的方式，法院已成为最主要的纠纷解决主体

B. 法官自由裁量应力求达到合法与合理高度统一，尽可能地减少法律适用过程中的不确定性，防止司法擅断与专横

C. 通过对不同的案件采用不同的诉讼费用分担机制，能够影响诉讼各方的行为方式，实现诉讼费用的“配置效率”

D. 司法机关特别是最高法院参与公共政策的制定，表现出司法权在国家权力配置与运作中的越位

2. 关于司法功能的表述，下列哪一选项是错误的？（A）

A. 司法具有解决纠纷、调整社会关系的直接功能和解释、补充法律及形成公共政策、秩序维持、文化支持等间接功能

B. 司法要求司法活动的公开性、裁判人员的中立性、当事人地位的平等性、司法过程的参与性、司法活动的合法性、案件处理的正确性

C. 我国晋代刘颂认为应该严格区分君臣在实现司法公正方面的职责

D. 英国哲学家培根强调司法公正的重要性：“一次不公的判断比多次不平的举动为祸尤烈。因为这些不平的举动不过弄脏了水流，而不公的判断则把水源败坏了。”

3. 关于司法和司法制度，下列哪一表述不成立？（A）

A. 司法历来以解决社会冲突为己任，与社会冲突相伴相随。从古至今，司法一直为一种独立的解纷形态和制度

B. 司法和司法权曾是反对专制、对抗王权的一道屏障，负责监督政府、保护人民，同时能有效地保护法官

C. 晋刘颂上疏惠帝，论及司法制度时说：“君臣之分，各有所司。法欲人奉，故令主者守之；理有穷，故使大臣释滞；事有时立，故人主权断。”

D. 美国法学家亨利·米斯认为：“在法官做出判断的瞬间被别的观点或者被任何形式的外部权势或压力所控制和影响，法官就不复存在……法官必须摆脱不受任何的控制和影响，否则便不再是法官了。”

4. 关于司法、司法制度的特征和内容，下列哪一表述不能成立？（B）

A. 中国特色社会主义司法制度包括司法规范体系、司法组织体系、司法制度体系、司法人员管理体系

B. 法院已成为现代社会最主要的纠纷解决主体，表明司法的被动性特点已逐渐被普遍性特点所替代

C. 解决纠纷是司法的主要功能，它构成司法制度产生的基础、决定运作的主要内容和直接任务，也是其他功能发挥的先决条件

D. “分权学说”作为西方国家一项宪法原则，进入实践层面后，司法的概念逐步呈现技术性、程序性特征

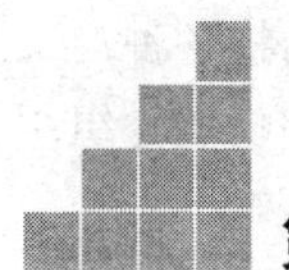

第二章

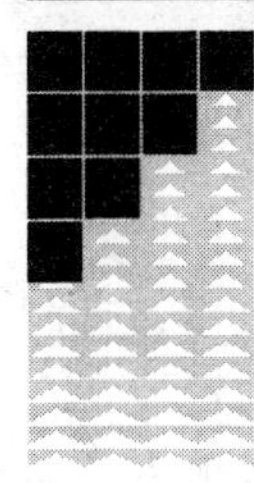

司法体制

常考知识点

- 司法体制与司法制度
- 现代司法体制及其特征
- 实体公正与程序公正
- 司法公正与司法效率的关系
- 司法独立与司法民主
- 司法权限
- 主管和管辖
- 我国人民司法体制

第一节　现代司法体制及基本理念

一、现代司法体制的概念与特征

（一）司法体制的概念

1. 司法体制

司法体制，是一个国家有关司法机关的设置，各司法机关之间的职权划分和相互关系的体系、制度、形式和活动原则的总称。从国家权力结构来看，司法体制涉及司法机关在国家权力体系中的地位、构成方式，即国家司法权力配置、权限划分和司法权行使的方式等问题，集中体现为宪政体制中规定的司法组织体系，司法与立法、行政及其他权力之间的关系，以及审判权与公诉权、侦查权、司法行政权等其他司法权之间的关系。从国家与社会的关系来看，司法体制涉及司法权干预社会生活的范围、深度和方式，集中体现为司法管辖权的范围以及司法权与社会自治之间的关系。

由于对司法概念有狭义与广义的理解之分，因而对司法体制概念的界定及其构成也可以有狭义与广义的理解。狭义的司法体制相当于审判制度；广义的司法体制则将各种广义的司法制度整合为一个总括性概念，即“参与司法活动的国家专门机关在机构设置、组织隶属关系和管理权限划分等方面的体系、制度、方法、形式等的总称”①。

司法体制的具体内容或构成要素主要包括：司法权的设置和权限划分、司法组织机构、司法人员、司法理念等。

2. 司法制度

司法体制与司法制度的概念既有相同之处，又有区别。司法制度一般是司法体制在宪法和法律中的具体化和制度化。② 狭义上的司法制度，即法院制度、审判制度和法官制度。广义上的司法制度，可以与广义或者宏观意义上的司法体制概念重合，二者经常在同一意义上使用；但微观意义上的司法制度则与司法体制有明显区别，往往体现为一系列具体的法律制度，例如，审判制度、法官制度、检察制度、警察制度和律师制度等。为了理解方便，本书把包括各种微观司法制度在内的宏观或广义的司法制度界定为司法体制，以便与各种具体司法制度加以区分，并在这一意义上分别使用司法体制与司法制度这两个概念。

（二）现代司法体制的特征

现代司法体制，是指世界各国在近现代完成一系列社会变革后建立起来的司法体制。虽然各国的司法体制建立在不同的经济基础、社会体制及文化传统之上，存在不同模式和形式上的显著差异，但仍然可以看到其中共有的一些基本特征。

1. 现代司法体制建立在现代立宪民主政治体制之上，由司法机关独立行使司法权

现代世界各国的政治体制存在明显的不同，例如，自由民主国家、福利国家、君主立宪制国家、社会主义国家等。各种政治体制的特性直接决定了其司法体制的不同，但这些政治体制基本都可以被纳入现代立宪民主政治体制的大范畴。在这一前提下，国家权力都是根据宪法进行配置，并以权力机关之间（司法、立法、行政机关）的分立与制衡为基本原则。现代司法体制最重要的标志，是存在独立的司法机关，司法权与行政权和立法权之间存在相互制约关系。

在这个问题上，法学界和政治学界存在一定的意见分歧。部分意见认为，只有严格实行三权分立的民主国家才能够建立真正意义上的法治，即实质意义上的法治。但多数意见认为，法治可以是形式上的，更重要的是功能上的，法治也可以有各种不同的模式和样式，即使一个国家的政治体制并不是严格地遵循“三权分立”的理念和制度建构，司法体制仍然能够相对独立存在并发挥其基本功能。例如，在我国的人民代表大会制度下，尽管司法机关需要对人民代表大会负责，但是宪法保证其依法独立行使司法职权，独立审判亦属于司法独立的范畴。与此同时，现代西方法治国家在发展中，也不再严格恪守早期三权分立的模式，权力机关之间的分工与制约出现了新的格局。

2. 司法体制内部实行权限与职能的分工

无论采用狭义还是广义的司法概念，世界各国的现代司法体制都是以审判权为核心，

---

① 郭成伟、宋英辉主编：《当代司法体制研究》，23页，北京，中国政法大学出版社，2002。

② 熊先觉认为，司法制度是国家司法体制的表现形态（熊先觉：《中国司法制度新论》，24页，北京，中国法制出版社，1999）。郭成伟、宋英辉则将司法体制的构成归纳为法院制度（体制）、检察院制度（体制）、司法行政制度（司法部体制）、律师体制、公证体制、治安管理体制、监狱体制等。

由多种司法或准司法组织、人员、制度和程序共同构成的。现代司法体制通过司法权限与职能的分化，形成内部的制约与协作关系，限制了司法集权。通常体现为：（1）法院独立行使审判权，通过法院组织体系和审级制度在各法院之间明确划分管辖权；（2）检察机关独立行使公诉权和监督权；（3）侦查机关行使侦查权；（4）司法行政机关承担法律教育、法律职业管理、司法官提名任命以及司法机关的财政管理等多方面的司法行政职能；（5）部分司法职能向社会组织扩展，司法与民间社会机构之间在纠纷解决方面的合作不断扩大。

3. 法律家职业化

司法独立和司法活动的专门化、技术化需要由专门的法律家进行操作，独立的法律职业群体及其自律是现代司法运作的基本条件。法律职业的素质直接决定着司法的公正与效率。同时，由特定的教育培训途径培养出来的法律职业人员是保证法律的统一适用、确定性、连续性和稳定性的基础。高素质司法官的培养和任命成为司法制度中重要的一环，其身份保障成为现代司法制度的核心。

4. 建立司法监督与司法民主的制约机制

现代司法独立并不意味着司法权不受限制。司法独立建立在对人民主权的依存基础之上，人民的授权范围是司法的界限，人民的信任和参与是司法合理性和公正性的保证。因此，现代司法体制在以司法独立为基本原则的同时，还必须坚持司法民主原则，注意通过各种司法民主机制，加强对司法活动的制约和监督，增强司法的民主性。

二、现代司法体制的基本理念

世界各国的司法理念及侧重点往往各有不同，但作为现代司法体制，以下一些基本理念是被普遍认同和遵循的，并可被视为现代司法体制的基本原则。

（一）司法公正

一次不公正的裁判，其恶果甚至超过十次犯罪。因为犯罪虽是无视法律——好比污染了水流，而不公正的审判则毁坏法律——好比污染了水源。

——培根：《论法律》，载《培根随笔选》，何新译，102页，上海，上海人民出版社，1985。

培根（1561年—1626年），英国近代唯物主义哲学家、思想家和科学家

1. 司法公正的概念

公正是司法的本质要求，也是现代司法体制、司法制度和司法程序的最高价值目标。全部司法活动都是围绕着公正裁判、实现正义而展开的。

司法公正包括实体（或实质）公正与程序公正。实质正义（substantive justice）是追求司法活动结果的正确，包括事实判断和法律适用的正确。程序正义（procedural justice）则是指为了实现正义和公正，必须保证司法活动在形式上、手段和方法上以及过程中的公正。各个时代和社会对于公正的标准认识是不同的，对于实体公正和程序公正的认识和价值取向也各有不同。传统的司法正义观在追求实体正义的同时，往往忽视过程、方法或程序的重要性，因此，司法程序的价值是附属于实体正义的。随着现代法治的发展，程序的独立价值逐渐得到凸显，并逐渐成为评价司法公正和正义的主要标准，上升为宪法的基本原则和制度。程序正义一方面要求司法机关的设立、职权行使符合法定程序和形式；另一方面，要求司法机关的活动严格遵守正当程序的规范。

程序公正之所以成为当代普遍接受的司法理念，是因为：（1）程序公正对公共权力的运用具有约束和规范作用；（2）实质正义具有很强的相对性，没有一个终极的检验标准，而程序公正是"看得见的"的正义，是能够被检验的、可操作的正义；（3）程序公正能够最大限度地实现实质正义；（4）程序公正符合人道主义原则。程序正义要求以人们看得见的形式实现正义，表现为公开审判，程序平等性，司法权限、方法和手段的合法性、人权保护和当事人制约等程序规范。程序公正可以防止司法官的任意，限制法官的自由裁量权，确保审判过程和结果的可预测性和公正性。

2. 司法公正的基本标准

司法公正的基本标准应是实体公正和程序公正的统一。一方面，实体公正的目标很大程度上是以制度、法官的行为、诉讼程序和过程的具体规则及其实现程度来衡量的。具体而言，司法公正首先是体现在司法的一系列形式合理性和程序规范要求上的。主要包括：（1）在司法制度方面，强调以司法的公开性、平等性、当事人的参与性、审级之间的制约性等保证司法的公正。（2）在司法官行为方面，要求司法官保证中立性、廉洁、独立，具有准确适用法律的能力、良知与经验。在法定职权范围内依法行使司法权，并严格遵守依法裁判原则，准确适用各种实体法和程序法规则。（3）在司法程序方面，要求严格遵循正当程序原则，保证当事人的各种程序权利，平衡法院职权与当事人权利之间的关系。（4）在司法活动的结果方面，要求认定事实准确，正确适用法律。另一方面，现代司法也注意以实体公正对程序公正的一些固有局限性进行衡平和修正，例如，通过增加法官的自由裁量权在个案中追求实质正义；通过法官的释明权，减少某些由于当事人诉讼能力较低而出现重大不利结果的可能性，以及强调诉讼中各方当事人的诚实信用等。

3. 公正与效率的关系

公正与效率是司法的基本价值目标。一方面，公正性是司法的基础和实质目标，司法对效率的追求也同样必须以公正为前提。没有公正，效率就没有任何意义。另一方面，由于司法的公正性必须体现在诉讼程序的有效运作及其结果上，因而诉讼效率在一定程度上也与公正的实现息息相关。诉讼迟延实际上妨碍了当事人权利的实现，昂贵繁琐的诉讼程序也必然造成当事人在司法资源利用上的不平等，直接影响司法的公正性和平等性。如果司法资源不能得到合理有效的利用，诉讼案件积压，大量纠纷得不到及时妥善处理，不仅会使当事人求助司法救济的期待受到打击，还可能影响社会秩序的稳定，导致纠纷激化，危及社会正义的实现。在这个意义上，司法效率的提高本身有助于司法公正的实现，也符合绝大多数当事人的利益。因此，现代司法在追求司法公正的同时，也需要重视和强调司法的效率。在司法程序的设计和运作中，始终需要协调好公正与效率这一对基本价值，以效率促进、体现和保证公正。其具体要求是：（1）协调司法资源短缺与司法需求不断增长之间的矛盾，合理配置司法资源。通过非诉讼程序（ADR）的辅助作用，分担司法的压力。（2）努力提高司法效率，对案件进行繁简分流，同时适当简化诉讼程序，加强法官的职权管理和指挥，加快诉讼程序的运行，缩短诉讼周期，降低诉讼的公共成本（包括法院和法官等人力物力方面的经费）和私人成本（包括诉讼费和律师费)。(3) 不能以牺牲公正为代价追求效率。(4) 承认司法资源和司法能力的局限性，如果为追求个案公正必须付出过高的代价，就不得不适当加以限制；应避免司法资源被滥用。

(二) 司法独立

现代民主宪政以分权和制衡为基本原理，司法权与立法权和行政权相互独立、相互制约，司法独立理念和原则是现代司法体制的基础。司法独立一般包括三个方面。

1. 司法权独立，即司法的外部独立，要求司法权独立于立法权、行政权及其他社会政治权力，不受其操纵、干涉和影响。只有从制度上根本保障审判机关的独立地位，防止其他国家机关、社会组织（包括政党、宗教、媒体以及各种社会民间团体等）和个人任意影响审判权的行使，才能充分保证审判过程和结果的合法性和正当性。1983 年在加拿大举行的司法独立第一次世界会议全体大会通过的《世界司法独立宣言》将司法权独立的标准确定为：(1) 司法权不受行政权和立法权的干预；(2) 司法机关的管辖权不受剥夺；(3) 法官应有权采取集体行动以保护其司法独立性。

2. 法院独立，要求在法院内部严格区分司法行政权和审判权，正确处理上下级法院的关系。因此，法院内部和上下级法院应避免过度依赖行政化的管理，例如，通过各种指令、考核指标或不合理的激励机制等干预下级法院和法官的审判活动。对于法官和审判组织依法作出的判决，即使存在认识上的不同和错误，也只能通过法律程序和审级制度进行纠正，不应通过内部指令和其他行政性手段要求其放弃或改正自己的判决。原则上，如果没有当事人（原被告或控辩双方）对下级法院的裁判提出异议，上级法院不能主动对下级法院作出的裁判进行干预。

3. 裁判者即法官独立，要求法官在履行职权时除受法律和良知的拘束外，不受任何干涉。司法独立是通过法官独立审判实现的，法官独立是司法独立的核心，具体指：(1) 司法官不受任何非司法官的干涉而保持独立性；(2) 法官不受法院内部其他组织或法官的干预，也不受上级法院的干预而保持独立性；(3) 法官不受承审同一案件的审判组织内部其他司法官的干涉而保持独立性；(4) 法官的中立性，即任何人不能成为自己案件的法官，法官在对立的当事人之间必须保持不偏不倚的超然审判者的地位。法官只有做到独立和中立，才能保证司法审判的公正。法官独立在制度上主要体现为身份独立和实质独立，即履行司法职务时不受干预的权力。身份独立是实质独立的保障，实质独立则是身份独立的目的。

20 世纪后半期，随着国际人权保障运动的深入开展，一些国际组织开始致力于制定有关司法独立的通行标准。1982 年，国际律师协会第 19 届年会通过了《关于司法独立最低标准的规则》。1983 年 6 月，在加拿大蒙特利尔举行的世界司法独立会议通过了《世界司法独立宣言》。上述两个法律文件对“最低限度司法独立标准”作出了具体规定。1985 年 8 月，第七届联合国预防犯罪和罪犯待遇大会通过了《关于司法独立的基本原则》，并由联合国 1985 年 11 月 29 日第 40/32 号决议和 12 月 13 日第 40/146 号决议核准认可，基本确认了上述司法独立的最低标准，提出：各国应保证司法机关的独立，并将此项原则正式载入其本国的宪法或法律之中。该文件强调司法独立的核心是法官个人独立，并对法官的身份保障提出了具体的标准。

(三) 司法责任

阿克顿勋爵(1834年—1902年),剑桥大学教授,历史学家,英国理论政治家

权力导致腐败,绝对权力导致绝对腐败。

——[英] 阿克顿:《自由与权力——阿克顿勋爵论说文集》,侯健等译,342页,北京,商务印书馆,2001

司法权的行使不仅直接影响当事人的利益,同时也可能对社会政治经济秩序格局产生重大影响。因此,几乎所有国家都注重对司法权力的监督和制约,防止司法权力的滥用和不当行使,司法责任的基本理念和原则也成为现代司法体制的基础。尤其是现代社会中司法权不断扩大,越来越多地介入政治领域,法官的自由裁量权也日益受到人们的关注。在这种背景下,在确保司法独立的同时,司法责任(judicial responsibility / judicial accountability)问题逐渐成为各国司法制度建设和理论研究的重点。

1. 司法责任的概念

司法责任,是司法机关、司法辅助机构、司法官及其他法律工作者,因职务上的行为不当而引起的依法应当承担的不利的法律后果。

目前,法律界对于司法责任并没有形成统一明确的概念。一方面,根据不同的标准,司法责任的内涵和外延有不同的界定;另一方面,司法责任本身也具有多层次含义,涵盖了多种类型。通常来说,当前各国对司法责任的界定包括三个相互关联的层面并有相应的责任追究或者承当的制度①:(1)政治责任(political accountability),主要是指司法机关及相关人员对其产生或者选任主体以及立法、行政、其他司法机关所承担的责任,在某些国家亦被称为"民主责任"(democratic accountability),具体体现为司法官的选任、晋升和弹劾,司法机关与其他权力机关的关系,以及主管和管辖等制度设计。(2)裁判责任(decisional accountability),主要是指司法机关及其人员因其裁定和判决而承担的责任,涉及上诉审查、国家赔偿、学术批评和社会公众监督等多种机制。(3)行为责任(behavioral accountability),主要是指司法官因其不当司法行为而承担的责任,涉及承担民事责任、刑事责任、纪律责任(行政责任)等机制。

2. 司法责任的特点

(1)责任的复合性。司法责任不是一种特定的责任形式,而是对司法机关及其人员妥善行使司法权力所需承担的各种责任的统称。就其性质而言,包括刑事责任、民事责任、行政责任(纪律责任)和国家赔偿责任等多种责任形式。(2)责任主体的特定性。司法责任的主体只限于司法机关、参与司法活动的其他职业机构(如仲裁机构、鉴定机构、公证机关、律师事务所等)和职业法律家。每一种特定的主体因其法定或约定义务的不同,承

① See Mauro Cappelletti, "Who Watches the Watchmen? A Comparative Study on Judicial Responsibility", *The American Journal of Comparative Law*, Vol. 31, No. 1 (Winter, 1983), pp. 17 - 52; Wendell L. Griffen, "Comment: Judicial Accountability and Discipline", *Law and Contemporary Problems*, Vol. 61, No. 3. (Summer, 1998), pp. 75 - 77.

担的责任及方式各有不同。(3) 承担责任的行为具有职务性。司法责任是一种职务责任，其前提是依照法律或根据委托，司法机关及司法辅助机构和职业法律家在履行其特定职业义务的过程中，发生职务行为不当或未履行职务义务的情况。对行为主体这种职务责任的认定和追究是以法律规定的职务责任和法律后果为依据的。司法人员个人的不当行为（如在职务活动之外的违法犯罪或民事侵权）如与其职务无关，则不属于司法责任。

3. 司法责任的分类①

根据不同的标准，可以将司法责任作以下各种分类。

(1) 根据责任主体的不同，可将司法责任分为个人责任、单位责任和共同责任。个人责任与法官、检察官、司法警察、律师、鉴定人、仲裁员、公证员、法医、翻译等特定的职务身份相联系；主要是因渎职、失职、滥用职权等不当行为，应由行为人承担的不利后果。单位责任则与法院、检察院、侦查机关、裁判执行机关、律师事务所、仲裁机构、鉴定机构、公证机构等机关的职责相关。单位责任是一种集体责任，在以集体名义履行职务义务的情况下，应以集体名义承担司法责任。共同责任则是不能由某个单位或个人单独承担，而必须由整个司法共同体一同承担，或由国家承担的责任。例如，冤假错案，应由国家承担纠正和赔偿的义务和不利后果。

(2) 根据责任主体违反义务时有无过错，可将司法责任分为过错责任和无过错责任。一般而言，司法责任主体只有在主观上具有故意或过失时，才应对其违反义务的行为承担司法责任。但是，由于司法活动是以程序公正为基准的，有时难免出现司法人员并无过错，但确实出现了结果的错误或瑕疵的情况。在这种情况下，当代法治社会，本着对受害人负责的人道主义精神，在确实出现司法失误，而司法人员并无过错的情况下，可以根据无过错原则，由国家对受害人承担赔偿责任。但在这种情况下，一般不应追究司法主体的个人责任。

(3) 根据责任发生的不同阶段，可将司法责任分为过程责任（程序责任）和结果责任（实体责任）。过程责任指司法活动中法律职业人员或机构的行为违反了法律、职业道德或约定的义务，应当承担的不利后果。结果责任，则是指特定的司法活动的结果（裁判、仲裁裁定、公证文书等）出现了实质性的错误，承办的主体（个人或单位）应该承担的不利后果。司法活动以程序性为特征，特别强调司法主体的程序正当性与合法性。因此，对于司法主体，通常应该更重程序和过程上的责任，强调法律职业人只要发生了职务上的不当行为，如渎职、律师向法官行贿、未严格按照程序办事等，无论是否导致不公正或错误的结果，都必须追究行为人的责任。如果严格按照程序办事，但最终仍然出现了错误，则需要对结果承担相应的责任。一般而言，尽管这两种责任有时是合一的，但仍然可加以分离。对于法律职业人而言，应更强调司法活动过程中行为的合法、正确，不应过分强调错案追究之类的结果责任；而对于国家和司法机关而言，则应当同样重视并承担过程责任和结果责任。

(4) 按照责任性质，可将司法责任分为刑事责任、民事责任、行政责任（纪律责任）和国家赔偿责任。一个违法行为可能同时引起两种以上的责任。

(5) 根据承担责任主体的职业角色的不同，可以分为法官职业责任、检察官职业责

---

① 参见黄松有、梁玉霞主编：《司法相关责任研究》，10页以下，北京，法律出版社，2001。

任、律师职业责任、公证员职业责任等。

4. 司法责任与司法豁免权

司法责任的设定是为了保证司法的公正。其中最重要的是司法机关和司法官的责任，这种责任与一般法律职业及机构的责任存在本质的区别。律师或司法辅助性工作，通常是接受当事人或司法机关委托而进行的，如出现错误，应根据行为人的过错和损害结果承担相应的法律责任。相比之下，司法官独立行使职权受到法律保护；司法官身份保障制度的一个重要原则是司法官的职务行为享有豁免权，即履行职务行为免受法律追诉的特权。例如，法官在履行职务时拥有较大的自由裁量权，需要有独立形成自由心证（或内心确信）、进行法律解释、作出裁判的自由空间，其裁判结果可能因对法律的认识不同而被上诉法院否定或改判，但这并不意味着其行为存在过错，因此无须承担司法责任。只有这样，法官才能真正做到依据法律和良知独立办案，最终保证司法的公正。所以，现代法治国家更强调法官职务行为本身的合法性和正当性，而不单纯计较其结果的正确性，司法适用结果的统一和纠错功能可以通过上诉制度实现。如果法官确有渎职等犯罪行为，将遭到弹劾或惩戒处分；但如果裁判出现了错误或瑕疵，只要没有证据说明法官行为存在渎职的要件，就无须追究其责任。同时，法官内部的纪律惩戒处分也受到司法豁免权的制约，必须严格遵循法定要件和法定程序进行，并给予当事人充分的说明和辩护的机会。

（四）司法民主

1. 司法民主的概念

民主一词可以在多种意义上使用，在国家制度层面主要体现为公共权力与市民社会进行理性互动的价值理念和制度安排。现代司法制度是在民主政治的基础上建立和运作的，本质上也必须符合政治民主的基本原理，受到民主的制约。作为现代法治社会对司法制度建构和运作的一种正当性要求和原则，司法民主理念要求司法权的行使应该受到人民的制约，司法活动应该有民众的参与，司法的运作应该受到人民的评价，司法人员应该接受人民的监督。

司法民主原则来源于人民主权学说，其要求是：（1）在司法权的归属上，明确司法权来源于人民，人民有权对司法活动和司法人员进行民主监督。（2）在司法权的功能上，强调设立司法机关的目的，是维护人民的权利，制约国家权力对公民权利的侵害，维护社会主体在法律上的平等。司法机关必须服务于社会、服务于民众，最大限度地保证公民利用司法的基本权利（诉权）。（3）在司法权限上，要求司法机关尊重国家权力机关之间的权限划分，尊重立法及行政机关的权限及其行使。法院不能主动行使审判权，不能主动对社会生活进行干预，也不能任意地扩张自己的权力和主管、管辖范围，尤其是必须最大限度地遵循立法体现的法律的精神。（4）在审判过程中，法院应严格遵守“不告不理”的原则，只有在接到起诉人、公诉人等提出的诉讼请求时，才可以受理案件；在诉讼程序中，法院的职权受到当事人权利的制约，必须严格在程序的框架内，有限度、有节制地行使权力。（5）在司法官的选任和罢免上，应通过民主程序和公开的方式，以保证司法官选任的公正、身份的独立、行为的正当。（6）民众有权参与和监督司法，以保证司法与公众的交流与互动。

2. 司法民主与司法独立的关系

司法权力行使方式的特殊性，使得司法民主在制度安排方面与立法权和行政权的民主制度存在明显的差异，关键问题在于必须妥善处理司法民主与司法独立之间的关系。

首先，司法民主的真正实现，必须以确保司法权的独立运作为基础，现代司法制度应优先保证司法独立。司法民主则是以司法独立为前提的，其制度设计需要保证司法公正不会因简单的民主行为（如表决）或无序的参与（如舆论对个案裁判的不同意见）而改变，旨在实现司法独立与司法民主的相互制约。

其次，在现代法治国家中，司法民主既是对司法独立的一种制约，又能对司法独立的形成起到促进作用。

第一，现代司法制度的本质决定其是现代民主政治的组成部分，国家的一切权力属于人民，司法权也不例外。人民将司法权委托给司法机关及司法官独立行使，但司法独立并不能脱离人民主权而超然或任意地行使。因此，在现代司法制度的建构和运作中自始至终地存在着对司法民主的要求，并通过司法消极主义、司法中立原则和一系列制度得以体现。

第二，从法与社会的关系而言，法是受社会决定的，必须服从于社会需求；同时，在现代西方法的发展中，法又保持着一定程度的自治，通过法律家的职业化、自治共同体、独立的法律思维方式、法律技术和独立的培训机制以及对司法活动的垄断，形成了与社会的一定程度的隔离。这种自治和精英化有利于保证司法的独立和法制传统的延续，保证法律职业人的素质，但也确实存在着与社会发展脱离，与社会公众的价值观、常识和情理背离的可能。由于司法公正的标准最终取决于社会公众而不是取决于法律职业自身，因而，司法民主的作用在于保持社会对法律职业集团的制约和监督，保证司法活动及其价值取向不致脱离社会发展的需要和社会常识，避免司法腐败和司法不公。

第三，司法民主的目标是扩大民众参与，增加司法的透明度、公信度、权威性和正当性。现代法治社会司法的权威并不仅仅取决于制度的健全和法官个人素质，还取决于整个社会对司法的认同和支持。因此，司法必须是公开的，在承担起教育民众，传播法律信息，提高社会主体意识的责任的同时，接受公众的监督。司法民主在民众对司法的公信度尚未建立之时，起着重要的监督和保障作用，可以分担法官的责任，确立司法活动的正当性，维护司法的正常运作。在民众法律意识形成过程中，通过民主参与增加民众的主体意识和对法律的理解与信任，从而形成守法和尊重司法权威的意识。在司法运作中，民众的参与可以将社会常识、公共价值观与社会观念的变化及时导入司法实践，使职业法官可以紧跟时代的发展，适应社会的需求，作出合法、合理的裁判。随着当代司法职权和法官的自由裁量权的不断扩大，司法民主的意义显得愈加重要，并成为各国司法改革的重要目标之一。

3. 司法民主的实现途径

在现代司法制度中，司法民主主要通过下列方式实现。

（1）依法行使审判权。宪法是运用特别程序制定和修改的，具有最高的民主性。法律通常是由民选议会或人民代表根据民主原则和法定程序制定的，一般被视为多数民意的体现。因此，依法审判是保障司法民主的根本形式。

（2）法官任命制度。目前，世界各国法官产生方式主要有三种类型：第一，通过选举产生。有的是由议会选举，有的是由法官委员会选举，有的则由选民选举。第二，由行政部门任命。第三，由行政部门和议会结合起来任命。其中，民选或议会选举法官体现的司法民主程度较高，而由行政部门任命法官，所体现的司法民主程度则较低。

（3）法官任期制度。目前各国法官的任期制度主要有任期制和终身制两种类型。任期制有利于选民对法官行使职权进行监督，司法民主程度较高。但由于法官要考虑下一届的选举问题，可能在审判案件时会过多地关注舆论倾向而影响司法独立。随着法官素质的提高，为了克服任期制的缺陷，绝大多数西方国家已经实行终身制，或者可以无限期地延长任期，实现实际上的终身制。目前仍然实行任期制的国家，任期也开始延长。此外，无论终身制还是任期制，根据身份保障原则，法官一经任用，便不得随意更换，不得被免职、转职或调换工作，只有依照法定条件，才能予以弹劾、撤职，或令其提前退休。

（4）非职业法官制度。非职业法官制度（non-professional judge）由来已久，并普遍存在于世界各国。根据民众参与审判的方式和程度划分，主要包括三种制度类型：第一种以英国的治安法官制度为典型，非职业法官就某些层级的案件相对独立地行使审判权。第二种以英美等国家的审判陪审团制度为典型，非职业法官与职业法官在事实认定与法律发现等方面进行大体分工。第三种以德、法等国家的参审制度为典型，非职业法官与职业法官共同行使审判权。尽管各种类型的非职业法官制度的产生原因、社会背景、运作机制及实际效果有所差异，但通过民众参与审判都能在一定程度上起到司法民主的作用（实际的或者象征意义上的）。除此以外，非职业法官还具有分担司法压力、合理配置和节约司法资源、沟通法律与社会、促进法律职业与民众在司法和社会治理中的互动与协作等多重功能，进而起到辅助职业化司法的形成与运作、弥补司法职业化过度的弊端等作用。

（5）审判公开原则。审判公开包括对当事人公开和对社会公众公开。审判过程和结果对社会公众的公开是司法民主原则的体现，有助于实现社会公众对国家权力运行的知情权以及对司法活动和审判过程进行监督的权利。

（6）司法监督。司法监督是由法定监督和社会监督共同构成的、对司法运作的监督机制。其中法定监督，指立法机关的监督、审级监督、司法机关的相互监督制约等制度。社会监督，主要指舆论监督、当事人监督、社会团体监督等；基本方式包括：公众对法官的社会评议，媒体对司法活动的报道和批评，学者对司法判例的批判，各社会团体的质询，等等。社会监督与法定监督属于司法民主的重要实现方式，为宪法所确认和保护。但同时，法治社会必须避免监督权的滥用，防止其对司法独立造成干扰和破坏。为此，社会应有一个平衡司法与社会监督之间冲突的评价机制，如司法委员会等。

（7）司法委员会。欧盟国家已经普遍建立了司法委员会，其职责范围是：处理国家司法预算在法院之间的分配，履行法院行政管理职责，如法官培训、办公自动化等。司法委员会一般由至少15位委员组成。除法官、司法部长、总统等当然成员外，各国都采取了吸收"司法外成员"的做法，如律师、工会代表等，其目的是引进社会控制因素，加强司法民主。

第二节　司法权限

一、司法权限的概念及功能

司法权限，是指司法权的限度和范围。司法机关只有在其权限之内才能合法有效地行使司法权，超越或滥用司法权的行为及结果是违法和无效的。现代法治国家的司法权限通常由一个国家的宪法、司法组织法等法律所确定和保障，主要涉及以下各种关系：（1）司法机关与立法机关的关系；(2) 司法机关与行政机关的关系；(3) 司法机关与社会团体，包括公益性组织、自治性组织、宗教团体、政党等组织的关系；(4) 司法机关与公民私权的关系；(5) 不同司法机关之间的关系；(6) 与国家主权有关的涉外司法主权关系。此外，司法权限的行使通常会涉及法院的管辖权和主管问题。

随着社会的发展和时代理念的变化，司法权限的边界和行使方式也在不断发生变化，现代司法改革不仅要与时俱进地调整司法权限，而且必须面对经济全球化的挑战。在纠纷解决的程序、方式和权限方面，都显示出司法的社会化和国际化的趋势（参见本书第十二章）。

二、司法机关与立法机关的关系

司法机关与立法机关之间的关系，在各国都是一个重要而复杂的问题。如果司法权过度扩张，可能构成对议会民主的威胁；而如果议会对司法机关控制过多，则可能破坏司法独立，违反法治原则。因此，必须正确建立、处理立法机关与司法机关（特别是法院）之间的关系，以维护民主和法治的正常实现。

现代法治国家立法机关与法院之间的关系一般遵循以下基本原则。

1. 司法活动必须依法进行。原则上，只有立法机关能够制定、修改和废止法律，司法机关的主要工作方式就是在审理具体案件时解释和适用法律。司法机关应准确理解法律中体现的立法者的原意，以严格适用法律为基本宗旨。司法机关经国家授权，可以制定程序规则、法院规则等规范，并可以制定、发布规范性司法解释，但这些活动及其内容以不超越权限，不与立法抵触为原则。立法机关的立法可以推翻司法机关作出的判例和司法解释。

2. 立法机关有权设立或撤销司法机关，任免司法官。尽管各国政体不尽相同，但立法机关对司法机关的设立、撤销、法官任免等方面一般都拥有特定的权力，目的在于保证司法权的合理配置及司法官的素质，避免司法机关内部人事管理的行政化。有的国家由议会批准（同意）对司法官的任命，有的由议会参与遴选（通过司法委员会），有的则直接由议会任命司法官。此外，法院的权限、运作程序等也都由议会通过法律形式决定。

3. 司法机关依法独立行使司法权。法院独立审判，排除立法机关对个案审理裁判过程的干预。议会对于法院的审判活动不得干预和介入。通过司法独立可以对民主制度进行补偏救弊，通过个案的审理实现对恶法或劣法的纠正以及对弱势群体的特殊救济，从而防止民主或立法可能存在的侵犯人权等非正义结果。

4. 立法机关对司法行政事务进行管理和控制。各国司法行政权力的核心部分往往掌握在议会手中，如预算批准、司法官定员及增员、工资制度等。这种设置并非为了让议会随意干预或操纵司法机关，而是为了切实保证国家对司法经费的整体规划及合理供给，并使司法机关摆脱过多的司法行政职能。

5. 法院通过违宪审查权对立法权进行监督和制约。当代世界各国违宪审查权归属于不同的权力机关，其中一部分国家由普通法院（最高法院）行使，由此构成了司法对立法机关的特殊制约，但司法机关又最终受宪法的制约。

6. 相互尊重与礼让。现代各国司法机关都遵循“司法尊重”的理念，特别强调司法机关对立法和行政机关的尊重，法院在不断扩大其社会功能的同时，仍必须注意克制和约束自身权力。司法机关、政府、议会都需要自觉恪守自己的权限和职能，避免发生冲突。

我国实行人民代表大会制度，司法机关与立法机关的关系与西方国家不同，司法机关对人大负责，接受人大监督，并通过工作报告、人事任免等制度实行人大对司法机关的较紧密的控制。尽管如此，现代司法体制关于议会与司法关系的原理和原则对我国仍有重要的借鉴意义，保证司法机关依法独立行使职权是处理二者关系的核心。

三、司法机关与行政机关的关系

司法机关与行政机关（政府）之间的关系在各国体制上的差异较大，部分国家司法机关（法院）相对于行政机关具有更高的地位（司法权优越）；而在另一些国家，二者则完全平等，互不干预，由专门机构负责平衡协调二者之间的关系。在实践中，各国主要依据以下基本原则来调节二者的关系。

1. 司法机关与行政机关各自依法独立行使职权。二者分别在其职权范围内，依照法律的规定独立行使司法权和行政管理权，并拥有相应的自由裁量权。行政机关的执法活动与司法机关最大的不同在于，前者具有主动性和积极性特征，后者应以消极被动为准则。司法机关应尊重行政机关依法行使权力，维护行政机关依法行政；尊重行政立法权，承认行政法规的法律渊源地位。

2. 法院拥有对纠纷的最终裁判权。在纠纷解决方面，司法机关与行政机关一般有明确分工，各自以自己的管辖权为界限。当代各国行政法院与司法职能在一定程度上都会发生交叉，但原则上，法院拥有对纠纷的最终裁判权，经行政机关处理的纠纷或案件，当事人一般仍可通过行政诉讼行使诉诸司法审查的权利。

3. 法院通过行政诉讼实现司法权对行政权的制约。在行政诉讼中，法院审理原则上仅限于对具体行政行为合法性的审查，由此一方面可以纠正行政违法，给予行政相对人救济，另一方面可以维护合法的行政行为和行政秩序。

4. 司法审查制度确立了司法机关对行政立法的审查权。通过对行政法规的司法审查，可以排除与宪法和法律相抵触的行政法规和文件，保证法律的统一。

四、司法机关之间的分工与协作

1. 司法机关之间分工与协作的必要性

司法权的核心是审判权，司法活动是以法院的审判活动为核心展开的。但是，除审判权和法院之外，还有大量司法职能和司法活动，需要一些拥有特定司法权限的专门机关，通过特定的司法程序完成。随着社会的发展和司法活动的复杂化和技术化，这些司法职能和权限的分化更加明确，主要包括：公诉权、侦查权、司法行政权、执行权、监管权、非诉事务处理权、法律援助等。因此，司法体制中的一个重要问题，就是根据司法职能对司法权进行合理划分，并形成司法机关之间的分工与协作。世界各国在处理这些权限划分问题上采用了不同的司法制度。例如，在检察制度方面，既有审检合署制，也有分立制。在强制执行方面，既有由法院负责执行的，也有设立专门的行政性执行机构负责执行的模式。

2. 我国公检法机关的分工与协作

我国宪法对各司法机关之间的分工与协作问题作出了明确规定，要求法院、检察院、公安机关办理刑事案件时分工负责、互相配合、互相监督，即：（1）对刑事案件的侦查、拘留、执行逮捕及预审由公安机关负责；(2) 检察、批准逮捕、检察机关直接受理案件的侦查、提起公诉由人民检察院负责；(3) 审判由人民法院负责。

3. 司法机关与司法行政机关的分工与协作

当代世界各国法院的财政、人事任免，法院设施的建设，司法考试和法律教育培训等方面的司法行政事务，以及司法判决和刑罚的执行等工作，多由司法行政机关（司法部）分管，一些国家采用检察机关隶属于行政机关的体制，同时，司法行政机关还对法律职业机构及人员、非诉讼纠纷解决机构等进行管理和监督，这一部分权限有时分散在若干行政部门中，各自与司法机关发生职能上的衔接关系。这就需要承担相关职能的部门或机关之间相互协调、互相配合。欧盟国家为了加强对各司法机关权限的协调，加强对司法机关人、财、物方面的管理与保障，在司法改革中普遍建立了国家司法委员会（参见本书第八、十二章）。

五、司法机关与社会团体之间的关系

在不同的国家中，受历史传统、社会结构、法律制度等因素的影响，国家与社会、司法权与社会自治权之间呈现出不同的关系格局，因此，司法机关与社会团体组织之间的关系也存在明显差异，集中表现在国家对社会纠纷的干预范围和限度上。在实践中，各国主要依据以下原则和方法来处理两者的关系。

1. 赋予社会团体组织处理内部纠纷的自治权。法律无疑是现代社会最重要的调整机制之一，司法机关在纠纷解决中的重要地位也是毋庸置疑的。但是，法律不可能调整全部社会关系，国家也从未完全垄断纠纷解决的权力。各种各样的地方社团、学术团体、宗教组织及其他社会组织不仅制定了适用于其内部成员的规则，也建立了相关的纠纷解决机制。当代世界各国都注重保护多元文化和社团自治，发挥公民社会的治理功能。无论是出于节约司法资源的目的，还是从纠纷解决的实际效果考虑，对社团组织的纠纷解决权都予以一定的尊重，特别是尽可能将学术、宗教教义等争议或体育裁判等特殊纠纷排除在司法审查范围之外。

2. 确立司法最终保障的地位。在保护尊重社团纠纷解决权利的同时，考虑到一方面，社会团体内部的一些处分可能会直接侵害其成员的基本权利和重大权益；另一方面，社会团体所处理的事务不仅涉及其内部秩序，有些还与整个社会秩序密切相关①，因此，国家有必要对此开放诉诸司法救济的渠道。

3. 通过各种标准、程序和原则合理界定司法权介入社团纠纷的范围和限度。目前各国采用的主要方式包括：(1) 实体性审查，即以是否严重侵害个人基本权利或者公共利益作为判断司法权是否介入的标准；(2) 程序性审查，主要包括是否违反团体章程或者其他程序性规定，内部处分是否由有处分权的主体作出以及是否给予当事人最低限度的程序保障等方面；(3) 以穷尽社团内部救济途径以及其他更有利于社团自治的救济途径为原则。原则上，社团内部的纠纷应当尽可能地通过自身来解决。这些途径首先包括内部调解及申诉等组织解决途径，其次包括法律规定的或约定的社会性调解、仲裁等纠纷

---

① 日本20世纪50年代以后，逐渐通过司法判例确立了"部分社会说"，该学说认为，拥有自律性法律规范的社会或团体中的内部问题的纠纷不属于法院审查的范围，但是与一般市民法秩序相关的问题属于司法审查的范畴。

解决机制。

六、司法的主管与管辖权范围

在现代法治社会，法院的审判在纠纷解决中具有最高的权威性和终局性。但是，法院的审判权也是有限的，受到分权原理和体制的制约，必须与其他国家机关和社会团体的权限相互协调。特别是民事纠纷数量类型多，涉及多种权利、利益和社会关系，并且复杂多发，因而在纠纷解决的方式和程序设计上，需要建立一种多元化的机制。一般而言，审判权在主管和管辖方面主要受以下因素的制约。

1. 基于权力分立原理的限制。(1) 除违宪审查程序外，司法机关一般无权受理请求撤销规范性法律文件和法院规则等诉讼。(2) 立法机关和行政机关的具有高度的政治意义的所谓统治行为或政治问题，不属于司法审查的对象。(3) 除非得到授权，行政裁量的合理性和立法的合理性等一般不能成为法院审理的对象。

2. 现代司法应尊重社会团体和地方的自治权，尽量不介入社会团体内部纠纷的自律性处分。一般对以下各类纠纷采取谨慎行使审判权的政策：(1) 地方自治团体或其他社会团体内部的纠纷；(2) 实行自治的大学或其他学校内部的纠纷；(3) 政党内部的纠纷；(4) 宗教团体等内部纠纷。但是，司法并非绝对不能处理这些内部纠纷，在涉及人权等特殊情况下，司法可以介入个案。但原则上，不应将其扩大为一般性、日常性的干预。

3. 国际性（涉外）因素的制约。例如，地域管辖、属人管辖等对司法管辖权在空间和主体国籍等方面的限制等。

七、司法的社会化

随着当代社会纠纷解决的需求和司法功能的变化，原来由国家司法机关高度垄断的司法活动开始出现社会化的趋势。主要表现在以下几个方面。

1. 法院的纠纷解决功能向社会、民间机构和非诉讼程序（ADR）分流，并形成非诉讼程序与司法机关及诉讼程序的衔接。(参见第九章)

2. 部分司法机构出现私有化现象，即将一部分传统由国家严格控制管理的司法机构向社会开放，允许私人经营管理，如私营监狱。西方国家的私营监狱是为了减轻国库开支，应对监狱设施不足、人满为患的问题而出现的，已经成为一种新型企业。美国和英国采用将监狱出租给私人公司的办法，由该公司承包集资、建造和管理监狱。法国的私营监狱由私人企业出资建造、负责守卫、支付囚犯的生活费用，但由政府进行监督。德国则是将由私人出资修建的监狱出租给政府，以节约开支。

3. 私营警察和私人侦探机构等新的服务业出现，这些行业适应社会主体的需要，填补法律服务市场的短缺，为当事人提供安全保障、证据收集调查等服务。这些中介或服务机构尽管不属于司法机关，不拥有司法权，但实际上却分流或承担了以往由司法机关承担的部分职能，例如，保险公司设立的专门针对保险欺诈的调查机构等。

近年来，司法社会化在我国也有较大的发展，诉讼与非诉讼程序的衔接、委托调解、社区矫正、政府购买法律服务以及新型中介组织等已经成为实践中的热点。

第三节　当代世界主要司法体制

一、不同的司法体制及其模式

当代世界各国的司法体制尽管在性质、职权、基本原则和运作方式上存在共同性，但是在体制的设计上存在诸多不同，而且每一种司法体制，往往都体现出不同的政治和司法理念。根据不同的标准，可以进行以下分类。

1. 根据政治体制的不同，可以分为三权分立体制下的司法体制，议行合一体制下的司法体制，政教合一体制下的司法体制等。

2. 根据国家结构的不同，可以分为单一制国家的司法体制和复合制国家的司法体制等。

3. 根据司法机关的设置、权限和司法权的行使方式进行的分类：（1）大司法体制，将具有司法功能的各种制度、机构都涵盖于司法体制范围内；（2）小司法体制，将事实上行使司法功能的行政性或准司法机关与正式的司法机关（普通法院）严格区别开来，只有后者才属于司法机关。例如，检察机关和行政法院分属于司法系统和行政系统；违宪审查权的归属更是完全不同。

需要说明的是，传统比较法研究将西方现代法律制度划分为大陆法系和英美法系两大类型，这种划分揭示了两大法系在法的渊源、历史传统、司法活动、法律职业和教育、法律思维以及司法程序等方面的差异，对于理解各法系国家之间的相同性与差异性具有重要的方法意义。然而，这种划分主要是以"私法"为标准的，着重揭示的是两大法系在形式上和法律技术上的差异。社会主义法系的划分把政治体制、经济体制和意识形态的因素引入比较法，揭示了社会主义国家法与西方资本主义国家法之间的差异，但与原有的形式标准发生了一定的矛盾和交叉。由于世界各国的司法体制都是源于各自的政治理念、根据本国国家权力配置的实际需要而建立的，因而各国的司法体制之间存在着较大的差异，对此很难简单地以两大法系的标准分类方法加以区别和把握。一方面，在具体的司法制度设置上，属于同一法系的各个国家之间的差异非常明显，如美国与英国，法国与德国等。另一方面，在涉及司法审查等权力配置的政治性问题上，各国之间的相互借鉴和融合已经超越了传统的法系的界限。例如，在违宪审查程序上，许多大陆法系国家都曾尝试借鉴美国的制度。因此，在研究世界各国司法体制时，不宜简单地采用两大法系的标准，而应该具体分析每一个国家司法体制产生的特定历史背景、社会原因，以及其中体现的具体政治理念和价值取向。

所以，本书在分析司法体制时，以几个重要的西方法治国家为例，说明当代世界各国的司法体制都具有鲜明的本土特色和时代印记，在保持共同的基本原理的同时，更多地体现了多元化特点。

二、英国司法体制

（一）法院系统

英国的法院体系相对庞大，根据管辖权的不同，包括普通管辖权法院和特别管辖权法院。前者可分为高级法院与低级法院。高级法院包括最高法院、上诉法院、高等法院和刑事法院。上诉法院包括民事上诉庭和刑事上诉庭。民事上诉庭主要审理来自高等法院以及郡法院的民事上诉案件。刑事上诉庭审理来自刑事法院的案件。高等法院则包括大法官分庭、王座分庭和家事分庭。作为低级法院，郡法院只能受理民事案件，治安法院拥有刑事案件和部分民事案件的初审管辖权。此外，与普通法院组织系统同时存在的是庞大的行政法院（法庭）系统。凡属基于行政法规而发生的案件，都由属于行政机关的行政法庭（administrative tribunals）审理。

在英国，特别管辖权法院主要包括枢密院司法委员会、劳工上诉法庭和验尸官法院。此外，英国自1973年1月1日成为欧洲共同体的成员之一，对于涉及欧洲因素的案件而言，欧洲法院就成为终审法院。

英国在很长时期内没有设立最高法院，而是由其上议院（贵族院）作为最高司法机关。立法权与司法权在最高层次上的合一，既使司法权威得到了保障，同时减少了立法对司法的制约。但这种体制使得立法与司法的界限过于模糊，英国对其进行了改革。2003年颁布了《2005年宪制改革法案》，并于2009年10月1日成立了最高法院。最高法院是全英国民事案件的最高上诉机关，也是英格兰、威尔士和北爱尔兰地区刑事案件的终审机关，但苏格兰高等法院则对苏格兰地区的刑事案件保留了终审权。此外，对于因权力下放（devolution）而衍生的诉讼，即关于北爱尔兰行政院、苏格兰政府及威尔士议会政府三个地方政府，涉及其法律权力的诉讼，以及由这三个地方政府的立法机关因制定法律而导致的诉讼，最高法院拥有审判权。

（二）检察机关

英国检察机关具有相对独立性，较早地采取了审判权和检察权的分署行使。1986年，英国对检察制度进行了重大改革，在中央设置皇家检察院作为全国的最高检察机关，领导全国的检察机关，在全国分为若干区分别设置区检察院，在每个区又设置若干检察分院，作为检察机关的最基层机构。实行全国一体化且分层管理的原则，上下级之间有明确的监管和被监管的关系。

（三）司法行政机关

英国在传统上没有设立专门的司法部，司法行政事务实行多部门分头管理，司法行政职权在英格兰和威尔士由大法官和内务部共同行使，在苏格兰则由苏格兰事务大臣等行使。但是，进入21世纪以来，英国对内阁进行了重大改组，撤销大法官、苏格兰事务大臣和威尔士事务大臣三个内阁大臣的建制，新设立一个宪法事务部，大法官事务部的大部分主要职责移转给宪法事务部。宪法事务部内设法院服务处统一行使法院管理权。2007年5月9日，英国内政部中行使处理内部事务的内务部与宪法事务部合并组建了司法部。

（四）英国司法体制的特点

1. 法院系统比较复杂，除普通法院外，行政法院分担了大量纠纷处理任务，并与普通法院进行审级上的衔接，由此合理地解决了二者之间的关系，保障了司法权的最终权威。普通法院承担司法审查职能，数量保持稳定。20世纪90年代末的司法改革之后，通过各种非诉讼机制分流诉讼，法院处理的案件相对减少。

2. 普通法院的职业法官数量少，法官地位高，具有精英化特征。法官从律师中产生，律师分为出庭律师（大律师）和诉状律师（小律师）。法律职业的自治程度高，对法律的形成和运作影响至深。

3. 检察机关具有相对独立性，机构健全，通过刑事司法改革，加强了对刑事犯罪的打击力度。

4. 司法体制统一性程度较低。英国是一个统一的国家，但基于历史传统，其司法体制包含了英格兰与威尔士、苏格兰和北爱尔兰三个系统。在不同的系统中，法院的设置及权限、司法行政事务的管理等都存在明显的差异。

三、美国司法体制

（一）法院系统

美国是一个由50个州组成的联邦制国家，其法院系统首先分为联邦法院和各州法院系统，二者是平行、独立的，没有隶属关系。联邦法院系统由地区法院、上诉法院和最高法院组成。各州法院的设置是由各州法律自行规定的，因而各州各级法院的名称、组成、管辖权等都不一样。州一级法院一般分为三个审级：州初审法院、州上诉法院、州最高法院。

（二）检察机关

美国的检察机关分为联邦检察机关和州检察机关两个系统，二者之间没有隶属关系。

美国联邦检察机关设有联邦总检察长、联邦副总检察长和助理检察长。联邦检察机关和联邦司法部合一，联邦总检察长就是联邦司法部部长，联邦副总检察长就是司法部副部长。联邦检察官受联邦总检察长的领导，在联邦各级法院内执行职务，在法院内设有办公机构，开庭时代表国家出席。

各州的检察机构与司法部合一，各州设有州检察总长，州检察总长是州长的法律顾问，也兼任司法部门的首领，由选举产生。

美国的检察机关隶属于国家行政长官，联邦检察机关和州检察机关分别隶属于总统和州长，但它们之间没有领导与被领导、监督与被监督、管理与被管理的关系。联邦总检察长和州检察长分别依据联邦宪法和州宪法行使职权。

（三）司法部

司法部是美国最高检察机关和最高执法机关，承担司法行政管理职能。其职能包括：指导和监督联邦检察系统和警察系统，以及美国地区检察官的工作；管理和监督联邦所属的全国监狱以及其他惩罚机构；对违反联邦法律的各种犯罪活动包括颠覆活动等案件进行调查和起诉；负责调查并向总统汇报有关假释、缓刑、赦免的请求；执行移民法、国籍法和有关麻醉品管理的法律；协助起草联邦法律规程，应总统或政府首脑的请求，提供有关法律问题的意见；依法对公民予以保护和甄别；保护商业正常竞争；等等。在体制上，司法部与检察机关是合一的。

（四）美国司法体制的特点

1. 存在联邦和州两套法院系统，二者之间无隶属关系和审级关系，实行双轨制。美国两套法院系统之间是平行的。联邦法院受理一切与联邦法律有关的案件，包括联邦宪法、法律规定的国际性条约、涉及跨越州界的案件及联邦政府涉外案件；各州法院受理一切与州法律有关的案件。但两个法院系统之间并非毫无关联。美国联邦最高法院作为全国的最高法院，它的判例对全国各级法院都具有指导意义，其判例所确定的原则与规则对各级法院都具有约束力。

2. 联邦最高法院拥有司法审查权，司法权限大，在通过重大案件参与国家决策方面具有重要的作用。美国的违宪审查制度具有典范意义，曾是许多国家仿效和借鉴的模式。

3. 检察机关与司法行政机关合一，检察机关的作用不断加强。为了加强对高官的调查，曾设立了独立检察官制度，但目前已终止。

4. 法官选任有任命制和公选制等基本方式，法官从律师中产生。律师没有出庭与诉状律师之分，通常分为公职律师和私人律师两类。律师自治程度高，主要依靠市场化生存。法学院教育在世界上独树一帜，卓有成效。

5. 法院的纠纷解决功能向 ADR 分流，司法的社会化趋势明显。法院功能向确立规则方向转化。

四、德国司法体制

德国也是一个联邦制国家，但与美国不同，其法院体系实行一体化。德国基本法将司法权委托给法官行使，同时设立了一系列的司法部门配合法官行使司法权，共同构成其司法体制。

(一) 法院系统

德国的州法院与联邦法院为隶属关系。共设六种法院，即宪法法院、普通法院、劳动法院、行政法院、社会法院和财经法院，每个专门法院都有明确的司法管辖权，各成体系，有自己的最高法院。

(二) 检察机关

德国的检察机关隶属于司法部。采取审检合署制，检察机关与各级普通法院相对应地设置，每个法院都附设一个相应级别的检察机关。德国检察机关的领导体制主要分为联邦体系和州体系。联邦总检察院与各州的检察机构之间没有领导与隶属关系，联邦总检察长并非是检察机关的最高首长，两个系统之间只是诉讼程序上的关系。

检察院的主要职权有：与警察机关共同行使侦查权；对警察机关侦查刑事犯罪行为和违法行为的活动进行监督；提起和支持公诉权；对刑事审判和判决执行的监督权等。

(三) 司法部

德国司法部属于政府司法行政机构，其主要职能是：（1）制定法律草案，包括法官法、程序法等；（2）遴选法官；（3）审查其他部所制定的法律草案的合法性；（4）监督各法院，向法院推荐候选法官。各州也设立司法部。律师的管理和培训等由司法部负责。

(四) 德国司法体制的特点

1. 宪法法院不属于司法系统和普通法院，具有高于各个权力机关的地位，独立行使司法审查权。联邦宪法法院是根据基本法的规定作为国家宪法机构建立的，独立于其他机关和法院，可以审理国内所有关于宪法法律问题的争议。宪法法院既是立宪机构，可以部分行使国家最高权力，有权对其他立法机构进行限制；同时又是具有最高裁判权的法院，有权对其他法院的裁判作出违宪判决和裁定；并有权经审理宣布法律违宪。公民亦可直接到宪法法院提起诉讼。

2. 法院系统设计合理，建立了各种专门法院（行政法院、劳动法院等），使纠纷解决程序更加合理，分担了普通法院的压力。普通法院可受理除纯粹宪法性和其他专门法院管辖权限内的法律事务以外的与公法有关的所有纠纷。诉讼程序设计高度理性化，繁简分流、效率高，法院纠纷解决能力较强。

3. 检察机关隶属于司法部。由司法行政机关（司法部）负责法官的遴选和培训工作。

4. 法律职业包括法官、检察官、律师、公证人等。各种法律职业之间基本上分业，任职资格标准大致相同。律师费用由法律规定。公益性非诉讼机制较发达。法律教育分为两个阶段：即大学法学教育后参加第一次国家考试；经过专门培训、实习后参加第二次国家考试。

五、法国司法体制

法国现行司法体制是在18世纪末的资产阶级大革命之后建立的，具有一些独特的理念，成为一种特殊的司法体制类型。法国在大革命前，巴黎最高法院对政府的命令拥有司法审查权，并经常借此干预行政。大革命彻底废除了封建旧司法体制，在重建司法体制时，为了避免司法权对行政权的干涉和侵犯，严禁普通法院过问行政事务、审理行政案件。为此，专门建立了独立的行政法院系统，并在1789年的一项法律中明确规定："司法职权，应与行政职权截然并永久划分之；法官不得以任何方式干涉行政机关职权之行使，否则予以撤职处分。"法国宪法也规定法院不得侵犯行政职权，亦不得审理行政案件。

（一）法院系统

法国奉行普通司法权和行政裁判权分离的原则，将法院组织分为普通法院和行政法院两大系统。普通法院审理民事和刑事案件，属于司法机关；行政法院审理公法和行政案件，属于行政机关。行政法院本身是独立的，其法官属于行政官员，多为各个领域的专家，在审判中适用法律法规和判例等多种渊源。

（二）检察机关

法国检察机关隶属于司法部，按照等级服从的原则，实行严格的中央集中领导。司法部部长直接领导检察机关，总检察长直接对共和国司法部部长负责。检察院附设在法院内，与法院的级别分类相对应，分为：最高法院检察院、上诉法院检察院、大审法院检察院、军事法庭检察院、国家安全法院检察院等。在初级法院设一名检察官，上诉法院设一名首席检察官和数名检察官，最高法院设一名总检察长和数名检察官。

法国检察院享有广泛的权力：（1）侦查权和侦查监督权；（2）提起和支持公诉权；（3）对刑事审判和判决执行的监督权；（4）参加民事诉讼的权利；（5）对经纪人、公证人、律师等职业人员以及户籍管理等人员的活动进行法律监督。

（三）司法部

法国司法部是法国的司法行政机构，掌管法院系统的行政组织、人事调动和活动经费等方面的事务。目前下设部长办公厅、司法事务厅、民事司法司、刑事与特赦司、监狱行政司、总务与装备司、监督教育司等业务机构，同时设有国家勋级委员会和一个司法研究中心。

（四）法国司法体制的特点

1. 实行司法双轨制，即在普通法院之外有一套独立的行政法院系统，两个系统的法院各自独立行使审判权，互不隶属。二者发生管辖权冲突时，由专门设立的权限争议法庭处理，该法庭的法官由来自两个系统的法官组成，司法部部长任主席。权限争议法庭不仅可以处理管辖权争议，而且可以撤销法院已作出的相互矛盾的判决，并直接对案件作出判决。

2. 违宪审查权由专门设立的宪法委员会行使。宪法委员会并非普通法院，而是专门设立的违宪审查机构。各项法律在颁布之前可以由总统、议会两院议长，或60名议员提交宪法委员会进行违宪审查。宪法委员会作出的裁决具有强制力，不得上告。

3. 检察机关与司法行政机关合一，拥有广泛的权力。法国的检察院不仅负责提起公诉，对刑事诉讼活动进行监督，而且参与民事诉讼，并承担着对公证人、律师等职业的管理和监督，行使较多的司法行政权。

4. 由司法部负责管理法院系统的行政组织、人事调动和活动经费等方面的司法行政事务。法官的任命、指派、调动，司法辅助人员的招聘、任用、管理等均由司法部负责。

5. 法律职业实行分业模式，法律教育和培训由司法部统一负责。设有法官学院、律师培训中心、国家行政学院等，并对公证员、清算员等职业分别进行培训。

六、日本司法体制

日本在明治维新时期，仿效法、德为代表的大陆法系建立了其司法体制。第二次世界大战以后，参照美国的模式进行了一系列司法体制改革，逐步形成了一种混合型司法体制。

（一）法院系统

日本的法院系统分为四个审级：简易法院、家庭法院和地区法院、高等法院和最高法院。最高法院拥有违宪审查权。（参见第四章）

（二）检察机关

日本检察机关隶属于法务省，法务省有权监督和指导检察机关的工作，但不干涉具体案件的处理。检察机关的组织系统与法院的组织系统相对应，由区检察厅、地方检察厅、高等检察厅和最高检察厅组成。这四级检察厅之间是隶属的上下级关系，即下级检察厅隶属于上级检察厅。

检察厅的职权主要包括：（1）刑事案件的公诉和求刑（即请求法院对犯罪嫌疑人依法定罪量刑）；（2）监督刑事裁判的执行；（3）在认为必要时，对属于法院的事项向法院作出通知或陈述意见（对法院的监督）；（4）刑事侦查；（5）作为公共利益的代表行使法律规定的其他权限。

（三）法务省

法务省是日本负责司法行政事务的国家行政机关，其职权范围包括：检察；管理矫正（监狱等）、赦免等事务；参与涉及公共或国家利益的诉讼；负责国籍、户籍管理；制定有关司法制度及司法行政事务的法律案；以及其他司法行政事务。检察机关与法务省在机构上合一。

（四）日本司法体制的特点

1. 法院的设置受美国体制的影响，最高法院拥有违宪审查权。但日本最高法院严格恪守司法消极主义，其作用和影响远没有美国最高法院那样大。

2. 法律职业的设置和培养途径与大陆法系国家大致相同，采取分业制，各法律职业任职标准大致相同。新的司法改革正逐步实现从律师中选任法官。新的法学教育体制在原有的大学法律系（法学部）之上新建了法科大学院（法学院），毕业生通过司法考试后，进入统一司法培训。除法官、检察官和律师外，还有大量的司法书士、税理士、土地房屋调查士、企业法务部等专门职务。

3. 法院、法务省和律师协会三机构（法曹三者）分工协作，共同推动法律职业的培训、司法改革和有关问题。

4. 刑事侦查权分别由警察机关、公安调查厅和检察厅行使，并相互配合。

第四节 我国司法体制

一、我国大陆司法体制

(一) 人民司法体制

我国实行人民代表大会制度，与西方三权分立的体制不同。国家的一切权力属于人民，最高权力机关是全国人民代表大会及其常务委员会。国家行政机关（政府）、审判机关和检察机关都由人民代表大会选举产生，对其负责，受其监督。在国家机关中，国务院即中央人民政府，是最高国家权力机关的执行机关，即最高行政机关；最高人民法院是最高审判机关；最高人民检察院是最高检察机关；三机关称为一府两院，与中央军事委员会并列。

我国司法体制被称为人民司法体制，除了最高人民法院和最高人民检察院两个最高司法机关外，在国务院设立了公安部、国家安全部、司法部等职能部门，它们虽然属于行政机关，但也承担着重要的司法职能。同时，很多行政部门也在不同程度上承担或分担着司法职能或与司法有关的职能，并通过从中央到地方各级行政机关和地方政府的职能部门，形成了一个人民司法体制的网络，与司法机关的工作相互协调配合。此外，我国历来将仲裁、人民调解、公证等民间性机构组织也涵盖在广义的人民司法体制之中，从而构成了从国家专门机关到人民群众和社会团体，从司法到行政及各种法院外机制，从正式的司法制度到基层自治性组织，从事后救济到纠纷预防的综合治理的多元主体、功能和形式的大司法体制。

(二) 人民司法的组织体系

我国人民司法的组织体系由国家审判机关（法院）、国家检察机关（检察院）、行使司法职能的行政机关及社会团体构成（参见图 2—1）。

1. 审判机关

我国《宪法》第 123 条规定："中华人民共和国人民法院是国家的审判机关。"我国人民法院组织体系由基层人民法院、中级人民法院、高级人民法院和最高人民法院组成，此外，还包括军事法院、海事法院等专门法院。最高人民法院是最高审判机关，监督地方各级人民法院的工作，上级人民法院监督下级人民法院的工作。上下级法院之间的关系是审级关系。

2. 检察机关

根据《宪法》和《人民检察院组织法》的规定，人民检察院是国家法律监督机关，国家设立最高检察院、地方各级人民检察院和军事检察院等专门人民检察院。地方各级人民检察院分为：省、自治区、直辖市人民检察院；省、自治区、直辖市人民检察分院，自治州和省辖市人民检察院；县、市、自治区和市辖区人民检察院。最高人民检察院是国家的最高检察机关，领导全国各级人民检察院和专门人民检察院的工作，对全国人民代表大会及其常委会负责。

3. 公安机关和国家安全机关

公安（警察）机关是国家的侦查机关，同时承担着维护社会治安、解决纠纷等多种司法职能。国务院设公安部，各省、自治区、直辖市设公安厅（局），各省、自治区的地区、自治州，以及省和自治区辖市设公安局，县、自治县设公安局，城市区设公安分局。在城市街道和县属区、乡镇设公安派出所或公安特派员。公安派出所是县、自治县公安局或城市区公安分局的派出机构，不是一级公安机关。公安机关在军队系统设保卫机构，在铁路、交通、民航系统设有公安局（处）。

国务院设国家安全部，各省、自治区、直辖市设国家安全局，其下则根据需要设置国家安全机构或人员。国家安全机关依法行使侦查权。

4. 司法行政机关

国务院设立司法部，主管国家的司法行政工作，包括全国的监狱、律师、基层法律服务、公证、人民调解、普法、法律培训与司法考试等工作，但法院和检察院系统的司法行政工作不属于司法部主管。各省、自治区、直辖市以及县级行政单位均设立司法厅（局），并在乡、镇和大城市的街道办事处设司法助理员或司法组，指导基层的司法行政工作。

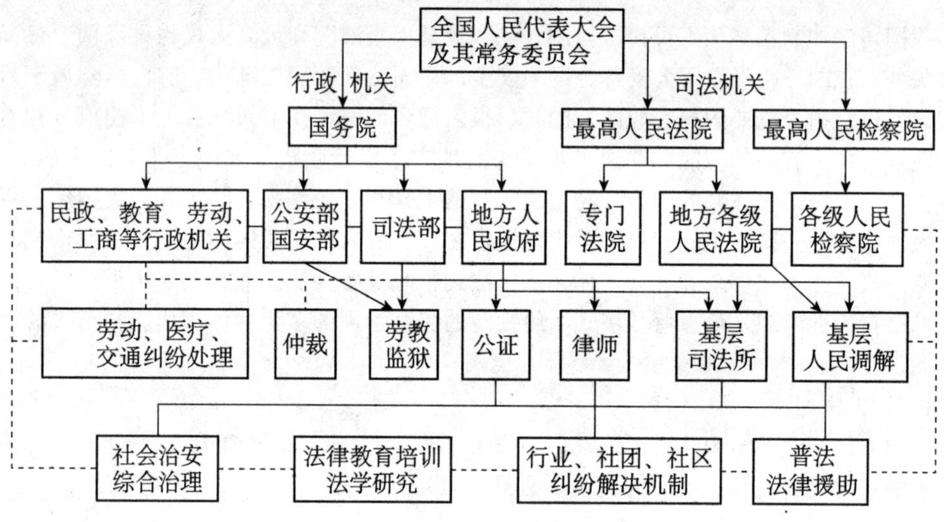

图2—1 我国人民司法体制（概要）

注：虚线部分表明不存在单一的领导隶属关系

5. 行政机关与地方政府

因为目前许多司法职能是由多个主管机关分工协作、共同完成的，所以，其他行政机关往往也承担着纠纷解决或与司法相关的职能。例如，劳动部门负责劳动争议仲裁机构的组建和管理；教育部门承担法学教育与培训工作；民政部门负责婚姻登记等事务，参与基层社区和纠纷解决机制的创建，并与劳动部门和公安机关共同组成劳动教养委员会；卫生部门承担对医疗纠纷和医疗事故的处理和调解职能；工商管理部门和其他行政机关都负有受理消费者投诉、进行行政调处等职能等。地方政府承担着指导人民调解委员会工作的责任，可以通过行政调解、信访等渠道参与纠纷调处，并与司法程序形成衔接。

6. 基层自治组织

村民委员会、居民委员会等基层自治组织设有负责治安、调解的专门人员，承担着维护治安和解决纠纷的任务，并且能够防患于未然，进行综合治理、道德法律宣传教育、维护社区自治，与正式的司法制度和司法程序形成了一个有机的整体。

7. 社会机构与民间团体

仲裁机构、人民调解委员会、消费者协会以及各种行业协会、人民团体和新型社会组织、律师等通过参与纠纷解决，成为人民司法中不可或缺的组成部分。

(三) 我国司法体制的基本原则

司法体制的基本原则，即体现在我国司法体制的建构和司法活动中的根本准则，反映了我国的政治体制和基本理念（意识形态），具有高度概括性和普遍指导性，为我国宪法和相关组织法、程序法等所确认。法学界把人民司法制度的基本原则概括如下①：

1. 司法主权原则。司法主权是国家主权的重要组成部分，指司法管辖权，包括属地管辖权和属人管辖权。司法主权原则要求在中国主权范围内，任何人都应遵守中国的法律，一切诉讼案件都应受中国法院管辖。司法主权是不可侵犯、不可让渡的，也不能屈从于外来的压力。

2. 司法统一原则。除了在实行“一国两制”的地区外，国家坚持司法的统一。包括司法体制统一，司法权由各司法机关根据法定职权统一行使，法律适用统一。

3. 司法独立原则。我国各司法机关依法独立行使职权，不受行政机关、社会团体和个人的干涉。但是，我国目前的司法独立与西方法治国家和国际上确认的司法独立标准仍存在较大的差距。具体表现在：(1) 我国实行人民代表大会体制，司法机关与立法机关，即人民代表大会的关系，属于隶属关系，司法机关向人大负责。但人大只能要求司法机关对其报告工作，而不应干预或介入个案的审判过程。即使是对个案进行监督，也只能是在事后，以集体名义并严格遵照法定程序进行。(2) 鉴于长期以来法官的素质偏低，我国始终没有承认法官的独立，仅建立了有限的身份保障制度，但同时设立了诸如院长审批、审判委员会等制度，加强对审判的集体领导；并实行错案追究等措施，这些制度不完全符合司法规律，多属于过渡性措施。随着法官素质的提高，法官独立审判和司法官的身份保障制度最终应能实现。(3) 法院实行行政化管理，法院内部和法院之间的相互独立尚未完全实现，各种司法政策和考核指标对法官具有较大的引导作用，既有合理和积极的一面，也存在一定负面效果。

4. 司法制约原则。包括：(1) 司法机关内部的相互制约。在行使司法职能时，各司法机关之间形成分工负责、互相配合、互相制约的关系。例如，在办理刑事案件中，公安机关负责侦查，检察机关负责提起公诉，法院负责审判。(2) 司法机关与其他部门和辅助机构之间的相互配合与制约。在司法活动中，司法机关与行政机关以及其他社会团体、组织和行业之间也存在分工负责、互相配合、互相制约的关系，例如，律师、司法行政、民政部门、人民调解组织等。

5. 司法民主原则。包括：(1) 在司法组织上，法院院长、检察院检察长由人民代表大会选举产生，法官、检察官由人大任免，但是目前这一制度多停留于形式，司法官人事的任免和纪律处罚主要仍由司法机关自行进行，宪法规定的司法官任免制度仍有待真正落实。(2) 司法活动及程序的民主化，主要通过人民陪审员制度、专门机关与人民群众结合制度等得以体现。(3) 民主监督司法，宪法规定了社会主体享有广泛的监督权。

6. 司法平等原则。宪法保证公民在法律面前一律平等，不仅在适用法律上，而且在司

---

① 参见熊先觉：《中国司法制度新论》，北京，中国法制出版社，1999。

法程序上都必须保证每一个社会主体和诉讼参与人享有平等的权利。通过使用本民族语言文字诉讼的权利和法律援助制度，切实保证少数民族、弱势群体等在诉讼中的平等权。

7. 实事求是原则。强调司法活动和审判必须以事实为根据、以法律为准绳，在查明案件事实、进行证据调查时必须实事求是；发现错误时必须“有错必纠”。这一原则在当前受到了挑战，一些学者主张以程序公正原则取代以追求实质公正为目标的实事求是原则，建立以法律事实、判决的既判力为核心的程序公正理念和标准。但是，实事求是原则与程序公正原则并非是根本对立的，通过合理的制度和程序的设计，有可能最大限度地达到程序公正与实质公正、法律真实与客观事实的统一或接近。

8. 司法便民原则，即最大限度地使公众和当事人可以便利地利用司法，这是我国人民司法制度的传统和诉讼程序的特征。但便民并不意味着无限简化诉讼程序，也不是主张所有纠纷均由法院和诉讼解决，而是需要更多地借助多元化纠纷解决机制，使纠纷及时、就地、经济地得到圆满解决。

此外，我国司法体制具有鲜明的政治特色，提出了系统的社会主义法治理念（参见本书第十一、十二章）。

二、香港特别行政区司法体制

《香港特别行政区基本法》规定了香港特别行政区司法体制的基本原则和重要内容，是香港特区司法体制建立的主要依据。香港特区的司法体制既保留了一部分英国普通法的传统，同时根据“一国两制”的需要进行了创新。其基本构成如下。

（一）法院

香港特别行政区的法院包括终审法院、高等法院、区域法院、裁判署法庭和其他专门法庭。审判活动的基本原则包括：（1）独立审判的原则；（2）遵循先例原则；（3）陪审原则。刑事诉讼的原则主要有合法公平原则和无罪推定原则。民事诉讼的原则主要有平等原则、处分原则及和解原则。法院的程序和审判方式基本延续了普通法的传统，但在民事诉讼中已很少使用陪审团。

（二）检察机关

香港特区没有设立专门的检察机关，《香港特别行政区基本法》第63条规定：“香港特别行政区律政司主管刑事检察工作，不受任何干涉。”律政司具有检察机关的地位与性质，但并不是专门从事检控的机构，也不是唯一可实行检控职能的机构。除律政司外，警务总署和廉政公署等机构在特定方面和特定情况下，也承担部分检控职能。

（三）律政司

律政司是隶属于香港特别行政区行政机关的法律部门。其三大主要职能是：对刑事被告提起诉讼、为政府提供法律服务、代表政府草拟法律。律政司下辖五个科，各有一名律政专员负责。刑事检察科，负责对刑事被告人提起诉讼；民事检察科，负责对民事事宜提供法律指导，并且处理一切涉及政府的民事诉讼，代表政府出席法庭；法律草拟科，负责草拟法律议案交立法会通过；政策及行政科，主要负责律政司内部的行政事务工作；国际法律科，研究国际交往方面的法律事宜。

（四）犯罪侦查机关

香港特区的犯罪侦查机关包括三种。

1. 警察机构。警察机构的设置分四个等级：警察总部、区警察总部、警察分局和警

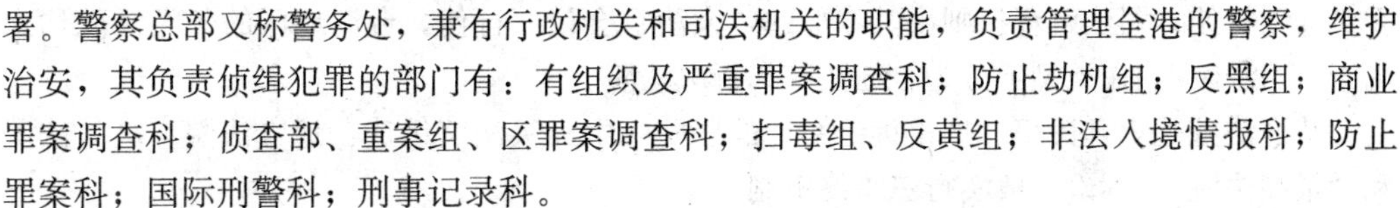

署。警察总部又称警务处，兼有行政机关和司法机关的职能，负责管理全港的警察，维护治安，其负责侦缉犯罪的部门有：有组织及严重罪案调查科；防止劫机组；反黑组；商业罪案调查科；侦查部、重案组、区罪案调查科；扫毒组、反黄组；非法入境情报科；防止罪案科；国际刑警科；刑事记录科。

2. 廉政公署。对政府人员的贪污、贿赂、滥用职权敲诈勒索、巨额财产来源不明案件进行侦缉。

3. 海关。负责毒品、应课税品、侵犯版权、假冒商标等案件的调查、处罚和侦缉工作。

三、澳门特别行政区司法体制

《澳门特别行政区基本法》规定了澳门特区司法体制的基本原则和重要内容，是澳门特区司法体制建立的主要依据。澳门特区的司法体制保留了以葡萄牙为样板的大陆法系的传统，同时根据“一国两制”的需要进行了创新。其基本构成如下。

（一）法院

《澳门特别行政区基本法》规定了澳门回归后的法院体系。澳门地域狭小，没有必要按地域分设不同的地区法院。普通法院共分三级：（1）初级法院，为初审法院，可根据需要设若干专门法庭，如刑事、民事、经济审判庭等。（2）中级法院，中级法院行使初审管辖权和上诉管辖权。（3）终审法院，行使特别行政区的终审权。

专门法院只设立了行政法院。行政法院是澳门特别行政区受理行政诉讼、税务诉讼和海关诉讼的专门法院。行政法院在审级上属初审法院，如不服其判决，可上诉到中级法院。

（二）检察机关

《澳门特别行政区基本法》规定，澳门特别行政区设立检察院，它是行使澳门特别行政区检察权的法律监督机关，是特别行政区的司法机关。在设置上，检察院与立法会、政府并列。在行使职权上，检察院独立行使检察权，不受任何干涉。检察长与其他行政长官一样，由中央政府任命。

（三）刑事侦查机关

《澳门特别行政区基本法》规定，特别行政区检察院领导刑事侦查工作，对警察机关工作进行监督。警察行使监视和检察权、调查权、侦查权。

四、台湾地区司法体制

台湾地区是我国的一个特殊行政区域和相对独立的法域。台湾地区的权力体系由“立法院”、“司法院”、“行政院”、“监察院”和“考试院”五院组成，分别行使立法权、司法权、行政权、监察权和考试权。台湾地区的司法体制主要由“司法院”及所属机构、“行政院法务部”所属的各级检察机构以及各级军事审判机构组成。

（一）“司法院”

“司法院”是台湾地区的最高司法机关，拥有下列职权：民事审判权、刑事审判权、选举诉讼审判权、行政诉讼审判权、公务员惩戒权、“宪法”及法律命令解释权、宣布“违宪权”。在实际运作中，民事诉讼和刑事诉讼审判权由“司法院”所属的各级普通法院行使；行政诉讼审判权由其所属的行政法院行使；公务员惩戒权由其所属的“公务员惩戒委员会”行使；司法解释权则由其本部的“大法官会议”行使。台湾地区的各类法院均隶属于“司法院”，在类型上分为普通法院和行政法院。

普通法院是审理民事、刑事诉讼案件的法院，由三级法院组成：地方法院、高等法院和“最高法院”。诉讼一般实行三审终审制。

行政法院是负责审理行政诉讼案件的特设专门法院。行政法院的判决具有终局性，一经作出即对当事人发生拘束力、确定力和执行力，不得上诉或抗告。

（二）检察机关

台湾地区的检察机关是行使检察权、与审判机关相制衡的司法机关，在组织系统上隶属于“法务部”，在机构设置上按照“审检合一的原则”设于各级法院之中。台湾地区“最高法院”设检察署，地方各级法院设检察处，检察机构独立行使检察权，不受审判机关的影响。

检察官的职权主要是在刑事诉讼活动中对犯罪的追诉权，具体包括：实施侦查权、提起公诉权、实行公诉权、协助自诉权、担当自诉权、指挥刑事裁判执行权以及法律所规定的其他职权。

【深度阅读】

1. 郭成伟，宋英辉主编．当代司法体制研究．北京：中国政法大学出版社，2002

2. 季卫东．法律程序的意义．北京：中国法制出版社，2011

3. 彭小龙．非职业法官研究：理念、制度与实践．北京：北京大学出版社，2012

4. Russell，Peter and David M. O'Brien（ed.）. *Judicial Independence in the Age of Democracy*. University Press of Virginia，2001

5. Tim Koopmans. *Courts and Political Institutions：a Comparative View*. Cambridge University Press，2003

【问题与思考】

思考题：

1. 现代司法体制的本质与特征是什么？
2. 现代司法制度的基本理念和原则有哪些？
3. 简述司法机关与其他国家权力机关之间的关系。
4. 简述司法机关与社会团体组织之间的关系。
5. 在现代社会中，法院的主管和管辖主要受哪些因素的影响？
6. 试述美国、德国以及法国的司法体制有何不同？
7. 试述我国人民司法体制的构成、特点和基本原则。

练习题（选自历年司法考试试题）：

1. 效率与公正都是理想型司法追求的目标，同时是理想型司法应具备的两个基本要素。关于两者的关系，下列哪一说法是错误的？（C）

A. 司法效率和司法公正是相辅相成的

B. 根据我国司法现状应当作出“公正优先、兼顾效率”的价值选择

C. 细化诉讼程序通常导致效率低下，效率和公正难以兼得

D. 司法工作人员提高业务水平，勤勉敬业，有利于促进司法公正和效率

2. 关于我国司法制度，下列哪一选项是错误的？(B)

A. 我国实行两审终审、人民陪审员、审判公开等审判制度，促进实现审判活动科学化、规范化

B. 基层法院除审判案件外，还处理不需要开庭审判的民事纠纷和轻微的刑事案件，但不能指导人民调解委员会的工作

C. 我国实行立案监督、侦查监督、审判监督等检察制度，实现对诉讼活动的法律监督

D. 检察官独立不同于“除了法律没有上司”的法官独立，要受到“检察一体化”的限制

3. 72岁村民甲以其子乙长期不提供衣食、不送医院治病为由，诉请法院判令乙履行赡养义务。为宣传法律，教育群众，法院决定将该案在当事人所在村庄公开审理，村民均可旁听。乙提出法院侵犯其隐私，剥夺其司法民主方面的有关权利。下列哪些说法是正确的？(BC)

A. 司法民主要求所有案件均应无例外公开审理，以促进人民当家做主权利的实现

B. 法院就地审理体现了司法的目的民主，体现司法为民的理念

C. 法院公开审判遵循了司法公开制度的规定，符合司法程序的民主要求

D. 法院就地审理未经乙同意，违反司法主体民主和司法体制民主

4. 关于司法公正及实体公正、程序公正问题的理解，下列哪些表述是正确的？(ABC)

A. 司法公正是法治的组成部分和基本内容，是民众对法治的必然要求，司法公正包括实体公正和程序公正两个方面

B. 追求实体公正，是我国司法制度和法律职业道德的基本准则，主要指努力发现案件事实真相和正确适用实体法律

C. 程序公正包括当事人平等地参与、严格遵循法定程序及法官的居中裁判等，保证当事人受到公平对待

D. 根据形势及效率需要，可在有关司法过程中将“类推”和“自由心证”作为司法公正的补充手段

第三章

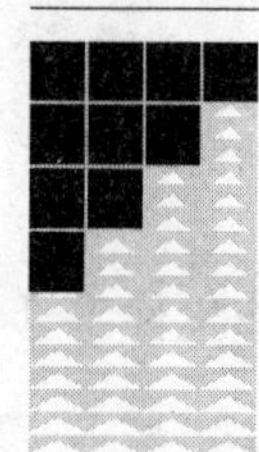

法律职业与法律教育

常考知识点

- 法律职业的概念与特征
- 法律职业的构成
- 法律职业道德
- 法律教育与法学教育
- 我国法律教育制度的构成及特点
- 我国统一司法考试

第一节 法律职业

一、法律职业概述

（一）法律职业的概念与构成

1. 法律职业的概念

职业，一般是指人们在社会中所从事的作为谋生手段的工作；在社会分工的角度上，则是指具有特定性质、工作内容、工作形式和专业技能的专门工作岗位。现代意义上的“职业”（profession）具有专业性、公共性和自治性的特点，并形成特定的职业群体和行业组织。

法律职业（legal profession），是指“以通晓法律和法律应用为基础的职业”（《不列颠百科全书》）。法律职业群体，亦可统称为法律家，指专门从事司法及其他法律活动、具有国家授予的特定专业资格的职业法律工作者。狭义的法律职业群体，特指从事法律实务工作的法律家，包括法官、检察官和律师。广义的法律职业群体，还包括其他法律职业人员（如仲裁员、调解员、公证员等）以及立法者、法学家。鉴于法律活动和法律职业的特点，法律职业群体主要是指从事法律实务的职业法律家，同时应将法学家和立法者纳入研究视野。

2. 法律职业群体的构成

当代世界各国法律职业群体的划分和构成各有不同，一般包括：

（1）法官：行使国家审判权的裁判者。狭义的法官指普通法院的职业法官，广义的法官则包括行政法院和特别法院的法官，但一般不包括非职业法官和治安法官。

（2）检察官：行使国家公诉权、侦查权和监督权的国家官员，代表公共利益参与司法活动的代表人。其身份在有些国家属于司法官，在有些国家则属于行政官员。

（3）律师：具有专门执业资格的，为当事人和社会提供法律服务的专业人士。

（4）法学家：从事法学研究和法学教育的法律学者、如法学教授等。

（5）其他法律职业人：具有专门资格或受当事人委托提供特定法律服务的专业人士，如：公证人、仲裁员、调解员、公司法律顾问、处理非诉讼纠纷的司法行政人员、日本的司法书士、税理士以及我国的基层法律工作者等。

（6）立法者。立法者分为两种，一种是指在民主宪政下的专门立法机关的议员，另一种则是指专门为议会或政府制定立法草案或议案的职业法律家。作为法律职业人的立法者主要指后者，当代许多国家都在司法部或有关机构设立专门的法律草案起草部门，这些立法者往往都是具有法律职业背景的法律专家。

（二）法律职业的特征

当代世界各国法律职业的共同特征主要包括：

1. 专业性。一个职业的形成，首先是由于其从事的工作具有区别于其他职业的特殊性和专门性，包括专门的知识、技能、职业伦理和教育培训等。法律职业的形成，是社会发展的必然。随着社会分工的日益细化，法律适用活动日益专业化和复杂化，与法学知识及司法技术的积累紧密相连，逐步形成了相对独立、系统的法律专业领域，只能由掌握系统法律专业知识和技能的人员从事这些工作。同时，专业性也是法律自治的需要，即通过设立专业化标准以及职业化保证法律职业从业人员的素质和队伍的稳定。

2. 自治性。随着法律职业群体的发展壮大，为了保证其整体素质和独立性，法律从业人员逐步建立了行业组织，实行行业自治和自律。现代国家为了保证法律的正常运作和法律职业群体的独立作用，一般均通过法律赋予法律职业群体相应的行业自治权，以保证法律职业人员在执业过程中不受非法干涉。各类别法律职业分别建立了相对独立的管理体制、准入标准、职业道德规范、自律组织和惩戒机制。

3. 同质性。法律职业相对独立，形成了一个法律职业共同体。这个共同体具有相似的教育背景和法律知识体系，遵循同样的法律精神，使用统一的法律语言、法律规范和法律程序；其成员有着共同的职业伦理原则，即忠实于法律，追求社会正义，在相同的社会经济条件和法制环境下共同为法律的实施和实现而努力。法律职业共同体的同质性有利于保证法律的统一实施，并可形成促进法律发展、参与公共决策和政治改革的合力。

4. 分工与协作性。随着法制的日益完善，法律职业的专门化日益明确，分工越来越细，法官、检察官和律师各司其职，从而形成了法律职业之间的分工与协作，在保证法律合理运行的同时，也发挥着相互制约的作用。例如，律师职业以忠实于当事人为职业道德的核心，法官则必须严格恪守中立与公正的立场，遵守回避原则；律师属于自由职业者，法官则代表国家行使审判权；公诉人以追究犯罪为己任，律师的责任则在于保护刑事被告人的合法权益等。同时，各职业内部专业分工也更加细化，如法官有了刑事法官、民事法官、知识产权法官和破产法官等分工，律师业则出现了许多专业律师事务所等。法学研究及其他法律职业同样如此。

(三) 法律职业的形成与法律职业化

1. 法律职业的形成

法律职业与国家、法律和司法活动几乎同时产生。西方国家的法律职业最初产生于古罗马时期。当时，除了行使司法权的法官外，还适应民间法律服务的需求，产生了提供私人法律服务的职业人员。古罗马社会存在的法律职业主要有法律顾问、辩护人和诉讼代理人等，裁判官（及其选任的法官）和法学家构成了古罗马时期法律职业的核心。在英国，随着世俗人员进入法律界以及司法活动的专门化，于13世纪末逐步形成了最早的律师培养机构。在法律运作过程和历史发展中，法律职业逐渐发展壮大，并成为现代法制的标志和不可或缺的组成部分。

2. 法律职业化

相对于静态的职业概念而言，职业化是一个动态的概念，是指一个职业或行业从社会总体分工的混合状态中逐步分化出来，最终形成独立控制该专门领域的过程。一方面，这是一个通过经验积累和教育传承形成专门化知识、技能体系的过程；另一方面，这也是一个通过行业组织的严格准入和自律抵御外行侵入、形成垄断和自治性保护机制的过程。法律职业化的要求是：从业者在任职前需要经历专业知识教育、司法考试、任职前培训、实习以及专门的选任程序方可成为其成员，在任职期间必须服从行业规则，保持良好的职业技能和职业道德。法律职业化的实现，使得法律职业群体的素质和公信力不断提高，成为具有独立利益和政治影响力的社会群体。

(四) 法律职业群体在法治社会中的意义

“徒法不足以自行”，法律的实施与实现不仅需要一定的社会环境和政治、经济、文化等方面的客观条件，还需要高素质的法律家。法律职业群体是法律实施的主观要素和法律机制的软件部分。在现代法治中，法律职业群体的重要性和意义主要体现在：

1. 法律职业群体是法律自治的需要。法律职业的重要性是由法律机制自身的特点和运作规律所决定的。现代法治的一个基本要求就是法律的独立与自治，这种要求除了需要在权力配置方面最大限度地保障立法的民主与司法独立，维护法律规范在社会调整中的普遍性与至上性，在执法与法律适用中保障程序的正当性等条件之外，还应当保证由一个专门的职业集团负责法律的运作，他们的理念、法律意识、技能和职业道德是保证法律的独立性、统一性与连续性的基本条件。在法的发展史上，法律家的出现曾经促成了法的科学化、制度化和体系化；在现代社会，法律家的存在则是法制运作的基础。法律职业的自治，要求通过特定的教育培训途径形成该共同体特有的共同思维方式、共同的职业道德规范、共同的法律技能和经验，以及专门的知识体系和理念，由此保证法律适用和司法运作中的统一性、稳定性和公正性，以捍卫现代法律的自治。

2. 高素质的法律职业群体是司法公正的保证。法律职业群体的素质决定着法律适用乃至法制运作的质量和效率。无论是“有法可依”，还是“有法必依”、“执法必严”和“违法必究”，无一不与法律家的活动及其素质息息相关。实际上，对于一个社会法治状况的评价往往是通过法律家的行为及其权威反映出来的。优良的法制应该由“书本上的法”转化为“行动中的法”，这种状态乃是优秀的法律家的优良产品，在这个意义上，法律家的素质甚至是比“制度”更为重要的要素。

3. 法律职业群体是发挥司法功能、建立司法权威的主体要素。法律职业群体是连接法律规范与社会生活的纽带和桥梁，影响着法在社会生活中的权威和作用。任何国家的法律家都不可能脱离其特定的社会环境，法律家与社会及民众的联结方式及程度始终是法治社会的一个重要课题。一方面，法律家应该受社会所决定，真实反映并回应社会及民众的法律需求；另一方面，法律家又以其积极的活动塑造和决定法律运作的样式。一方面，法律的自治要求法律家与普通民众保持身份上的差别与距离；另一方面，法的运作又要求司法的民主化，司法活动应有民众的参与和监督。法律家的行为直接决定着司法效果。在法的发展史中，法律职业群体既可能在社会发展中与社会相对脱节，成为司法腐败甚至国家体制性腐败的象征，也可能通过自身的作用对法制建设产生积极的影响。由于法律家的活动直接决定着法律与社会的适应程度，决定着法律的权威和价值取向，因而，法律家既是法制发展和改革的主观条件和动力，也是法制发展和改革的重要内容。同时，法律家的素质也影响着社会主体和当事人的法律意识和行为方式。

二、法律职业共同体

(一) 法律职业共同体的含义

共同体是社会学中的一个概念，是指由因特定因素（地域、民族、职业、信仰和利益等）组成的社会团体。职业共同体是指因共同的职业利益、专业技能和认同感而形成的社会群体。

法律职业共同体是以法官、检察官和律师为代表的，受过专门法律训练，具有专门法律技能和伦理，专职从事法律职业的人所组成的共同体。其成员经过专门法律教育和职业训练，具有相似的法律知识背景和思维方式，达成职业伦理共识；以从事法律事务为安身立命之本，有着共同的职业利益，并形成了一种连带关系。法律职业共同体的形成，是在法律职业产生的基础上，伴随着社会转型，即从传统社会过渡到法治社会，法律形式化发展的必然结果，是法律职业化的标志。法律职业共同体作为法律精神、法律技术和法律文化的实施者和载体，以及一种独立的社会力量，不仅在法治的建立和发展中具有重要的历史性作用，而且是法治运行的基础。

(二) 法律职业共同体的不同模式

一般而言，世界各国的法律职业都构成了特定的共同体，但共同体的构成模式又各有不同，大致可分为两大类：

1. 一元化模式

一元化模式即各种法律职业尽管存在内部的分工，但相互之间联系比较紧密，并存在相互转化的可能性和途径。多数英美法系国家的法律职业都属于这一模式，即都属于法律家（Lawyer）的范畴。法律家（Lawyer）狭义指律师，广义则是各种法律家的统称，包括律师（Attorney）法官（Judge）、检察官（Prosecutor）和法学教授（Law Professor）等。法官和检察官通常从资深律师中产生，因而具有年龄较高、经验丰富、职业评价较高的特点，有利于保证司法官的素质和权威性。同时，法学家和实务法律界保持密切的关系，部分法学教授也可能成为法官。这种模式的优势在于有利于形成法律共同体的统一法律思维。但是，即使在英美法系国家，这一共同体的实际情况和内部联系也有很大不同。例如，英国律师分为出庭律师（大律师）和诉状律师（小律师），二者之间不能随便转换，地位也不同；而美国则没有这样的区分，而是分为私人律师和公职律师，并且两国的法律职业教育方式也完全不同。

2. 分业模式

分业模式即各种法律职业从就职开始就有明确的分工，各种职业之间联系较松散，原则上不存在升任或转化的关系。大陆法系国家一般采用这种模式，法律家（Jurist）的范围比英美法系国家更广，其中包括司法官（Magistracy），即法官和检察官，律师，公司法律顾问及其他法律工作者。法律家基本上是采用分业模式，法官、检察官和律师分别通过职业选择和特定途径产生，并通过特定途径升迁并终身任职。各职业之间联系相对较少，如果中途转任其他职业，一般需要从最初的途径（如考试和专业培训等）重新开始。在这种模式中，即使在教育中采取一元化体制，一旦分别选择就业之后，各种职业之间就很少发生转换。由于直接就任，法官最初就职时年龄较低，通常是从基层法院法官逐级向上级法院法官升迁，由此积累职业经验，并保证上级法院法官与下级法院法官在素质上的区别，以保证法律的统一。

近年来，一些国家在传统的模式上，也开始出现相互借鉴的趋势，如日本司法改革结合了两大法系的特点，在传统的分业模式的基础上，开始尝试从律师中选任部分法官的做法。但总体而言，上述两大基本模式之间依然保持着各自的特点。

三、法律家的基本素质

法律家的素质，即特定社会对从事法律职业的专业人员（主要是指实务法律家）的基本要求，这种要求的内容和标准基于不同时代和社会的具体法律需求、价值取向和社会经济条件而迥然各异。因此，法律家的素质具有一定的多元性和地域性特征。然而，一般而言，在当代法治社会，法律家所应具备的基本素质至少应包括以下三个方面：

（一）法律职业道德

法律职业道德，又称法律职业伦理，是指对法律职业的道德要求和行业自律规范。在我国，法律职业道德是法官、检察官、律师和公证员等法律职业人员所应当遵守的职业行为规范的总称，是社会道德体系的重要组成部分，是社会道德在法律职业领域的具体体现和升华。法律职业道德具有以下特征：

1. 主体的特定性。法律职业道德适用的主体仅限于专门从事法律工作的法官、检察官、律师和公证员等法律职业人员，对于非法律职业人员没有约束力。

2. 职业的特殊性。职业的特殊性是指法律职业道德应当体现法律职业活动的特点，符合法律职业的专业属性。不同的职业身份，对职业道德的要求各有不同。例如，律师与法官的职业道德规范既有共同性，但又存在本质性的差别，分别体现其职务的特殊要求。

3. 规范性和约束力。法律职业道德不能停留在一般道德准则层面，而必须形成具有明确权利义务内容的、具体的标准和可操作的行为规范，具有实质性的约束力。当代很多法律职业道德都以法律和纪律规范的形式体现；同时，建立系统的自律和法律监督机制，在当事人违反其职业道德规范时，可以启动从行业内部的责任追究和处罚，到公开听证、评价、弹劾，直至刑事责任追究程序，并加以相应的制裁。

法律职业道德规范一方面必须符合社会的一般公共道德标准，另一方面又反映了对法律职业的特殊道德要求。法律职业特别是司法官，为了保持其在社会公众中的威望，不仅应是一般的公共道德典范，还应恪守特定的职业规范。法律职业共同遵守的职业伦理包括：忠诚于法律，忠于职守，廉洁公正以及行为端正自重等。同时，不同的职业身份，如法官、检察官和律师，对职业道德的要求又各有不同。对于法律家而言，最重要的要求是公正和公平，这既是执法的技术问题，又是一种道德要求。鉴于司法腐败对法制权威的损害远远大于执法技术上的失误，维护公正首先应被视为一种对法律家职业道德品质方面的要求。当今世界许多国家都建立了法律家自治组织和行业道德规范，这种机制的完善与否决定着法律职业的成熟程度和社会威望，也是从内部控制“司法腐败”的最重要的防线。[①]自律机制是由本行业及共同体内部操作的，较之外在监督机制而言，更专业且不易损害到司法独立和整体形象，同时，又与法定的监督机制形成衔接和互动。

（二）法律专业知识和技能

法律家必须掌握系统的法律专业知识和法律职业技能，包括法律思维与推理能力，对法律规范的理解与解释技能，法律意识，掌握证据和事实的能力，思辨、辩论和撰写法律文书的能力等。这方面的能力是从事法律工作的前提和基础，决定着法律运作过程及其结果的质量与效率，也就是所谓“执法水平”的问题。这些技能并非能够通过书本和一朝一夕即可掌握，主要依赖于实践经验的积累而不断提高，因此，法律家资历的长短和年龄本身就成为其素质的一个显著标志。对于一个法律家来说，从学校学到的基础法律知识不过是进入其职业生涯的钥匙，资历则体现着经验的积累，而岁月的沉积会增加对现实生活和人性的感悟，削弱激进和浮躁，避免因自己的任性影响司法的结果。因此，保持法律职业的稳定性是极其重要的。世界各国的法官选任之所以或者从资深律师中选任、或者采用自下而上的逐级升任制度，都是基于对经验的重视。这也正是法律职业群体的成长之所以需要较长时日的原因所在。同时，由于不同的法律职业、不同审级的法院承担着不同的社会职能，因而对承担不同职责的法律家所具有的能力的要求和标准也应有所不同。

（三）学识与修养

法律家的学识不仅包括法律方面的素养，即对法律规范的理解和法律意识，更重要的是指他们在处理法律事务中所必需的社会常识，即对社会生活、人性、价值和利益等的深刻理解和感悟。对于法官、特别是基层或初审法院的法官而言，一定的社会经验和人生经历还意味着对当地社会及其一般行为规范和价值观的了解，这些都是处理法律事务所必需的。法律家的学识还要求他们具有高度的社会责任感，在社会的发展中保持适度的稳健而非激进的立场和态度，才能起到缓和社会矛盾、维护社会稳定的作用。最高法院法官和其他从事司法审查乃至参与重大决策性案件审理的法官，其知识范围还应该广及哲学、社会学、伦理学、宗教学乃至其他人文社会科学等领域，才能准确把握重大利益平衡和价值抉择的精髓，担负起指引社会的重任。此外，法律职业人员需要养成良好的个人修养，包括对人的尊重、举止的文明礼貌、谈吐的分寸以及着装的严谨，等等，这些不仅是个人修养问题，也与职业形象有关，并会直接影响到其职务行为。

四、实务法律家与法学家的区别与联系

1. 实务法律家与法学家的区别

在法律职业中，实务法律家与法学家存在着明显的差别。尽管学者型法官和律师确实

---

① 参见王利明：《司法改革研究》，北京，法律出版社，2000。附录：美国司法协会为法官拟定的《司法行为守则》，不仅明确系统地规定了法官的各种行为准则，而且对每一个概念、原则和规则都作了详细的阐释说明，并对程序性、操作性和司法道德委员会的组成、权利和义务等作了详尽的规定。

大有人在，世界各国也都有法学教授直接被选任为法官的制度，但在法律实践中，区别两者不同的身份和角色非常重要。实务法律家与从事法学研究的法学家在素质的要求上也是有所区别的，这种区别首先是来自现代法治本身的特征及其所应有的逻辑，同时取决于法律职业集团内部分工的需要。作为一门科学，法学应具有体系性、原理性和批判性的特征，以理性思辨和逻辑自足为基本要求；而且，法学不仅能够建构系统的理论体系来阐明法的本质和价值，而且能够通过对现行法的评价、批判和重构，成为推动法律发展的动力。相比之下，法律实务则以现行法为基础展开，其基本要求是严格性、统一性、操作性和保守性，执法者应尽量避免对现行法进行道德评价，这样才有助于培养实务法律家对现行法的信念与忠诚，保证法律适用的统一性、连续性和稳定性。

法学与法律实践，学者与实务工作者始终存在客观上的区别，二者不仅在法律的运作和发展中分别扮演不同的角色，而且在法的发展史上也发挥了不同的作用。在现代法治国家，二者在教育途径、职业道德、知识结构、评价标准、行为规范和思维方式等方面都保持着相对的独立，分别发挥着各自不可替代的作用。

2. 实务法律家与法学家的联系

与此同时，也要看到，法学和法律实务之间又存在着内在的、不可分割的联系，始终保持着密切的关系。法学作为一种实用的社会科学，历来以法律实践为研究对象，并从实践中获取素材；法学的研究成果往往能够直接应用于法律实践。理论与实践的结合是世界各国法学研究和法律实践发展的共同动力和基本方法。同时，在现代司法活动中，实务法律家与法学家两种职业经常通过相互兼职、有条件的角色转换以及法律教育（包括师生之间的关系和教育的内容和方法等），在二者之间产生深刻的联系和影响。

第二节　法律教育与培训制度

一、法律教育的功能

（一）法律教育的分类及功能

法律教育，指传授法律及法学知识，以培养法律职业人才为目的的教育制度和途径。根据目的和方法的差异，现代法律教育一般分为法学教育（学历学位教育）和法律职业培训两个基本部分。

1. 法学教育

法学教育，以法学研究和法学知识体系的存在为前提和基础，以传授法学知识体系为目的和基本内容，属于社会科学和人文科学教育的组成部分。近代西方的法学教育通常是在大学的专业部门（法律系或法学院）进行，在方法上注重系统的知识传授和学术规范，目的是传授法律基础知识和素养，主要包括理论法学和对本国法的规范分析（注释法学）等分支。当代世界上绝大多数国家的法律院校都属于法学教育范畴。

欧洲最早的大学建于12世纪，如意大利的波伦亚大学和罗马大学。早期的大学一般只设立法学院、神学院和医学院，“法学”是一个相当广义的领域，很多社会科学学科都可以授予法学学位，并曾流传着“法科万能”的说法。大学法学教育主要是一种人文素质教育，并不等同于实务法律家的培养；法学也始终保持着与法律实践相对独立的地位。法学教育是以法学家和法学教授为中心而展开的。当代大学法学教育已经成为一种普通学历教育，并在此基础上形成由硕士、博士和研究所等构成的法学学术研究和教育体系。即使在以大学法学院作为职业培训机构的美国，也存在着独立的法学研究和教育体系，即学术性的法学教育和研究机构，例如，研究所、研究中心或其他学位教育等。

2. 法律职业培训

法律职业培训，以法律规范、法律技术和法律操作程序作为传授的主要内容，以培养实务法律家（如法官、检察官和律师等）为目的，在方法上主要是通过实习和应用技能的训练进行的。法律职业培训，在法律职业的培养中具有重要的意义，在现代法治国家通常是必不可少的，目前大致有两种模式：

(1) 在绝大多数国家，法律职业培训是在大学法学教育之外或之后单独进行的。大陆法系国家一般是通过专门的培训机构或专门途径进行。例如，法国实务法律家的培养根据职务种类的不同，分由各种专门培训学校（如法官学院、律师培训中心等）分别进行。德国是通过两次国家考试和司法研修（为期两年）完成的。日本、韩国和我国台湾地区的法律职业人员（法官、检察官甚至律师），则是在经过司法考试录取后在司法培训所进行职业培训。在普通法系国家，法律职业一般是通过律师资格考试之后，作为见习律师在律师事务所接受师徒传承式的培养，成为正式执业律师；从经过长期的律师实践生涯的资深律师中产生法官，由此，律师实践就成为法官的培训途径。除了任职前的职业培训外，继续教育和终身教育也逐渐成为法律职业的一种新的理念。

(2) 由大学法学院承担法律职业培训。由大学法学院承担法律职业教育、培训是美国的首创，法学院的目标是培养律师，采用专门的教育方法（案例教学、诊所教育等）和具有实务经验和律师资格的教师，构成一整套针对性极强的职业教育体系，并与律师资格考试和律师市场形成互动关系。这种法律教育模式对当代世界产生了一定影响，很多国家都开始模仿、借鉴。

(二) 法学教育与法律职业培训的关系

在西方法制史中，法学研究和教育与法律职业培训既有联系，又并非完全同一，二者分别在法的发展中起到了重要作用。古罗马是西方古代法学教育的发源地，法学家的学说曾作为法的渊源之一对司法实践产生了重大的作用。公元4世纪之前，古罗马社会一直没有公立法律学校，私立机构在法学教育中长期占据统治地位。欧洲中世纪的法律教育和法学研究曾处于长期的低迷状态。欧洲文艺复兴时期，从意大利的波伦亚大学（建于12世纪）开始，大学法学教育开始出现，继而通过罗马法复兴运动将法学研究推向了一个新的历史发展时期，并由此促进了法律职业向学识化方向发展，加强了法学研究与法律实务教育的联系。大学法律专业对本国法律的讲授，是17世纪～18世纪才开始的，此后大学也始终保持着其学术性定位。同时，在法律职业专业化过程中，各种专门教育培训机构或方式则在大学之外发挥了更为重要的作用。

在现代法治社会，实务法律家的教育和职业培训与法学研究本身既有区别、又有联系。这种关系构成了现代国家法律教育与法律职业培训制度的特点。主要包括：

1. 法学教育与法律家的职业教育培训存在严格区别，二者不能相互取代。一般而言，大学法学教育作为国民教育的组成部分，以学理的系统性、原理性为特征；而法律职业培训则以实用性、操作性、技能和职业道德培养为要义。在当代世界各国，二者都有明确的分工。德国的法学家尽管有与实务界保持密切联系的传统，但是大学的授课和研讨，仍具有极高的学术性和强烈的偏重理论的特征，并具有明显的确保纯学术性研究的意图。由于目前在大多数发达国家，大学教育已经普及，因而在进入法律职业之前，普通大学学历（一般是法学本科学历）都是必需的，法学本科教育作为基础教育，已成为进入法律职业的前期准备阶段。同时，在就任实务法律职业之前，通常必须经过特定的职业培训，通过职业培训获得的是任职资格，而不是学历。法律家的培养、任职资格及其能力并不能仅仅以学历的高低为标准。

2. 法学教育与法律实务培训之间存在密切的联系，二者不能完全脱离。首先，法学作为一种实用性很强的社会科学，是建立在对现实的法律现象的研究之上的，法学必须及时将实务中的问题转换为法学的研究对象，使法学研究能够与时俱进。其次，法学对于法律的规律性的研究、对于法律精神的阐释是对现实法律实务活动的总结和提升，对法律实务具有重要的指导作用，法学家的规范分析和实证研究与法律实务往往能形成互动。最后，法学教育所提供的人文素质教育也是成为法律家所必需的基础，是成就法律家的高度社会责任感和人文关怀，形成良好的学识、知识结构和职业道德的条件。法学作为法律意识形态，对于实务法律家的法律意识、司法理念的形成和发展具有重要影响，也是法律职业人员应具备的基本素养之一。一直以来，世界各国的大学法律教育都在努力追求接近司法实务和实践的改革方向；而以实务法律家为培养目标的美国法学院，则同时追求着法学的科学性和学理性。这种联系与区别，构成了法律教育中永无止境的追求和改革主题。①

二、法律职业资格与司法考试

（一）法律职业资格的取得

法律职业的独立性、自治性以及社会对其素质的特殊要求，决定了进入这一职业必须具备一定的条件、资格和特殊途径。一般而言，由于法律职业模式和教育模式的不同，以及对不同法律职业的要求不同，世界各国的法律职业资格和准入条件也各有不同。

在法律职业资格的取得上，现代世界各国大致有以下共同特点：

1. 专业性或垄断性

在西方法律传统中，法律职业构成了一种行会性自治共同体。与其他职业一样，法律职业的资格也是一种行会规则。建立行会规则不仅可使整个行业保持持续吸引客户的声誉，也可使已经进入该行业的人保持既有利益。在英文中，法律职业源于“关卡”、“障碍”和“栅栏”等意思的一个引申词（Bar），表明这一行业本身的封闭性、垄断性。设立于14世纪初的伦敦律师协会或公会（Inn）即反映了当时法律职业教育机构的行会性质，它既有权授予律师资格，又垄断了律师的培训。只有经过律师协会或公会培训的人，才有可能取得律师资格。如今，伦敦律师公会仍设有“法律教育评议会”，主管律师资格考试。现代法律职业及教育培训的独立既延续了这一行业自治的传统，也反映了现代司法独立和司法权威的理念。作为司法活动的重要组成部分，现代法律职业人员特别是司法官，通常是由国家的议会或司法行政部门根据宪法和法律的规定，进行选任，授予其任职资格的。

2. 严格的资格准入要求

法律职业的专业性是通过严格的资格准入制度实现的。当代世界各国，在进入法律职

① 参见王晨光：《法学教育的宗旨》，载《法制与社会发展》，2002（6）。

业时几乎都必须以通过专门设置的司法考试为前提条件。但是，司法考试在不同的法律职业模式下作用各有不同：(1) 在英美等普通法系国家，司法考试即律师资格考试，考试合格即获得律师（或见习律师）资格，但不可能直接成为法官。(2) 在大陆法系国家，司法考试一般是为了取得进入法律职业的入门资格（在德国，考试分为两次，第一次为入门考试，经培训后的第二次考试则是任职资格考试），不论从事何种法律职业，都需要在大学毕业后参加统一的资格考试（也称为司法考试或司法实习生考试）。

3. 司法考试与职业培训结合

法律职业的专业技能是通过职业培训养成的。当代世界各国的司法考试通常与职业培训结合，法律职业培训适应各国法律职业的构成、行业特点和历史传统，存在不同的模式。

4. 职业的稳定性

当代世界各国无论是采用哪一种培养模式，都非常注重法律职业，特别是司法官职业的稳定性。随着法官素质的不断提高和对司法效率的重视，法官终身制越来越普遍。一旦获得法官资格之后，一般都采用终身制或连续任命制，职业法官的作用日益提高。

(二) 法律职业培训的途径和模式

1. 在英美等普通法系国家，法律职业采取一元化模式，法官从律师中产生。律师只有在取得职业资格后从业多年，才有可能成为法官。法律教育的目标是培养律师（法律家）。例如，美国的法官培养实际上分为两个阶段，先是法学院教育，通过司法考试获得律师资格后，通过律师实践与继续教育相结合的方式逐步成长为资深律师，再通过选举或任命的方式成为职业法官。英国传统的普通法职业教育以英国律师学院（Inn）师徒传授的方式为代表，至今新律师入行后也是由资深律师以这种方式进行培养的（见图 3—1）。

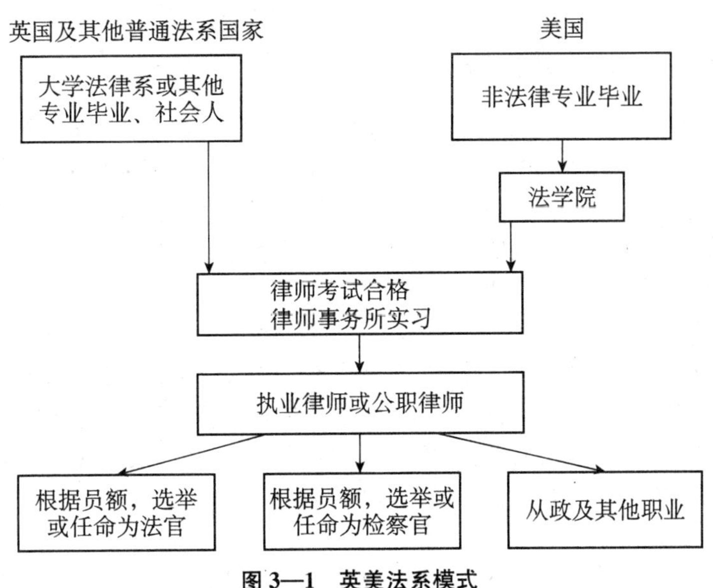

图 3—1　英美法系模式

2. 大陆法系国家的法律职业采用分业模式，法律职业人员执业前的教育也分为两个阶段，即大学本科法律教育和本科之后的职业培训两部分。但法律培训则又可分为一元化模式和多元化模式：(1) 一元化模式（如日本和德国），即法官、律师和检察官参加同一个司法考试，合格者在同一个专门的司法培训所或根据相同的标准、要求进行培训，并分别在法院、检察院和律师所接受培训或实习，在培训结束后再分别选择具体的法律职业就业。在德国，司法培训结束后，还要参加第二次司法考试，也称为候补文官考试，考试合格者可以按照本人的意愿选择法律职业。（2）多元化模式（如法国），对于不同的法律职业分设不同的资格考试，在专门设立的培训机构（如法官学院）进行培训，合格者直接获得相应的职业资格。实际上，大陆法系国家在职业培训阶段也是通过师徒传授的方式，使新手熟悉行业规则和职业技能，以达到职业培训的目的（见图3—2）。

总之，现代法治国家为了保证法律职业人员的素质，都确立了严格的资格标准和准入条件，以及司法考试、法律家的培训和教育制度，并注意科学规划法律家人数和法律职业集团的组织模式，并通过司法官的身份保障制度和选任制度使法律职业保持稳定。同时，世界各国的法律职业共同体也形成了高度的自律和自治，恪守着自身的职业道德规范。

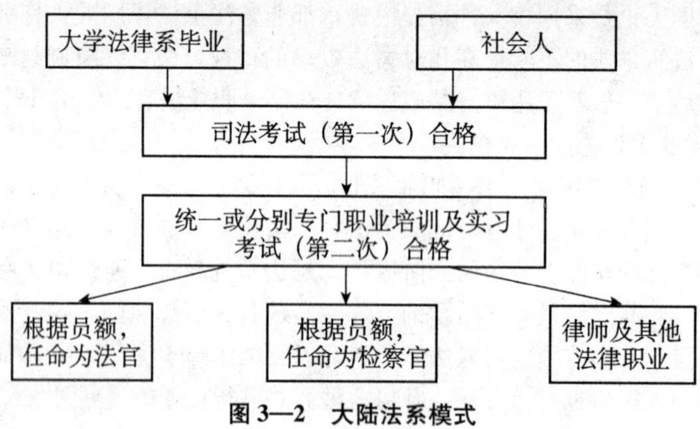

图3—2 大陆法系模式

三、当代世界各国法律教育概况

由于历史传统和法律制度的不同，当代世界各国的法律职业在共同体样式、任职资格和方式以及教育培训途径等方面也都存在着显著的差异，形成了两大法系的不同模式。同时，每个国家又存在鲜明的自身特色，并随时代的发展不断进行着改革。本章仅以以下几个主要国家的基本情况为例，说明当代世界各国法律教育的概况。

（一）法国法律教育制度

1. 法学教育

法国的大学法律教育传统上属于一种历史悠久的人文社会科学教育，法学本科生毕业后并不一定选择法律职业，大学教授在法律职业中的地位不高。当代法学教育中已经越来越多地引进一些实务课程，同时，法学家的学说对于司法实践的意义也在不断提高。但大学法学教育与法律职业培训之间仍然存在着明确的分工。

2. 法律职业培训

法律职业教育采取多元化模式，分别由法官学院、律师学院等专门培训机构承担，但统一由司法部负责。

国立法官学院是一所由司法部监督领导、由财政部提供资金的公立学校，位于波尔多，开办于1959年，另在巴黎设一分校。国立法官学院的主要任务是为法国司法系统培训法官，以及对在职法官进行培训和深造，教学上特别重视实践。国立法官学院学制分四种：(1) 2年制，对象为大学法律系毕业生，以及曾从事法律工作的，年龄在27岁以上的人员。经考试合格后被录取入学学习，毕业后可正式取得法官资格。在学期间除在校学习以外，还要到公司、国家机关等国内各种机构中了解社会现实，之后需在巴黎和波尔多的法院实习1年。(2) 10月制，对象为40岁至45岁的公务员、拟转行当法官并经考试合格的人员，同样必须进行几个月的实习。(3) 继续教育，一般为期半个月至2个月，有的短至8天，对象是在职法官。凡任职未满8年的法官均须轮流到法官学院进修，以更新知识和研究实践中的新问题。任职8年以上的，可自愿到校进修。(4) 外国法官培训班，学制为1个月至4个月，也可延长。每期由政府分送名额给外国政府，主要是非洲原法语区的国家，在巴黎上学。法官学院的教学注重培养司法实务能力，目的在于使学生学会各种司法业务，成为能应付各种专业的法官。学生被分成13、14个人的小组，由一名讲师级的法官领导学习，教学与司法实践紧密配合。教师主体由法官组成，任教3、4年后再回到法院去担任法官。法官学院的院长由司法部部长提名，由内阁会议发布法令任命。

法国的律师培训传统上是由律师培训中心承担的，这种机构通常设立在各上诉法院附近。在国立大学内部设立司法研究所举办律师考试培训课程，由教授、司法官和律师担任讲师。凡大学法律系四年级学生、获得法律学士或法学博士学位者，可在此接受为期1年的培训课程；在培训后参加笔试和口试两次考试向大学的专门机构（职业培训中心）申请律师职务资格合格证。传统的方式是经审查合格即可在上诉法院进行宣誓，进入律师培训中心学习。研修持续3年，接受律师实务、职业道德和法律程序等方面的培训，并特别注重以讨论会的方式训练辩论能力。通常的途径是在考试合格获得律师资格合格证后，首先成为见习律师，在律师事务所见习3年～5年，律师协会根据其表现决定是否授予其律师资格。

此外，法国还有狱政管理干部学院等专门培训机构，分别对不同的法律职业人员进行任职前的培训。行政法院法官则是由国家行政学院培养的。同时，法国的公证人是由总统任命的国家官吏，拥有自己的机构和全国自治性组织，也是一种独立的法律职业。

(二) 德国法律教育制度

1. 法学教育

德国法律教育本身是一元化的，法官与律师接受同样的教育和培训。德国的大学教授在法律职业中地位最高，大学法学教育具有高度理性化和系统性的特征。同时，法学研究与法律实践有着密切的关联，对法律实务有重要的影响。大学法律教育与职业培训存在明确的分工。成为法律家必须先经过大学法律教育阶段，同时必须通过两次国家考试，由于国家考试合格率较高，因而，一般进入大学法律系学习的学生多数是自始选择以法律为职业的。

大学法学教育有着浓厚的职业色彩，注重理论与实际结合，同时融入了浓厚的学术自由精神，并重视培养法律专业学生的职业忠诚感和职业道德。大学法学教育的核心课程是民法、刑法、公法及程序法，另外还学习法学方法论方面的知识，内容分为必考科目及选修课目，法学教育的内容同时考虑到司法行政及法律咨询实务的需要。大学法学教育的主要形式是讲授课，以系统讲解基本原理为主，辅之背景知识和现实情况的介绍，目的在于使学生对某门课程有一个系统的了解。担任讲授课的主要是大学教授，还有已取得教授资格但未获教授位置的高校讲师和高级助教。为了使学生能更好地理解讲授课中教师讲述的抽象基本原理（主要在民法、刑法方面），学生被划分为若干学习小组，以开展自由讨论。学习小组由实践经验丰富的法官、检察官或教授的助手来指导，其任务是具体解释所学基本理论并组织学生讨论。此外还有练习课和学术讨论课。多数学生需要4年以上的时间完成第一阶段的学习，之后便可参加第一次国家考试。

2. 法律职业培训

在通过第一次国家考试之后，学生即成为候补文官，表明其具备了作为一个准法律工作者的资格和基础条件。要想成为法律家，他们还需进入第二阶段的学习，这一阶段也称职业预备期，为时2年，由州高等法院院长负责管理。学生将至少在五至六个部门进行实习，在专业人员，如法官、检察员以及行政官员的指导下，具体参与司法和行政工作。在实习的第20个月，即实习阶段结束之时，学生应参加第二次国家考试。第二次国家考试旨在考核学生是否具备作为法官、检察官、律师或高级公务员所要求的综合知识水准、综合能力和个人品行。第二次国家考试同样以笔试和口试的方式进行，所不同的是，笔试内容更加专门化，并加大了关于州法的内容比例。考试合格者，可被任命为实习法官或实习检察官，实习期限为1年。期满后由州司法行政长官审查决定是否授予候补法官或候补检察官资格。

德国法律教育管理体制存在着合理的分工和衔接：大学的主要任务是培养学生的理论素养；州高等法院（通过其院长和有关司法、行政部门）负责训练学生的实际工作能力；州司法部（通过州法律考试局）则执掌国家考试大权。

（三）美国法律教育制度

1. 法律职业教育

美国的法学院教育模式不同于其他国家，属于一种职业教育，而并非传统的大学法学教育。其特点是没有一般意义上的法学本科，法学院学生都是已获得其他领域学士学位的人。任何专业领域内获得学士学位的人都可以报考法学院，但学生多是来自各种社会科学和人文科学毕业生。这些学生把各自学科的知识背景带进法学院，彼此之间相互交流和影响，为法学与社会发展及其他学科之间的相互融合以及法学自身的发展创造了有利条件。

美国目前大约有203所法学院，其中178所是经美国律师协会（ABA）批准的。法学院的职能定位于职业法律家的培养，正式的学位是JD（即所谓法律博士，相当于双学士学位），属于法学院的基本教育课程，学制一般为3年。第一年以必修课为主，包括合同法、侵权法、财产法、刑法、民事诉讼法和法律文书写作等；第二年和第三年则以选修课为主，学生可以根据自己的兴趣和意愿从几十门法律课程中选修若干门，但必须达到学校规定的学分标准。法学院主要采用案例教学法，学生学习主要是通过阅读案例汇编，参加相互直接交流式的研讨和报告。法学院教授都具有较强的实务经验和教学经验，并与实务界保持密切的联系。近年来，诊所教育受到重视、发展很快。[①] 这些具有特色的教学方法都服务于法学院的宗旨，即教会学生像法律家（律师）那样思维，并学会如何实际办案。

美国法学院教育直接受律师协会和法学院协会的指导，与律师就业市场构成一个整体。法学院学生毕业后需要通过各州的律师资格考试，进入各律师事务所，在资深律师的带领下逐步积累职业经验。因此，法学院学习、在校社会工作经验、毕业实习、就业与律师考试之间形成了一套相互联系的机制。这种教育培训制度的优越性在于，学生在任职时年龄相对较大，已具有较丰富的社会经验和复合的知识结构，并具有较强的实务

① 参见杨欣欣主编：《法学教育与诊所式教学方法》北京，法律出版社，2002；［印］马海发·梅隆主编：《诊所式法律教育》，彭锡华等译，北京，法律出版社，2002。

能力，能保证法律职业来源广泛、与社会保持良好的联系，实用性强，这也是美国律师竞争力强的原因之一。缺点是，法学研究和法律职业培训之间缺乏联系，学生的法学理论基础相对较低，缺乏系统性。近年来，美国法学院也在努力通过教学改革提高学生的理论素养。

2. 法学教育

由于法学院的职业教育特点，美国的法学研究，即学术性的法学教育和研究并不仅仅甚至主要不是在法学院中进行，而是在其他院系、学科或法学院附属的研究所、中心进行的。[①] 美国的法学院除职业培训外，也承担了部分法学研究和法学教育职能，设有法学硕士（LLM）和法学博士（PHD）学位。攻读法学博士学位的人一般须先获得法学硕士学位；学制一般为 3 年至 5 年。大多数研究生，特别是博士生同时担任一位教授的助教或助研，要给本科生上一门课，或改卷、答疑或查找资料，辅助导师研究，可以从学校获得一定数额的奖学金。研究生入学后或一年以后要为自己选择导师和指导委员会（一般是 5 人）。研究生，特别是博士生修完课程后，要进行综合考试，包括与专业有关的理论、方法论等。博士生通过资格考试后，成为博士候选人，可以开始写作论文。这些学术学位或是为了培养法学研究或教学人才，或是为外国研究者所设，在美国法学院中仅占较小的比例。

（四）英国法律教育制度

1. 法学教育

英国传统的法律职业教育不是在大学完成的，当代大学教育已经成为一种普及性国民教育，因此，法学家一般都有良好的大学法律教育背景。但是，英国的大学法律教育与美国的法学院教育完全不同，本质上仍属于一种体系性的法学教育；近现代的大学法律教育尽管增加了许多实务色彩，但仍然与律师培养存在严格的区别。英国参加律师考试一般没有严格的学历要求，并不必须拥有大学法律教育背景。

2. 法律职业培训

目前在英国，成为初级律师的途径是：首先必须通过律师资格考试，之后应在初级律师协会登记为实习生，实习期为 4 年至 5 年。高级律师的培养途径大致相同，但考试与实习内容和管理不同。英国的律师行业有着悠久的以师徒传承方式培养法律家的传统，目前的实习方式仍然延续了这一历史传统。法官、检察官通常是从资深律师中产生的。

（五）日本法律教育制度

1. 法学教育

2004 年之前，日本法律教育属于大陆法系国家模式，大学法学教育与职业培训两个阶段没有直接的联系。大学法学教育主要是一种人文素质教育，并具有法学研究的功能。从事法律职业一般都经过大学本科法学教育，但也不禁止其他社会人参加司法考试。法律职业教育则由司法研修所承担。

2004 年，日本进行了整体性的司法改革，其中一项重要举措就是模仿美国法学院教育模式建立了新型的法学教育机构“法科大学院”，即通过审核，在水平较高的大学法学院法学部（大学法学本科）和法学研究科（研究生院）的基础上，建立专门培养法律职业人

---

① 参见苏力：《美国的法学教育和研究对我们的启发》，载贺卫方编：《中国法律教育之路》，北京，中国政法大学出版社，1997。

员的高等法学教育机构。与美国法学院制度不同，日本“法科大学院”仍然保留法学部（法律本科），以避免与原有的法律教育体系产生矛盾。法科大学院不仅招收法律本科毕业生，也招收非法律专业本科毕业生入学，但后者需要增补一年法律专业课。法科大学院的教育目标是：作为培养法律职业人员的一个重点环节，对法科学生集中进行法律知识和实务技能教育。法科大学院学生在接受了二到三年的实务教育后，经考试合格，将被授予法科大学院专授的学位——法务博士。

2. 司法考试

日本实行全国统一司法考试。原有的司法考试从第二次世界大战后开始实行，分两次考试，四个阶段。第一次考试，属于基本内容的考试，内容非常广泛，主要为选择题和小论文。没有国籍、年龄和学历资格等报考限制。第二次考试才是法律知识的考试，分选择、小论文和口述（面试）三个阶段。每年通过率设在1%～3%之间。严格的考试旨在使法律职业人员的规模保持缓慢的发展，不致因发展过快导致素质的降低，以培养精英化的法律职业人员。旧司法考试于2011年废止。

建立法科大学院制度是日本法学教育和法律职业选拔制度的重大制度变革。根据司法改革方案，准备逐步扩大法律职业的人数，使从事司法实务的法律家人数在2018年左右达到5万人的规模（为2001年约两万人数的2倍以上，超过法国的法律家总人数），实现法官和检察官人数的较大幅度增加。计划到2020年，司法考试合格率从2000年的占应考人数的30%左右提高到70%至80%。

新制度赋予法科大学院毕业生即法务博士参加司法考试的特权，他们可直接获得新司法考试的考试资格，在毕业后的5年内可参加3次新司法考试。2006年，第一批法科大学院学生——法务博士毕业，新司法考试开始实施。日本国会专门为此通过了《关于部分修改司法考试法以及法院法的法律》和《关于法科大学院教育与司法考试衔接的法律》，规定了新型司法考试的模式，法科大学院与司法考试相衔接等事宜。新司法考试有选择题和论文笔试，取消口述面试。新、旧两种司法考试并行一段之后，2011年旧司法考试废止，只保留新司法考试。同时，2011年开始增设司法考试预备考试，允许非法科大学院毕业生或社会人通过该考试获得参加司法考试的资格（例外）。

3. 法律职业培训

日本实行法律家的统一职业培训。司法改革前，司法考试合格者统一在由最高法院主办的司法研修所进行为期2年的职业培训。研修期间带薪学习，培训采取集中授课教育和实务研修相结合的方式，特别强调司法实务教育。结业后根据毕业考试成绩、员额和个人选择分别担任法官、检察官或律师。由于这种法律家统一培训制度受到社会和法律界的高度评价，因而在司法改革方案中得以保留。

改革后，司法考试合格者，作为司法实习生实习10个月，其间的8个月是实习民事审判、刑事审判、检察和辩护，另外2个月是选择实习，每位司法实习生可以根据自己的志愿，做综合性的实习。此后，在接下去的2个月里，司法实习生通过在最高法院附属的司法进修所集合进修、考试（第二次考试），最终获得法曹资格，并开始法律家的生涯。

日本的司法改革吸收了美国法学院模式和从律师中选任法官的思路，同时在制度设计中充分注意到两种模式的不同及其衔接，尽可能避免两种模式并存的混乱。改革旨在逐步增加法律人才的储备，加大从律师中选拔司法官的比例和人数，增加法官选任中的民主化。然而，改革措施实行几年后，由于法科大学院毕业生数量超出法律职业的实际需要，加剧了法律职业内部的竞争，甚至影响了法律服务的质量和人员素质，一方面招致律师业的消极抵制，另一方面，就业难也使得法科大学院的前景遇到严峻的挑战，生源数量和质量均难以得到保证。因此，这一制度正面临着进一步的评估和调整（见图 3—3）。

除法官、检察官和律师所谓“法曹三者”之外，日本还拥有大量其他名目的法律职业，包括公证人、司法书士，前者属于司法工作者，后者的工作主要是从事法律文书起草等非诉讼业务。此外，还有与法律工作有关的税理士、专利事务办理士等职业。这些法律职业也都要求必须通过相应的国家考试，获得专业资格后才能任职。目前，日本法律人才相对过剩，也会更多地向这些行业转移并引起相应的变革。

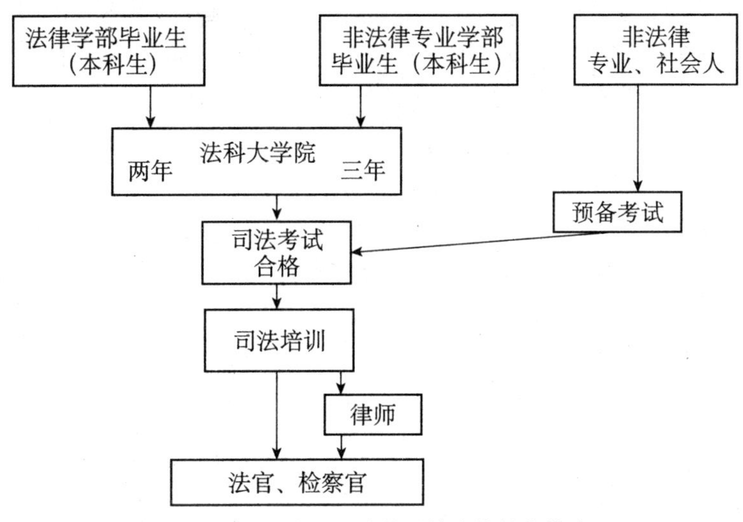

图 3—3　日本司法改革后的法律教育模式

第三节　我国法律职业与法律教育制度

一、我国法律职业的构成

（一）我国法律职业的历史发展

我国历史上也存在注释法学家、司法官吏以及刑名幕府（所谓幕友或师爷）和民间讼师等法律职业，但由于司法与行政的分权和分工没有完成，法律专业技能和经验未得到重视，因而始终未能孕育出独立和专业化的法律职业群体，也没有实现法律的职业化。近代以后，随着司法改革和西方司法制度的引入，我国开始形成现代法律职业群体。然而，从革命根据地到改革开放前，我国人民司法始终以简易化和常识化为特点，职业化程度不高。

改革开放之后，法制现代化、规范化和诉讼程序的改革使得司法活动对法律职业化的要求不断提高，而法学教育的发展、法律人才的成长和法律技能、经验的积累也为法律的职业化提供了充分的条件。在这一背景下，法律职业化成为我国司法改革的重要目标。法律教育规模不断扩大，法律职业人员快速增加。1986 年建立了律师资格全国统一考试制度，1995 年《法官法》和《检察官法》制定实施，1998 年，最高人民法院提出“法官职业化”的目标，2002年开始，全国实行统一司法资格考试制度。由此，法律职业的准入标准不断提高，职业身份保障不断加强，法律职业群体的社会地位不断提高，大大推进了法律职业化的进程。法律职业阶层或群体初步形成，法律界在社会上的声音和影响力明显增强，被称为“职业化时代”的来到。[①]

（二）我国法律职业的构成

1. 法官，即各级人民法院的审判人员，根据法官法的规定，法官是依法行使国家审判权的审判人员，包括最高人民法院、地方各级人民法院和军事法院等专门人民法院的院长、副院长、审判委员会委员、庭长、副庭长、审判员和助理审判员。截至2010年，我国共有法官约22万人。

2. 检察官，即依法行使国家检察权的检察人员，包括最高人民检察院、地方各级人民检察院和军事检察院等专门人民检察院的检察长、副检察长、检察委员会委员、检察员和助理检察员。截至2010年，我国共有检察官约18万人。

3. 律师，即依法取得律师执业证书，为社会提供法律服务的执业人员。截至2010年年底，我国执业律师人数已达20.4万人。[②]

4. 其他法律工作者，包括仲裁员、公证人员、法律工作者以及企业单位法律顾问等。

5. 法学家，包括法律院校的法学教师，法学研究机构的研究人员以及立法机关、各政府机构和人民团体的法律与政策研究人员等。

（三）我国法律职业的特点

1. 法律职业人数众多，职业化程度和社会公信力相对较低。法律职业的数量和规模在较短时间内迅速扩展，但其发展正值社会转型期和法治初建期，受到体制、司法环境、自身素质和司法腐败等问题的影响，且缺少长期的经验积累、专业训练和职业道德熏陶，尚未形成良好有效的自治自律传统；同时，与民众的沟通存在一定问题，社会公信力较低。目前，有关法律职业精英化或“大众化”的争议及其代表的不同价值观和方向仍然影响着法律职业化的走向及其正当性。

2. 继承了大陆法系国家和社会主义国家的法制传统，实行法律职业分业模式，但统一的司法培训制度、司法官任用和轮换制度以及司法官身份保障制度等尚未建立或落实。司法官待遇过低，队伍不稳定，法律职业之间的转换比较普遍，由此带来了职业伦理上的许多复杂问题。在这个意义上，我国法律职业化的目标仍未实现，制度建构尚未完成。

3. 法律职业群体素质存在地方差异。司法官人事制度以地方为基础，包括选任和待遇等。由于我国各地经济、社会发展和人力资源等方面的差异较大，西部、少数民族地区和其他欠发达地区对司法服务和法律职业的要求与发达地区和中心城市有很大不同，法律职业的标准及其职业保障，特别是待遇也很难达到与发达地区和中心城市相同的水平。这种体制难以保证全国的法律职业的素质达到同质化。

---

① 最高人民法院和最高人民检察院分别提出了加强法官和检察官的职业化的目标和具体方案，并注意与统一司法考试的衔接的努力。法官职业化的目标是通过提高法官的素质，减少行政化管理，以保证司法的公正、统一和质量，并逐步实现法官的独立审判。除了最高人民法院发布的《关于加强法官队伍职业化建设的若干意见》（2002年7月）外，一些地方法院也进行了各种尝试。2002年3月，当首次中国大法官会议召开之际，司法机关就已经宣称“法官职业化时代来临”，载《人民法院报》，2002-03-23。

② 参见司法部律师公证工作指导司司长杜春在全国律协刑事专业委员会2010年年会上的发言。

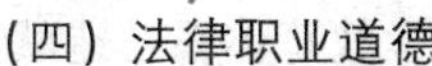

（四）法律职业道德

我国法律职业道德直接与特定职业及职务相联系。有关法律职业道德的规定主要体现在《法官法》、《检察官法》、《律师法》、《公证法》、《人民法院工作人员处分条例》、《法官职业道德基本准则》和《法官行为规范》、《检察人员纪律处分条例（试行）》、《检察官职业道德基本准则（试行）》、《检察官职业行为基本规范（试行）》以及《律师执业行为规范（试行）》等法律、法规中。

在我国，适用于全体法律职业人的普遍性法律职业道德基本原则主要包括：忠实执行宪法和法律，维护法律的尊严；以事实为根据，以法律为准绳；严明纪律，保守秘密；互相尊重，互相配合；恪尽职守，勤勉尽责；清正廉洁，遵纪守法。这些原则是法律职业道德的基本尺度、基本纲领和基本要求。

同时，不同的职业身份，如法官、检察官和律师，对职业道德的要求又各有不同（具体内容详见本书第四、五、六章）：

1. 法官的职业道德。根据《法官职业道德基本准则》的规定，法官职业道德的主要内容有六个方面，即保障司法公正、提高司法效率、保持清正廉洁、遵守司法礼仪、加强自身修养和约束业外活动。

2. 检察官职业道德。根据《检察官职业道德基本准则》的规定，检察官的职业道德可以概括为“忠诚、公正、清廉、文明”八个字。

3. 律师的职业道德。根据《律师职业道德和执业纪律规范》的规定，律师职业道德的基本内容包括诚信执业、避免利益冲突、保守职业秘密、勤勉执业、独立履行职责及以正当方式推广律师业务。

（五）法律职业责任

我国各类法律职业人员根据相关法律和职业道德规范承担相应的职业责任：

1. 法官、检察官职业责任。指法官、检察官违反法律、职业道德准则和行业纪律所应当承担的责任，包括纪律责任和刑事责任两类，其中纪律责任的主要形式有警告、记过、记大过、降级、撤职和开除。

2. 律师职业责任。是指律师及律师事务所违反法律、职业道德准则和行业纪律所应当承担的责任，包括纪律责任、民事责任、行政责任和刑事责任。

3. 公证员职业责任，是指公证员及公证机关违反法律、职业道德准则和行业纪律所应当承担的责任，包括民事责任、行政责任和刑事责任。

我国目前虽然已经建立了基本的法律职业责任追究制度，但仍存在一些争议和问题。由于我国司法公信力较低，国家和司法机关自身很少强调司法官的职务豁免，而对错案的追究比较重视，采用的方式以行政处理为主，因而一旦发生错案，办案人员往往会受到责任追究，甚至终身追究，直至要求院长等主管领导引咎辞职。

二、我国法律教育制度

（一）法律教育制度的发展

我国传统的法律教育很不发达，近现代法律教育发端于清末法制改革，发展于民国时期，民国时期的法律教育曾对我国近代的法学研究和法律人才培养发挥了重要的作用。新中国成立后，我国初步建立了社会主义的法律教育体系。20世纪80年代以来，法律教育快速发展，建立了各种本、专科的学校，形成了以普通高等法学教育为主，成人教育、职业法律教育、自学考试等与之相适应的多层次、多渠道、多形式法学教育体系，造就了大量法律人才储备，并承担了对在职司法官和各种法律职业人员的培训和继续教育的任务。截至2010年，法学本科在校生共30万人左右，法律专科在校生达22万人，30年增长了200多倍；硕士研究生7.9万人，博士研究生1万人，法律教育规模30年来增长了105.7倍。

（二）大学法律教育

新中国的法学教育是在全面废除旧法的背景之下形成基本格局的。1950年至1953年，中国的法学教育基本上是仿照原苏联的教学模式。1953年“院系调整”之后，全国仅有六所院校设有法律系。1978年之后，法律教育规模不断扩大，1999年以后，大学扩大招生规模，经过高速的规模扩张，截至2008年11月，全国法学院系已达634所，有法学硕士学位授予权的高等院校和科研机构达333所，有法学博士学位授予权的高等院校和科研机构共29个，有13个法学教育机构设有法学博士后科研流动站。

大学法律教育主要包括：

1. 法学本科教育。学生从应届高中毕业生中招收，由国家统一命题、统一考试、统一录取。法学本科学制为4年，大专为3年。20世纪80年代，本科法学教育被分为不同的“专业”，本科法学在一些院校被细分为法学、经济法学、国际经济法学等不同的专业。1999年，法学本科统称为法学，不再分不同的专业。法学本科的学生，在大学4年期间（有的学校规定弹性学制4至7年）修完全部必修及选修课程且考试合格，毕业论文成绩合格后即可获得法学学士学位。

2. 法学硕士研究生教育。实行国家统一考试与学校命题相结合的招生制度，即外语、政治理论由全国统一命题，法学专业课则由考生所报考的学校自行命题。统考科目及总分由国家划定分数线，学校根据国家招生计划择优录取，学制3年。自2003年开始，部分院校可以自行划定分数线，规定本校研究生的录取分数，但是录取人数仍由国家规定。自2002年开始，一些学校已经将法学研究生的学制压缩为2年。

3. 法律硕士研究生教育。1996年，全国8所高等学校首期招收法律专业硕士，简称法律硕士。法律硕士教育具有显著的法律实务教育指向，具有以下特点：（1）入学者均要求具有大学本科学历；（2）统称为法律专业，不分具体专业；（3）区别法学与非法学生源的入学考试标准，由此形成了法律硕士教育的二元结构。非法律专业的法律硕士需要补修法学本科的一些课程，用于课堂教学的时间占其学习期间的大部分。法律理论部分的教学在教学全过程中占有核心地位，整个教学期间并不安排实习或实务课程。法律硕士在学完规定的课程，考试合格，修满规定的学分后，可以开始写毕业论文，答辩合格者即可授予“法律硕士学位”。法律硕士学位是仿照美国法学院的模式而设立的，但由于无法解决原有的法学教育体系与这一模式之间的冲突与兼容问题，大学也并没有适应其宗旨设立专门的师资、教学方式和相应的设施，所以，这一学位的设立并未真正实现其最初的设立目标。但是，法律硕士学位在短期内极大地扩大了法律教育的规模和硕士毕业生的数量，并促进了法律教育的市场化。

4. 法学博士研究生教育。由国家授权的招生专业点根据自己的研究方向自行命题招生，学制为3年。近年来，许多学校设立了法学博士后的流动站，以促进法学理论和实务的研究。

（三）成人法律教育及中等法律教育

自20世纪80年代起，由于普通高等教育不能满足社会的需求，我国成人教育得到了迅速发展。而法律职业需求的飞速增长，使得当时进入法律职业的人员绝大多数并未受过正规的法律教育和培训。为了弥补这一缺陷，在司法机关和各种教育机构中普遍设立了面向在职司法人员的成人法律教育，例如法院系统的法律业余大学等。

进入21世纪后，随着司法人员职业化水平的提高，司法机关内的成人学历教育机构已经完成了其历史使命，多转化为培训机构。现有的成人法律教育已经主要由社会的各种教育机构承担，目标不再是主要针对在职司法人员的学历教育，而更多地针对社会需求。目前的成人法学教育主要有两种形式：

其一，以知识更新为主的干部培训，这种教育以单独设置的法官学院、检察官学院和各种培训中心等为主，实际上属于继续教育性质。

其二，以攻读高等学位为主的学历教育，这种是以普通高等院校为主、以高等教育自学考试等形式为辅进行的，以取得专科学历为起点，进而专升本等。目前我国有各种层次的成人法学教育，包括大专和本科等。方式有远程教育和在校教育等。成人法学专业招生也由国家成人教育管理系统统一组织考试，统一确定录取标准。脱产专科一般为2年，本科为4年。不脱产、不离岗的大多为3至5年不等。参加全国统一自学考试的，成绩合格后可获得相应的学历，并得到国家的承认。目前，这部分成人教育也承担着对在职司法人员的学历教育。例如，2001年年底，最高人民法院向全国法院下发通知，凡2002年1月1日前不满40周岁的审判人员，5年之内要完成“专升本”教育。

目前，成人高等法学教育已逐步转变为一种大众教育模式，不仅面对法律职业，也面对非法律职业，包括公务员、企业管理人员和教师等，以满足大众提高法律知识，成为复合型人才的需要。

此外，我国还有中等职业法律学校，多为大学的成教学院、地方的政法管理干部学院和中等司法学校所属。

（四）职业培训与继续教育

1. 任职前培训

法律职业培训是连接法学教育与法律职业的桥梁，是法律职业人员任职前的必经阶段。我国尽管已经建立了各类司法培训机构，如法官学院、检察官学院等，但是，并未真正形成专门和统一的任职前法律职业培训制度。特别是，部分职业培训甚至混同于学历教育，方式也主要局限于一般培训班和课堂讲授。① 司法官的任职前培训主要由各地法官学院、检察官学院等自行进行，时间、内容和要求不统一，内容以相关制度和行为规范的一般教育为主，时间不超过一个月，尚不能达到系统、全面获得司法职业技能的目标。

我国法律实务的培训实际上主要是通过任职后的实践逐步获得的。法官以往在进入法院工作后，一般均先担任书记员。这种制度，可以保证后备法官在实务工作中，通过资深法官的言传身教获得经验，起到培训的作用。检察官任职前的培训制度情况大致与法官相同。这种制度和传统尽管并没有明确地以法律固定下来，但在实践中仍然得以延续。律师

---

① 参见张培田：《法与司法的演进及改革考论》，267页附表——检察官学院培训情况，北京，中国政法大学出版社，2002。

同样没有专门的任职前培训制度，主要通过实习和资深律师的师徒传承方式进行培养。这种方式可以弥补我国法律职业培训的缺失，但不足之处是仅限于实际承担的司法工作，无法对各种法律工作、司法程序和技术环节进行整体系统的了解。

2. 法律继续教育

法律继续教育，是指对法律职业人员在任职期间进行的一种教育，目的在于专业知识的更新和提高。法律继续教育的对象是在职的法律工作者，如法官、检察官和律师等。我国对法律职业者任职期间的培训比较重视，各种职业都有明确的规定。例如，将培训情况作为法官考核、评优、任用和晋升的依据之一，未经法官任职前培训的，不得任命为法官；未经晋级培训的，不得晋升高一级法官。其他职业大致相同。

我国的继续教育机构主要包括：法官学院、检察官学院以及律师协会的培训机构等。在职司法官和律师有义务和权利定期接受继续教育性质的培训，每当国家有新的法律、法规和司法解释公布实施，各司法机关或律师协会往往会组织进行相关培训。

(五) 当前我国法律教育中存在的问题

目前，我国法律教育体系仍然处在改革和发展中，存在许多问题。主要是：

1. 发展过快，缺乏统一的规划。数量规模大，质量较低，各种法律学位的设置缺少科学的规划，目标定位不准确，很多法律院校和专业缺少高质量的师资力量，无法保证教育质量。

2. 法学教育内容和方法相对陈旧，理论与实践联系不够紧密，缺乏实务教育的内容，学生很难从大学法律教育中获得实务操作的能力和知识。同时，法律教育中缺少职业道德教育方面的内容，难以培养法律学生对法律职业及其自律传统的认同和服从。

3. 没有形成严格的职业教育体系，法学教育与法律职业教育没有区分。国家统一的司法官任职前培训制度迄今尚未建立，已建立的法官学院和检察官学院等机构均未实现这一功能，部分甚至异化成一种学历教育。大量新进入司法机关的年轻司法官实际上仍然依靠在实践中师徒传承的方式获得司法技能，影响了司法官整体素质和同质性。

4. 法律教育与法律职业的就业之间没有形成有机联系。毕业生就业率低，很多法学毕业生并不能从事法律实务工作，造成法律教育资源的浪费。法律职业过于注重学历教育，也使得法学教育与法律职业特别是司法机关后备人才补充相互脱节。

三、国家司法考试

(一) 国家司法考试的设立和预期目的

司法考试，是国家主办的以选拔法律职业人才、保证法律职业素质为目的的考试，是获得法律职业资格的必经程序和准入条件。当代世界各国的司法考试根据功能的不同可分为：律师资格考试和法律职业统一考试；培训资格（入门资格）考试和任职资格考试等，并与考试合格后的录用、培训、实习和任用等制度相互衔接。

我国国家司法考试是国家统一组织的从事特定法律职业的资格考试。担任初任法官、初任检察官和取得律师资格必须通过国家司法考试。

国家司法考试是在原律师资格考试的基础之上设立的。律师资格考试是由司法部主持的，从1986年司法部第一次组织全国律师资格考试（1989年10月正式在全国统一进行），到2000年为止，已进行了12次全国统考，共有150万人次参加了考试。2001年6月30日，第九届全国人大常委会第二十二次会议审议通过了关于修改《法官法》和《检察官法》的决定。这两个决定，以法律修正案的形式首次确立了我国的统一司法考试制度，该决定明确规定："国家对初任法官、检察官和取得律师资格实行统一的司法考试制度"。2001年10月31日，最高人民法院、最高人民检察院和司法部联合制定公布了《国家司法考试实施办法（试行）》。2002年，第一次统一司法考试实行，标志着这一制度正式建立。2008年，最高人民法院、最高人民检察院和司法部对该试行办法进行了修订，正式颁布了《国家司法考试实施办法》。

司法考试的主要测试内容包括：理论法学、应用法学、现行法律规定、法律实务和法律职业道德。国家司法考试实行全国统一命题和评卷，成绩由司法部国家司法考试办公室公布。国家司法考试的考试成绩一次有效。通过国家司法考试的人员，由司法部统一颁发《法律职业资格证书》。

根据统一司法考试设计者的解释，确立司法考试制度的目的，在于实现职业法律者选拔的精英化和统一化。职业法律者选拔的精英化就是要提高进入法律职业的门槛，建立职业法律者的准入制度。建立统一司法考试制度旨在打破部门、行业界限，在全社会范围内选拔优秀法律人才，实现职业法律者选拔的统一化。这种统一主要表现为统一命题、统一考试、统一录取标准进而形成统一的法律职业共同体，有利于职业法律者形成统一的法律职业语言，相互监督和专业竞争，促进法律专业人士司法伦理体系的形成；有利于推动中国法律职业的统一化，使律师、法官、检察官有可能在同一业务层面上展开工作，相互监督和专业竞争，并实现法律职业之间的合理流动。其预期的功能包括：（1）连接功能，即连接法学教育和法律职业；（2）导向功能，即引导法学教育向职业教育的方向发展；（3）规范功能，即规范法律职业准入的方式和标准；（4）检验功能，即检验应试人员的真正水平及其所受教育的水平；（5）选拔功能，即将不符合要求的人员挡在法律职业之外。

（二）司法考试报考条件

1. 符合以下条件人员，可以报名参加国家司法考试：（1）具有中华人民共和国国籍；（2）拥护《中华人民共和国宪法》，享有选举权和被选举权；（3）具有完全民事行为能力；（4）高等学校法律专业本科毕业或者高等学校非法律专业本科毕业并具有法律专业知识；（5）品行良好。

普通高等学校下一年度应届本科毕业生可以报名参加国家司法考试。

持香港、澳门、台湾地区或者国外高等学校学历（学位）证书报名的，其学历（学位）证书须经教育部留学服务中心认证，符合报考学历（学位）条件的，可以报名参加国家司法考试。

2. 有下列情形之一的人员不能报名参加考试，已经办理报名手续的，报名无效：

（1）因故意犯罪受过刑事处罚的；（2）曾被国家机关开除公职或者曾被吊销律师执业证、公证员执业证的；（3）被处以二年内不得报名参加国家司法考试期限未满或者被处以终身不得报名参加国家司法考试的；（4）提供虚假证明材料或者以其他形式骗取报名的。

3. 已经取得A类法律职业资格证书人员，或者已经取得B类法律职业资格证书但尚未取得高等学校本科以上毕业学历的人员，不得再次报名参加国家司法考试。

在国家规定的特定区域（少数民族和西部欠发达地区），可以将报名学历条件放宽为高等学校法律专业专科学历。放宽报名学历条件政策的适用以户籍为准，期限截至2016年

12月31日。[①]

(三) 司法考试的设置

1. 基本程序

(1) 司法考试大纲公布。司法考试大纲是考生复习的指南，每年的司法考试大纲一般是在4月下旬公布。

(2) 司法考试有关事项公告，司法部就司法考试有关事项的公告一般在5月下旬到6月初出台。内容是有关报名的资格和条件，报名的方式，时间和地点，报名所需要的材料，考试的时间，考试的内容、方式和科目，试题参考答案异议以及考试成绩与资格授予等一系列问题的规定。

(3) 司法考试报名阶段。目前报名方式分为网上预报名和现场报名。网上预报名时间为6月，现场报名时间为7月。

(4) 考试阶段及答案公布、异议阶段。司法考试时间一般是9月中旬的周末两天。考试的命题范围以司法部制定并公布的《国家司法考试大纲》为准，司法考试采用闭卷、笔试的方式。考试分为四份试卷，每份试卷分值为150分，四卷总分为600分。考试结束后，司法部会及时公布司法考试试题及答案，并允许考生对答案提出异议。

(5) 发布关于成绩查询、合格分数线、法律资格申请及证书颁发的公告，一般在11月下旬或12月初。

(6) 申请资格授予阶段（12月中上旬）。通过国家司法考试的应试人员，应在规定时间内向报名所在市（地）司法行政机关提出授予法律职业资格、颁发《法律职业资格证书》的申请，并按照司法行政机关的要求提交有关材料。

(7) 领取职业资格证书阶段，一般为次年的2月底到3月初。

2. 司法考试资格证书

由于国家司法考试在报名学历条件上仍存在放宽地区（法律专业专科学历）与非放宽地区（大学本科以上学历）之分，在录取标准上也存在全国合格分数线与放宽合格分数线的区别，所以，对适用不同报名条件和不同合格分数线而录取的考生所取得的《法律职业资格证书》仍按实际进行分类。具体为：

A类，适用于报名学历为大学本科以上，考试成绩为360分以上的应试人员。此类证书效力无地域限制。

B类，适用于放宽报名学历条件地区，且报名学历为法律专业专科，考试成绩为360分以上的应试人员。此类人员由于享受了报名学历条件的放宽政策，证书效力受地域限制，即仅能在放宽条件地区任职或执业，以实现放宽条件的目的，保证该地区法律职业人才的需求和补充。

C类，适用于放宽报名学历条件地区，考试成绩为315分～359分的应试人员。此类人员包括报名学历为法律专业专科和大学本科以上两种情况。之所以对这些地区的应试人员实行合格分数线放宽，其目的仍是为保证该地区法律职业人才的需求和补充，因而此类人员取得证书的效力亦受地域限制。

---

① 参见《中国农村扶贫开发纲要（2011～2020年）》和《国务院办公厅关于中部六省比照实施振兴东北地区等老工业基地和西部大开发有关政策范围的通知》（国办函［2007］2号）。

（四）司法考试的现状、问题和完善

1. 司法考试的调整

司法考试对提高法律职业群体的素质无疑具有重要的意义。但其实施中亦显示出一些问题，并已经进行了微妙的调整。

首先，司法考试报考条件过于严苛，一些现职司法官被排除在外，引起了强烈的不满。司法部不得不作出变通，决定在2003年司法考试中放宽部分西部地区人员报名参加司法考试的条件，即允许这些地区司法机关在职人员中的法律专科毕业生报考。

其次，最初的两年，司法考试的合格率很低，难度之大，被称为"第一考"，基本遵循了既定的精英化目标。但由于西部少数民族和欠发达地区司法考试合格率过低，很多地区现任司法官连年考试竟无人合格。加之此前在精英化改革中过快地让一批有经验的司法官退出，由此出现了所谓的西部法官断档的尴尬局面。而且，这些地区少数通过司法考试的法律工作者往往在获得资格后选择离开，到经济发达地区或中心城市发展，导致司法人员的不稳定。为了解决这一问题，除在司法考试中对这些地区采取了较低标准和差别待遇外，在司法机关内部又设立了非统一司法考试，这使得统一司法考试的初衷难以坚持。

最后，从2004年开始，司法考试合格率逐年提高，2009年甚至达到35%，使其难度大幅度降低（见表3—1）。这一调整在有利于解决法律学生就业压力的同时，实际上已经背离了最初设计的精英化目标。但由此带来的新问题是：拥有法律职业资格的人数激增必然导致竞争的激烈和人员素质的降低。目前，由于法律就业市场趋于饱和，大量获得司法考试和法律职业资格的人无法进入法律行业工作，这使得法律教育资源遭到很大的浪费。司法机关增员所能吸收的人数非常有限。律师业则不得不采用保护性措施，如北京律师协会出台了限制外地律师进京的措施。

表3—1　　司法考试通过率（资料来源：新华网、法律教育网）

时间（次序）	报名人数	实际参考人数	通过率
2002年（1）	36万	31万	7.74%
2003年（2）	19.7万	17万	10.18%
2004年（3）	19.5万	17.9万	11.22%
2005年（4）	24.4万	21.9万	14.39%
2006年（5）	28万	24.4万	15%
2007年（6）	29.4万	27万	22.39%
2008年（7）	37万	32万	27%
2009年（8）	42万	35.3万	35%
2010年（9）	39万	33万	14.29%

2. 司法考试亟待解决的问题

（1）司法考试的性质定位模糊，介于法律职业的入门考试和任职资格考试之间，但并未解决法律职业资格与准入的关系。首先，通过司法考试者不需经过专门培训即可获得专业资格，仅相当于大陆法系国家的第一次考试或入门考试，对于司法官而言起点过低。其次，法律毕业生在通过司法考试后，仍需通过公务员考试才能进入司法机关。使得司法考试在司法官准入方面的作用不明确。最后，许多已经在司法机关任职的司法官无法通过这一考试，也是这一制度衔接中的问题之一。

(2) 由于司法考试以学理、法条、制度和书本知识为基本内容，考察的是一般知识和思维、分析能力，与实务操作相去甚远。目前，法律专业毕业生与非法律专业考生通过司法考试的比例是1∶1，说明现行法学教育体系并无明显的专业优势，与法律实务工作无法衔接，这也加剧了法律教育的压力。

(3) 相关配套制度尚未建立。司法考试仅仅是提高法律职业素质的一种手段和形式，但仅此不足以实现这一目标，更重要的是需要建立一系列相关配套的制度。首先，目前并未建立统一的职业培训制度；其次，至少还需要在司法官的录取、准入和统一配置等方面建立相应的制度；最后，最为重要的是，只有通过法官任职轮换制，才能有效地解决地方差距和不发达地区法律职业人才短缺的问题，实现法律职业的同质化和整体素质的提高。

(4) 司法考试及其合格率应与法律职业的实际需求相适应，合理控制其发展规模和速度，以避免恶性竞争和低水平发展。

四、港澳台地区法律职业与法律教育制度

(一) 香港特别行政区

香港地区的法律职业秉承英国普通法传统，法律家属于同一个职业集团，律师则有大律师和小律师以及自由执业律师与公职律师之分。法官和检察官一般出身于资深律师（主要是大律师）。成为法律家必须经过专门的法律教育和培训。

香港地区的高等法律教育制度是在继承英国法律教育制度的基础上发展而来的。香港地区的高等法律教育分为两个阶段：

1. 法律基础教育。法律基础教育即在大学对学生进行法律理论知识教育的法律学士教育（Bachelor of Law，LL.B.），为期3年。学生只需要完成规定科目的学习，考试合格即可获得学士学位。如香港大学开设的法学本科课程主要包括：第一学年：合同法、民事侵权法、法律与社会、法律制度和法律写作及研究；第二学年：宪法及行政法、刑法和财产法；第三学年：法律哲学、人权法学、国际法、商业法、公司法、银行法、信托法、证据法和家庭法。在这一阶段的法学教育中，第一学年的课程全部为必修课程；第二学年除上面所列的为必修课外，学生可以任意选修其他课程；第三学年除法律哲学为必修课程之外，其他的均为选修课。另外，为适应香港地区的政治、经济的发展，学校还开有香港特别行政区法、中国法律入门以及中文在法律上的使用等课程。

2. 法律深造教育（Postgraduate Certificate in Law，P.C.LL）。法律深造教育即职业培训阶段，这一阶段主要对学生进行专门的法律实践教育训练。如果想从事律师，并想通过律师晋升为法官，必须继续第二阶段的学习，所以第二阶段的学习又被称为“晋升法律界的踏脚石”。这一阶段为期1年，主要对学生进行专业知识及技能的训练。这一阶段的主要课程有：房地产买卖及遗产承办、商业法及商用法律文件、刑事及民事诉讼程序、税务法、律师事务所会计及财务管理、法律专业操守和法律辩护技巧等。

香港地区法律教育的两个阶段实际上是独立的，学生可以在完成第一阶段的学习之后，自由选择是否继续深造。香港地区的学校在教学机构的设置上分为两个教学系，分别负责两个阶段的法律教育。这种区别与世界各国区分普通法学教育与职业培训的原理完全相同，可以最大限度地节约法律教育成本和资源。在香港地区，没有受过法律职业教育训练的人不能从事法律职业，成为法律人。

(二) 澳门特别行政区

1. 法律职业

澳门地区的法律职业具有鲜明的大陆法系国家的传统特征，各法律职业原则上采取分业模式。除了司法官和律师外，法律职业还包括司法辅助人员，即法院秘书、书记官和助理书记等。律师助理相当于我国的法律工作者。

2. 法律教育

澳门地区的法律教育制度与一般大陆法系国家的制度大致相同，包括大学法学教育和专门的职业培训两个阶段。

根据澳门地区1994年的有关法令，凡具有澳门大学法律学士或澳门地区法律上认可的法律学士文凭，公认具有公民品德，在澳门地区居住3年以上，懂葡萄牙文和中文的澳门地区居民，可以报考澳门地区司法官培训课程，经培训和实习18个月，合格者可以被委任为澳门法院的法官。担任院长则需要10年以上工作资历及其他资质条件。检察官条件基本相同。澳门特别行政区延续了这一制度。

澳门地区律师属于自由职业者，分为大律师和助理律师或律师助理。律师应具有法学学士学位，完成18个月的律师实习，通过律师资格考试。律师必须在澳门律师公会进行注册。

(三) 台湾地区

我国台湾地区的法律职业构成与日本及大陆法系国家的法律职业构成基本相同，采用分业模式。法律教育也分为两个阶段：

1. 法学教育

台湾地区的法律教育体制与日本相似。1945年台湾光复，回归祖国，原来日本所设的“帝国大学”改称为“国立台湾大学”，其所属的文政学部分为文学院和法学院两部分，其中法科亦同时更名为法律学系，这是推动战后台湾地区法律教育的先驱。1949年之后，台湾地区各大学依次成立法律系，既有原来大陆名校在台复校的，如东吴大学、辅仁大学等；也有本土新成立的，如中正大学、私立东海大学等。此外，军事院校和“中央”警察大学也设有法律系，专门为军队和警界培养高级法律人才。在台湾地区，共有12所大学设有法律系，每年大约可以招收1 600名学生。每年法律系招生报考的竞争性都相当强。

台湾地区目前除了东吴大学法律系和中原大学财经法律系规定学业为5年制之外，其余各学校均为4年制，如果成绩优异还可以提前一学期或一学年毕业。法律学专业的本科毕业生在毕业后可以参加由各校自己组织的硕士入学考试，进入研究所硕士班继续学习。

硕士毕业后如果想继续深造，可以再经考试修读法学博士学位。台湾地区法学硕士的学制为一至四年，博士为二至七年，除要修完所需课程之外，还要在毕业时提出论文，经三或五人以上组成的学位考试委员会通过，才能取得学位。台湾地区的法学教育原来不允许非法律专业学士攻读法学硕士学位，但近年来实行了一项变革，允许法律学研究所招收非法律学系毕业生，在修完所有法律课程，通过论文答辩后将授予法学硕士学位，即通常所称的法学硕士乙组。

2. 司法考试与司法培训

台湾地区实行统一司法考试，录取率很低，因而司法考试合格率成为判断大学法律系水准的基本标准。司法考试合格后，即可进入司法官训练所进修，分别成为律师、法官或检察官，但司法官和律师的培训并未采用一元化模式。

台湾地区的“行政院”和“司法院”共同负责司法培训事宜，成立司法官训练委员会，除司法官训练所所长为当然委员外，由“行政院”及“司法院”各指派4人组成，并互推1人为召集人。司法官训练委员会决定司法官及其他司法人员的训练方针、计划及与训练有关的重要事项，由司法官训练所执行。

司法官训练所每期接受学员90名，必要时可报诸“法务部”核定增减。学员来源如下：(1) 经高等考试录取，奉“法务部”发交司法官训练所训练、学习；(2) 具有法定司法官任用资格，由“法务部”发交本所训练、学习；(3)“法务部”为提高调查局办案人员的学识及奖助其他优秀司法行政人员的进修，指派到所受训。

司法官培训期间原为18个月，自第17期起，缩短为14个月。培训方式，系所谓“博学、慎思、明辨、笃行”，以达到学业与品德均衡发展的目标。司法官训练所除办理长期的司法官培训外，也适时举办各项在职司法人员的短期培训。

律师原来可以再通过司法考试后直接执业，但1987年以后开始要求必须经过任职前的培训，1992年修改“律师法”，明确规定考试及格的律师须经职前训练，始得充任律师。职前训练为期6个月，分别在司法官训练所和律师事务所进行培训和实习。

【深度阅读】

1. 张文显．司法改革报告：法律职业共同体研究．北京：法律出版社，2003

2. 孙笑侠等．法律人之治——法律职业的中国思考．北京：中国政法大学出版社，2005

3. 李学尧．法律职业主义．北京：中国政法大学出版社，2006

4. 王新清主编．法律职业道德．北京：法律出版社，2007

5. 贺卫方编．中国法律教育之路．北京：中国政法大学出版社，1997

6. 季卫东．法律职业的定位．中国社会科学，1994 (3)

7. 刘思达．职业自主性与国家干预——西方职业社会学研究述评．社会学研究，2006 (1)

8. 范愉．“当代中国法律职业化路径选择——一个比较法社会学的研究”．北方法学，2007 (2)

【问题与思考】

思考题：

1. 法律职业与职业化的意义是什么？
2. 法律职业道德的作用是什么？
3. 司法责任有什么特点和作用？
4. 法学教育与法律职业培训有什么不同？具体以什么方式完成？
5. 我国现行法律教育体系的构成、特点和存在的问题是什么？
6. 我国统一司法考试的意义与特点是什么？

练习题（选自历年司法考试试题）

1. 关于不同法律职业责任，下列哪些表述是正确的？（ACD）

A. 法官职业责任包括执行职务中违纪行为的纪律责任、执行职务中犯罪的刑事责任

B. 检察官职业责任包括执行职务中违纪行为的纪律责任、赔偿责任和执行职务中犯罪的刑事责任

C. 律师职业责任包括执业活动中违反有关律师法律、法规及执业纪律的民事、行政、刑事责任和纪律处分

D. 公证职业责任包括公证活动中违反有关公证法律、法规及职业道德规范的民事、行政、刑事责任和惩戒处分

2. 关于法律职业人员权利的表述，下列哪一项不能成立？（A。见《法官法》第 17 条、第 44 条和《检察官法》第 28 条）

A. 王法官在办理案件时，脸部被当事人泼洒硫酸致伤，要求享受工伤待遇。因所在法院不予批准，王法官向上一级法院提出申诉

B. 刘检察官工作不负责任，在生效的起诉意见书中出现了文字表述错误，后果严重。为此，刘检察官当年考核为不称职。刘检察官对考核结果有异议，申请复议

C. 皮法官作为妻子的代理人向另一法院起诉，要求妻子就职的公司给付被拖欠的 14 个月工资

D. 毛律师在接待一起离婚案咨询时，以没时间为由拒绝当事人希望其担任代理人的委托要求

3. 根据司法制度的有关规定，下列哪些选项是正确的？（ACD。见《律师法》第 14 条、《法官法》第 30 条和《法律援助条例》第 11 条）

A. 沈律师从 2003 年至今专职从事律师业务，未受过停止执业处罚，可成为律师事务所的设立人

B. 孙检察官工作勤奋，业务水平高，是检察官公认的业务骨干，虽然曾经为办案而违反有关警车、警械、警具管理规定，年终考核仍可得到优秀的考核结果

C. 郭法官认真总结审判经验，成果突出，对审判工作有指导作用，根据《法官法》的规定他应受到奖励

D. 曾某为刑事被告人，46 岁且有身孕，因经济困难未聘请辩护律师，可通过申请获得法律援助

4. 关于法律职业道德的理解，下列哪一说法不能成立？（D）

A. 法律职业道德与其他职业道德相比，具有更强的公平正义象征和社会感召作用

B. 法律职业道德与一般社会道德相比，具有更强的约束性

C. 法律职业道德的内容多以纪律规范形式体现，具有更强的可操作性

D. 法律职业道德通过严格程序实现，具有更强的外在强制性

5. 法官、检察官、律师等法律职业主管机关就三个职业在诉讼活动中的相互关系，出台了一系列规定。下列哪一说法是正确的？（A）

A. 这些规定的目的是加强职业纪律约束，促进维护司法公正

B. 这些规定具有弥补履行职责上地位不平等，利于发挥各自作用的意义

C. 这些规定允许必要时适度突破职权限制、提高司法效率

D. 这些规定主要强调配合，不涉及互相制约关系的内容

6. 某非法吸收公众存款刑事案件，因涉及人数众多，影响面广，当地领导私下曾有“必须重判”的说法。①主审李法官听此说法即向院长汇报。②开庭时，李法官对律师提出的非法证据排除的请求不予理睬。③李法官对刘检察官当庭反驳律师无罪辩护意见、严斥该律师立场有问题的做法不予制止。④李法官几次打断律师用方言发言，让其慢速并重复。⑤律师对法庭上述做法提出异议，遭拒后当即退庭抗议。⑥刘检察官大声对律师说：“你太不成熟，本地没你的饭吃了。”⑦律师担心报复，向当事人提出解除委托关系。⑧李法官、刘检察官应邀参加该律师所在律所的十周年所庆，该律师向李、刘赠送礼品。关于法律职业人员的不当行为，下列哪些选项是正确的？(CD)

A. ①④⑤　　B. ②③④　　C. ②⑥⑦　　D. ③⑦⑧

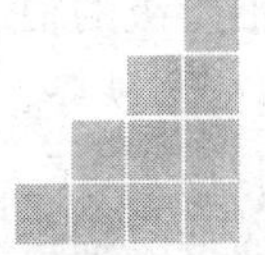

第四章

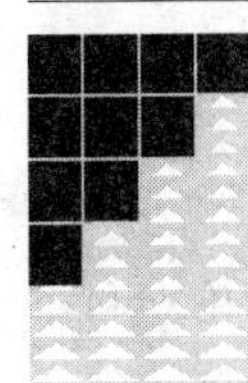

法院与法官制度

常考知识点

- 法院的性质和职权
- 法院组织体系与审判组织
- 法官的任职条件与任免
- 法官的权利与义务
- 法官制度与法官管理制度
- 法官职业道德与职业责任
- 法官惩戒制度

第一节　法院组织体系

一、法院的性质和职权

（一）法院的概念和性质

1. 法院的概念

法院是国家的审判机关，它通过行使审判权，适用法律处理各类案件，实现解决纠纷、确认法律规则以及维护国家统治正当性等功能。

法院是国家机器最重要的组成部分之一，是司法体制的核心。狭义的司法通常特指法院，司法权则特指由法院行使的审判权。法院的概念，亦可分为广义和狭义两种，广义的法院，指一切审判机关，包括宪法法院、行政法院和特别法院等；狭义的法院，则特指普通法院。

2. 法院的性质

法院以追求正义和公正为目标。但法院的性质和法同样，具有阶级性和社会性，并同时发挥着阶级统治功能和公共社会服务功能。

一方面，法院与其他上层建筑一样，具有鲜明的阶级性和政治性，服从统治阶级的根本利益和意志，通过适用统治阶级制定的法律，对试图颠覆国家政权以及破坏社会秩序、侵害国家利益的敌对阶级和势力实施镇压功能，维护有利于统治阶级整体的利益和秩序。因此，绝不可低估法院的社会政治功能。各种政治势力和利益集团通常会努力通过各种司法制度、立法和法官的选任等环节对司法施加影响。但是，在法律调整的过程中，法的阶级性更多地是通过立法过程中各种利益的博弈和协调体现出来的，法律一旦被制定，法院就应该以严格依法办案为原则，以消极中立的态度和立场处理案件。在这个意义上，法院主要是以消极中立的方式参与阶级斗争和政治活动的。随着当代违宪审查制度的确立和司法能动主义的影响，法院在参与公共政策和资源分配方面的作用和积极性开始增强；越来越多的阶级矛盾有可能从政治问题转化为法律技术问题，依靠法院通过司法程序加以解决，从而以一种相对平和的方式解决重大社会问题，有利于减少大规模的社会冲突。

另一方面，法院本质上是一种社会公共机构，以解决社会上的各种纠纷为己任，司法属于国家向社会主体提供的一种公共服务。法院的这种社会公共性质和职能，是通过法律面前人人平等的理念，以及各种以程序公正为价值取向的司法程序和制度加以保证的。在现代法治社会，公民平等地利用法院获得裁判的权利，已经逐步成为由宪法所确认和保护的基本权利，国家和法院有义务和责任使公民的这种权利获得实现。当代各国法院越来越重视与民众、社区和社会的关系，在通过司法活动保护社会主体的权利、维护正常的经济秩序和社会秩序的同时，注意通过司法社会化对法院外的纠纷解决机制予以扶持，并与之形成协调互动。

一般而言，在现代社会，法院的上述两方面的性质和职能应统一体现在法院的司法活动中。一个公正的法院，既符合社会绝大多数人的根本利益，也符合统治阶级的根本利益；司法的权威，既是社会的需要，也是维护国家正当统治的需要。但是，原则上，法院只能居中裁判，而不能积极主动地参与政治斗争和利益分配，这是由法院的地位所决定的。法官只服从法律，而不受政治势力和偏见的左右，这一要求是通过司法独立原则和相关制度加以保障的。

（二）法院的职权

1. 法院职权的概念

法院的职权，是指法院根据国家宪法和法律的规定依法行使的权力及其范围。一个国家法院的职权通常是由宪法、法院组织法（或司法组织法）以及各种诉讼程序法等规定的。法院职权的核心是审判权，这是法院的专属职权。除此之外，根据各国法律授权的不同，法院还可能拥有规则创制权、司法审查权、裁判执行权及司法行政权等不同的特殊职权。

2. 法院职权的范围

（1）审判权

审判权是法院的专有职权，即法院依照法律规则和法定程序对案件进行审理并作出裁判的权力。审判权是司法权的核心，具有被动性、中立性、程序性和专属性（职业化）等特征。相对于其他纠纷解决机关和程序，司法审判具有最高的权威性和终局性。

根据一个国家法院体制的不同，各种法院所行使的审判权还可以进一步具体区分为：初审案件审判权、上诉案件审判权、再审案件审判权、违宪审查案件审判权以及普通案件审判权和特别案件审判权，等等。

审判权是通过法院的审判组织，包括独任法官及合议庭等具体行使的。审判权的独立行使是现代司法和法治最重要的原则。

（2）司法行政权

司法行政权，也称为司法事务管理权，是指法院对其在司法活动中涉及的人事、财政和物质设施等方面的行政事务的管理权和处置权，包括法官选任、考核、调任、升职，法官培训，法官惩戒等纪律处分，法院预算及日常财政支出，法院设施购入管理，法院辅助人员录用、管理，等等。世界各国法院承担的司法行政权限各有不同，有些国家设立司法委员会统筹国家的司法行政事务，有些国家则由司法行政机关（司法部）负责实施，也有些国家则主要由法院内部的行政机构自行管理。无论采用哪一种模式，法院本身都拥有对司法行政事务的发言权和管理权。

司法行政权的设置必须以保证司法审判活动的正常进行为原则，既要保证法院拥有充分的人才和物质资源，不致因此受到其他权力机关掣肘，保证司法的独立；同时要保证法院不致被人、财、物的问题牵扯过多的精力，成为一个庞大臃肿的行政机关。此外，法院内部的司法政策、司法改革往往也可以通过其内部的行政管理权自上而下地贯彻施行。

合理配置司法行政管理权，可以适当限制法院的权限，实现立法机关和行政机关对司法的制约和监督。一般而言，作为审判机关，法院的内部管理不应过多地采用行政管理的方式，因为这种管理权限一旦超过了合理限度，就可能造成对法官独立审判的影响或干扰。所以，应尽量避免强化法院内部的行政化趋向。

（3）裁判执行权

执行（execution），是指强制执行或实施法院的生效裁判及其他生效法律文书的司法行为，裁判执行权是指能够强制执行生效司法裁判的权力。裁判是法院行使审判权的结果，裁判作出之后，法院就已经完成了其基本使命。但是，由于裁判能否实际履行关系到司法的权威和效果，强制执行实际上是司法活动重要的最后环节。执行属于一种附属性的司法职能，世界各国的裁判的执行权归属各有不同：或由法院专门设立的执行机构（如执行局或法警等）实施，或由专门的行政性裁判执行机构负责。

（4）规则制定权或规范性司法解释权

规则制定权，是指法院根据国家的授权可以制定具有普遍约束力的规则（规范性文件）的权力。由于法院不是立法机关，本身不具有立法权，只有通过专门的授权才能拥有这种职权。例如，美国国会将联邦法院诉讼程序规则的制定权授予美国联邦最高法院，日本最高法院也依法享有规则制定权，但所制定规则的范围不包括程序法规则。我国最高人民法院根据全国人大常委会授权制定规范性司法解释实际上也属于规则制定权的范畴。规范性司法解释文件对于全国的审判实践具有普遍的效力，并可以在诉讼中援引适用，与法官在案件中对法律规则作出的具体的、个别的解释完全不同。[①] 法院制定的规范性文件或规则，通常被视为法源或具有事实法源的效力。必须注意的是，首先，国家授予规则制定权的法院，一般仅限于最高法院或某些拥有特殊权力的法院，下级法院无权制定规则。其

① 有人将司法解释权也作为法院的一种职权。但需要注意的是，如果司法解释是指法官在法律适用中所作的具体解释，则这种权力是不言而喻地附着于审判权之中的——没有解释即没有裁判；我国某些误认为法官没有法律解释权的说法是对法律解释概念的误解。而如果司法解释是指规范性司法解释（即我国最高人民法院的司法解释文件），则属于规则制定权（或称为规范性司法解释权）的性质。

次，法院有权制定的规则，必须严格遵守授权范围的限制，通常限定在诉讼程序或法院行为方面，也包括对实体法适用中的裁判标准的统一解释。最后，法院制定的规则不能与立法机关制定的法律相抵触。

(5) 其他特殊职权

除了上述各种特殊职权外，法院根据法律规定或授权，还可能享有一些特殊职权，例如：最高法院的立法草案制定和提出权，司法审查权——只有拥有此项权限的法院（如最高法院或宪法法院）可以行使，司法培训权，非诉讼机构指导权以及陪审员指导权，等等。

3. 调整法院及其职权的法律体系

当代世界各国调整法院及其职权的法律体系主要包括：

(1) 宪法，作为根本法，规定法院权力的来源，确定司法权的范围，保证司法活动的正当性和法律地位。各国的宪法通常都明确规定法院的地位、性质和基本职权；厘清法院与其他司法机关或国家机关之间的关系；设置法院组织体系；确立法官的地位、职权和身份保障；明确法院和法官独立行使职权的司法独立原则及司法活动的基本原则，等等。

(2) 法院组织法或司法组织法，是宪法基本原则的具体化。其作用是明确行使审判权的具体原则，规定法院的设立及法院组织体系、法院内的审判组织和法院内部工作机构，法院的经费、人事、设施、设备等有关事项，法官的构成和选任方式，法院和法官的职权，法院工作分工以及审判的工作原则，等等。

(3) 各种诉讼程序法，是司法活动、审判行为的依据和程序保障。不同的诉讼程序对法官和法院的职权行使方式作出不同的具体规定，例如，通过规定各基本原则（如公开审判原则），制度（如回避制度、合议制度）和程序规则（如当事人双方的平等对抗、法庭调查、辩论等），从审判的进行过程和审判方式对法院依法行使审判权作出保障、规范和制约，保证司法的公平与效率。

(4) 法官法，规定法官的选任、法官身份保障以及法官的管理与纪律等制度，以保障宪法确立的司法职权和司法的公正得以实现。

二、法院组织体系

(一) 法院组织体系的概念与构成

1. 法院组织体系的概念

法院的组织体系，也可称为法院体制，指国家为保证审判权的有效行使，依据一定的原则（如级别管辖、案件类型和法院功能等）所设置的各种法院共同构成的体系。世界各国法院组织体系具有不同的特色和样式，一般都是根据本国经济社会制度、政治体制、国家结构以及历史传统、实际需求和政治理念、现实条件等因素，通过宪法、司法组织法和法院组织法加以建构的。

2. 法院组织体系的构成

法院组织体系的构成，是指一个国家所设立的各种法院，通过管辖范围、诉讼程序、功能以及审级上的分工和配合形成的法院组织体系（体制）。法院组织体系是由不同等级和功能的法院构成的，目的是通过这种制度设计，合理配置司法资源，形成法院之间的分工和配合，以充分发挥不同审级、不同性质的法院在纠纷解决和程序保障上的多元化功能，并以此保证法律适用的统一，实现司法公正与效率的价值。当代世界各国法院系统的构成各有不同，其中体现了中央与地方、司法与行政、一般与特殊等各种关系和原则，并可按照不同标准将法院分为不同类型。一般而言，司法制度研究和介绍的重点主要以普通法院（即狭义的法院）为中心，同时需要兼顾其他类型法院及法院之间的分工协作关系。

(二) 法院的分类

法院的分类，是指根据不同的标准对法院组织进行的划分。世界各国的法院大致可以分为以下几类：

1. 根据法院的性质和属性，分为普通法院、行政法院、特别法院和宪法法院。

(1) 普通法院，亦称一般法院，审理民事、刑事案件，有些国家还进一步将普通法院划分为刑事法院和民事法院等。有些国家的普通法院可以同时审理行政诉讼案件，甚至违宪审查案件（如美国联邦法院）。

(2) 行政法院，负责审理公法、行政法案件，即一般的行政诉讼案件，通常属于行政机关；但并不隶属于政府部门，而是独立地行使审判职能。与普通法院的司法审查程序可能形成衔接（如英国），也可能完全独立（如法国）。

(3) 宪法法院，是根据宪法和法律专门设立的独立对违宪案件行使审理权的法院（如德国宪法法院）。有些国家的最高法院实际上即为宪法法院（如美国）。

(4) 专门或特别法院，是根据案件的类型和性质设置的，包括家事法院、劳工法院、社会法院、财政法院、军事法院、简易法院、小额诉讼法院以及治安法院等，通常适用不同的诉讼程序，由专门的审判组织或法官进行审理。特别法院一般可根据需要，由非职业法官参与审判。

2. 根据国家体制和行政结构，分为中央法院和地方法院。

(1) 在联邦制国家，中央法院与地方法院的区别是根据地方分权原则确定的。二者有的各成体系，如美国联邦法院系统与州法院系统；有的形成不同审级，如德国的联邦法院与州法院及地区法院。

(2) 在单一制国家，中央法院与地方法院的区别主要是根据法院属性、权限和审级确定，中央法院一般指最高审级法院，即最高法院；地方法院指设在国内各地方的各级法院。

3. 根据审级分为第一审法院、第二审法院（上诉法院）和终审法院。

(1) 第一审法院，又称初审法院，受理一审案件，侧重于解决个案纠纷，对案件实行全面审理，重点在于查明案件事实，正确适用法律。

(2) 第二审法院，又称上诉法院，受理上诉案件，是第一次审判的继续，以保障事实认定正确并在此基础上正确适用法律。一般以审查法律适用的正确与否为重点。

(3) 终审法院，是根据程序法的规定对案件进行最后审理的法院，重点是审查法律事项，行使最终撤销权。所作出的裁判为生效裁判。在实行两审终审制的国家，第二审法院即终审法院。在三审终审制情况下，通常排除对案件事实的调查，仅进行法律审。

(三) 国际法院

国际法院，亦称“海牙国际法庭”，是根据《联合国宪章》设立的、旨在解决国家间争端、维护国际和平和安全的联合国的主要司法机关，于 1946 年 2 月在荷兰海牙建立。国际法院有诉讼管辖权和咨询管辖权，诉讼管辖权是受理和审理国际争端当事国提交的诉讼案，咨询管理权是应联合国或其他专门机构的请求对法律问题提出咨询意见。国际法院除解决争端外，还设有国际军事法院审理犯战争罪、种族灭绝罪的犯人，所作裁判通常由当事国负责执行。根据《联合国宪章》第94条的规定，“联合国每一会员国为任何案件之当事国者，承诺遵守国际法院之判决”。任何国家，不论是否是联合国会员国，如果认为另一方不遵守法院的判决，都可以将这一问题提交安全理事会。安理会如认为有必要，可以提出建议或决定应采取的措施，以执行判决。国际法院不是主权国家的审判机关，也不具有国家强制力的保证，因而不同于严格意义上的法院，也不是司法制度研究的重点。

三、世界各主要国家法院组织体系

当代世界各国的法院组织体系主要取决于各国的政治体制、国家结构形式和国家权力机关之间相互制衡的模式，并受到特定的司法理念和传统的深刻影响。同时，法院的设置是合理配置司法资源的需要，特定的历史背景和社会需要对法院的设置也具有重要的意义。因此，尽管西方国家的经济基础基本相同，但是在法院组织体系的设立上并无统一的模式。以下，将分别以几个西方主要国家的法院体制为例，说明这一点。

（一）英国的法院组织体系（见图4—1）

传统的英国法院体系与其他西方国家存在较大差异，尤其是其终审法院由上议院承担，以致呈现司法机构与立法机构合一的现象。进入21世纪后，英国进行了大规模的司法改革，其中非常瞩目的一项措施是于2009年10月1日成立了最高法院。最高法院全称联合王国最高法院，是英国的最高审判机关，其主要职责是审理来自英格兰、威尔士及北爱尔兰三个司法管辖地区的上诉案件，包括商事、家事案件，涉及公共机构的司法复核，涉及《1998年人权法案》等的各类诉讼以及除苏格兰之外的刑事上诉案件。除此之外，联合王国最高法院亦可就“权力下放事务”作出裁决。最高法院由12名常任法官组成，院长亦可要求其他资深法官署任最高法院法官。目前，英国普通法院体系分为地方法院、高等法院和最高法院；并分为民事与刑事两个系统。

1. 民事法院系统

英国的民事法院系统由郡法院、高等法院、上诉法院和最高法院四级组成。

（1）郡法院是专门审理民事案件的基层法院。通常一个郡有若干所郡法院，若干所郡法院联合为1个巡回区。一般1名法官负责1个巡回区，在巡回区内轮流到各个郡法院办案。郡法院审理小额债务纠纷和侵权行为案件；小额信托、抵押和合伙的衡平案件；小额海事案件；小额房地产案件以及在伦敦以外的破产案件等。郡法院审理程序比较简单，诉讼费用较低，通常由一名职业法官审判，除海事、欺诈案外，没有陪审团参加。郡法院还设有记录员，负责保管、收发文件，审查诉状，安排开庭日期，以及受法官之命进行必要的调查等，在当事人的同意下，记录员也可以审理诉讼请求不超过200英镑的赔偿案件。

（2）高等法院，审理赔偿要求超过2 000英镑重大民事案件的法院，由王座法庭、大法官庭和家事法庭组成。王座法庭初审契约和侵权等重大民事案件，组织海事合议庭和商事合议庭专门审理海事案件和商事案件，并可以对某些治安法院或皇家刑事法院上诉案件进行审理。大法官庭即衡平法庭，只在伦敦开庭，不设立巡回审判法庭，审理以前由衡平法院审理的案件，包括信托、抵押、合伙、转账、公司法以及财产管理等方面的诉讼，还可以审理王座法庭管辖的案件，主要是关于破产、契约方面的案件。家事法庭主要审理婚姻财产、婚生子女、收养、监护和遗嘱等有关家庭纠纷的一审案件，对治安法院和郡法院关于监护、收养、婚姻财产以及私生子女认领等案件判决有有限的上诉管辖权。

（3）上诉法院，是英国最高法院的一部分，只行使上诉管辖权，分为民事上诉庭和刑事上诉庭。民事上诉庭主要审理不服高等法院、郡法院以及某些属于行政部门的行政法庭判决的上诉案件。上诉法院的审判倾向于以口头形式进行，当事人和证人一般不出庭，通常只有律师参加。

（4）最高法院。（略）

2. 刑事法院系统

英国的刑事法院系统由治安法院、皇家刑事法院、上诉法院和最高法院组成。

（1）治安法院，为基层刑事法院，审理轻微的刑事案件。治安法院的主要职责是：根据法律规定审理简易罪案件，其作出的判决不得超过6个月的监禁和2 000英镑的罚金；负责批准逮捕和搜查；对未成年人犯罪案件进行审理。审理程序简单、快速，诉讼费用低。

（2）皇家刑事法院，是按正式程序进行刑事案件初审的法院，没有固定的法官，其审判权由高等法院法官、巡回法官和皇家法院兼职法官行使，在各个巡回审判区开庭审判，同时审理不服治安法院判决的上诉案件。皇家刑事法院在各个巡回审判区开庭审判，在伦敦开庭的皇家刑事法院又被称为中央刑事法院。目前英国划分为6个巡回区，每个巡回区设立三种不同的审判等级中心：第一等级中心设在全国24个较大的城市，审理叛国、谋杀和强奸等重大刑事案件，由高等法院法官主持，巡回法官协助；第二等级中心设在十几个较小的城市，审理除上述案件以外的其他可起诉案，由皇家刑事法院主持，由高等法院的法官或巡回法官审理；第三等级中心设在其他46个城镇，审理如伤害、盗窃等介于可起诉犯和即决犯之间的刑事案件，由巡回法官或皇家刑事法院的兼职法官审理。皇家刑事法院还审理不服治安法院判决的上诉案件，其审理案件一律实行陪审制。

（3）上诉法院，其刑事上诉庭审理不服皇家刑事法院判决的上诉案件。上诉案件分两种：一种是不服定罪的上诉，在这种情况下，只有对定罪的法律依据不服才能提出上诉，若对定罪的事实上诉，则必须得到上诉法院的许可或得到审判法官的证明，才能提出。另一种是不服判刑的上诉，在这种情况下，除了法定的判刑如终身监禁等外，其余的都必须取得上诉法院同意。上诉法院审理上诉案件，由3名上诉法官组成合议庭进行，刑事上诉庭有权驳回上诉、维持原判，发回重审或撤销原判。

（4）最高法院（略）。

3. 行政法院（庭）系统

行政法院（庭），又称为特别法院（庭）、行政裁判所，凡属基于行政法规而发生的案件，都由属于行政系统的行政法庭（administrative tribunals）审理。目前英国各类行政法庭有2 000多个，大致分为以下几类：（1）不动产方面，如土地法庭（Lands Tribunals）、农业土地法庭（Agricultural Land Tribunal）和租金裁定法庭（Rent Tribunals）等；（2）公民福利方面，如国民保险法庭（National Insurance）、工伤事故法庭、国民卫生服务法庭和医疗上诉法庭等；（3）运输方面，如交通管制委员会、运输法庭和铁路运河委员会（Railway and Canal Commission）等；（4）工业与就业方面，如工业法庭（Industrial Tribunals）、劳资法庭等；（5）外国人入境事务，如入境申诉法庭；（6）其他，如专利上诉法庭、商标上诉法庭、增值税裁判所、纪律处罚法庭（Domestic Tribunals）等。行政法庭的成员往往不是法律专家，未受过专门的法律训练，但要求他们是所处理案件方面的专家，同时，由纠纷双方有关的代表参与纠纷的处理。行政法庭主要适用行政法规，并拥有较大的自由裁量权；它们与普通法院在管辖权上没有严格、明确的划分。为了对这种行政性纠纷处理的裁量进行制约，允许当事人在不服行政法庭裁决时可以向高等法院上诉。

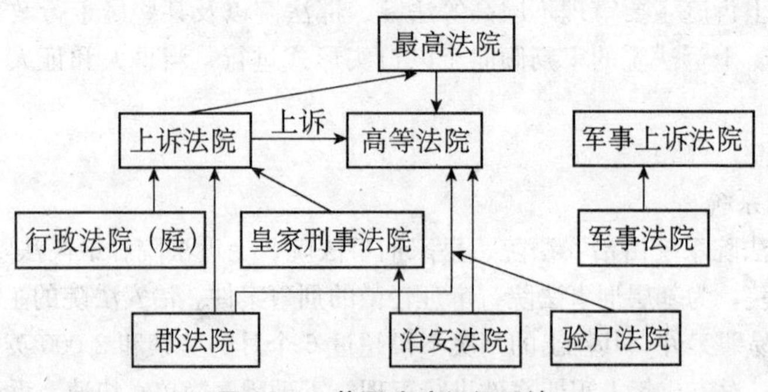

图4—1　英国法院组织系统

注：本图参考了熊先觉：《中国司法制度新论》，北京，中国法制出版社，1999中的图示。

（二）美国的法院组织体系（见图4—2）

美国是一个由50个州组成的联邦制国家。除联邦法律和联邦法院外，各州都有自己的法律和法院，被称为双轨制。联邦法院和各州法院是平行、独立的，二者之间并没有隶属关系，这是美国中央和地方、大州和小州利益冲突斗争和协调的结果。

1. 联邦法院系统

美国联邦法院系统由地区法院、上诉法院和最高法院组成。

(1) 联邦地区法院，是最低一级的初审法院，也是唯一实行陪审制的法院。美国共有94所联邦地区法院，受理普通民事、刑事案件的初审。

(2) 联邦上诉法院又称为巡回法院，全国12个巡回区各设一个联邦上诉法院，另设一所联邦巡回上诉法院。联邦上诉法院没有初审权，只有上诉管辖权，即仅有权受理不服本辖区内的联邦地区法院裁决的上诉案件。联邦上诉法院不进行事实审，只进行法律审。

(3) 联邦最高法院设在首都华盛顿，是美国的终审法院，拥有违宪审查权和联邦法院规则制定权。联邦最高法院审理的案件包括：初审案件，凡有关外国大使、公使的诉讼案以及以某一州为当事人的诉讼案，由联邦最高法院行使初审权；上诉案件，即当事人不服联邦上诉法院或各州最高法院的判决而依法向联邦最高法院提出的上诉案件；特许上诉案件，即当事人对联邦上诉法院或各州最高法院或其他联邦专门法院的终审判决不服，经特别申请获得联邦最高法院投票表决同意，通过调查令程序，由最高法院重新审查的案件。

2. 州法院系统

美国50个州法院的设置是由各州法律自行规定的，因而各级法院的名称、组成和管辖权等都不一样。各州法院一般分为三个审级：州初审法院、州上诉法院和州最高法院。

(1) 州初审法院是受理其管辖区内初审案件的基层法院，各州名称不一，包括地区法院、巡回法院、郡法院和高级法院等。它对一般的民事和刑事案件有初审管辖权，对不服州之下的治安法院判决的上诉案件有上诉管辖权。

(2) 州上诉法院是州法院系统的中级法院，美国23个州有上诉法院，其主要职权是受理不服初审法院的裁决而上诉的案件。

(3) 州最高法院是各州的终审法院，有些州称为上诉法院或最高司法法院。它的主要职权是对当事人一方为州政府的案件有初审权；对不服州初审法院或州上诉法院的裁决而提出上诉的案件有上诉管辖权；对涉及州宪法和法令的解释有争议的案件有最终裁决权。

3. 联邦法院和州法院之间的关系

美国两套法院系统之间是平行的。联邦法院受理一切与联邦法律有关的案件，包括与联邦宪法、法律规定的国际性条约有关的案件，涉及跨越州界的案件及联邦政府涉外案件；各州法院受理一切与州法律有关的案件。但这两个法院系统之间并非毫无关联。美国联邦最高法院作为全国的最高法院，它的判例对全国各级法院都具有指导意义，其判例所确定的原则与规则对各级法院都具有约束力。联邦最高法院可以通过“释放令”对州法院的判决进行变更，其判决为最终判决。

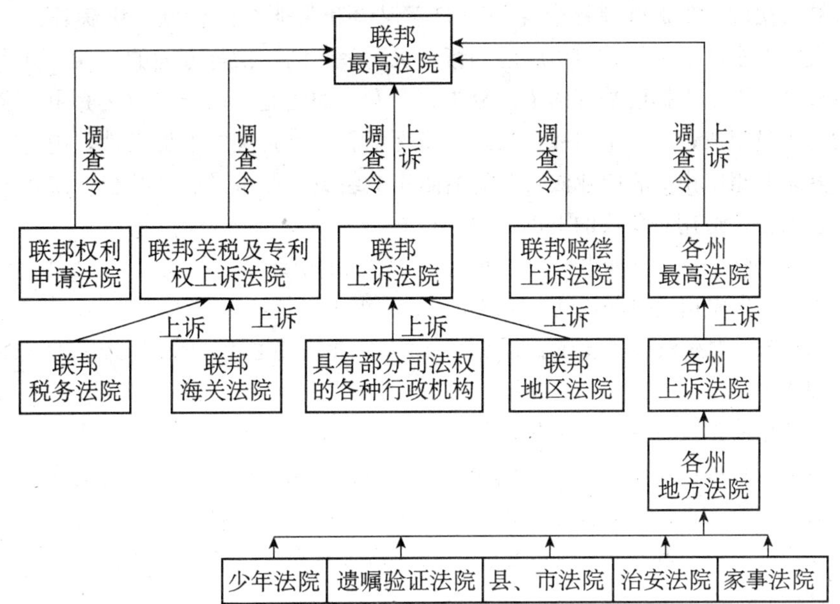

图 4—2 美国法院组织系统和审级

注：少年法院等不作为审级，不服其判决，可申请基层法院重审，以后仍可上诉。本图参考了熊先觉：《中国司法制度新论》，北京，中国法制出版社，1999 中的图示。

(三) 德国的法院组织体系 (见图 4—3)

德国也是一个联邦制国家，但与美国不同，其法院体系实行一体化。州法院是联邦法院的下属法院。德国共设六种法院，即宪法法院、普通法院、劳动法院、行政法院、社会法院和财经法院，每个专门法院都有明确的司法管辖权，都各成体系，有自己的最高法院。

1. 普通法院

普通法院负责审理其他专门法院管辖权限以外的所有民事案件、刑事案件及非诉讼民事案件。分为：

(1) 地方法院，审理各种标的数额较小的民事案件和轻微刑事案件的基层法院。

(2) 州法院是地方法院的上诉法院，同时受理争议标的额较大的一审民事案件、商务案件和较严重的刑事案件。

(3) 州高等法院，主要审理上诉和申请复议的案件，并对一些重大犯罪案件进行一审，设有民庭和刑庭。

(4) 联邦法院，是普通法院的最高审级法院，受理不服州法院和州高等法院的上诉案件。

2. 专门法院

专门法院包括：

(1) 行政法院，受理除纯粹宪法性和其他专门法院管辖权限内的法律事务以外的与公法有关的所有纠纷。共有三级：行政法院，为一审法院；高等行政法院，负责受理不服一审判决的上诉案件，可以进行事实审和法律审；联邦行政法院，只进行法律审，为终审法院。

(2) 劳动法院，为处理劳动人事纠纷的专门法院。分为三级：一审劳动法院；州劳动法院，为二审法院；联邦劳动法院，为终审法院。

(3) 社会法院，负责审理社会保险、健康保险和失业金的付款，疾病补贴，事故赔偿，退休金，儿童救济款及其他由政府和行政机构负责的赔偿等方面的争议。分为三个审级：一审社会法院，根据所受理的争议分为几个专门的法庭，每个专门法庭由1名职业法官和2名陪审员组成；二审是州社会法院，受理不服一审判决的上诉案件，进行事实审和法律审，其审判组织由3名职业法官和2名陪审员组成；终审是联邦社会法院，设在卡塞尔，只审理对法律适用有争议的上诉案件。

(4) 财税法院，负责审理由税务、继承和习惯法而引起争议的案件。实行两审终审制，因为当事人必须先向相应的行政机关提出申诉。一审由3名职业法官和2名陪审员主持；二审财税法院是联邦财税法院，设在慕尼黑，由5名职业法官主持，负责审理上诉案件。

3. 宪法法院

联邦宪法法院是根据基本法的规定作为国家的一个宪法机构建立的，独立于其他机关和法院，可以审理国内所有关于宪法法律问题的争议。宪法法院既是立宪机构，可以部分行使国家最高权力，有权对其他立宪机构进行限制，又是具有最高裁判权的法院，有权对其他法院作出违宪判决和裁定。宪法法院有权经审理宣布法律违宪，公民亦可直接到宪法法院提起诉讼。

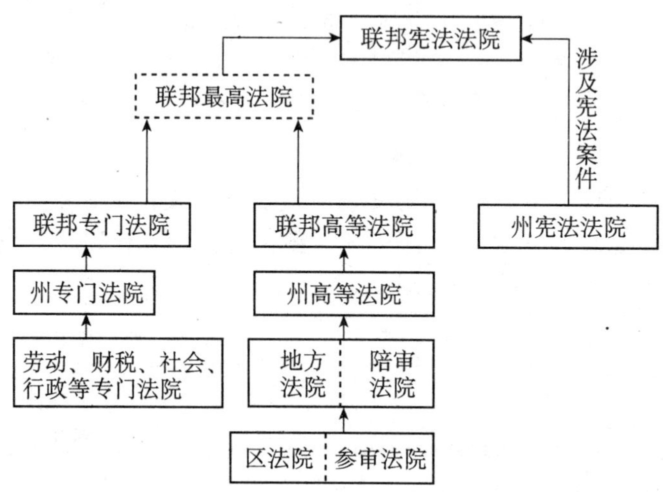

图4—3 德国法院组织系统

注：1. 联邦最高法院实际未设，联邦高等法院成为普通法院的最高审级。2. 区法院内附设参审法院，地方法院内附设陪审法院。3. 专门法院（特别法院）包括劳动法院（三级三审）、社会法院（三级二审）、财税（务）法院（二级二审）、行政法院（三级二审）、联邦专利法院（第一审、上诉到联邦最高法院）、联邦公务员惩戒法院（二审制）和联邦服务法院（二审制）。本图参考了熊先觉：《中国司法制度新论》，北京，中国法制出版社，1999中的图示。

（四）法国的法院组织系统（见图4—4）

法国在世界上首先奉行普通司法权和行政裁判权分离的原则，将法院组织分为普通法院和行政法院两大系统。普通法院审理民事和刑事案件，属于司法机关；行政法院审理公法、行政案件，属于行政机关。普通法院与行政法院两大系统各司其职，互不干预，亦无审级关系，它们之间的关于管辖权的争议，由争议法院处理。

1. 普通法院

普通法院分为以下几种：

（1）基层法院，可以分为民事法院和刑事法院两部分，并设有青少年法院。

民事法院包括小审法庭和大审法庭。小审法庭调解和审理标的额在10 000欧元以下的民事案件和其他民事纠纷；大审法庭是审理较大民事案件的基层法院，受理10 000欧元以上的民事案件和初审法庭的上诉案件。此外，民事法院还包括具有专门管辖权的商事法庭和劳资调解法庭以及农事租赁法院。

刑事法院包括：治安法院（违警法庭），是审理轻微刑事犯罪案件的基层法庭，可以判处2个月以下的监禁和2 000法郎（现已使用欧元）以下的罚金。轻罪法庭，负责审理可能处10年以下监禁刑及其他刑罚的刑事案件。

2002年以后，作为司法改革的产物，法国在基层增设近民法院，也称“亲民法院”、“平民法院”、“便民法院”或“和平法院”。其目标是让民众更易接近司法，由从市民中选拔的非职业法官对数额较小、案情简单的民事诉讼案件或较轻微的刑事案件进行简易、快捷的审查处理。这类法院与治安法院相似，具有非正式法院的特点。

（2）中级法院，包括上诉法院、重罪法院和国家安全法院。

上诉法院是民事和刑事案件的上诉机构，但重罪案件除外，它可以就上诉案件中的事实进行复审，并可以推翻一审法院判决，作出新判决。

重罪法院负责审理可能处徒刑以上刑罚的重罪案件，其特点是：第一，它不是常设的司法机构，每年定期开庭，每省设1个巡回法院，共99个；第二，它只受理经过上诉法院审查同意起诉的上诉案件；第三，自2001年后，对重罪法院作出的判决可以在另一新的重罪法院提起上诉，由3名职业法官和12名陪审员进行审理。

国家安全法院设在巴黎，但可以在法国领土内的任何地点开庭，专门审理违反军队纪律的轻罪和重罪案件，以及在和平时期进行颠覆活动的叛逆、间谍和危害国防等案件。

（3）最高法院，是普通法院系统中的最高审级法院，即终审法院，设有民事和刑事审判庭，分别受理民事、刑事的上诉案件。最高法院只进行法律审，如经过审理发现原判决有重大法律错误，并不把案件交给原审法院重审，而是交由与原审法院同级的其他法院重审，也可部分维持原判，只将其余部分交发重审。

2. 行政法院

行政法院专门审理国家之间、国家机关或行政官员在行使公务过程中由于越权、滥用权力而引起的与公民之间的行政纠纷。行政法院与普通法院各自独立行使审判权，互不隶属。行政法院法官属于行政官员，多为各个领域的专家，在审判中适用法律法规和判例等多种渊源。行政法院体系包括：

（1）专门行政法院，包括审计法院、财政和预算纪律法院以及战争损害赔偿委员会等。

（2）地方行政法院，对于初审行政案件有一般管辖权。审理案件原则上由3名法官合议审理，某些简单纠纷由1名法官独立审判。

（3）上诉行政法院，对不服普通地方行政法庭判决的上诉案件有一般管辖权。上诉行政法院共有5个，当事人不服上诉行政法院终审判决的，还可以向最高行政法院提起复核审程序。

（4）最高行政法院，为行政法院系统中的最高审级法院，对复核案件进行法律审。内设内政组、财政组、公共工程组及社会组等4个行政组和1个诉讼组及1个报告和研究组。最高行政法院拥有初审管辖权、上诉审管辖权和复核审管辖权。初审管辖权仅以法律明文规定为限，包括审理撤销总统和部长会议的有关命令、撤销部长制定的行政条例等诉讼。上诉审是最高行政法院的主要工作。最高行政法院对报送其复核的案件仅进行法律审，不进行事实审。若发现终审判决在适用法律上有错误，一般宣布撤销原判，将案件发回原审法院重审或发回与原审法院同级的另一所法院重新审理，而并不自行作出新的判决。

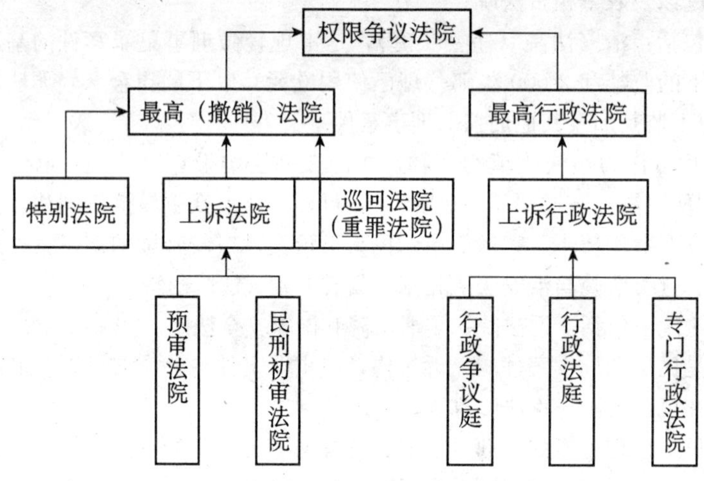

图4—4 法国法院组织系统

注：特别法院包括国家安全法院、高等治安法院、军事法院、商事法院、海商法院、社会法院和农事租赁法院等。本图参考了熊先觉：《中国司法制度新论》，北京，中国法制出版社，1999中的图示，未将近民法院纳入正式的法院系统。

（五）日本的法院系统（见图4—5）

日本的法院系统分为四个审级：简易法院、家庭法院和地方法院、高等法院以及最高法院。

1. 简易法院。作为基层法院，主要审理诉讼金额在90万日元以下的民事案件和轻微刑事案件。诉讼金额在30万日元以下的民事案件，当事人可以申请小额诉讼程序，案件由独任法官审理。简易法院的法官不要求必须是职业法官。

2. 家庭法院和地方法院，属于同一审级，但在行政和管辖权上分立。

（1）家庭法院分为青少年庭和家事庭，主要审理有关家庭纠纷和青少年犯罪的案件。日本现有50个家庭法院和203个分院，分别设在地区法院及其分支机构中。家庭法院还有77个派出庭，设在农村地区的简易法院内。

（2）地方法院对诉讼金额在90万日元以上的民事案件，可能判处罚金以上刑罚的刑事案件有一审管辖权；对不服简易法院判决的上诉案有上诉管辖权。地方法院的案件可以由

1名法官独立审理，也可以由3名法官组成的合议庭审理。

3. 高等法院。8所高等法院分别设在东京、大阪、名古屋、广岛、福冈、仙台、札幌和高松。此外，在其他城市还有6所分院。分院的审判权与本院相同，主要审理简易法院、地方法院和家庭法院的上诉案件，对选举和暴乱案件有一审管辖权。上诉案件由3名法官组成的合议庭审理，初审案件由5名法官组成的法庭审理。

4. 最高法院。最高法院为最高审级法院，控制着整个法院系统。审理的大多数案件是高等法院的上诉案，偶尔也有地方法院、家庭法院和简易法院的上诉案。最高法院由首席大法官和14名大法官组成，内设一个大法庭和两个小法庭。几乎所有的案件都先由小法庭审理，如果涉及宪法问题或创造新的先例，就需要转到大法庭审判。

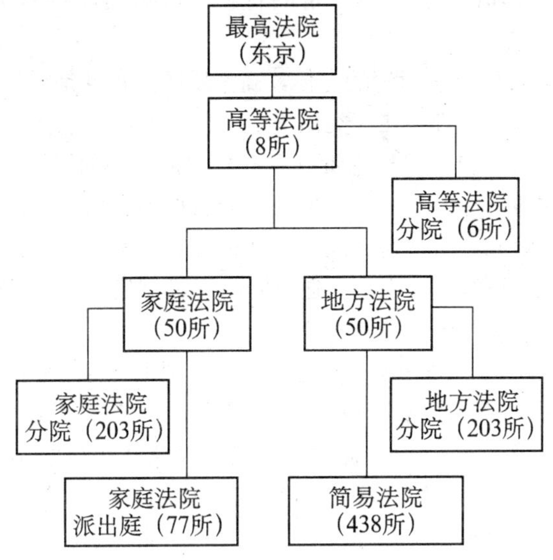

图4—5　日本法院组织系统

注：本图参考了熊先觉：《中国司法制度新论》，北京，中国法制出版社，1999中的图示。数据引自［日］兼子一、竹下守夫：《裁判法》，4版，东京，有斐阁，1999。

第二节　法官制度

一、法官制度的概念和意义

（一）法官制度的概念

法官制度是指国家为了保证司法权的公正行使所建立的关于法官的法律地位，来源和教育培训途径、选任方式，法官的身份保障以及法官的管理，包括升任、考核、任期、弹劾和纪律惩戒等一系列制度的总和。法官制度通常由一个国家的宪法、法院组织法和法官法等基本法律和法院规则等加以确立和保证。同时，法官还必须严格遵循职业道德规范。

法官制度与法官管理制度并非同等概念，法官制度是涉及国家司法权行使的基本法律制度，具有宪法意义，属于国家的根本政治制度之一，其核心是以司法独立为基本理念的法官身份保障制度。法官管理制度则主要是指法官的人事管理制度，是附属于法官制度的。

（二）现代法官制度的意义

法官制度是现代法治的基本制度之一，也是现代司法制度的基础。其意义主要体现在：

1. 保证司法独立。现代司法的基本原则是通过司法独立保障司法的公正。司法独立最直接的体现就是法官独立审判。为了使法官能够真正做到仅仅依据法律和良心独立办案，不受来自外界（包括强权、社会舆论和人际关系等）和法院内部（包括通过行政管理和人事变动等）的干扰，不被物质和环境的条件所迫，不致因办案的结果遭到不利后果，就需要通过一系列特设的身份保障制度免除他们的后顾之忧，使他们与社会其他职业和人群保持一定的区别和距离，同时给予他们一定的特权，可对其职务行为中的某些过错适度豁免。

2. 保证法官的素质。法官是司法的主体，高素质的法官既是司法公正的保障，也是司法独立获得社会认可的基本条件。在人类历史上，低素质的（包括世袭制的）法官曾经屡见不鲜，如法国大革命前世袭的“长袍贵族”，由此导致的司法腐败和司法不公必然会严重影响司法公信力，摧毁司法的权威。如果法官素质得不到保证，赋予法官特殊的身份保障就可能招致社会的异议和反对，司法独立也就很难真正实现。现代法官制度就是要通过公正的选任程序和标准保证法官的素质，通过身份保障制度确保法官独立行使审判权，从而实现司法公正，保证司法的公信度和权威。

3. 实现司法公正和效率。高素质的职业法官，特别是终身任职的职业法官是司法公正的基本保证。他们通过长期的职业生涯和经验积累，不仅能够保证法律适用的统一和程序公正，还能够适应社会发展的需要，通过自由裁量权填补法律漏洞、发现和创制法律规则，实现具体和实质的正义。同时，法官的威信和能力也是提高司法效率的必要条件，并容易获得当事人双方的配合和认同。现代法官制度的功能在于适应社会发展的需要，逐步实现法官职业化，并通过科学的管理保证法官行为符合公正与效率的要求。

二、法官身份保障制度

（一）法官身份保障制度的概念

法官身份保障制度，即通过宪法、法院组织法和法官法等法律，给予法官特殊的身份保障。法官一经任命便享有应有的待遇、地位和豁免权，非经法定程序不得被随意更换、免职、调任和降职。法官身份保障制度是现代司法独立制度的基础，当代各国都根据各自的不同情况建立了法官身份保障制度。

（二）法官身份保障制度的意义

现代司法的基本原则和理念是通过保证司法独立实现司法公正。司法独立的核心就是法官独立。法官独立首先要求保证法官身份独立，即法官为正常履行审判职能所必备的任职条件，包括任职、升迁、调转、薪俸、退休和惩戒等应当得到充分保障，以防止法官受到来自其他权力机关、社会和法院内部的不当控制。只有当法官的身份独立真正确立了，法官才可以免除后顾之忧，抵御干扰，只依照法律和良心办案。因此，法官身份保障制度的意义就在于保证法官独立，从根本上保证司法独立的实现。

（三）法官身份保障制度的产生与发展

法官的身份保障制度始于英国。1688 年光荣革命后，英国规定，法官只要行为良好即可继续担任法官而不必屈从于国王的意志。1760年的《乔治三世法》重申了法官在履行职责期间，只要行为良好，即应继续留任，享有充分的职权，国王依据议会提出的合法理由可以解除法官的职务。英国此后一直实行法官身份保障制度，同时实行法官高薪制、工资收入不得减少制和优厚的退休金制。英国无法官惩戒制度，法官弹劾事由仅限于犯罪而不包括失职行为，且弹劾法官应依严格的程序进行。

近现代以后，随着司法独立成为现代司法的基本原则，世界各国普遍建立了法官身份保障制度。在1985年第七届联合国预防犯罪和罪犯待遇大会上通过的《关于司法独立的基本原则》和一些国际公约所规定的司法独立的最低标准中，都要求建立法官身份保障制度。可以说，法官身份保障制度已经成为现代司法制度的基石。即使是一些发展中国家，在现代化的进程中，在建立现代司法制度时都在保证法官素质，完善法官选任、任期、惩戒等制度的同时，建立了法官身份保障制度。

(四) 法官身份保障制度的内容

法官身份保障制度的内容，包括对法官职务行为、物质生活及社会地位的特殊保障，对法官职务行为的豁免权，以及对法官过错行为所采取的专门的弹劾及惩戒程序。具体而言，包括以下几个方面：

1. 法官职务行为的保障

法官依法独立行使审判权，不受任何机构和个人的干涉。法官依法履行职务所作的行为受法律保护，任何机构和个人都负有协助法官履行职务的义务。法官在任职期间，除因法定事由，不得将其免职、调任或以其他形式解除其职务；只有按照法定条件，才能予以弹劾、撤职、调离或令其提前退休。如美国宪法第3条规定："最高法院与下级法院的法官如行为端正，得继续任职，并应在规定期间得到他们的服务报酬。"日本宪法第78条规定："法官除依审判决定因身心故障不能执行职务外，非正式弹劾不得罢免。"

但是，如果出现了法定事由，例如丧失国籍和行为能力、达到退休年龄以及被选为议员等，致使法官不能继续行使审判权时，任职期间的法官可以被免职。

2. 法官物质生活及社会地位的保障

为保障法官依法独立行使审判权，保障司法的廉洁、公正，各国的法律普遍实行了法官的经济保障制度，包括法官的高薪制、工资收入不得减少制和优厚的退休金制。

(1) 法官高薪制。为了使法官生活安定、富裕，保持应有的尊严，不致为物欲所动而贪赃枉法，现代国家一般都规定给予法官高薪待遇，法官的薪金一般高于普通公务员，并足以使他们的家庭达到中等以上的生活水平。如日本最高法院院长的薪金与内阁首相相同，最高法院的其他14名法官的薪金与国务大臣相同。法官高薪制是法官公正司法的物质保障，可使法官免除后顾之忧，为其在职时保持公正、廉洁提供可靠保障。同时，经济保障同时也是社会地位的保障，是维护法官尊严和体面所必需的。在实行经济保障的同时，各国法律一般都明确规定法官不得兼职，不得兼任议员，特别是不得兼任律师。

(2) 工资收入不得减少制度。大多数国家规定法官在任职期间工薪不得减少，美国宪法第3条规定："最高法院与下级法院的法官如行为端正，得继续任职，并应在规定期间得到他们的服务报酬，该项报酬在他们继续任职期间不得减少。"即使是国家遇到财政困难，也不得减少法官的工资，而且，在通货膨胀导致收入实际降低的情况下，法官的报酬通常会不断增加。此外，在法官进行必要的转职时，其工资也不得降低。

(3) 法官退休制。法官的资历是一种巨大的财富，许多国家的法律都规定，法官退休后可以获得优厚的退休金，达到一定服务期的法官可以得到全薪。通常来说，法官退休的年龄都较大。例如，美国规定联邦法院法官年满70岁可以退休；加利福尼亚州规定法官年满70岁且任职10年以上，或年满65岁且任职20年以上的法官可以退休并领取全薪。德国法官的退休年龄是终审法院法官68岁，其他法官65岁。此外，许多国家的法律不规定法定退休年龄，而是采取自愿退休制度，到退休年龄后由本人自行决定是否退休。退休法官也享有很高的社会地位，可以受法院或当事人聘请对案件进行审理、裁判。

3. 法官职务行为的豁免权

(1) 法官职务行为的豁免权的概念和意义

法官职务行为的豁免权，是指法官在依法履行职务期间的职务行为免受法律追诉、可免除法律责任的特权。具体而言，法官在行使职权的过程中，如果不是因个人主观原因，而是因为存在法律漏洞等客观原因而发生错判等情况，不负法律责任。法官对于其在审判中的言行，享有不受民事起诉的豁免权。目的是避免对法官职务行为的不当追究，确保法官独立行使审判权。

从西方国家建立现代法律制度直到20世纪中叶，司法官员的豁免权几乎是绝对和不可置疑的。[①] 1872年美国联邦最高法院在布雷德诉费希尔一案中认定，高级管辖法院或者一般管辖法院的法官们，对于他们的司法行为，即使此项行为超出他们的管辖权范围之外，并且被指责为出于恶意或者贪财腐化从事的，在民事上无须承担责任。只有当审判官在“明显缺乏任何管辖权”的情况下行动时，豁免才不存在。司法豁免的法理依据是，“审判官应当独立地并且对后果无所畏惧地自由行使他们的职权”。为了维护司法独立，必须保护的不仅是那些在自己的权限内行使或者完成司法行为的审判官，而且对那些出于合理的信念，认为自己是根据其权限行事的法官，也应给予保护，不论他们是否确实享有从事此项行为的权限或者他们的行为是否确实是一种司法行为。只要授予他们这种保护措施，他们就能够不怕个人危险，有力地履行职责。在确定一位法官是否合理地行动时，一个主要的标准不是他当时的行动是否在他的权限之内，而是他是否能够合理地认为自己正在履行职责。

(2) 法官职务行为的豁免权的界限

法官职务行为的豁免权并非是无限的，在法官行为不端可能影响司法公正时，法官必须承担相应的责任，其中包括各种犯罪和违法行为。随着司法功能的扩大，当代世界对法官的职务行为更加重视，各国关于法官责任追究的法律制度越来越健全。1985年联合国通过的《关于司法独立的基本原则》指出，法官因不称职或行为不端不适于继续任职时，可以通过指控、弹劾程序对其作出停职或撤职的处理。这就为法官职务行为的豁免权划定了必要的界限，并且更加强调对法官职务责任追究的法定性和程序性，以便更好地协调和平衡保护司法独立及自由裁量的必要性与严格司法责任之间的关系。

此外，大陆法系国家传统上有对法官的职务行为进行评价和督促的制度。例如，在德国，一方面，其基本法第97条规定：“法官具有独立性，只服从法律。”但另一方面，法官法第26条又规定，司法部长有权监督法官，“督促（法官）以合法的方式，毫不拖延地履

---

① 参见黄松有、梁玉霞主编：《司法相关责任研究》，42页，北京，法律出版社，2001。

行公务”。法院要根据法官的知识和业绩定期对法官进行评定，法官由此将获得一个“职务鉴定书”。当法官申请其他职位，包括申请更高一级法院的职位时，需要提供这一鉴定书。联邦最高法院设立了最高纪律法院，专门审理对于法官行为的处理及申诉，其基本原则是保证对法官行为的监督不致影响法官独立办案和自由审判。曾有一个案例，涉及一份职务鉴定书，其中的表述是：“该女法官勤奋堪称表率，尽心尽力，工作认真仔细，迫于工作繁忙，错误在所难免……其所拟之判决书有些需作根本性修改方可采用。”该女法官认为，这种鉴定损害了她的独立性，于是向纪律法院起诉，理由是她的工作方式受到了批评。纪律法院驳回了女法官的起诉。理由是：对法官的工作方式进行评价是允许的，也是必要的，只要评价不是直接或间接地要求法官将来应当如何行事或判案；而本案中职务鉴定书只是一般性的评价，所以并不违反法官独立性原则。①

针对法官的不当行为，主要通过法定的弹劾惩戒处理，并必须给予当事人充分的辩护权利和机会。惩戒主要针对渎职、枉法裁判、玩忽职守、违背职务上的义务和故意拖延等行为以及违法犯罪行为，并不涉及对案件裁判错误的结果责任，即错案追究。

三、法官管理制度

（一）法官选任制度

1. 法官的任职资格

法官的任职资格，是指担任法官并从事审判职业所应具备的素质和条件。不同国家对法官的任职资格规定各不相同，一般均在法官法等法律、法规中作出专门和具体的规定。通常世界各国法官任职资格中必备的基本条件主要有：（1）国籍和行为能力方面的要求；（2）品行方面的要求，包括忠于祖国、品行良好，无犯罪违法记录等；（3）学历或教育方面的要求，随着当代世界教育水平的普遍提高，法官任职前一般均需要具备大学法学专业基本学历；（4）通过司法考试或其他专门遴选程序；（5）经过任职前的职业培训或实习，包括职业道德和专业技能方面的训练等。

此外，各类各级法院的法官在任职资格上一般都有所不同，通常需要在宪法或法官法中分别对初任法官、高等法院法官和最高法院法官的任职资格加以特别规定。例如，日本法律规定，最高法院法官要从见识高，有法律素养，年龄在40岁以上并已担任高等法院院长、法官、检察官、律师或大学法律系教授共计20年以上的人中任命。

2. 法官的产生与法官培训

法官的产生与法官培训是与法官任职资格相联系的。当代世界各国法官的产生与法官培训大致有两种基本模式：

（1）普通法系国家模式。普通法系国家法官一般从律师中产生，包括两个阶段：首先，法官须获得律师资格，从事律师实务；其次，法官从资深律师中选任。这种模式的特点是：律师与法官属于一个职业共同体，前者是后者的来源，二者之间联系紧密，可以相互转换；法官拥有律师的经验，二者具有共同的思维方式，交流比较容易；法官就任时年龄比较大，社会经验和法律职业经验比较丰富；经过竞争选择，法官素质较高，尤其是上级法院法官具有较高的社会地位和威望。在这种模式中，法官任职条件中对法官的道德素

---

① 参见宋冰编：《程序、正义与现代化——外国法学家在华演讲录》，15～23页，北京，中国政法大学出版社，1998。

质、职业技能和经验（律师或法官资历）等都有较高的要求。例如，英国职业法官的传统要求是：年长、有经验、精英，担任地方法院的法官（不包括治安法官），必须有不少于7年的出庭律师经历；高等法院法官必须具有10年以上出庭律师的经历，或曾任2年以上高等法院法官的经历。这是由于普通法系国家法官作出的判例会影响法律实践，司法裁判对法官的经验和良知要求更高。为了适应社会变化需要，英国司法改革中将增加法官来源的多样性作为目标，对法官任命体制进行了改革，设立了独立机构——法官任命委员会，负责法官的遴选与任命，并向全社会进行公开招聘。2006年英国高等法院在《泰晤士报》上发表公开招聘公告，列明申请方式、程序以及录用后的任期、年薪等内容，招聘事宜由法官任命委员会全权负责，竞聘成功者将与另外的15名法官一同列入候选人名单，进入英国高等法院中的王室庭、大法官庭和家事庭。

（2）大陆法系国家模式。法官与其他法律职业分别选任和管理。法官经过严格的遴选条件和司法考试获得培训资格，通过特定的职业培训途径获得任职资格，经法定程序任命后，可终身担任法官。尽管很多国家都规定律师或法学教授可转任法官，但实际上这种情况很少，并往往仅限于最高法院。这种模式的特点是：律师与法官属法律职业共同体中的不同部分，二者之间一般互不转化，法官通过长年经验积累逐步从下级法院法官升为上级法院法官，从而保证高审级法院的法官具有更高的素质、更丰富的经验并更为年长。大陆法系国家更重视法官对法律的理解和解释适用，注重通过系统的法律培训获得对法律规则和程序的应用能力。在这种模式中，初任法官的条件主要是司法考试和职业培训；而上级法院的任职条件则包括法官的道德素质、职业技能和经验（法官资历）等，且都有较高的要求。

3. 法官的选任制度

法官的选任制度，是指关于法官选任的具体程序、方法和形式的规定以及相关制度。法官的选任制度具有严格性和程序性的特点，旨在从程序上保证法官选任的结果，即法官的素质；与此同时，保证各权力机关在法官选任中相互制约，避免法官选任结果出现政治上的偏向。当代世界各国法官的选任制度主要有三种：选举制、任命制、任命制与选举制相结合。

（1）选举制

选举制，即通过选举的方式产生法官人选，并加以任命的制度。法官选举制有实质选举和形式选举之分。

实质选举是指由一定的机构或选民，从复数的法官候选人中通过无记名投票方式，根据多数决定选任法官的制度，候选人则需要通过竞选方式参与选举。实质选举主要包括两种方式：其一，公选或选民选举，即通过选区的全体选民采用无记名投票的方式，从参加竞选的复数法官候选人中选举产生法官的方式。美国的一些州采用这种方式选举产生州法院法官；许多国家的治安法官也多以这种方式产生；原苏联的法官也采用选举制。其二，组成专门遴选机构，即组成专门负责法官选举的机构（如选举委员会或司法委员会等）负责法官选任工作。委员会通常由政府部门、立法部门、法院及其他司法机关、公众等各界代表组成，既可以是常设机构，也可以是专门组成的临时机构。委员会成员在被提名或报名参加竞选的复数候选人中，通过投票方式确定法官人选。

形式选举，是指法官选举是法律规定的必经程序或形式，但其实质并非是从复数候选人中选举产生法官，而是一种法定的审核程序，即对等额候选人的任职条件进行审查，并以选举的形式加以承认。我国各级人民法院的院长由各级人民代表大会选举产生，实际上就是一种形式选举，院长候选人的提名是等额和特定的。选举的结果是对该候选人的认可或否定，并不是进行实质性的选择，可采用举手表决的方式。

(2) 任命制

任命制，指法官不经选举，而直接由一定的机构或官员任命而获得法官资格的制度，这是世界各国采用较多的方式，大致有两种情况：

第一种情况，在多数大陆法系国家，由于法官的任职资格与司法考试和司法培训相互衔接，因而当法官后备人才完成了法定的培训或考试程序之后，便具备了法定任职条件和资格。根据法院员额和最终审查，具备资格的后备人才即可以直接被提名和任命为法官，根据法律规定，由国家元首或机构宣布任命。

第二种情况，当法院出现缺额时，由一定的机构或人（如司法部长）通过特定的遴选程序和法定标准，对拟任命的法官作出提名，由法定机构或人（如国家元首）加以任命。这样就使得提名机构与任命机构之间构成了一种相互制约的关系。一方面，提名机构必须依照法定标准遴选法官，只有精通法律，熟悉业务的人才能被提名；另一方面，法官由中央或国家元首任命，可以保证法官不受地方干涉和影响。高审级法院法官，如最高法院或上诉法院法官任命时，经常采用这种方式。

无论上述哪一种情况，提名和任命都必须按法定程序进行，以体现国家对法官职务的重视和法官职务的神圣性。例如，英国各级各类法官均由首相、政府法律顾问（Lord Chancellor）或最高法院大法官提名，英王委派或任命。美国联邦法院系统的法官（包括最高法院、上诉法院和地区法院的联邦法官）均由司法部长等提名，总统任命，参议院批准。日本简易法院、地方法院和高等法院的法官由最高法院提名，内阁任命；高等法院院长由最高法院提名，内阁任命，天皇认证；最高法院法官由内阁任命，天皇批准；最高法院院长由内阁提名，天皇任命。

(3) 任命制与选举制相结合

实际上，多数国家法官的选任往往采用任命制与选举制相结合的方式。例如，在提名时采用复数候选人竞选的方式，从中选出一名作为提名候选人；或者在提名时采用不等额方式，由任命机构进行第二次遴选；或者对等额候选人（提名）进行形式选举；或者在不同法院采用不同方式，如初审法院采用选举方式，上级法院采用提名任命制；或者相反，初审法院采用任命制，上级法院法官则采用选举方式产生，等等。我国人民法院院长由人民代表大会根据提名选举产生，其他法官则由人民代表大会根据提名任命，也属于一种任命制与（形式上的）选举制相结合的方式。

在当代世界各国，很多国家在法官选任方面的做法开始趋同，因此上述形式上的区别意义相对已并不重要。但是，在制度设计时，这两种基本方式所体现的理念和价值取向却截然不同。选举制是基于司法民主的理念和取向的制度设计，期待人民的选举能够保证法官的独立性及其特权具有充分的正当性，并形成公众对审判权行使的制约；而任命制的理念和价值取向，则是法官的精英化及权力制衡，期待由专门的机构在不受社会影响的情况下以更纯粹和更权威的方式选择任命法官，并有意识地使法院内部存在的代表不同政治势力和利益集团的法官之间保持相互制约和平衡。

(二) 法官的地位

法官是行使国家审判权的主体，属于一种特殊公务人员，其地位受到国家的特殊保护，国家通常通过法律（如宪法、法官法和法院组织法等）对其地位和身份加以确认。同时，法官是法律职业的重要部分，对其有特殊的任职资格要求，并享有身份保障制度。当代世界各国法官的地位存在一些微妙的不同。

1. 大陆法系国家的法官被称为特殊公务员，与其他公务员既存在职权和身份上的区别，又存在一定的联系和共同点。在法律职业集团内部，法官具有最重要的地位和权威，但是其就职资格和条件与其他法律职业并无本质不同。与此不同，普通法系国家法官一般具有高于其他任何公务员的特殊地位，相当于政务官员（高等文官），同时，法官属于法律职业集团中地位和素质最高的精英阶层，其资历和道德威望明显高于律师。

2. 不同等级和类型法院的法官具有不同的地位或等级。一方面，职业法官不论高低，都具有相同的职权（审判权）和身份保障，在这个意义上，基层或初审法院法官与最高法院法官具有同等的法律地位和基本要求；但另一方面，不同等级和类型的法院对法官的要求有很大不同，在素质、案件审理中的思维方式和行为方式上都可能有不同的要求和规范。在这个意义上，上级法院的法官行使着更重要的司法职权，需要具备更高的素质条件和经验，具有更高的地位。因此，一些国家根据法官的职业特点确立了不同的法官级别序列，如首席法官、大法官、法官和助理法官，等等。不同等级法官的称谓，是法官所任职务、德才表现、业务水平、审判工作实绩和工作年限的体现。法官等级的设立，目的在于区别法官的不同资历等级，激发法官竞争向上的精神，但缺点是突出了法官身份等级上的差别。世界主要国家的法官等级制度在理念和设置上存在着很大的区别。但是，需要注意的是，法官的等级不能等同于行政官员的等级，任何等级的法官都同样承担着实现正义和公正的责任，因而不同等级的法官在身份保障和基本素质上不应有显著的差别。

（三）法官的职权与责任

法官的职责，指法律规定的法官的职权和责任，二者是一体的、不可放弃和推卸的，同时是受到国家保障的。

1. 法官的职权（责）

法官的职权包括：依法行使审判权、参加合议庭或独立审判以及履行法律规定的其他职责等。在案件的审理中，法官可以依法行使各种具体职权，如法庭调查、审理过程的指挥权、处理各种蔑视司法的行为和指导陪审团等。法官的职权具有以下特点和要求：

（1）合法性。法官行使职权首先是受到法律的严格制约的，既包括法院组织法和法官法对其行为的规范，也包括实体法和各种程序规则等法律依据的制约。

（2）拥有一定的自由裁量度。自由裁量权，原指行政执法和决定的变通权，即在法律规定范围内的一定的灵活变通权限，在合理限度内的变通属于合法有效的，也是执法活动所必需的。法官的自由裁量权在现代初期曾经不被承认，但是在当代已经获得了广泛的认同。司法活动是一种创造性的法律适用活动，法官在案件处理中，不仅需要对法律规则进行解释，也需要通过自身的经验和判断形成对事实的内心确信（自由心证）；不仅需要根据一定尺度对犯罪者定罪量刑，同时还对当事人妨碍司法的行为拥有一定的处罚权，这些都需要法官在法律的框架内作出适度的自由裁量。随着社会的发展，法律适用中的空白填补、实质推理以及发现规则等需要日益增加，法官的自由裁量权还在扩大。这就对法官的职业道德、专业技能、经验和社会理念等提出了更高的要求，同时需要从制度和程序上加强对自由裁量权的制约，要求自由裁量权的行使及其结果必须符合法律的精神、原则和目的。

2. 法官的司法责任

法官的司法责任，即法官在履行职务时因行为违法或不当而需要承担的法律责任，包括违反法律、法官纪律和职业道德规范的责任。超越权限、滥用权力、不当行使裁量权和违反程序等都可能构成一定的司法责任。其中既包括行为责任，如失职，也包括结果责任，如错案的发生及追究，同时也可能是二者的混合，如枉法裁判。但是，出于保障司法独立的根本目的，对法官责任的追究必须兼顾司法豁免原则，注重责任追究的法定性、程序的严格性和自律性；通常应注重对法官的过错行为和程序违法的追究，而不应对因法官认识不同或非过失导致的“错案”过度进行结果责任的追究。追究法官职务责任和其他不当行为需要通过弹劾惩戒制度进行。

法官的行为不仅受到法律的严格制约，同时受到法官纪律和职业道德的约束，法官需要进行严格的行业自律。法官道德规范是对法官行为提出的行为规范，包括强制性的禁止规范和提倡性的道德准则。例如，法官不应与当事人和律师有个人交往；不得接受当事人和律师的馈赠；法官不得兼职和经商，甚至不得有政党身份或从事政治活动。一般而言，法官在个人生活中也应是道德的典范，必须保持廉洁，如果出现了个人生活丑闻，也可能遭到质询、惩戒甚至弹劾。各国都有相关成文或不成文规范，例如，美国律师协会在1924年为法官制定的《司法道德准则》(Canon of Judicial Ethics)。

(四) 法官的任期

法官的任期，指法官被任命后在职的法定期限。各国对法官的任期有不同的规定。一般说来有三种情况：终身制、定期制以及定期制与终身制相结合。法官的任期通常也是由宪法和相关法律加以确认和保证的。

1. 终身制，是指规定法官只要在任职期间不遭弹劾，就可继续担任法官至退休的制度。终身制并不意味着法官必须工作终身，而是指可以继续任职到退休。法官终身制的意义在于可以有效地保证法官独立审判、不受外界因素的干扰，并可以积累丰富的审判经验，稳定法官队伍，形成法律传统，保持法律的连续和稳定。当代世界各国采用职业法官终身制的已经越来越普遍。采用任命制的国家一般都采用法官终身制，政府和议会可以定期更替，但是法官却可以持续任职，由此可以有效保证被任命的法官既不会受到提名任命者的控制，也不会受到新的政府或议会的干预。

2. 定期制，是指对法官的任期予以明文规定，到期之后应履行连任或解任程序的制度。根据法官是通过选举或任命产生的不同形式，法官任职期满后既可能经过再次任命或选举连任，也可能就此解任、解除法官职务。采用形式选举制的制度，一般也相应地采用形式上的连任制度。我国最高人民法院院长任期与全国人大届期相同，连续任职不得超过两届。定期制有利于对法官的严格考核、监督和淘汰，但其缺点在于：法官的独立性有可能因任期届满后是否连任的问题受到干扰和影响；容易影响法律适用的连续性和稳定性；政府或议会的换届可能会直接影响到法官的任职，并容易导致议会或政府对法官的控制；更替任期届满后再次就任需要花费较高的成本；等等。鉴于这些问题，当代世界各国或改任期制为终身制，或采用较长的任期制，以克服这些弊端。

3. 定期制与终身制相结合，是指法令未明确规定法官终身制，但在一般情况下实行法官终身任职，特殊情况下法官定期任职即虽然规定法官的任期，但同时允许无限期连任。例如，日本在宪法中没有规定法官终身制，但规定法官可以连任至退休。我国法官法中没有规定法官终身制，但一般情况下，法官也可以终身任职。

（五）法官的管理与惩戒

1. 法官的管理

法官的管理，即法院的人事管理，属于司法行政事务范畴，包括法官业绩的考核、法官继续教育（培训）、法官职业道德考查、法官升迁和法官奖惩等方面的管理。世界各国的法官法或法院规则一般对此都有具体的规定。例如，日本法官实行定期轮换制，法官在某地方法院任职若干年后，就需调任到其他法院任职，以保证法官不受地方关系的影响，更好地实现司法独立。大陆法系国家的法官一般采用逐级升迁制度，上级法院法官通常由下级法院法官择优升任。法官的人事管理必须严格遵循法官独立的原则，不得以行政管理手段干预法官独立办案，不得以行政手段对法官随意免职、调任和降职等。

2. 法官惩戒制度

法官惩戒制度包括弹劾制度及对法官的纪律惩戒。鉴于法官职务的重要性，现代世界各国法官制度除了从法官选任方面严格法官准入条件、保证其素质之外，还十分重视对法官职务行为的规范和对其司法责任的追究，对贪赃枉法、失职渎职的法官进行严惩，以促使法官廉洁自律，依法正确行使职权。出于身份保障的需要，法官的过错职务行为不受普通法律程序追究，而需要以特别程序、并适用特殊的规则作出判断和处理。各国为此都建立了专门的法官弹劾程序或惩戒制度，其目的和功能包括两个方面：一是从身份保障制度的原则出发，避免用普通诉讼或行政程序追究法官责任，对法官身份及其独立性加以特殊保护；二是由于法官责任重大，国家和法律职业集团都需要对法官的行为严加约束，对于违法裁判行为严格处理，以确保法官的职业道德和司法公正。法官惩戒制度必须根据法律明确规定的范围和程序进行。有些国家，例如日本，专门制定了《弹劾法》，以规范弹劾惩戒程序。

（1）法官弹劾程序，是一种对法官违法犯罪进行追究的特殊程序，一方面体现了国家对法官过错行为的重视，另一方面体现了对法官的保护。弹劾程序非常严格，一般是由议会的专门委员会进行调查和处理，并给予受到弹劾者申辩的权利，并需要通过议会（众议院或参议院）的投票，由多数（有时需要三分之二以上多数）通过决定是否需要和如何对法官进行惩戒和罢免。

英美法系国家一般规定，法官非经弹劾程序不被免职，也不受其他形式的惩戒。美国法官弹劾的事由仅限于法官的犯罪行为，不包括其失职行为。也就是说，法官因过失发生裁判错误，不属于应受弹劾的事项。法官一旦遭到弹劾，即应免职。例如，在美国，联邦法院法官基于“叛国、贿赂，以及其他严重罪行和轻罪”等可以被众议院弹劾，可以被参议院三分之二多数投票通过定罪。不过，截止到1999年，在美国二百多年的历史中，只有13名法官被弹劾，其中只有7名被定罪。①

大陆法系国家弹劾事项的范围较英美法系国家更宽，不仅包括职务行为，也包括职务外行为；不仅包括犯罪，也包括严重的失职和有损法官威信的行为。弹劾的结果不仅包括定罪和免职，还包括调职和命令退休等方式。例如，德国基本法规定，联邦法院法官于职务上或职务外违背基本法的基本原则或各邦的宪法秩序时，按弹劾程序，由议会提出指

① 参见［美］史蒂文·苏本等：《美国民事诉讼的真谛》，15页，北京，法律出版社，2002。

控，由宪法法院予以审理并以三分之二多数表决同意，判令该法官调职或退休；如果是蓄意违反规定则可以判令罢免。日本《弹劾法》规定，法官弹劾事由包括“明显违背职务上的义务或严重怠于履行职务，及明显有失法官威信之行为”。法官弹劾由国会设立的弹劾法院审理。

（2）法官惩戒程序。广义的惩戒程序包括或等同于弹劾程序，狭义上的惩戒程序特指区别于弹劾程序的纪律惩戒。在英美法系国家，传统上对弹劾和惩戒不作区分，仅有弹劾程序而无惩戒程序；只有经弹劾程序定罪后，才能对法官进行惩戒和罢免。但在美国，由于弹劾程序启动极其困难复杂，成本极高，因而各州法院都建立了各种其他惩戒程序，例如，州长根据议会的“劝退书”对法官免职；由州最高法院对法官进行训诫、停职、退休或免职等。根据1980年的议会立法，最高法院、联邦法院的法官还受制于一个由12个巡回上诉法院组成的司法理事会所规定的惩戒程序。① 大陆法系国家在法律上区分对法官的弹劾和一般的纪律惩戒，惩戒制度及程序属于一种针对法官的失职行为进行的纪律处分。例如，可以对失职的法官予以警告、罚款、减薪、停职甚至免职的处分。德国设有法官纪律法院。根据法院组织法和法官法的规定，对法官的违法行为，法院院长只有作出警告处分的权限，其他较重的纪律处分均由法官纪律法院决定。法官纪律法院受理法官违纪案件，法官只有通过审判程序和判决才能被开除。

一般而言，对法官的惩戒制度都是针对法官行为而言的，即使是枉法裁判，也是追究法官的渎职行为，严格地说并不意味着对案件裁判错误的结果责任，即错案追究。错案的问题，一般应通过司法程序自身的纠错功能解决，并且必须将法官无法避免的认识上的主观过失与严重的失职、渎职行为严格区别开来。如果以上诉改判、再审等原因追究法官的结果责任，客观上必然会影响法官独立办案，刺激下级法院与上级法院进行程序外的沟通，因此不符合法官惩戒制度设立的宗旨。

第三节　我国法院体系和法官制度

一、我国法院组织体系

（一）法院组织体系（见图4—6）

人民法院是我国的审判机关，其组织体系是由宪法和人民法院组织法所确立的。这一体制以我国政治体制和国家结构为基础，同时借鉴了大陆法系国家的传统。人民法院组织结构由四级构成，并有普通法院和专门法院之分。普通法院包括基层人民法院、中级人民法院、高级人民法院和最高人民法院。专门法院包括军事法院、海事法院和铁路运输法院（已撤销）。此外，新疆维吾尔自治区因其特殊的体制，与地方法院并列另设新疆建设兵团法院系统，结构与一般地方法院设置基本相同。

根据宪法和人民法院组织法，我国法院系统分为三类：

1. 地方各级人民法院。地方各级人民法院分为基层人民法院、中级人民法院和高级人民法院三级。

（1）基层人民法院包括：县人民法院和市人民法院、自治县人民法院以及市辖区人民

---

① 参见宋冰编：《读本：美国和德国的司法制度及司法程序》，145页，北京，中国政法大学出版社，1999。

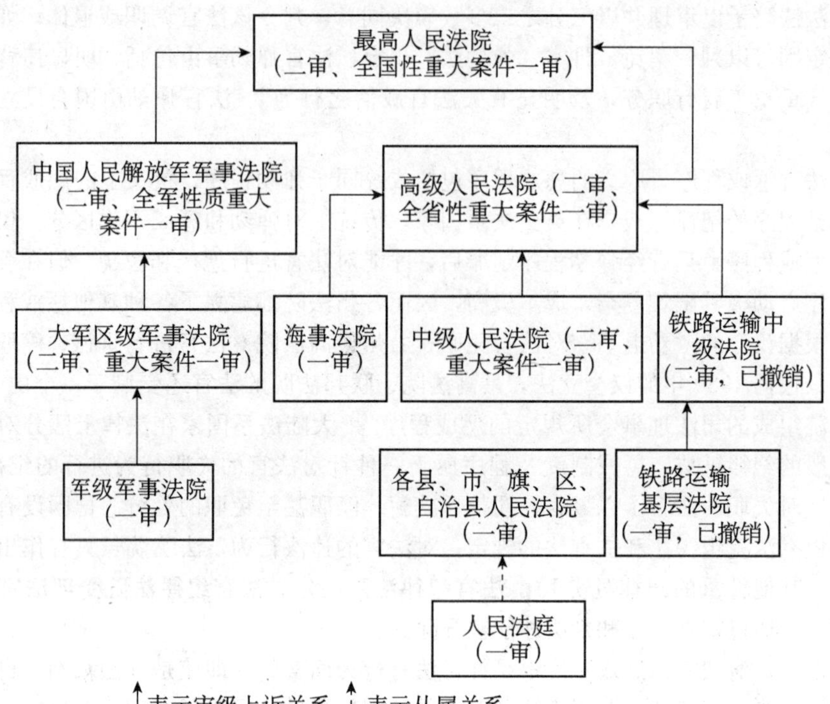

图 4—6 现行人民法院组织体系

法院。基层人民法院审判一审案件，法律、法令另有规定的除外。基层人民法院根据地区、人口和案件情况可以设立若干人民法庭。人民法庭是基层人民法院的组成部分，其判决和裁定就是基层人民法院的判决和裁定。

（2）中级人民法院包括：在省、自治区内按地区设立的中级人民法院；在直辖市内设立的中级人民法院；省、自治区辖市的中级人民法院以及自治州中级人民法院。中级人民法院审判法律、法令规定的由其管辖和基层人民法院移送的第一审案件；对基层人民法院判决和裁定的上诉案件和抗诉案件以及由人民检察院按照审判监督程序提出的抗诉案件。

（3）高级人民法院包括：省、自治区和直辖市的高级人民法院。审判法律、法令规定的由其管辖和下级人民法院移送的第一审案件；对下级人民法院判决和裁定的上诉案件和抗诉案件以及由人民检察院按照审判监督程序提出的抗诉案件。

2. 军事法院等专门法院。我国的专门人民法院包括：军事法院和海事法院。铁路运输法院根据中央有关司法改革的部署，已于2012年撤销、合并入地方法院体系。

3. 最高人民法院。最高人民法院是国家最高审判机关，监督地方各级人民法院和专门人民法院的审判工作。最高人民法院审判法律、法令规定的由其管辖和它认为应当由自己审判的第一审案件；对高级人民法院、专门人民法院判决和裁定的上诉案件和抗诉案件以及由最高人民检察院按照审判监督程序提出的抗诉案件。最高人民法院依法享有司法行政权、规范性司法解释制定权以及法律草案提案权等。

截至2010年年底，我国有最高人民法院1个，高级人民法院33个，中级人民法院409个，基层人民法院3 117个，合计3 559个，基层人民法院的比例是87.6%，另有人民法庭9 835个。2012年以后，铁路法院全部撤销归入地方。

（二）法院审判组织

根据宪法和人民法院组织法，我国法院内部设立以下审判组织：

1. 合议庭与独任法官

合议庭是实行合议制的审判组织。除简易程序之外，人民法院审判第一审案件，由法官或者由法官和人民陪审员组成合议庭进行；审判第二审案件和其他应当组成合议庭审判的案件，由法官组成合议庭进行。合议庭的审判长由符合审判长任职条件的法官担任。院长或者庭长参加合议庭审判案件时，自己担任审判长。合议庭的审判活动由审判长主持，全体成员平等参与案件的审理、评议和裁判，共同对案件认定事实和适用法律负责。合议庭承担下列职责：（1）根据当事人的申请或者案件的具体情况，可以作出财产保全、证据保全、先予执行等裁定；（2）确定案件委托评估、委托鉴定等事项；（3）依法开庭审理第一审、第二审和再审案件；（4）评议案件；（5）提请院长决定将案件提交审判委员会讨论决定；（6）按照权限对案件及其有关程序性事项作出裁判或者提出裁判意见；（7）制作裁判文书；（8）执行审判委员会决定；（9）办理有关审判的其他事项。

独任法官，即由一名法官组成的审判组织。适用简易程序审理的简单的民事案件、轻微的刑事案件和法律另有规定的案件由独任法官审理。独任法官的职责与合议庭基本相同。

2. 审判委员会

根据人民法院组织法的规定，各级人民法院设立审判委员会。审判委员会委员，由院长提请本级人民代表大会常务委员会任免；最高人民法院审判委员会委员，由最高人民法院院长提请全国人民代表大会常务委员会任免。各级人民法院审判委员会会议由院长主持，本级人民检察院检察长可以列席。审判委员会实行民主集中制，其任务是：（1）总结审判经验；（2）讨论重大的或者疑难的案件；（3）讨论决定其他有关审判工作的问题。[①]

二、港澳台地区法院体系

（一）香港特别行政区法院组织体系（见图4—7）

香港地区法院组织机构设置主要受普通法系的影响。回归前，香港地区法院由裁判司署、地方法院和“最高法院”构成；特别行政区成立后，设终审法院、高等法院、区域法院、裁判署法庭和其他专门法院，高等法院设上诉法庭和原讼法庭。

《香港特别行政区基本法》第81条规定：“香港特别行政区设立终审法院、高等法院、区域法院、裁判署法庭和其他专门法庭。高等法院设上诉法庭和原讼法庭。原在香港实行的司法体制，除因设立香港特别行政区终审法院而产生变化外，予以保留。”香港特别行政区法院组织的构成是：

1. 终审法院，是香港特别行政区的最高上诉法院，具有根据《香港终审法院条例》及其他法律所赋予的司法管辖权。终审法院聆讯高等法院的民事及刑事上诉案件。根据《香港终审法院条例》第17条的规定，终审法院可确认、推翻或更改原审法院的决定，又可附

---

① 关于审判委员会改革的争议，可参考王利明：《司法改革研究》，193～203页，北京，法律出版社，2000，苏力：《送法下乡——中国基层司法制度研究》，第三章：基层法院审判委员会制度，北京，中国政法大学出版社，2000；贺卫方：《关于审判委员会的几点评论》，载贺卫方：《司法的理念与制度》，139页以下，北京，中国政法大学出版社，1998；张志铭：《关于审委会改革的思考》，载《人民法院报》，2002-10-25。

上终审法院的指引而将有关事项发还该原审法院处理，或对有关事项作出认为适当的其他命令。终审法院成员包括首席法官、3位常任法官及1位非常任香港法官或1位其他普通法适用地区的法官。

2. 高等法院，高等法院设有上诉法庭和原讼法庭。

(1) 上诉法庭主要负责审理高等法院原讼法庭和区域法庭移送的所有民事和刑事上诉案件，以及土地审裁处移送的上诉案件，同时对其他较低审级的法庭提交的法律问题作出裁决。

(2) 原讼法庭分为刑事、海事、贸易和婚姻等法庭，是香港重大民事、刑事案件的原审法庭。原讼法庭受理案件的范围极其广泛，对民事和刑事案件有无限管辖权。原讼法庭审理民事案件时，通常有1名法官独审，不设陪审团；审理刑事案件时，由1名法官会同7名陪审员组成的陪审团主持审判，对一般的刑事案件，法官可以根据陪审团5∶2的多数意见对被告定罪量刑，但必须所有陪审员意见一致才能作出死刑判决。在法官的特别指令下，陪审团的成员数目可增至9人。

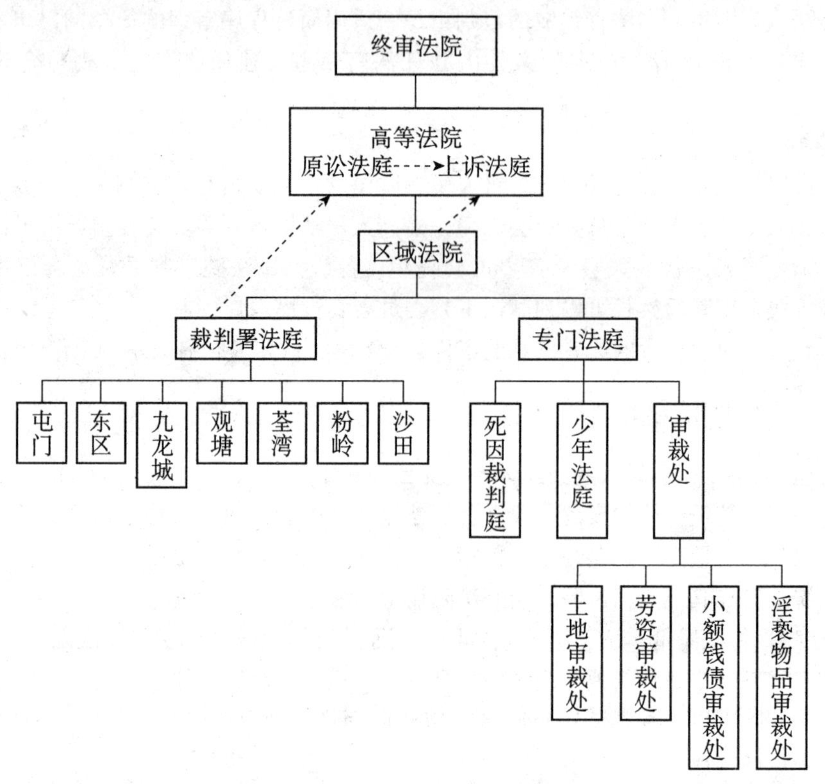

图4—7　香港特别行政区法院组织体系

注：裁判署法庭将严重刑事案件移送原讼法庭，将较重刑事案件移送区域法庭。

3. 区域法院，根据香港有关法例规定，区域法院“拥有有限的民事和刑事审裁权”。在民事方面，负责处理涉及款项5万港元以上、但不超过100万港元的民事诉讼，最常处理的民事案件包括合约、准合约、侵权、收回土地或楼宇、扣押、雇员赔偿、婚姻、性别歧视、残疾及岗位歧视案件，此外还对管理遗产、信托抵押、欺诈误解等民事案件拥有衡平法上的管辖权。在刑事方面，可审理除谋杀、误杀和强奸外的所有严重刑事案件，可判处的最长监禁刑期是7年。处理由裁判法院移交的公诉罪行时，由1名法官独任审判，不设陪审团。如果被告不服法庭的裁决，可于判刑当日起28天内向高等法院上诉法庭提出上诉。

4. 裁判署法庭和其他专门法庭，包括：

（1）裁判地区，是香港署法庭的初级刑事法庭，共有7所。其刑事司法审辖权非常广泛，负责审理多种可公诉罪行及简易程序罪行，判刑上限为监禁2年和罚款10万港元。但越来越多的条例赋予裁判官可判处3年的监禁和更高罚款（最高可达500万港元）的权力。

（2）少年法庭，分设于东区、九龙城、荃湾、粉岭及屯门裁判法院内，主要审理14岁以下和14岁至16岁少年的犯罪案件，凶杀案除外；有权对18岁或18岁以下青少年发出看管及保护令。

（3）死因裁判法庭，为特设的专门研究死者身份和死亡原因的非诉讼法庭。主要是对发生死亡的时间、地点、状况及死者身份和死因进行调查，并将调查结果向律政司报告。

（4）4个审裁处：土地审裁处、劳资审裁处、小额钱债审裁处和色情物品审裁处。分别处理不同类型的纠纷案件，程序简便并具有针对性和灵活性。

（二）澳门特别行政区法院组织体系（见图4—8）

《澳门特别行政区基本法》规定了澳门回归后的法院体系。因澳门地区地域狭小，没有必要按地域分设不同的地区法院，因而澳门地区的法院系统较为简单，包括：

1. 普通法院，共分三级：

（1）初级法院，为初审法院，可根据需要设若干专门法庭，如刑事、民事和经济审判庭等。同时，保留了原刑事起诉法庭，主要在刑事侦查方面行使审判职能、进行预审以及就是否起诉作出裁判，并负责执行徒刑及收容保安处分方面的司法工作。

（2）中级法院，行使初审管辖权和上诉管辖权。

（3）终审法院，行使特别行政区的终审权。

2. 专门法院，只设立了行政法院，是澳门特别行政区受理行政诉讼、税务诉讼和海关诉讼的专门法院。行政法院在审级上属初审法院，如不服其判决，可上诉到中级法院。

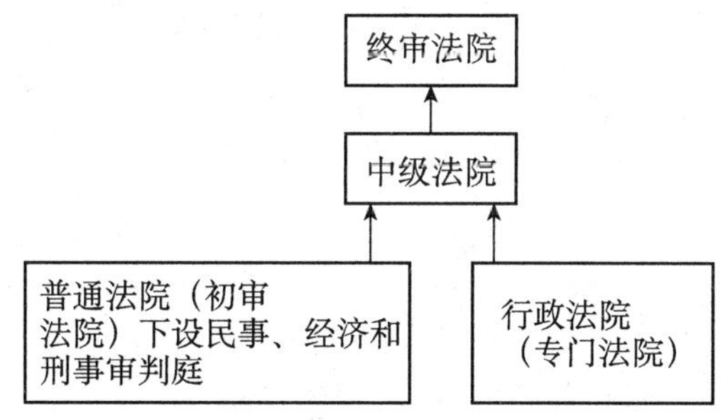

图4—8 澳门特别行政区法院组织系统

（三）台湾地区法院组织体系（见图4—9）

台湾地区政体由“立法院”、“司法院”、“行政院”、“监察院”和“考试院”五个院组成，分别行使立法权、司法权、行政权、监察权和考试权。“司法院”是台湾地区最高司法机关，行使下列职权：民事审判权；刑事审判权；选举诉讼审判权；行政诉讼审判权；公务员惩戒权；“宪法”及法律命令解释权及宣布“违宪权”。在实际运作中，民事诉讼和刑事诉讼审判权由“司法院”所属的各级普通法院行使；行政诉讼审判权由其所属的行政法院行使；公务惩戒权由其所属的公务员惩戒委员会行使；司法解释权则由其本部的“大法官会议”行使。台湾地区的各类法院均隶属于“司法院”，在类型上分为普通法院和行政法院。

1. 普通法院

普通法院是审理民事、刑事诉讼案件的法院，由三级法院组成。

（1）地方法院，是台湾地区审级体系中最低一级审判机关，其管辖范围以县、市行政区划为原则进行划分。地方法院审理民事、刑事第一审案件和非诉讼案件。分设民事庭、刑事庭和各专业庭及公设辩护人室、民事执行处、登记处、提存处和公证处等机构。

（2）高等法院，是第二级法院，设于省或特别区域。管辖的案件有：关于“内乱”、“外患”、“妨害国交”以及残害人群等刑事第一审案件；不服地方法院及其分院第一审判决而上诉的案件；不服地方法院即分院裁定而抗诉的案件；关于台湾地区“国民大会”代表、“立法委会”和“监察委会”的第一审民、刑事案件。台湾地区实行三级三审制，高等法院的判决并非终审判决，但对于某些轻微的民、刑事案件，高等法院可以作出终审判决。

（3）“最高法院”，是台湾地区的最高审判机关，主要管辖下列案件：不服高等法院及其分院第二审判决而上诉的民、刑事案件；不服高等法院及其分院第一审判决而上诉的刑事案件，此类案件主要指由高等法院进行第一审的“内乱罪”、“外患罪”及“妨害国交罪”等刑事案件以及“最高法院”检察署检察长提起的非常上诉案件。“最高法院”设有民事庭、刑事庭、律师惩戒复审委员会、冤狱赔偿复议委员会和判例编辑委员会，可采用独任审判制和合议审判制两种方式。诉讼一般实行三审终审制。

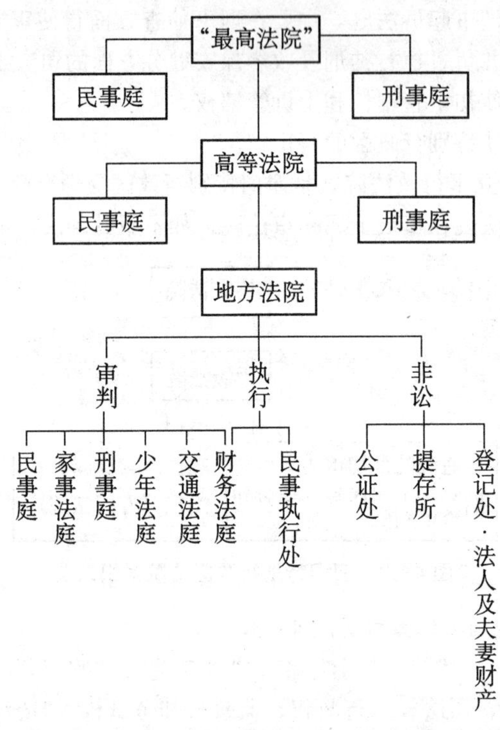

图 4—9 台湾地区普通法院组织体系

注：本图参考了熊先觉：《中国司法制度新论》，北京，中国法制出版社，1999 中的图示。

2. 行政法院

行政法院是负责审理行政诉讼案件的特设专门法院，根据台湾地区“行政诉讼法”的规定，民众若认为各级机关的违法行政行为损害了自己的合法权利，可以依法向行政法院提起行政诉讼。各级普通法院对行政案件没有管辖权。行政法院内设第一庭、第二庭、第三庭、书记厅、判例编辑委员会、考绩委员会、会计室、人事室和统计室。行政法院的审理是事实审兼法律审，采用一审终审制，判决具有终局性，一经作出就对当事人发生拘束力、确定力和执行力，不得上诉或抗告。

三、我国法官制度

（一）法官制度的建立及改革

我国法官制度是以《宪法》、《人民法院组织法》和《法官法》为依据建立的。《法官法》于1995年2月28日第八届全国人民代表大会常务委员会第十二次会议通过，根据2001年6月30日第九届全国人民代表大会常务委员会第二十二次会议《关于修改〈中华人民共和国法官法〉的决定》修正，现行《法官法》共17章53条，是规范我国法官制度的主要法律文件。此外，最高人民法院先后制定发布了许多与法官制度有关的规定和文件，例如：《中华人民共和国法官职业道德基本准则》（2001年制定，2010年12月6日修订）；《法官行为规范》（2005年11月发布试行，2010年12月6日修订后正式施行）；《人民法院审判人员违法审判责任追究办法（试行）》（1998年）；《人民法院审判纪律处分办法（试行）》（1998年）；《评定法官等级实施办法》（1998年）；《人民法院审判长选任办法（试行）》（2000年）；《地方各级人民法院及专门人民法院院长、副院长引咎辞职规定（试行）》（2001年）；《关于加强法官队伍职业化建设的若干意见》（2002年）；《关于“五个严禁”的规定》（2009年）以及《人民法院工作人员处分条例》（2010年）等，这些也都是我国法官制度的组成部分。

（二）法官的范围及等级

1. 法官的范围

《法官法》第2条规定：法官是依法行使国家审判权的审判人员，包括法院院长、副院长、审判委员会委员、庭长、副庭长、审判员和助理审判员。截至2010年，我国共有法官约二十二万人。

我国法官的专业职称是审判员。法院院长、副院长、审判委员会委员、庭长和副庭长则具有双重身份，但他们也必须具有法官身份。

2. 法官的等级

我国法官的级别共分为12级。最高人民法院院长为首席大法官，第2至第12级法官分为大法官、高级法官和法官。法官等级的确定，以法官所任职务、德才表现、业务水平、审判工作实绩和工作年限为依据。

（三）法官的职责

1. 依法参加合议庭审判或者独任审判案件。

2. 法律规定的其他职责。院长、副院长、审判委员会委员、庭长和副庭长除履行审判职责外，还应当履行与其职务相适应的职责。法院院长、副院长具有法院行政领导的身份，庭长、副庭长也是一种行政职务，承担着一定的行政管理职能。我国的司法审判中存在着集体审判制度，法院院长、副院长、审判委员会委员、庭长和副庭长对法院的整个审判活动承担着一定的责任。

（四）法官的义务与权利

法官法规定，法官在依法履行职务或从事与职务相关的活动时，应履行法定的义务，同时也享有相应的权利。

1. 法官的义务

法官的义务，是指法官在履行职责时必须严格遵守、不得违背的行为要求，如果不履行或不当履行（包括不作为）就必须承担相应的法律责任。我国法官法规定的法官义务包括：（1）严格遵守宪法和法律；（2）审判案件必须以事实为根据，以法律为准绳，秉公办案，不得徇私枉法；（3）依法保障诉讼参与人的诉讼权利；（4）维护国家利益、公共利益，维护自然人、法人和其他组织的合法权益；（5）清正廉明，忠于职守，遵守纪律，恪守职业道德；（6）保守国家秘密和审判工作秘密；（7）接受法律监督和人民群众监督。

此外，法官法规定，法官不得兼任人民代表大会常务委员会的组成人员，不得兼任行政机关、检察机关以及企业、事业单位的职务，不得兼任律师（《法官法》第15条）。这些规定也属于法官义务的范畴。

2009年最高人民法院发布《关于“五个严禁”的规定》，要求各级法院法官严禁接受案件当事人及相关人员的请客送礼；严禁违反规定与律师进行不正当交往；严禁插手过问他人办理的案件；严禁在委托评估、拍卖等活动中徇私舞弊以及严禁泄露审判工作秘密。需要对违反“五个严禁”规定的人员追究纪律责任的，由人民法院纪检监察部门和机关党组织分别按照程序办理；需追究刑事责任的，由纪检监察部门负责移送相关司法部门。

此外，2010年最高人民法院修订了《法官职业道德基本准则》，从忠诚司法事业、保证司法公正、确保司法廉洁、坚持司法为民、维护司法形象等方面，对法官的行为作出了更为具体的职业道德规范。同年，最高人民法院还修订了《法官行为规范》，提出了忠诚坚定、公正司法、高效办案、清正廉洁、一心为民、严守纪律、加强修养等基本要求。

2. 法官的权利

法官的权利，是指法官在任职期间依法应该享有的各种利益、自由和保障。法官法规定的法官权利包括：（1）履行法官职责应当具有的职权和工作条件；（2）依法审判案件不受行政机关、社会团体和个人的干涉；（3）非因法定事由、非经法定程序，不被免职、降职、辞退或者处分；（4）获得劳动报酬，享受保险、福利待遇；（5）人身、财产和住所安全受法律保护；（6）参加培训；（7）提出申诉或者控告；（8）辞职。这些权利中已经包含了基本的身份保障制度的因素。

（五）法官的选任

1. 法官的任职条件

《法官法》第9条规定，担任法官必须具备下列条件：（1）具有中华人民共和国国籍；（2）年满23岁；（3）拥护中华人民共和国宪法；（4）有良好的政治、业务素质和良好的品行；（5）身体健康；（6）高等院校法律专业本科毕业或者高等院校非法律专业本科毕业具有法律专业知识，从事法律工作满二年，其中担任高级人民法院、最高人民法院法官，应当从事法律工作满三年；获得法律专业硕士学位、博士学位或者非法律专业硕士学位、博士学位具有法律专业知识，从事法律工作满一年，其中担任高级人民法院、最高人民法院法官，应当从事法律工作满二年。

同时，法官法规定了一些变通做法，包括：本法施行前的审判人员不具备前款第6项规定的条件的，应当接受培训。适用第1款第6项规定的学历条件确有困难的地方，经最高人民法院审核确定，在一定期限内，可以将担任法官的学历条件放宽为高等院校法律专业专科毕业。这些规定说明，尽管法官法对法官任职的学历条件作了明确的规定，但实际上在短时期内仍很难达到这一标准。既有此前已在法院担任法官而不符合此条件的，也有在普遍学历水平较低的特殊地域难以达到条件的情况。

《法官法》第10条规定了法官资格的禁止性条件，即下列人员不得担任法官：(1) 曾因犯罪受过刑事处罚的；(2) 曾被开除公职的。

经过多年发展，我国法官的任职标准已有了很大提高，目前存在的问题是：缺乏任职前的培训机制和相应的制度；过于强调学历教育标准以及由于没有统一的任职制度，各地方法官素质差距较大。

2. 法官的选任方式

法官法规定，法官职务的任免，依照宪法和法律规定的任免权限和程序办理，并具体规定了以下几种选任方式：

(1) 最高人民法院院长由全国人民代表大会选举和罢免，副院长、审判委员会委员、庭长、副庭长和审判员由最高人民法院院长提请全国人民代表大会常务委员会任免。

(2) 地方各级人民法院院长由地方各级人民代表大会选举和罢免，副院长、审判委员会委员、庭长、副庭长和审判员由本院院长提请本级人民代表大会常务委员会任免。

(3) 中级人民法院院长，由省、自治区、直辖市人民代表大会常务委员会根据主任会议的提名决定任免，副院长、审判委员会委员、庭长、副庭长和审判员由高级人民法院院长提请省、自治区、直辖市的人民代表大会常务委员会任免。

(4) 在民族自治地方设立的地方各级人民法院院长，由民族自治地方各级人民代表大会选举和罢免，副院长、审判委员会委员、庭长、副庭长和审判员由本院院长提请本级人民代表大会常务委员会任免。

(5) 人民法院的助理审判员由本院院长任免。

根据法官法，我国法官采用的是选举制与任命制结合的方式。法院院长由人大选举，但实际上是一种等额的形式选举（即审查通过）；除法院院长以外，其他法官均是由本院院长提名，由人大常委会任命的。我国以往的法律都没有明确规定法官录用的具体程序，也没有设立专门的机构进行选拔和任职前的培训，都是由各法院根据地方的实际情况选拔录用的。因此，法官的选任具有地方化的特点，法官素质既不统一也难以保证。修订后的法官法规定：初任法官采用严格考核的办法，按照德才兼备的标准，从通过国家统一司法考试取得资格，并且具备法官条件的人员中择优提出人选。同时还规定，对于违反法官法规定的条件任命法官的，一经发现，做出该项任命的机关应当撤销该项任命；上级人民法院发现下级人民法院法官的任命有违反法官法规定的条件的，应当建议下级人民法院依法撤销该项任命，或者建议下级人民法院依法提请同级人民代表大会常务委员会撤销该项任命。这意味着，法官的录用有了一个最基本的统一标准和程序，但是，距离统一标准、统一职业培训、统一分配以及统一任命和提升的法官制度仍有较大的距离。

3. 法官的免职

《法官法》第13条规定，法官有下列情形之一的，应当依法提请免除其职务：(1) 丧失中华人民共和国国籍的；(2) 调出本法院的；(3) 职务变动不需要保留原职务的；(4) 经考核确定为不称职的；(5) 因健康原因长期不能履行职务的；(6) 退休的；(7) 辞职或者被辞退的；(8) 因违纪、违法犯罪不能继续任职的。

法官免职的程序与任命方式基本相同。

（六）法官的身份保障制度

1. 我国法官身份保障制度的内容

我国对法官的职务保障和物质保障至今尚无专门性的立法。目前，我国法官享有有限的身份保障，体现在《法官法》第8条法官权利中对法官的待遇、奖惩、调任，以及其他有关规定上。具体而言就是：

(1) 职务身份保障，包括：法官有权获得应当具有的职权和工作条件；依法审判案件不受行政机关、社会团体和个人的干涉；行政机关、社会团体或者个人干涉法官依法审判案件的，应当依法追究其责任；非因法定事由、非经法定程序，不被免职、降职、辞退或者处分。

(2) 生活保障，包括：法官有权获得劳动报酬，享受保险、福利待遇；法官实行定期增资制度，经考核确定为优秀、称职的，可以按照规定晋升工资，有特殊贡献的，可以按照规定提前晋升工资；法官享受国家规定的审判津贴、地区津贴和其他津贴以及保险和福利待遇；法官退休后，享受国家规定的养老保险金和其他待遇。

(3) 人身保障，包括：法官的人身、财产和住所安全受法律保护。

(4) 其他保障，包括：参加培训、提出申诉或者控告和辞职等。

2. 存在的问题

随着我国法官素质和职业化程度的提高，法官的身份保障制度已经初步建立，法官的待遇等也在不断改善，但实践中仍存在较多问题，主要是：

(1) 由于尚未实行法官员额制度，现有法官人数过多，国家尚无条件使其享有应有的高薪，法官的物质待遇相对较低。各地法官多实行“阳光工资”制度①，从2007年起，国家开始给在职法官发放“审判津贴”。

(2) 法官弹劾制度尚未建立，不得不通过各种外在的监督措施，对法官进行约束。法官身份保障制度尚未得到社会的充分认同。

(3) 法院内部主要以行政化管理为主，法官惩戒主要依靠法院的行政性纪律惩戒制度，缺少公开化的程序和职务豁免规则。一些法院实行的法官竞争上岗、末位淘汰以及错案责任追究等制度也存在一定问题，对法官身份保障制度产生了一定的不利影响。

由于司法制度本身的特点，我国仍将保持一个庞大的法官群体。因而，法官制度将会以一种职业化的科层制和特殊公务员的模式而存在，法官的政治属性及人民性传统将继续存在。

（七）法官管理制度

1. 任职回避

法官法规定：法官之间有夫妻关系、直系血亲关系、三代以内旁系血亲以及近姻亲关系的，不得同时担任下列职务：(1) 同一人民法院的院长、副院长、审判委员会委员、庭长、副庭长；(2) 同一人民法院的院长、副院长和审判员、助理审判员；(3) 同一审判庭

---

① “阳光工资”即法院工作人员的所有收入都按照当地政府确立的标准加以明确和固定，不与诉讼费等其他因素挂钩，不受案件数量和标的额影响，但保留了与所在地区财政挂钩的部分（奖金福利等），使得经济发达地区与不发达地区的法官收入形成了较大差距。

的庭长、副庭长、审判员、助理审判员；(4) 上下相邻两级人民法院的院长、副院长（《法官法》第16条）。

法官从人民法院离任后2年内，不得以律师身份担任诉讼代理人或者辩护人。法官从人民法院离任后，不得担任原任职法院办理案件的诉讼代理人或者辩护人。法官的配偶、子女不得担任该法官所任职法院办理案件的诉讼代理人或者辩护人（《法官法》第17条）。

2. 考核

法官法规定：对法官的考核，由所在人民法院组织实施。法院设法官考评委员会指导对法官的培训、考核和评议工作。

对法官的考核，采取平时考核和年度考核相结合的方式。考核内容包括：审判工作实绩、思想品德、审判业务和法学理论水平、工作态度以及审判作风。重点考核审判工作实绩。

年度考核结果分为优秀、称职、不称职三个等次。考核结果作为对法官奖惩、培训、免职、辞退以及调整等级和工资的依据。考核结果以书面形式通知本人。本人对考核结果如有异议，可以申请复议。

3. 培训

法官法规定，法官有接受培训的权利，法院应当对法官有计划地进行理论培训和业务培训。法官的培训，贯彻理论联系实际、按需施教、讲求实效的原则。培训法官的任务由国家法官学院和其他法官培训机构承担。法官在培训期间的学习成绩和鉴定，作为其任职、晋升的依据之一。

4. 奖励

法官法规定，法官在审判工作中有显著成绩和贡献的，或者有其他突出事迹的，应当给予奖励。对法官的奖励，实行精神鼓励和物质鼓励相结合的原则。法官有下列表现之一的，应当给予奖励：(1) 在审理案件中秉公执法，成绩显著的；(2) 总结审判实践经验成果突出，对审判工作有指导作用的；(3) 对审判工作提出改革建议被采纳，效果显著的；(4) 保护国家、集体和人民利益，使其免受重大损失，事迹突出的；(5) 勇于同违法犯罪行为作斗争，事迹突出的；(6) 提出司法建议被采纳或者开展法制宣传、指导人民调解委员会工作，效果显著的；(7) 保护国家秘密和审判工作秘密，有显著成绩的；(8) 有其他功绩的。奖励分为：嘉奖，记三等功、二等功、一等功，授予荣誉称号。

5. 惩戒

我国的法官惩戒制度属于法院内部的一种行政性纪律追究制度。法官法规定，法官不得有下列行为：(1) 散布有损国家声誉的言论，参加非法组织，参加旨在反对国家的集会、游行、示威等活动，参加罢工；(2) 贪污受贿；(3) 徇私枉法；(4) 刑讯逼供；(5) 隐瞒证据或者伪造证据；(6) 泄露国家秘密或者审判工作秘密；(7) 滥用职权，侵犯自然人、法人或者其他组织的合法权益；(8) 玩忽职守，造成错案或者给当事人造成严重损失；(9) 拖延办案，贻误工作；(10) 利用职权为自己或者他人谋取私利；(11) 从事营利性的经营活动；(12) 私自会见当事人及其代理人，接受当事人及其代理人的请客送礼；(13) 其他违法乱纪的行为。有上述行为之一的，应当给予处分；构成犯罪的，依法追究刑事责任。处分分为：警告、记过、记大过、降级、撤职和开除。受撤职处分的，同时降低工资和等级。2010年最高人民法院发布的《人民法院工作人员处分条例》进一步规定了处分的种类和适用原则、适用期间等。

法官法规定，法官有下列情形之一的，予以辞退：(1) 在年度考核中，连续两年确定为不称职的；(2) 不胜任现职工作，又不接受另行安排的；(3) 因审判机构调整或者缩减编制员额需要调整工作，本人拒绝合理安排的；(4) 旷工或者无正当理由逾假不归连续超过15天，或者一年内累计超过30天的；(5) 不履行法官义务，经教育仍不改正的。

四、港澳台地区的法官制度

我国香港和澳门特别行政区以及台湾地区的法官制度各有特色，并都在根据各自的特点不断完善。

(一) 香港特别行政区的法官制度

香港回归之前，法官的资格、产生、任命和待遇等制度与英国本土的制度基本一致。香港回归后，根据香港特区基本法，法官制度基本沿袭了原有的制度，并根据需要有所变动，未作规定的仍保留原有的制度。

1. 法官资格条件

法官包括终审法院法官、高等法院法官和区域法院法官，其任职资格条件各有不同，由基本法、香港地区《最高法院条例》以及香港地区《地方法院条例》等具体规定。区域法官要求是：本地居民；担任辩护律师或从事其他法律工作5年以上；年龄30岁以上。高等法院法官要求具备年满35岁、有10年以上律师资历以及曾担任区域（地方）法院法官等条件。

2. 法官的任免

法官由专门的独立委员会推荐，由行政长官任命。香港地区终审法院和高等法院法官的任命或免职还须由行政长官征得立法会同意，并报全国人民代表大会备案。

3. 法官身份保障制度

具体包括：(1) 法官享有职务豁免权；(2) 实行法官终身制；(3) 实行法官高薪制。

4. 法官惩戒制度

根据法律规定，对于法官非法索取费用等滥用职权的行为一旦定罪，可以处以罚款、监禁等处罚。

(二) 澳门特别行政区的法官制度

澳门回归前的法官制度与葡萄牙一脉相承，属典型的大陆法系法官制度。回归后根据澳门特区基本法和现实的需要有所变动。

1. 法官资格条件

根据1994年的法令规定，初审法官的资格是：具有澳门大学法律学士资格或澳门法律认可的法律学士文凭；公认具有公民品德；在澳门居住3年以上；懂葡萄牙文和中文的澳门居民，可以报考澳门司法官培训课程，经培训和实习18个月，合格者可以被委任为澳门法院的法官。担任院长则需要10年以上工作资历及其他资质条件。特别行政区延续了这一制度。

2. 法官任免制度

澳门特区基本法规定，具备法官资格的人士，必须经过独立委员会的推荐，由行政长官任命。符合标准的外国法官也可聘用。终审法院院长和法官的任命和免职须报全国人民代表大会备案。

3. 法官身份保障制度

澳门的司法独立制度奉行法官无须对其裁判负责的豁免原则，法官职务行为仅在法律明文规定情况下才追究民事、刑事或纪律责任。罢免法官需要经过法定程序。罢免法官的法定事由包括无力履行职务以及行为与其职务不相称。法官实行终身制、高薪制。

（三）台湾地区的法官制度

1. 法官资格条件

台湾地区的法官称“推事”，其资格条件是：(1) 经司法考试合格者；(2) 曾在“教育部”认可的专科以上学校，教授主要法律科目 2 年以上，并著有讲义，经审查合格者；(3) 经律师考试及格，并执行律师职务 1 年以上，成绩优良者；(4) 曾任县“司法处”审判官 2 年以上，成绩优良者；(5) 在“教育部”认可的专科以上学校修习法律学科 3 年以上毕业，曾任荐任司法行政官等一定年限，成绩优良者；(6) 在“教育部”认可的专科以上学校修习法律学科 4 年以上毕业，有法学专门著作，经审查合格，并学习期满者。

对法院院长和大法官的资格均有专门规定，对资历的要求更高。

2. 法官任免制度

“司法院”人事审议委员会负责审议各级法院推事、行政法院评事等的任免、转任、迁调、考核和奖惩等事项。法官为终身职，但“大法官”任期每届为 9 年，成绩卓著者可以提名连任。“大法官”由“总统”提名，经“监察院”同意任命。

3. 法官身份保障制度

法律规定法官须超出党派之外，依据法律，独立审判。法官非受刑事或惩戒处分，或禁治产之宣告，不得免职，不得停职、转任或减俸。

【深度阅读】

1. 谭世贵等．中国法官制度研究．北京：法律出版社，2009

2. 左卫民等．最高法院研究．北京：法律出版社，2004

3. 孙谦，郑成良主编．司法改革报告——司法考试、司法官遴选、司法官培训制度．北京：法律出版社，2002

4. 宋冰编．美国与德国的司法制度及司法程序．北京：中国政法大学出版社，1999

5. ［美］波斯纳．法官如何思考．苏力译．北京：北京大学出版社，2009

【问题与思考】

思考题：

1. 怎样理解法院性质和职能的二重性？

2. 除审判权外，法院还可能拥有哪些职权？

3. 当代世界各国法院一般有哪些基本分类和类型？

4. 我国法院组织结构的构成为几级？我国有哪些法院？

5. 现代法官制度的内容和意义是什么？

6. 法官身份保障制度的内容和意义是什么？

7. 法官惩戒制度的内容和目的是什么？与错案追究有什么不同？

练习题（选自历次司法考试试题）

1. 下列哪一选项属于违反法官职业道德规范的情形？(B)

A. 甲市中级人民法院陈法官的妹妹接到乙县人民法院开庭传票，晚上到哥哥家咨询开庭注意事项。陈法官只叮嘱其妹庭上发言要有针对性，不要滔滔不绝

B. 乙市某法学院针对甲市中级人民法院在审案件组织模拟法庭，乙市中级人民法院钱法官应邀担任审判长。庭审后，钱法官就该案件审理和判决向同学们谈了看法

C. 林法官担任某法学院兼职博士生导师，每年招收法学博士研究生1名

D. 某省高级人民法院朱院长担任法学会法律文书学研究会副会长。

2. 72岁村民甲以其子乙长期不提供衣食、不送医院治病为由，诉请法院判令乙履行赡养义务。为宣传法律，教育群众，法院决定将该案在当事人所在村庄公开审理，村民均可旁听。乙提出法院侵犯其隐私，剥夺其司法民主方面的有关权利。下列哪些说法是正确的？(BC)

A. 司法民主要求所有案件均应无例外公开审理，以促进人民当家做主权利的实现

B. 法院就地审理体现了司法目的民主，体现司法为民理念

C. 法院公开审判遵循了司法公开制度的规定，符合司法程序民主要求

D. 法院就地审理未经乙同意，违反司法主体民主和司法体制民主

3. 法官李某的下列哪些行为违反了法官职业道德规范？(ACD)

A. 庭审时，发现当事人高某聘请的律师赵某明显不负责任，提醒高某可另行委托律师钱某

B. 办案时，发现原告律师陈某系自己高中同学，主动提出回避申请

C. 庭审前，向所办案件当事人委托的张律师指出某一证据效力不足

D. 讲座时，提出司法腐败主要是当事人行贿所致

4. 2009年1月8日，最高人民法院向社会公布了“五个严禁”的规定，法官的下列哪些行为属于该规定严禁之列？(ABD)

A. 北方某省高级人民法院田法官给承办自己老家小学工程质量纠纷案件的某基层人民法院孔法官打电话，希望尽快审理该案以不影响学校按时开学

B. 中部某法庭李法官在下乡巡回审理纠纷案件时与代理人、双方当事人、村委会主任等人一起在原告家边喝酒边调解，并在返回时收下被告赠送的5斤土豆

C. 西北某基层人民法院包法官隐瞒正在办理的伤害案被告人是其同父异母兄弟的实情继续审理

D. 东部某中级人民法院周法官指定由环球拍卖公司主持拍卖涉案的五套房屋

5. 邱法官在出席会议期间，参加会议组织的联欢活动，发现会务组安排她与自己正在审理的案件的被告代理律师同桌相邻而坐。此时全体代表已就座，除了给邱法官安排的座位外已无空位。在这种情况下，邱法官的下列哪一做法最符合法官职业道德规范？(D)

A. 按号就座，但装作与被告律师不认识，不与其说一句话

B. 按号就座，可与被告律师寒暄，但是不交谈案件事务

C. 仅与同桌的人调换座位，但桌号不变

D. 马上与会务组人员联系调换座位，不与律师同一桌

6. 依据法官职业道德规范，关于法官的以下行为，哪些评论是正确的？(ABD)

A. 甲法官在接待当事人的过程中，针对当事人对判决书提出的质疑，以不屑的口吻说：“你一个文盲加法盲，有什么资格来质问我？”评论：甲法官的行为不符合司法礼仪

B. 甲法官在开庭调解时，为了营造轻松和谐的气氛，身着便装，谈笑风生。评论：甲法官的行为违反法庭规则

C. 甲法官在当地出席大学同学私人投资的公司开业典礼，并在被公开介绍法官身份后登台致贺词。评论：甲法官的行为违反了不得以职业、身份及声誉谋取利益的义务

D. 甲法官正在承办一宗合同纠纷案件，该案被告向甲法官的配偶乙任职的公司表示，愿意将一个工程项目发包给该公司，条件是让乙担任该项目的主管。乙将此事告诉了甲法官，并提及发包人是本案的被告。甲法官听后未置一词。评论：甲法官的行为违反了约束家庭成员的义务

7. 下列属于法官张某违反法官职业道德规定的情形？(AC)

A. 年底前，张某要求当事人撤诉，明年再起诉，理由是年底不结案就会影响全年结案率

B. 张某之妻从事律师职业

C. 张某私下通知当事人王某接受对方的调解意见，否则败诉

D. 张某与对方当事人同时出现在某研讨会上

8. 下列有关审判制度的哪种说法是错误的？(D)

A. 我国的审判制度是在“议行合一”的制度框架下建立的

B. 按照我国现行法律的规定，独立行使审判权的主体是法院

C. 世界上许多国家的诉讼活动实行审判中心主义，其侦查起诉程序被称为“审判前程序”

D. 实行三权分立的国家，其法院和政府均隶属于议会，议会对它们的权力进行制约

9. 下列关于审判制度基本原则的哪些理解是正确的？(ACD)

A. 不告不理原则体现了审判权的被动性，是审判中立的根本要求

B. 一切审判程序都必须适用直接原则和言词原则

C. 审判权独立行使原则与法律监督之间在根本点上不存在矛盾

D. 审判及时原则体现了现代审判活动的效率价值

10. 李法官在审理一起二审民事案件中的哪一种做法违反了审判独立的原则？(C)

A. 某市领导电话暗示此案只能判原告胜诉，李法官表示理解，但未作任何承诺，事后也没有采纳这位领导的意见

B. 就案件中的一个疑难问题，李法官查阅了资料，但对其中几个概念不甚明了，于是就此向某大学教授请教

C. 本案一审法官张某来访，李法官予以接待并宴请，席间张某就此案发表了个人意见，李法官表示“可以考虑”，并在数日后制作判决书时打电话征求张某意见

D. 原告上书市人大就本案审理程序提出异议，市人大常委会向法院提出询问，李法官根据院长指示，向市人大提交了一份书面报告，就有关问题作出解释

11. 法官王某的下列哪些行为违反了法官职业道德规范？(ABCD)

A. 根据领导批条办案，谁的官大就按谁的批示办理

B. 同学朋友问案，总能仗义地告之案件审理和合议情况

C. 对双方律师宣称：该吃可以吃、该喝可以喝，案件该怎么办还怎么办

D. 一方托情相约，在承诺保密的情况下，同意私下单独接触

12. 法官与律师的相互关系应当遵守最高人民法院与司法部制定发布的有关规定，下列哪些做法违反了相关规定？(AB)

A. 法官开庭时发现一方的律师沈某是其过去的同事，没有主动回避

B. 律师裘某约请主办法官童某吃饭，了解所代理案件的案情

C. 某律师事务所主办的所刊发表法官彭某的文章

D. 某律师事务所所举办法律实务研讨会，邀请法官周某出席演讲

13. 下列关于法官应当遵守的职业道德准则的表述哪一项是不正确的？(A)

A. 法官在审判过程中可以用适当方式向双方当事人表明自己对案件审理结果的观点或态度

B. 法官对与当事人实体权利和诉讼权利有关的措施和裁判应当依法说明理由

C. 法官不得向上级人民法院就二审案件提出个人的处理建议和意见

D. 法官不得擅自过问下级人民法院正在审理的案件

14. 下列表述中何者为影响法官内部独立的行为？(AB)

A. 在公开场合对其他法官正在审理的案件的是非曲直发表评论

B. 私自对下级法院正在审理的案件提出意见，告知其应如何判决

C. 向其他审判庭的法官咨询，探讨某一案件涉及的法律问题

D. 庭长要求合议庭对某一案件进行重新合议

15. 甲因为乙不能偿还欠款将其告上法庭，并称有关证据被公安机关办理其他案件时予以扣押，故不能提供证据。法官负责任地到公安机关调查，并复制了相关证据材料。此举使甲最终胜诉。从法理学的角度看，对该案的下列说法，哪些可以成立？(AD)

A. 本案的承办法官对“以事实为根据、以法律为准绳”原则有着正确的理解

B. 法官在审理此案时，违背了法官中立原则

C. 本案的承办法官对司法公正的认识有误，法律职业素质有待提高

D. 本案的审理比较好地体现了通过审判保障公民权利的司法功能

16. 在我国，下列哪些属于法官职业道德规范所禁止的不当行为？(ACD)

A. 受当事人之托探询其他法官承办案件的审理情况

B. 庭长要求某法官汇报案件的审理期限问题

C. 与案件无涉的法官将当事人的诉讼理由书转交给承办该案件的法官

D. 法官告知当事人其案件准备提交审判委员会讨论

17. 按照我国法官职业道德基本准则的规定，下列哪些情况违反了法官在审理案件中应当保持中立地位的要求？(BC)

A. 在法庭上对当事人态度不够礼貌

B. 警告当事人如果不按有关规定及时举证则必然败诉

C. 在法庭调解过程中告诉当事人一方：如果不接受调解则肯定败诉

D. 在法庭外与当事人一方就城市交通问题短暂闲聊

18. 法官应当自觉避免受到媒体的不当影响，下列哪些行为不利于实现这一目标？(AD)

A. 仔细分析媒体上对案件事实问题发表的评论，并作笔记，而且在判决的过程中作为参考

B. 媒体上关于自己负责的案件的相关报导、评论一概不读

C. 将媒体上关于案件法律问题的研究与评论加以认真研究

D. 发现媒体的报导有明显失实之处，便在媒体上公开发表言论予以评论

19. 根据《法官法》及《人民法院工作人员处分条例》对法官奖惩的有关规定，下列哪一选项不能成立？(C)

A. 高法官在审判中既严格程序，又为群众行使权利提供便利；既秉公执法，又考虑情理，案结事了成绩显著。法院给予其嘉奖奖励

B. 黄法官就民间借贷提出司法建议被采纳，对当地政府完善金融管理、改善服务秩序发挥了显著作用。法院给予其记功奖励

C. 许法官违反规定会见案件当事人及代理人，此事被对方当事人上网披露，造成不良影响。法院给予其撤职处分

D. 孙法官顺带某同学（律师）参与本院法官聚会，半年后该同学为承揽案件向聚会时认识的某法官行贿。法院领导严告孙法官今后注意

20. 法院领导在本院初任法官任职仪式上，就落实法官职业道德准则中的“文明司法”和践行执法为民理念的“理性文明执法”提出要求。下列哪些选项属于“文明执法”范围？(ABC)

A. 提高素质和修养，遵守执法程序，注重执法艺术

B. 仪容整洁、举止得当、言行文明

C. 杜绝与法官职业形象不相称的行为

D. 严守办案时限，禁止拖延办案

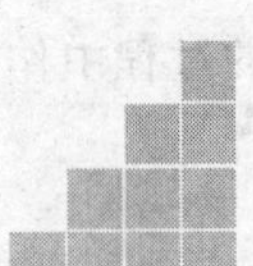

第五章

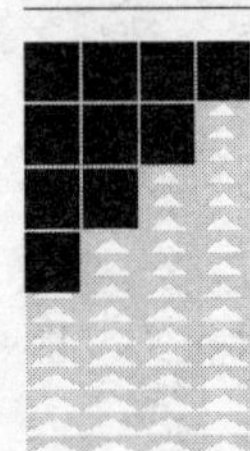

检察制度

常考知识点

- 检察机关的概念及类型
- 检察权的概念、范围及特征
- 人民检察院的性质、任务、设置和职能
- 我国检察工作的基本原则
- 我国检察官制度

第一节　检察机关与检察权

一、检察机关

(一) 检察机关的概念

检察机关，是行使检察权的国家机关。我国人民检察院的法律定位是国家的法律监督机关。

检察机关属于现代社会上层建筑的重要组成部分，在不同的国家、不同的社会发展阶段和历史时期，具有不同的属性和职能。现代检察机关是适应社会发展需要和司法功能分化的产物，具有阶级性和社会性双重属性，兼有阶级统治和社会公共职能。检察机关既是维护国家政治秩序、经济秩序和社会秩序，打击危害国家利益的敌对势力的重要工具；也是打击犯罪、保护社会公共利益不可或缺的公共机关。检察机关的这两种性质和职能是统一的。

(二) 检察机关的类型

1. 根据国家性质和检察机关定位的不同，检察机关可分为：

(1) 社会主义国家的检察机关，建立在社会主义公有制经济基础上，政治基础是共产党领导下的人民民主专政，基本政治制度是人民代表大会制。检察机关属于国家司法机关，虽具有公诉机关的性质，但其职责范围不限于公诉，通常定位为法律监督机关；在保护公有制和国有资产、维护社会公共利益、监督执法等方面承担着重要的政治和社会职能。但不同的社会主义国家，检察机关的地位和功能又存在一定的区别，例如，我国与原苏联的检察制度就存在着明显的差异。

(2) 资本主义国家的检察机关，建立在三权分立体制基础上。检察机关的主要功能和定位是代表国家提起公诉，但当代检察机关在保护社会公共利益、追究犯罪和民事公益诉讼方面的作用不断扩大。

从功能的角度来看，上述区别实际上是相对的。当代各国检察机关的职权均趋向于多元化，定位为法律监督机关的社会主义国家检察机关同样以提起公诉为基本职能，而作为公诉机关的西方国家检察机关也承担着对国家权力和审判权进行监督的职能。例如，日本实行国家追诉和起诉垄断原则，检察院是国家唯一的公诉机关。根据起诉便宜原则，检察官可以对达到起诉条件的案件予以不起诉。同时，检察机关拥有广泛的侦查权，检察官可以侦查任何犯罪案件。此外，检察机关还有权就刑事诉讼案件请求法院正当适用法律、指挥执行裁判和参与与公益密切相关的民事诉讼等。

2. 检察机关根据属性的不同，可分为：

(1) 司法机关性质的检察机关。国家的宪法明确将检察机关规定为国家司法机关，与法院享有同样的法律地位，并设立独立的组织机构。包括我国在内的社会主义国家和现在的俄罗斯、蒙古等国属于此类，一些大陆法系国家也有这种趋势。日本的检察机关享有司法机关的地位，检察官与法官的地位完全等同。

(2) 行政机关性质的检察机关。检察机关属于行政机关，或隶属于司法部，或二者合一，由司法部长兼任检察长。多数西方国家的检察机关在形式上都属于行政机关，亦有一些国家（主要是北欧国家）采取检察机关与警察机关合一的体制。

基于理念的不同，西方国家的检察机关被分为三种基本模式：其一，行政官模式，采用自上而下的行政式管理，其最大的问题在于无法保证检察机关的独立，即不受行政机关的干预，目前完全采此种模式的国家已经很少。其二，司法官模式，等同于法官模式，缺陷在于检察机关司法权限过大。其三，准司法官模式或行政司法机关模式，折中了前两种模式，可以根据不同价值取向调整检察权的功能和权限。目前大部分西方国家的检察机关实际上都属于此类，同时有各自的倾向性。

（三）检察机关的地位

检察机关的地位，是指宪法所确认的检察机关的法律地位，及其在国家机构中所处的位置。检察机关的地位取决于其性质和职能以及国体和政体。西方国家的检察机关主要承担国家公诉的职能，大多隶属于政府的司法行政部门。社会主义国家的检察机关均为独立的司法机关，并被赋予广泛的法律监督职能，法律地位较高。检察机关由国家权力机关产生，与法院、政府处于同一级别，甚至高于其他国家机关。随着当代司法功能的扩大和分化，各国检察机关的法律地位无论如何界定，其实质功能和权限事实上都在不断扩大，在国家政治、经济和社会生活中的作用越来越重要。

二、检察权

（一）检察权的概念与性质

1. 检察权的概念

检察权是指国家宪法赋予检察机关的特殊职权，是一种与审判权、行政权平行的国家权力。

我国检察权在国家权力体系中具有相对独立的地位，主要包括侦查权、公诉权、诉讼监督权等多元权能。

2. 检察权的性质

有关检察权在国家权力系统中的性质和地位，世界各国历来存在争议。对于检察权的定性，既要认识到检察权产生和发展的基本规律，又要立足于各国的历史传统和政治社会实践。与其他国家权力相比，检察权产生较晚，它的出现打破了已经基本定型的国家权力格局，成为国家权力分权与制衡结构体系中的一种新型力量，承载了制衡法官和防范警察及其他行政权力的双重作用；而各种既有权力与检察权的关系既有对立又有合作。因此，检察权从诞生起就兼具多种权力的特征，其定位也在不断发展变化和扩大。

检察权的性质与一国政治权力结构密切联系。在传统“三权分立”的政治体制下，检察权并无独立发展的空间，而附属于行政权，故英美法系国家的检察权多定位于纯粹的行政权；大陆法系国家的检察官则大多是“近于司法官之行政权之官员”，检察权兼具司法权与行政权的双重属性。即便在同一法系内，不同的权力结构模式下，检察权的定性及制度设计也不尽相同，而且同一国家的检察权在不同的历史时期和政治体制下也存在着差异。

在我国，学者对检察权的性质亦有着不同观点，主要包括：

(1) 司法权说。该说认为检察权属于广义的司法权，检察机关是司法机关。检察机关的公诉权是具有司法性质的权力，特别是不起诉决定，与法院的免刑和无罪判决具有相似的效力，其裁断性、终局性都体现了司法的特征；法官与检察官两种职业的要求与设置基本相同，二者“同质而不同职”。

(2) 行政权说。该说认为检察权实际上是一种以国家主动追究、干预方式运行的行政权，检察机关行使追诉权符合行政权的基本特征。检察机关实行集权或一体制以及自上而下的领导体制，是一种典型的行政组织体制。

(3) 双重属性说。该说认为检察权是司法权与行政权的结合，为“准司法权”或“特殊行政权”。检察权既具有司法权的判断性、独立性、法律性，在组织体制、行为方式等方面又具有行政权的特点。

(4) 法律监督权说。该说认为检察权是国家权力分类中的一项独立权力，即法律监督权。我国宪法和有关法律都明确规定检察机关是法律监督机关，检察机关的其他职权，包括职务犯罪侦查权和公诉权等都是法律监督权的具体体现。

(5) 多元属性或多层属性说。该说认为将检察权定性为某种单一性质权力具有明显的片面性和局限性，从国家制度结构即宪政结构、权力特点和行使方式等多方面定位检察权，应承认检察权是兼有行政权、司法权、法律监督权等多种属性的权力。从我国检察机关实际承担的职能看，显然不能全部纳入法律监督的范畴，例如公诉，特别是提起民事诉讼以及侦查等。因此，多元属性说更符合实际。

3. 检察权与审判权、行政权的关系

虽然世界各国检察机关的性质、地位和职能不同，检察权的性质也存在差别，但无论如何界定，检察权都与审判权和行政权存在一定联系与区别。

(1) 检察权与审判权。传统意义上的司法权仅指审判权，毫无疑问，检察权与审判权存在着本质差异。检察机关的主动追诉活动不具有中立性、消极（被动）性，其权力行使方式和组织体制也与审判机关完全不同，具有行政机关的特点，两权的分工与制衡是司法制度的基础。与此同时，检察机关拥有一定的裁判功能，如决定不起诉，并具有客观公正义务，这一点符合司法权的特征。西方国家的检察机关最初也是从法院中分化出来的，检察官被称为"站着的法官"；我国的检察权则属于与审判权并列的司法权。

（2）检察权与行政权。检察权具有司法权的属性，从而与一般意义上的行政权不同，也不应依附或从属于行政权，否则就难以实现对国家权力机关的监督职能。与此同时，检察权的主动性、非中立性和集权性又符合行政权的基本属性和特征。如果把检察权和检察机关定位为行政权和行政机关，同时根据功能特点赋予其相对独立性，并在制度上加以保障，同样可以发挥其应有的积极功能。

（二）检察权的特征

1. 国家强制性。检察权与其他国家权力一样，具有国家强制性，是以国家的名义，代表国家利益行使的权力，其主要职责之一就是代表国家就犯罪提起公诉并出庭支持公诉。

2. 公益性。社会公益性是检察权存在的基本理由。检察机关是社会公共利益（public interest）和公共福利（public welfare）的代表，承担着保护公共秩序、公共道德、公共财产和公共安全的职责。早在法兰西王国时期，国王的代理官与检察官词义上都有公共利益代表者的意思。无论是追诉犯罪，还是介入民事、行政案件，都是检察机关履行其维护公共利益职责的体现。公益性也体现在检察官的客观公正义务上。

3. 独立性。检察机关独立行使检察权，不受任何其他机关、团体、党派、个人的干涉。以便不受干扰地履行职能并有效地行使对其他国家权力的监督权。检察机关独立也属于司法独立的范畴。由于内部体制及管理具有集权化和行政化的特征，因而并不特别强调检察官的个人独立。

4. 主动性。检察机关行使检察权的活动具有主动性，即主动追诉犯罪，纠正违法。检察机关可以主动介入侦查活动，主动进行法律监督，并依法采取强制性措施。检察机关作为国家的追诉机关，主动性是其职责所要求的，如果其对应追诉的事项采取不作为的放任态度，将构成渎职。

5. 专门性。检察机关的职能只能由其独立承担，包括提起公诉、作为公益代表提起或参与民事诉讼、进行法律监督等，这些权力具有法定性，既是检察机关的权力，又是其不可推卸的职责。检察权专门性要求检察官具有较高的素质（包括道德素质和业务能力），并应享有司法官的身份保障。

6. 合法性与程序性。检察机关在行使职能时必须严格依法办事，严格依照法律规定的各种程序进行，不得超越或滥用权力。如果徇私枉法或渎职，必须承担相应的法律责任。

（三）检察权的范围

检察权的范围，即检察机关的职权，是指由宪法和法律赋予的检察机关的权限和具体工作范围。各国检察机关的职权随着国家的政治、经济及社会的发展而不断变化和调整，通常是由宪法或法律所确认并保证的。各国赋予检察机关不同的法律地位和不同的职能，因而，其职权范围也不同。联合国在总结世界各国检察职权配置模式的基础上，根据国际司法现代化的要求，在1990年第八届联合国预防犯罪和罪犯待遇大会上制定了《关于检察官作用的准则》。该准则明确规定，检察官为司法工作的重要执行者，是一种有荣誉和尊严的职业，其职权包括公诉权、不起诉权、对贪污案件的侦查权、监督权、酌处权等。我国检察机关的权限还包括法律解释权、立法提案权、司法行政权等。

1. 提起刑事公诉。检察机关代表国家就犯罪提起公诉，并在审理刑事案件的程序中出庭支持公诉，是大多数国家检察机关的基本职能。其具体权限包括：

（1）起诉审查权和裁量权。检察机关的起诉原则上采用法定主义，但同时出于诉讼经济的要求，可以在有限的范围内裁量决定不提起公诉；近年来，世界很多国家的检察机关在尝试采用“诉辩交易”的方式的与刑事被告人（一般是通过其律师）达成定罪量刑方面的协议，以节约司法资源，加快司法处理的效率。

（2）出庭起诉权，行使指控犯罪、参加法庭调查、进行法庭辩论等权力。

（3）求刑权（量刑求告权），即向法院提出量刑建议，包括罪名、罪的个数、刑罚种类和刑期等。

（4）撤回或取消控诉权。多数国家允许检察机关依职权撤诉，但也有一些国家（如法国）规定，公诉一经发动，就必须作出判决，检察院不得撤诉。

（5）适用简易程序建议权。检察院可根据案件的情况，建议法院采用简易程序，法院在征求被告人和辩护人同意后，可采用简易程序进行审理。

（6）上诉权。对于法院作出的初审或二审裁判，检察官要站在法律的立场上提出上诉，包括提出有利于被告人的上诉。

（7）对刑事自诉案件的参与权，包括对被害人的帮助和支持等。

2. 进行法律监督，维护司法公正。一些国家的检察机关作为法律监督机关，有权依法对国家机关（包括法院、警察机关）、企业、社会团体与个人的活动进行法律监督，内容包括一般监督、侦查监督、审判监督、判决及裁定的执行监督等。很多西方国家的检察机关尽管并非法律监督机关，但是检察机关的责任不仅限于公诉，还负有维护司法公正的义务，并以社会公益代表的身份行使监督权，包括对经纪人、公证人、律师等职业人员及户籍管理人员的活动进行法律监督的职能；同时，检察机关在诉讼中都负有监督法院审判的职能，承担着发现实体真实、维护司法公正的使命。检察机关对法院判决所拥有的上诉权和抗诉权（发动再审）本身也是一种审判监督职能。例如，法国总检察长可以对已经产生既判力的裁判，以“为法律之利益”向最高法院提出抗诉（法国《刑事诉讼法》第621条）。此外，检察机关对刑罚执行也拥有监督权。

3. 侦查。具体包括：

（1）指挥和监督侦查机关的权力。各国检察机关与侦查机关的关系有两种模式。一种是警检分立式，即检察机关对侦查机关只进行监督而不拥有具体指挥权，英国、美国和我国均属于此类；另一种是警检结合式，即侦查与起诉同时进行，检察机关拥有对侦查机关的具体指挥权、自行侦查权和终结侦查权，德国和法国属于此类。

（2）自行侦查权。采取警检结合式的国家，检察机关的自行侦查权范围不受限制；而在警检分立式国家，检察机关行使自行侦查权的范围主要限于法律规定的重要案件，如公职人员犯罪或经济犯罪等。

（3）强制权。检察机关有权采取强制权，但在不同国家，其范围和限制各有不同。有些国家设立了专门的司法程序，由法院对检察机关决定采取的强制措施进行审查，以避免该权力被滥用，危害公民的合法权利。

4. 参加和干预民事、行政案件。检察机关可以依据有关法律规定，作为社会公益代表人或国家利益代表人（政府律师）参加和干预民事、经济和行政等案件。西方国家检察机关参与民事诉讼的制度，首创于18世纪资产阶级革命后的法国，以“个人不得以特别的约定违反公共秩序和善良风俗”的思想认识为前提。目前，规定检察机关这项职能的国家越来越多，如英国、美国、日本、德国、意大利、比利时、希腊、瑞典、澳大利亚、巴西、阿根廷、芬兰、委内瑞拉、哥斯达黎加、斯里兰卡等。当代检察机关参与民事诉讼的范围也越来越大，如美国的总检察长（即司法部长）下设民事诉讼部门，其中包括商务诉讼处、消费者诉讼办公室、民权庭和环境与自然资源庭等分支机构，各部门在其负责的案件中可以直接参与调查，介入和提起诉讼，参与和解和监督执行，体现了检察机关在民事诉讼中的积极作用。

检察机关参与民事、行政诉讼的具体方式主要包括：(1) 作为原告直接提起民事、行政公益诉讼。(2) 在原告本身缺乏诉讼能力的情况下，对其提供支持，包括证据调查、提供法律意见、协助完成诉讼文书等方式。(3) 作为第三人参加诉讼，代表国家或社会公共利益提出自己的主张和请求。(4) 向利益关系人提出检察建议，促使其行使自己的权利。(5) 对民事、行政案件的司法裁判提出抗诉。(6) 刑事附带民事诉讼。

5. 提供法律咨询。检察机关向政府提供法律咨询是英美法系国家检察机关特有的职能，如美国总检察长同时是联邦政府的首席法律官员和顾问。在司法部长与总检察长一身兼二任的情况下，其权限和职能都得到了更大的扩张。

6. 参与立法。在许多国家，法律都规定最高检察机关或总检察长有立法提案权，可以参与立法。我国最高人民检察院也有立法提案权，同时还可以制定规范性司法解释。

7. 国际司法协助。根据国际法、国际条约和协定的规定，检察机关负责促进并在必要时接受或提请国际法律援助。很多国家都赋予检察机关这项职能，如法国、西班牙等。

三、检察制度的历史发展

检察制度的起源较之法院和审判制度更晚，随着近现代社会发展和司法活动的变化，经历了一个逐步发展的过程，并在当代的司法改革中发挥了更大的作用。

(一) 检察制度的起源

在国家建立初期，各种国家职能并无明确分工，往往是混为一体的，司法活动和司法机关本身也没有形成细微的功能和权限分化。随着国家职能的扩大和复杂化，审判机关逐步与行政机关形成了明确的分工（我国近代以前只有中央一级的司法机关，地方司法机关与行政机关依然合体），出现了专门的法院。随着法律的发展，司法机关仅程序也出现了分工的需要，法院从主动追究犯罪，无告而理的纠问式，发展到弹劾式，即不告不理。后来又发展为三种形式：(1) 个人弹劾，即由被害人或亲属起诉；(2) 公共弹劾，即人人均可起诉；(3) 国家弹劾，由专门设置的国家机关起诉，即公诉。由于前两种形式容易受到各种因素的阻碍，不足以保护受害人或社会公共利益，因而国家追诉的义务和职能不断加重，国家弹劾式逐渐成为刑事犯罪追诉的主要方式，这就是检察制度的起源。在西方国家和中国古代，都有这种检察制度的雏形。

(二) 现代检察制度的建立

1. 西方国家现代检察制度

西方国家的检察制度发源于公元 12 世纪，大致产生于 13 世纪 40～80 年代，是适应加强王权和追诉严重犯罪的需要先后于法国与英国产生的。从最初的国王代理人，到公诉制的建立，最终在资产阶级革命后发展为现代检察制度。

法国检察制度是在由封建割据时期向等级君主制时期转变的过程中产生和逐步发展起

来的，据说脱胎于中世纪封建庄园的管家制度。公元11至12世纪，法国正处于封建割据状态，各封建领主、教会领地和城市分别设有法院，对领地居民行使司法权，而国王法院只能管辖王室领地内的案件。13世纪，路易九世对司法制度进行了改革，将封建领主的司法权置于王室法院的管辖之下，并限制教会法院和城市法院的审判权。当时，为了镇压法国南部山区的异教徒，教皇设立了"异教邪恶侦查委员会"，从而改变了私人告诉的原则，出现了公诉制度。法王腓力四世时期（公元1285年—1314年），王权战胜了教权，以当事人自诉为主的弹劾主义诉讼模式逐渐转变为以国家主动追究为主的职权主义诉讼模式。与此相应，原先代表国王处理财产、税务和领土纠纷的"国王的律师和代理人"转变为了检察官，并作为国家的专职官员具有了以政府公诉人的身份听取私人控告、进行侦查、提起公诉、在法庭上支持公诉、抗议法庭判决、代表国王监督地方行政当局等职能。15世纪，实行刑事追诉逐渐成为检察官的主要任务。17世纪，在路易十四统治时期，出现了总检察官的称谓，并在各级法院设立检察官。在司法实践中形成的由检察官行使追诉权的惯例，影响着法国资产阶级革命胜利后近代检察制度的建立。1790年8月，法国国民议会通过法令规定，检察官是行政机关派驻在各级法院的代理人。1808年《法国刑事诉讼法典》具体规定了检察官的设置、职权等。1804年法国《拿破仑法典》中规定了检察官提起民事诉讼的制度。法国的检察组织系统为审检合署制。此后，德国、意大利、荷兰等国家效仿法国建立起自己的检察制度。

英国检察制度的历史可追溯至13世纪，也是从中世纪为国王代理财产诉讼的国王律师发展而来的，检察官的前身就是国王律师，副检察长的前身是国王的法律顾问。公元1461年，国王律师更名为英国总检察长；1515年，国王辩护人更名为副总检察长。1827年增设追究侵犯王室利益以外的检察官。1878年颁布的《刑事起诉法》确立了现代意义上的检察制度。这种体制直接影响了其原属殖民地，如美国、加拿大等国家检察制度的建立。

2. 原苏联社会主义检察制度的形成和影响

俄罗斯早在沙俄时期就已经建立检察制度。彼得一世登基后进行改革，设立行政监察官作为监督机构。检察机构的主要任务是提起公诉、对法律适用进行监督、保护国库的利益、监督租税的征收。检察官被赋予了极大的权力。1715年设立巡按大臣监督元老院的指令执行情况。1722年取消巡按大臣，设立总检察长作为国家君主的耳目和国家事务的代言人，并在中央各署中设立检察官。女皇叶卡捷琳娜二世时期，总检察长兼有行政管理职能，并在地方设立检察官。1864年，沙皇政府颁布《审判条例》，建立了现代检察制度。

"十月革命"后建立的苏维埃政权，一方面，继承了苏俄时代检察机关行使监督权的传统；另一方面，根据列宁的法律监督理论，建立了一种新型的社会主义性质的检察制度。1921年列宁完成的《论"双重"领导和法制》是苏维埃检察机关组织和活动的理论基础，阐述了成立检察机关并在检察机关实行单一垂直领导体制的必要性。在这一理论指导下，原苏联于1922年制定了《检察监督条例》，建立起新型的社会主义检察机关。1933年6月，新的检察院成立，代替了原来的最高法院检察署。1936年7月，各加盟共和国检察院从各自的共和国司法体系中分离出来，直属原苏联检察总长。1936年12月，原苏联通过了宪法，进一步明确规定检察机关在国家体系中的地位、作用、职权和组织原则等。至此，原苏联的高度垂直、统一的检察制度基本建立。作为国家法律监督机关的检察机关是原苏联司法体制中权力最大的国家机关，检察官则是法律职业中素质和权威最高的专业人员，检察机关的职能不仅包括提起刑事公诉和民事公诉，还承担着保证法制统一的使命。

原苏联的检察制度对东欧和中国等社会主义国家检察制度的建立和发展，有着巨大的影响。

（三）当代检察制度的新发展

20世纪50年代以后，世界各国的检察制度都相应地进行了改革和调整。当代检察制度的改革仍在继续中，其发展的主要趋势是：

1. 扩大和强化检察机关的职能，不断完善检察制度。随着当代社会对公益的关注和保障，以及为了满足人权保障、打击犯罪、保护受害人和公共安全等方面的社会实际需要，当代世界各国在司法改革中，都通过加强检察机关的职能、权限，改革相关程序，以加大对刑事犯罪的追究力度、提高效率。很多国家特别强化了检察机关在反腐败、针对政府高官违法犯罪方面的作用。同时，作为国家和公共利益的代表，检察官参与民事诉讼的范围也不断扩大，既包括传统上检察官参与的民事诉讼，也包括新型的公益诉讼，如环境污染、消费者权益、人权保护等。此外，检察机关的一般法律监督权获得普遍承认，检察机不仅可以对各种社会事务和社会主体行使监督权，而且有权通过检察建议、上诉和抗诉等方式对立法机关和审判进行监督。

2. 不同类型和模式的检察制度之间逐步借鉴和融合。这种借鉴和融合具体表现在检察机关的组织系统设置、领导体制和职能等方面。20世纪50年代以来，英美法系国家从打击犯罪、维护法治的需要出发，吸收和借鉴大陆法系国家的做法，建立体系独立、组织严密、职权明确的检察机关，逐步强化检察机关的职能，扩大检察机关在刑事侦查中的作用。如1998年英国议会决定改革检察制度，由检察官在警察局中派驻他们的律师，以加强检察院与警察局之间的联系，提高刑事司法效率，强化检察官在刑事侦查中的作用。而大陆法系国家也在不断完善自己的检察制度。一些国家原来只有与各级法院对应设立的检察官或检察官机构，而没有专门的中央最高检察机关，但近年以来，一些大陆法系国家开始设立中央最高检察机关，进一步完善了检察体系，如1997年12月1日，芬兰设立国家最高检察院，并制定《国家检察机关法》。同时，各种类型和模式的检察制度都在进行改革，在功能、理念、职权以及具体制度上也在不断相互借鉴。

3. 通过检察机关的体制改革，不断增加检察机关和检察官的独立性，确认和保护检察机关的司法功能，建立检察官的身份保障制度，以更好地发挥检察权在法治社会中的作用。如法国在1998年司法改革中，通过法律保证了检察机关的专有职权和独立性，并将最高司法委员会的职权扩展到检察官，即将检察机关和检察官纳入司法系统的范畴之内加以管理。

四、检察机关组织体系

（一）概念

检察机关组织体系，指一个国家根据本国的宪法、检察院组织法或司法组织法等相关法律建立起来的，各级、各类检察机关所构成的组织系统，属于国家政权组织系统的重要组成部分。

检察机关组织体系一般由中央检察机关（最高检察院或司法部）和地方检察机关构成，有些国家还根据需要设立专门检察机关，例如军事检察院等。中央检察机关和地方检察机关之间一般存在领导关系。复合制国家的检察机关组织体系则可能分为中央与地方两个不同系统，其隶属关系各有不同。检察机关的内部机构设置一般包括领导机构、决策机构、咨议机构、检察职能机构、检察管理机构。检察机关的组成人员包括检察长、检察官及辅助人员。

（二）类型

1. 审检合署制和审检分立制

（1）审检合署制，是指检察机关附设在法院内部，自己没有独立的组织系统，检察机关的设置与法院的级别和类型大致相同，即在所有需要设置检察官的法院内设立检察机关。这种设置方式至今仍为许多大陆法系国家接受，但主要是出于工作便利的需要，检察机关本身是独立于法院的机构，不仅独立行使职权，并且承担着对法院审判进行监督的职能。

（2）审检分立制，是指检察机关单独设置，与法院完全分离，由检察院独立行使各种法律职权。检察机关一般根据国家的行政区划，从中央到地方设立不同等级的检察机关。英国、美国及我国都实行审检分立制。

2. 检察机关和行政机关的平行制、合一制和隶属制

（1）检察机关与行政机关平行的体制，指在国家政权机构中，检察机关与行政机关具有同等的法律地位，检察组织系统与行政组织系统相互独立，不存在隶属关系，如中国、越南、蒙古。

（2）检察机关与司法行政机关一体的体制，指检察机关的领导机构与作为行政机关的司法部合为一体。这种体制兼有司法机关和行政机关的职能和特点，使检察机关的职能和权限更加扩展，比较典型的是美国。

（3）检察机关隶属于行政机关的体制，指检察机关属于政府系统，接受司法行政机关的领导、指导或监督，如法国。北欧一些国家的检察机关则设在警察局内，由副警察局局长担任检察长。

3. 集中型和分散型

（1）集中型，是社会主义国家和大陆法系国家检察机关组织体系的特征，即具有高度的统一性，自上而下形成领导与被领导的关系，整个检察机关构成一个高效的整体。司法部部长或总检察长拥有对各检察机关的命令和指挥权，其优势在于能够更好地实现检察机关高效追究犯罪和全面监督的职能。英国在1985年司法改革中也选择了集中型的体制。

（2）分散型，是美国检察机关组织体系的特征，主要与其联邦制国家的结构和历史传统有关，地方（州）检察机关与中央（联邦）检察机关之间没有隶属关系。

（三）部分国家检察机关组织体系

1. 法国

法国实行审检合署制，检察机关附设在各级法院内部。根据法院级别的不同，检察机关分为最高法院检察院、上诉法院检察院、重罪法院检察院、轻罪法院检察院、军事法院检察院、国家安全法院检察院。法国的检察机关隶属于司法行政机关，总检察长直接对司法部长负责。检察官实际上是作为政府律师和法律顾问的身份而设立，并发挥积极作用的。检察机关是由派驻在各级法院的检察官组成的，并没有自己的独立体系。除治安法院外，最高法院、上诉法院和初级法院均设有检察处。其中，最高法院设总检察长、首席副总检察长和副检察长助理；上诉法院设首席检察官一人，检察官若干人；初级法院设检察官一人。全国检察官实行一体化原则，自上而下形成一个统一的整体。但检察官在办案中拥有相对的独立性，有权向公众公开上级指令，表明个人态度，并有权拒绝上级（司法部

部长）停止追究的指令。

2. 德国

德国的检察机关分为联邦和州两个系统，实行审检合署制，检察机关的设置由《司法组织法》规定，每个法院都设置检察机关的办公室，各级检察院的首席检察官对本院检察官进行领导。联邦检察机关并不是州检察机关的上级领导机关，二者之间仅存在程序上的联系。州检察机关从属于州司法部。州高级检察院检察长有义务接受州司法部部长的指令，但司法部部长必须遵守合法性原则，不得干涉具体案件的处理，侵犯检察官的职权。否则，检察官有权对司法部部长提起诉讼。

3. 美国

美国的检察系统由联邦检察机关和各州的地方检察机关组成，被称为“三级双轨”。双轨是指联邦检察机关和地方检察机关之间是平行的，无隶属关系；三级则是指检察机关分别设立于联邦、州和市镇三个行政级别上。联邦检察机关包括联邦司法部中具有检察职能的部门和设在95个联邦司法管辖区的联邦检察官办事处，均属于政府行政系统，总检察长和副总检察长分别由司法部部长、副部长兼任。总检察长领导和监督联邦检察长和检察官。地方检察系统由州检察长和州检察官组成，大多数州规定，州检察官既是各州刑事案件的主要公诉人，又是所在县区的司法行政长官。

独立检察官制度是美国的一项特殊的检察制度，在1973年尼克松水门事件后，美国国会于1978年通过《政府行为准则法》，决定建立独立检察官制度，加大反腐败的力度。独立检察官不是常设的职位，其人选来自于司法部的民间法律专家，任务是对总统及其他高级官员的指控进行全面的调查，将收集到的证据交给国会，由国会裁决是否弹劾，但其权限不包括起诉和定罪。美国历史上共委任了20位独立检察官。1999年6月30日，《独立检察官法》期满，国会未通过延长其期限的决议，该法现已失效。

4. 英国

尽管英国检察机关历史悠久，但由于“当事人主义”诉讼传统，追诉犯罪的权力长期掌握在警察手中，直到1977年卡拉汉首相下令进行诉讼程序改革，才将公诉权转移到检察机关手中。1985年，英国制定《罪行检察法》，仿效大陆法系国家，建立了统一的检察组织，扩大了检察机关的职能。1994年，修订的《英国皇家检察准则》中将“公共利益检验”作为提起民事公诉的条件之一。英国检察组织系统实行的是审检分立制。1998年，英国议会决定进一步改革检察制度，以加大打击犯罪的力度。目前，英国的检察机关由以总检察长为首长的中央法律事务部、地区刑事检察署和区检察署构成。中央法律事务部的总检察长不是内阁成员，但享有部长级职位，同时是政府的总法律顾问和英国律师协会会长，对检察署、检察长负有政治上的责任。检察机关分层管理，上下级之间存在监管与被监管的关系。

5. 日本

日本在第二次世界大战以前实行的是审检合署制，第二次世界大战战后至今实行的是审检分立制，检察机关与审判机关分别设置，与法院的设置相对应，分为四级，即最高检察院、高等检察院、地方检察院和区检察院。最高检察院设在东京，设总检察长一人，主持最高检察院工作，指挥、监督全国检察机关的人员；设副总检察长一人，协助总检察长工作。高等检察院共有八个，跨行政区划设置，分别设在有高等法院的东京等八个中心城市，设检察长一人，主持高等检察院的工作，指挥、监督本院和所管辖区域内所有下级检察机关的人员。高等检察院另设分院，共六个。地方检察院共有50个，分别与地方法院和家庭法院相对应，另设地方检察院分院203个。地方检察院设主管检察官一人，主持地方检察院的工作，指挥、监督、领导本院和所管辖区域内下级检察机关的人员。此外，设区检察院438个，分别与简易法院相对应。区检察院分别设一名首席检察官或者指定一名检察官为首长，主持区检察院的工作，指挥、监督本院的人员。

6. 俄罗斯

根据1995年制定、2009年修订的《俄罗斯联邦检察院组织法》，俄罗斯联邦检察体系有三级：第一级是俄罗斯联邦总检察院，第二级是俄罗斯联邦各主体的检察院及同级别的军事检察院和其他专门检察院，第三级是区（市）检察院、其他的区域性检察院及同级别的军事检察院和其他专门检察院。联邦检察院作为统一集中的国家权力机关，独立于国家权力机关、地方自治机关和社会联合体，活动原则是下级检察长服从上级检察长和俄罗斯联邦总检察长。

第二节　检察官制度

一、检察官制度的概念和意义

（一）检察官制度的概念

1. 检察官的概念

检察官是检察机关的人格化，是具体行使国家检察权的司法官员。不同国家由于国情的不同，检察官的身份和地位也有很大不同。在多数大陆法系国家，检察官都是具有司法官身份的特殊公务员。由于检察官的职权及行使职权的方式与法官不同，二者在地位和身份方面亦有所不同。

2. 检察官制度

检察官制度，是指国家为了保证检察权的公正行使，所建立的关于检察官的法律地位、来源、教育培训途径、选任方式、身份保障以及检察官的管理，包括升任、考核、任期、弹劾、纪律惩戒等一系列制度的总和。检察官制度通常是由一个国家的宪法、检察官组织法和检察官法等基本法律加以确立和保证的。同时，检察官还必须遵循严格的职业道德规范。现代检察官制度与法官制度具有相同或近似的理念，检察官的素质要求和身份保障制度也与法官基本相同。

（二）检察官制度的意义

现代检察官制度与法官制度相同，是现代法治社会司法独立的要求和制度保证。其意义是：

1. 保证司法独立。检察权作为司法权的组成部分，以独立依法行使为基本原则。检察权既是国家追究犯罪、维护社会安全所必需，也是维护社会公共利益的重要保证，为了保证检察权的行使不受来自其他国家权力、社会权力和其他法外因素的干扰（例如当事人的恐吓、威逼利诱），就需要保证检察机关的独立，通过建立检察官的身份保障，使其免除后顾之忧，以保证检察权的依法行使，实现司法的公正。但是，检察机关的独立与法院的司法独立存在一定的区别。尽管检察官依法独立办案，但一般不强调检察官的内部独立。美国的独立检察官制度试图在检察官个人身份独立上进行突破，其作用尽管得到了肯定，但是由于成本过高，最终未能延续。

2. 保证检察官的素质和科学管理。检察官的素质直接关系到检察权的行使和国家司法功能及目标的实现。由于检察官职责的重要性，世界各国都将其作为与法官同等重要的司法官，对检察官的素质要求与法官基本相同。随着当代检察机关职能的扩大，检察官能否公正地代表公共利益行使权力，维护国家和社会的利益就成为公众普遍关心的问题，因此，世界各国都专门制定检察官法或司法官法，对检察官的资格、选任程序、任期等作出系统的规定。通过选任、奖惩、培训等制度，使检察官的管理科学化、合理化，以保证检察机关的工作效率和质量。

3. 更好地发挥检察机关的功能。随着当代社会对检察机关的期待不断提高，检察权的范围和功能不断扩大，对检察官的要求也日益提高。通过检察官制度达到检察官的职业化，保证检察官的素质和科学管理，最终目的在于提高检察官自身的能力，保证检察工作的公正与效率，从而更好地打击犯罪，维护社会公共利益，保护公民的合法权益和法治秩序。

二、检察官的资格与任免

（一）检察官的任职资格

1. 检察官的范围

检察官是行使检察权的国家官员，包括检察长、副检察长和检察官。其中检察长的身份具有双重性，既是一种专业职称，属于检察官或公诉人中的一员，又是一种行政职务，具有国家政务官员的性质。

不同国家由于国情的不同，检察官的身份和地位也有很大不同。在多数大陆法系国家，检察官都是具有司法官身份的特殊公务员。在英国，总检察长被视为政府和公众利益的代表。除了总检察长的身份外，他还是英王的法律顾问、政府的法律官员和律师界的领袖。在美国，联邦总检察长既是联邦政府的首席检察官，也是联邦司法部部长，即最高司法行政长官。

2. 检察官任职资格

检察官的任职资格是指担任检察官并从事检察职能所应具备的素质和条件。不同国家的法律对检察官资格的规定各不相同，一般均在检察官法等法律、法规中作出专门和具体的规定。世界各国检察官任职资格中必备的基本条件通常包括：(1) 国籍和行为能力方面的要求；(2) 品行方面的要求，包括忠于祖国，品行良好，无违法犯罪记录等；(3) 学历或教育方面的要求，随着当代世界教育水平的普遍提高，检察官任职前一般均需要具备大学法学专业基本学历；(4) 通过司法考试或其他专门遴选程序；(5) 经过任职前的职业培训或实习，包括职业道德和专业技能方面的训练等。

检察官属于司法官，其任职资格一般应与法官基本相同。例如，《德国法官法》第122条规定，只有能胜任法官职务的人才能成为检察官。原苏联等社会主义国家强调检察官对社会实行全面的法律监督，因而对检察官的要求甚至高于法官，检察官任职资格更强调任职者的道德水准和全面的法律技能。此外，各类、各级检察院的检察官在任职资格上一般都有所不同，尤其是检察长的任职资格一般均须法律作出专门的规定。

（二）检察官的任免

1. 检察官的产生

检察官的产生、教育培训是与检察官任职资格相联系的。由于检察官职业的特殊性，仅有一般的学历（即使是法学教育的学历）还不足以满足其职务的需要，因此，设立专门的检察官任职前的培训制度就是非常必要的。当代世界各国检察官的产生与检察官教育培训大致有两种基本模式：

（1）英美普通法系国家检察官通常是从资深律师中产生，律师与检察官属于一个职业共同体，检察官拥有律师的经验。由此产生的检察官年龄一般比较大，社会经验和法律职业经验比较丰富，经过竞争选择，检察官素质较高。例如，美国的检察官和助理检察官都必须是其所在州的律师协会的成员，在当地取得律师资格是担任检察官的前提条件。

（2）大陆法系国家检察官属于一种独立的法律职业，检察官一般经过严格的遴选条件和司法考试获得培训资格，通过特定的职业培训途径获得任职资格，经法定程序任命后，一般终身担任检察官。其培训方式与法官培训一样，有一元化模式（如德国、日本），即与法官、律师相同，以及多元化模式（如法国），即采用与律师等不同的专门培训方式两类。

2. 检察官的选任方式

检察官的选任方式，是指关于检察官选任的具体程序、方法和形式的规定和相关制度。检察官的选任具有严格性和程序性的特点，其实质或核心是从程序上保证检察官选任的结果，即保证检察官的素质。世界各国检察官的任职条件、培训和任命大都与法官一致：一般需要经过统一的司法考试，经过同样的任职前的培训，采用相同的方式得到国家的正式委任，任免程序亦完全相同。在很多国家，法官和检察官只是经过相同选任途径之后选择的不同职业。当代世界各国检察官的选任方式主要有三种：选举制、任命制、任命制与选举制相结合。具体方式与法官的选任方式基本相同，可以参考第四章的有关内容。

三、检察官身份保障制度

（一）检察官身份保障制度的概念

检察官身份保障制度，即通过宪法、检察院组织法、检察官法等法律，给予检察官特殊的身份保障，检察官一经任命便享有应有的待遇、地位和豁免权，非经法定程序不得被随意更换、免职、调任和降职，以免除检察官的后顾之忧，确保其依法行使职权。检察官身份保障制度与法官身份保障制度相同，都是为司法官提供的特殊保障制度，但二者不同的是，检察官个人的独立性受到检察机关行政性管理体制的限制。1990年联合国大会批准的《关于检察官作用的准则》第4～6条提出，各国应确保检察官能够在没有任何恐吓、阻碍、侵扰、不正当干预或不合理地承担民事、刑事或其他责任的情况下履行专业职责；如果检察官及其家属的安全因其履行检察职能而受到威胁时，有关当局应向他们提供人身安全保护；各国应以法律、法规或条例形式对检察官的服务条件、充足的报酬、在适当的情况下的任期、退休金及退休年龄作出规范。这一准则对检察官的身份保障作出了原则性的要求。当代世界大多数国家已经根据各自的不同情况建立了检察官身份保障制度。

（二）检察官身份保障制度的具体内容

1. 物质待遇

检察官的物质待遇反映了检察官在国家中的地位。许多国家分别在检察院组织法或司法组织法中对检察官的待遇作出明确规定，一般都规定检察官的待遇较普通行政官优越，相当于法官。原则上实行高薪制；不得减薪和退休优惠制度。但由于国情、经济水平等的不同，各国规定的检察官待遇也有较大的差异。

2. 履行职务的身份保障

检察官履行职责必须受到法律保护。为了确保检察官依法行使职权，各国一般在宪法、检察院组织法或司法组织法以及各种程序法中规定，给予检察官任职期间的身份保护，检察官一经任命便享有应有的职权和工作条件，履行检察职责不受行政机关、社会团体和个人的干涉，非经法定程序不得被随意更换、免职、调任和降职，其人身、住宅、安全受法律保护。同时，检察官的职务行为可以享受豁免权。

3. 检察官的奖惩

为了保证检察官队伍的廉洁和高效，大多数国家都在检察组织法、司法组织法等法律中明确规定了检察官奖惩制度。当检察官严格履行职责、忠于职守、表现突出时应予以奖励；当检察官玩忽职守、徇私枉法时应予以惩罚。但就具体规定而言，各国又不完全相同。检察官的惩戒制度与法官的惩戒制度原则上相似，可参见第四章有关内容。

四、检察官的客观公正义务

(一) 概念与发展

检察官的客观公正义务，是指检察官在诉讼中负有客观公正地发现案件真相、追求真实正义的义务，也可称之为“检察官客观义务”或“检察官客观公正原则”。

这一原则诞生于19世纪中后期的德国。1877年《德国刑事诉讼法典》第160条明确规定：“检察院不仅要侦查证明有罪的，而且还要侦查证明无罪的情况，并且负责提取有丧失之虞的证据”，从而正式肯定了检察机关的客观义务。检察官客观义务发展至今，已经为世界不同法系国家和地区普遍接受。如在法国的刑事诉讼中，检察官负有不同于当事人的权利、义务，不能把获得有罪判决作为唯一目标，而应从社会的立场出发，客观公正地按照事实和法律进行公诉，在检察官认为符合总体利益的情况下，可以要求对被告人免予起诉而不对被告人作出有罪判决，还可以对各类法院的判决提出上诉，该上诉既可以不利于被告人，也可以为了被告人利益。在美国，虽然检察官被认为是当事人，但也同样负有客观公正义务。1963年，联邦最高法院明确将检察官依法开示一切与定罪量刑有关的证据，包括有利于被告人的证据规定为检察官的宪法义务。同时，联邦最高法院还在一系列判决中反复强调，控方为获得有罪判决而使用明知是虚假的证词，或故意隐瞒可以用来反驳或弹劾该证词的证据，是对宪法保障的正当程序权利的侵犯，与正义的根本要求相抵触。除此之外，有关国际文件中也肯定了检察官的客观义务。如1999年的联合国《关于检察官作用的准则》第12、13、14条规定，检察官应始终一贯、迅速而公平地依法行事，尊重和保护人的尊严，维护人权，从而有助于法定诉讼程序和刑事司法系统的职能顺利进行；检察官在履行职责时，应当保证公共利益，按照客观标准行事，适当考虑到嫌疑人和受害人的立场，并注意到一切有关的情况，无论是否对嫌疑人有利或不利；如若一项不偏不倚的调查表明起诉缺乏根据，检察官不应提出或继续检控，而应竭力阻止诉讼。

(二) 检察官客观公正义务的内容

综合各国的现有规定，检察官客观公正义务的内容主要包括：

1. 客观全面地收集、保全对被告人不利、有利的各种证据。

2. 客观全面地提供对被告人不利、有利的各种证据，包括客观全面地向辩护方开示与指控犯罪事实有关的各种证据，客观全面地向法院提供与公诉犯罪事实有关的各种证据，不得隐瞒对被告人有利的证据。

3. 客观公正地行使公诉权和求刑权。根据案件的事实和证据客观公正地决定是否起诉，而不得违背证据和公平原则进行差别起诉；如果庭审中证据调查结果表明公诉的犯罪事实缺乏足够的证据支撑，检察官应当依法请求法院判决无罪。

4. 客观公正地行使救济权。如果认为法院判决违背事实和法律，检察官可以提起上诉或再审，这种上诉或再审的提起既可以不利于被判决者，也可以有利于被判决者。

5. 检察官如存在可能影响案件公正办理的情形，应当自动回避，被告人也可以要求其回避。

6. 检察官如果违反客观公正义务，故意对应当起诉的人不起诉或对无罪的人提起指控，或者隐匿、伪造证据，则要被追究刑事责任。①

检察官客观义务是针对控辩不平衡设置的，有利于维护司法公正。然而，“控方当事人”和“公正的司法官”两个角色的并存与冲突、资源的有限、管理体制的缺陷、检察官个人利益的考量等，使得检察官客观公正义务的立法宣示价值与实践存在相当的反差。

第三节　我国检察制度

一、检察院的性质、地位和任务

（一）检察院的性质

我国的检察机关即人民检察院。《宪法》和《人民检察院组织法》规定，人民检察院是国家的法律监督机关。这是检察机关区别于其他国家机关的本质特征。我国检察机关的法律监督机关的性质，表明了其作为与法院并列的国家司法机关的地位及职权。

（二）检察院的地位

尽管宪法并未明确表述检察院是否属于司法机关，但是我国历来都将检察院视为与法院并行的、独立于行政机关（政府）的司法机关。我国宪法规定，各级人民检察院都由本级国家权力机关产生，并对本级国家权力机关负责，地方各级人民检察院同时对上级人民检察院负责。检察院单独设置，自成体系，从属于权力机关。这种体制被称为“双重负责制”，由此可见，我国检察机关的地位非常重要，高于一般西方国家检察机关在国家机构中的地位。不过，由于目前地方权力机关对检察机关的人、财、物等方面都拥有控制权，检察机关的统一中央集权的领导体制实际上受到了很大的限制。

（三）检察院的任务

我国宪法和检察院组织法规定，人民检察院的任务是追诉危害国家安全的犯罪，保卫国家安全；追诉危害公共安全的犯罪，维护社会秩序；保护国家、集体财产和公民私人所有的合法财产不受侵犯；保护公民的人身权利、民主权利和其他权利不受侵犯；教育公民忠于祖国，自觉遵守宪法和法律，预防和减少违法犯罪。

（四）检察院的职能

1. 法律监督

（1）侦查监督制度。第一，审查逮捕，对于任何公民的逮捕，除人民法院决定的以

---

① 参见朱孝清：《检察官客观公正义务及其在中国的发展完善》，载《中国法学》，2009（2）。

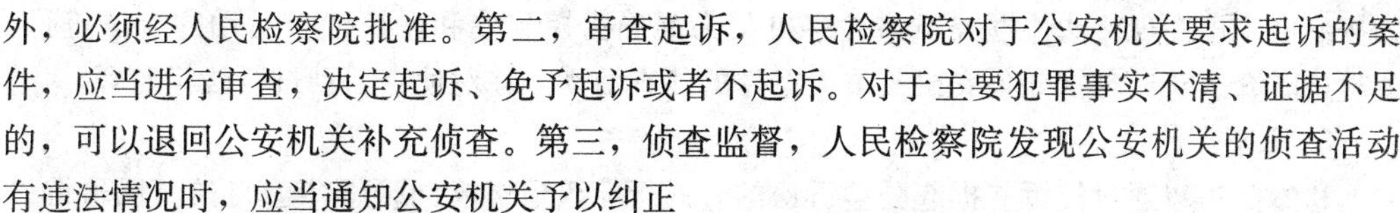

外，必须经人民检察院批准。第二，审查起诉，人民检察院对于公安机关要求起诉的案件，应当进行审查，决定起诉、免予起诉或者不起诉。对于主要犯罪事实不清、证据不足的，可以退回公安机关补充侦查。第三，侦查监督，人民检察院发现公安机关的侦查活动有违法情况时，应当通知公安机关予以纠正

（2）审判监督，即对人民法院的审判活动是否合法实行监督，分为刑事、民事、行政等审判监督，包括程序性监督和实体性监督。方式包括抗诉、向法庭提出纠正意见等。

（3）对刑事判决的执行和监所监督制度。人民检察院发现刑事判决、裁定的执行有违法情况时，应当通知执行机关予以纠正。发现监狱、看守所、劳动改造机关的活动有违法情况时，应当通知主管机关予以纠正。

（4）对民事执行活动的监督。2012 年修订的《民事诉讼法》第 235 条规定，人民检察院有权对民事执行活动进行法律监督。

2. 对刑事案件提起和支持公诉

人民检察院对于公安机关侦查终结、移送起诉的刑事案件必须认真审查，包括犯罪事实是否清楚，证据是否确实充分，犯罪性质和罪名是否正确；有无遗漏罪行和其他应追究刑事责任的人；是否属于不应追究刑事责任的情形；有无附带民事诉讼；侦查活动是否合法。审查完毕后，应在一个月内作出是否起诉的决定，重大复杂的案件可以延长半个月。经过审查认为犯罪事实清楚，证据确实充分，依法应追究刑事责任的，人民检察院应向有管辖权的人民法院提起公诉；经过审查，犯罪嫌疑人有下列情形之一的，人民检察院应作出不起诉决定：（1）情节显著轻微、危害不大，不认为是犯罪的；（2）犯罪已过追诉时效期限的；（3）经特赦令免除刑罚的；（4）依照刑法告诉才处理的犯罪，没有告诉或者撤回告诉的；（5）犯罪嫌疑人、被告人死亡的；（6）其他法律规定免予追究刑事责任的。《刑事诉讼法》第 173 条第 2 款还规定：对于犯罪情节轻微，依照刑法规定不需要判处刑罚或者免除刑罚的，人民检察院可以作出不起诉决定。人民检察院提起公诉的案件，由检察长或者检察员以国家公诉人的身份出席法庭，支持公诉。

3. 量刑建议

量刑建议权也称求刑权，是指公诉人代表检察机关建议法官对被告人处以某一特定的刑罚，对刑种、刑期、罚金数额、执行方法等方面提出尽量具体的意见，法院应当在评议时对公诉人的意见予以充分考虑。2005 年 7 月，最高人民检察院下发了《人民检察院量刑建议试点工作实施意见》，量刑建议制度作为刑事诉讼程序改革的一项重要内容，在全国各地检察机关开始试行。2010 年，最高人民检察院下发了《人民检察院开展量刑建议工作的指导意见（试行）》，具体规定了量刑建议的性质、适用范围和条件、建议内容、量刑评估与审批程序等。

4. 刑事侦查

检察机关有权对于法律规定可以直接受理的刑事案件立案，进行侦查。根据 1998 年最高人民检察院制定的《关于人民检察院直接受理立案侦查范围的规定》，人民检察院直接受理并立案侦查的案件共有 4 类 53 种，主要包括：（1）刑法分则第八章规定的贪污贿赂犯罪案件；（2）刑法分则第九章规定的渎职犯罪案件；（3）国家机关工作人员滥用职权侵犯公民人身权利和民主权利的案件；（4）国家机关工作人员利用职权实施的其他重大犯罪案件等。

2000 年，最高人民检察院召开全国检察机关第一次侦查监督工作会议，推行检察引导

侦查制度，即在现行法律框架下，检察机关为准确指控犯罪和保证侦查活动的合法进行，通过适时介入，参与指导公安机关重大案件的侦查活动，并对侦查活动进行法律监督。

5. 民事行政检察权

检察院可以通过抗诉和提起公益诉讼的方式行使政检察权。2012年修订的《民事诉讼法》第208条规定：最高人民检察院对各级人民法院已经发生法律效力的判决、裁定，上级人民检察院对下级人民法院已经发生法律效力的判决、裁定，发现有本法第200条规定情形之一的，或者发现调解书损害国家利益、社会公共利益的，应当提出抗诉。第55条规定，对污染环境、侵害众多消费者合法权益等损害社会公共利益的行为，法律规定的机关和有关组织可以向人民法院提起诉讼。检察院属于公益诉讼的合法原告。在行政诉讼中，检察院的功能大致相同。

二、我国检察制度的历史发展

（一）检察制度的历史发展

我国在周朝曾在大司寇之下设属官60人，其中“禁杀戮”一职，据说相当于古代的检察官。秦朝将“禁杀戮”与“御史”合二为一，演变为御史制度，是我国古代监察制度和检察制度的起源。御史制度贯穿了中国封建社会的始终，职责是“纠察百官、监督地方”，对维护封建法制的统一起到了重要作用。

我国现代意义上的检察制度始建于清朝末年。1902年，清政府修订法律，效仿日本、法国和德国建立起大陆法系模式的检察制度，即将大理寺改为大理院，专掌审判；将刑部改为法部，专掌司法行政和检察；将都察院改为都御史一人、副都御史二人。1907年制定的《高等以下各级审判厅试办章程》规定了检察机关的职能，包括：（1）刑事提起公诉；（2）收受诉状，请求预审及公判；（3）指挥司法警察逮捕犯罪者；（4）调查事实，搜集证据；（5）民事保护公益，陈述意见；（6）监督审判，并纠正其违误；（7）监督判决之执行；（8）查核统计表。

民国时期基本延续了这一制度。南京国民政府还进一步明确规定实行“审检合署制”，即在最高法院内部设检察署，配备检察长一人和检察官若干人，在各级法院内部设检察处，配备首席检察官一人和检察官若干人。1932年，南京国民政府《法院组织法》对检察官职权进行了扩张。

（二）新中国检察制度的建立和发展

新民主主义革命时期，限于当时的环境，检察制度比较简单。新中国成立后，逐步建立起具有中国特色的社会主义检察制度。1949年，按照《共同纲领》和《中央人民政府组织法》的规定成立了检察署，罗荣桓元帅被任命为中央人民政府最高检察署检察长。1954年9月第一届全国人民代表大会通过的新中国第一部宪法对检察制度作出了专门规定。1955年，全国各级人民检察院普遍建立。1956年，各级铁路检察院和军事检察院等专门检察院也基本建立。1957年至1966年，受政治形势的影响，检察制度在一定程度上遭到破坏，到1968年12月各级检察院被逐步撤销，严重影响了检察制度的发展。1978年开始拨乱反正，重新设置检察机关。1978年的《宪法》第43条对检察机关的职权和领导关系作了原则性规定。1979年重新修订的《检察院组织法》总结了新中国成立30年来检察工作的经验教训，明确规定检察院是国家法律监督机关，恢复了新中国成立初期的双重领导体制，强化了检察机关的职权。

我国检察机关借鉴了原苏联社会主义模式，但又有着自己的特点。检察机关是国家的法律监督机关，在组织上实行检察系统垂直领导制和检察长个人负责制。目前，随着我国法制建设的发展，社会对检察机关的工作提出了更高的要求。适应这一要求，检察机关在国家的统一部署下，自20世纪90年代以来一直在积极进行检察制度和司法体制改革，主要包括检察机构、人事管理、内部监督机制的改革，完善公诉权、侦查权和法律监督权的行使，提高检察官的素质及职业化程度等。

三、检察机关

(一) 检察院组织体系

1. 人民检察院组织体系（见图5—1）

根据宪法和检察院组织法规定，我国检察机关的组织体系形成一个自上而下的完整系统，分为最高人民检察院；省、自治区、直辖市人民检察院；省、自治区、直辖市人民检察院分院，自治州、省辖市人民检察院；县、市、自治县和市辖区人民检察院四级。此外，还设立了军事检察院等专门人民检察院。最高人民检察院是国家最高检察机关，领导地方各级人民检察院和专门人民检察院的工作；上级检察院领导下级检察院的工作。检察院的组织机构系统反映了上下级之间的领导与被领导的关系及集中统一的特点，是由其职能和性质所决定的。为了维护国家法制的统一，履行检察院法律监督的职能，检察机关应实行一体化和中央集权领导体制，但我国目前检察院组织体系实际上实行双重领导体制。

根据最高人民检察院的改革规划，铁路检察院已于2012年撤销，转制划归地方。

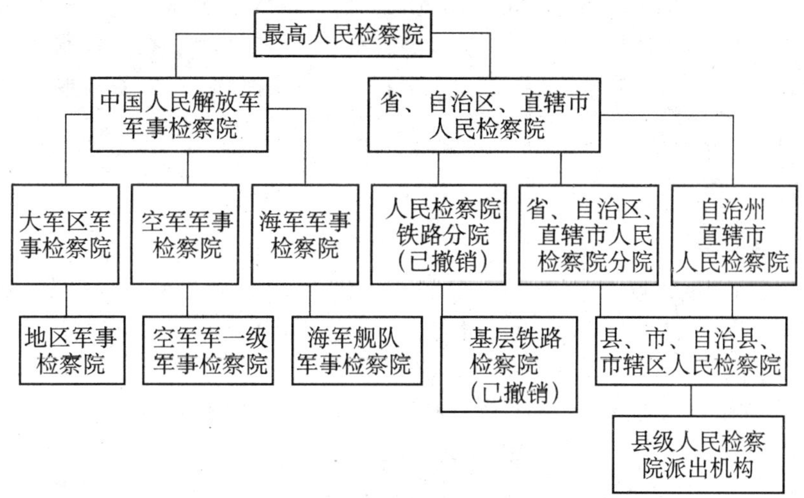

图5—1 我国检察机关组织体系

2. 人民检察院工作机构

根据检察院组织法规定，各级人民检察院内部的工作机构组成如下：(1) 检察长。各级人民检察院设检察长一人，检察长统一领导检察院的工作。(2) 检察委员会。各级人民检察院设立检察委员会。检察委员会实行民主集中制，在检察长的主持下，讨论决定重大案件和其他重大问题。地方各级人民检察院检察长在讨论重大案件时不同意多数检察委员会委员意见的，可以报请上一级人民检察院决定；在讨论重大问题时不同意多数检察委员会委员意见的，可以报请上一级人民检察院或者本级人民代表大会常务委员会决定。在报请本级人民代表大会常务委员会决定的同时，应当抄报上一级人民检察院。(3) 业务机构。各级人民检察院设立刑事检察、法纪检察、经济检察、监所检察、控告申诉检察厅(处、科)、民事行政检察和反贪局等业务机构。

(二) 检察工作的基本原则

检察工作的基本原则，是检察机关和检察官行使检察权时必须遵循的活动准则。除必须遵守人民司法制度共同的基本原则外，还必须特别遵守以下具体原则：

1. 检察权统一独立行使原则。检察权由人民检察院统一行使。人民检察院依照法律规定独立行使检察权，不受其他行政机关、团体和个人的干涉。2007年最高人民检察院印发《关于加强上级人民检察院对下级人民检察院工作领导的意见》，明确提出要“加强检察工作一体化机制建设”，即“上下统一、横向协作、内部整合、总体统筹”。对外是指检察独立，即检察机关依法独立行使检察权，不受法定机关、事项及程序以外的干涉；对内是指检察业务一体化，即检察机关上命下从，同时包括横向之间的协调与配合。检察一体化反映了由检察权的特殊性所决定的检察权运作规律，是运用检察权时必须遵循的基本原理。

2. 司法机关分工制约的原则。检察机关与公安机关和法院实行分工负责、互相配合、互相制约的原则，承担着侦查监督和审判监督的任务。

3. 保障公民控告权和平等权原则。人民检察院依法保障公民对于违法的国家工作人员提出控告的权利，追究侵犯公民的人身权利、民主权利和其他权利的人的法律责任。各级人民检察院行使检察权，对于任何公民，在适用法律上一律平等，不允许有任何特权。

4. 严格程序原则。人民检察院在工作中必须坚持实事求是，贯彻执行群众路线，倾听群众意见，接受群众监督，调查研究，重证据不轻信口供，严禁逼供信，正确区分和处理敌我矛盾和人民内部矛盾。同时，检察院实行“检务公开”和严格的工作制度，如诉讼权利义务告知、主动公开和依申请公开、定期通报和设立新闻发言人、责任追究和监督保障机制等。

四、检察官制度

(一) 法律依据

我国检察官制度是以《宪法》、《人民检察院组织法》、《检察官法》为依据建立的。《检察官法》于1995年2月28日第八届全国人大常委会第十二次会议通过，2001年6月30日第九届全国人民代表大会常务委员会第二十二次进行了修正。此外，近年来，最高人民检察院先后制定、发布了许多与检察官制度有关的规定和文件，如2001年《检察机关奖励暂行规定》、2004年《检察人员纪律处分条例（试行）》、2005年《检察官培训条例》、2005年《检察人员执法过错责任追究条例》、2007年《检务督察工作暂行规定》和《巡视建议督办落实工作办法》，以及2009年《检察官职业道德基本准则（试行）》、2010年《检察官职业行为基本规范（试行）》和2011年《〈最高人民检察院检务督察工作暂行规定〉实施办法》等，这些规定都是我国检察官制度的基本依据。

(二) 检察官的任职条件

1. 检察官的任职条件。《检察官法》规定，我国检察官的任职条件包括：(1) 具有中华人民共和国国籍；(2) 年满23岁；(3) 拥护中华人民共和国宪法；(4) 有良好的政治、业务素质和良好的品行；(5) 身体健康；(6) 高等院校法律专业本科毕业或者高等院校非法律专业本科毕业具有法律专业知识，从事法律工作满2年，其中担任省、自治区、直辖市人民检察院、最高人民检察院检察官，应当从事法律工作满3年；获得法律专业硕士学位、博士学位或者非法律专业硕士学位、博士学位具有法律专业知识，从事法律工作满一年，其中担任省、自治区、直辖市人民检察院、最高人民检察院检察官，应当从事法律工作满2年。

2. 禁止条件。《检察官法》规定：下列人员不得担任检察官：（1）曾因犯罪受过刑事处罚的；（2）曾被开除公职的。

（三）检察官的任免

1. 检察官的选任。初任检察官采用严格考核的办法，按照德才兼备的标准，从通过国家统一司法考试取得资格，并且具备检察官条件的人员中择优提出人选。人民检察院的检察长、副检察长应当从检察官或者其他具备检察官条件的人员中择优提出人选。

2. 检察官任免程序。检察长由本级人民代表大会选举和罢免，地方各级人民检察长的任免必须报上一级人民检察院检察长提请该级人民代表大会批准。副检察长、检察委员会委员和检察员由本院检察长提请本级人民代表大会常务委员会任免。助理检察员由本院检察长任免。

3. 检察官的免职。检察官有下列情形之一的，应当依法提请免除其职务：（1）丧失中华人民共和国国籍的；（2）调出本检察院的；（3）职务变动不需要保留原职务的；（4）经考核确定为不称职的；（5）因健康原因长期不能履行职务的；（6）退休的；（7）辞职或者被辞退的；（8）因违纪、违法犯罪不能继续任职的。

对于不具备《检察官法》规定条件或者违反法定程序被选举为检察长的，上一级人民检察院检察长有权提请该级人民代表大会常务委员会不批准。对于违反《检察官法》规定的条件任命检察官的，一经发现，作出该项任命的机关应当撤销该项任命；上级人民检察院发现下级人民检察院检察官的任命有违反本法规定的条件的，应当责令下级人民检察院依法撤销该项任命，或者要求下级人民检察院依法提请同级人民代表大会常务委员会撤销该项任命。最高人民检察院和省、自治区、直辖市人民检察院检察长可以建议本级人民代表大会常务委员会撤换下级人民检察院检察长、副检察长和检察委员会委员。

（四）检察官的义务和权利

1. 检察官的义务：（1）严格遵守宪法和法律；（2）履行职责必须以事实为根据，以法律为准绳，秉公执法，不得徇私枉法；（3）维护国家利益、公共利益，维护自然人、法人和其他组织的合法权益；（4）清正廉明，忠于职守，遵守纪律，恪守职业道德；（5）保守国家秘密和检察工作秘密；（6）接受法律监督和人民群众监督。

2. 检察官的权利：（1）履行检察官职责应当具有的职权和工作条件；（2）依法履行检察职责不受行政机关、社会团体和个人的干涉；（3）非因法定事由、非经法定程序，不被免职、降职、辞退或者处分；（4）获得劳动报酬，享受保险、福利待遇；（5）人身、财产和住所安全受法律保护；（6）参加培训；（7）提出申诉或者控告；（8）辞职。

（五）检察官的身份保障制度

我国检察官的身份保障制度与法官制度基本相同，主要体现在《检察官法》规定的检察官的权利中，目前仍然属于一种有限的身份保障，主要包括：检察官非因法定理由，非经法定程序，不被免职、降职、辞退或者处分；检察官的人身、财产和住所安全受法律保护（第9条）。检察官对人民检察院关于本人的处分不服的，自收到处分、处理决定之日起30日内可以向原处分、处理机关申请复议，并有权向原处分、处理机关的上级机关申诉。

对于国家机关及其工作人员侵犯法定的检察官权利的行为，检察官有权提出控告。对检察官处分或者处理错误的，应当及时予以纠正；造成名誉损害的，应当恢复名誉、消除影响、赔礼道歉；造成经济损失的，应当赔偿。对打击报复的直接责任人员，应当依法追究其责任（第47、48、50条）。

（六）检察官管理

1. 任职回避

检察官之间有夫妻关系、直系血亲关系、三代以内旁系血亲以及近姻亲关系的，不得同时担任下列职务：(1) 同一人民检察院的检察长、副检察长、检察委员会委员；(2) 同一人民检察院的检察长、副检察长和检察员、助理检察员；(3) 同一业务部门的检察员、助理检察员；(4) 上下相邻两级人民检察院的检察长、副检察长。

检察官从人民检察院离任后2年内，不得以律师身份担任诉讼代理人或者辩护人；离任后，不得担任原任职检察院办理案件的诉讼代理人或者辩护人。检察官的配偶、子女不得担任该检察官所任职检察院办理案件的诉讼代理人或者辩护人。

2. 考核

人民检察院设检察官考评委员会，职责是指导对检察官的培训、考核、评议工作。对检察官的考核，由所在人民检察院组织实施。对检察官的考核，应当客观公正，实行领导和群众相结合，平时考核和年度考核相结合。考核内容包括：检察工作实绩，思想品德，检察业务和法学理论水平，工作态度和工作作风。重点考核检察工作实绩。年度考核结果分为优秀、称职、不称职三个等次。考核结果作为对检察官奖惩、培训、免职、辞退以及调整等级和工资的依据。考核结果以书面形式通知本人。本人对考核结果如有异议，可以申请复议。

3. 培训

根据2007年最高人民检察院颁布的《检察官培训条例》的规定，检察官培训工作实行统一规划、统一管理、分类培训、分级实施，主要分为任职资格培训、领导素能培训、专项业务培训和岗位技能培训。最高人民检察院设立国家检察官学院及其分院；省级人民检察院设立省级检察官学院等培训机构；有条件的地市级人民检察院经省级人民检察院批准，可设立培训机构。检察官培训与任免、考核相结合。检察官未参加规定的培训或参加培训后未通过考试、考核的，不得任职和晋级。

4. 奖惩与督察

检察官有法律规定的奖励行为，应该给予适当的奖励，包括嘉奖，记三等功、二等功、一等功，授予荣誉称号。

检察官不得有下列行为：(1) 散布有损国家声誉的言论，参加非法组织，参加旨在反对国家的集会、游行、示威等活动，参加罢工；(2) 贪污受贿；(3) 徇私枉法；(4) 刑讯逼供；(5) 隐瞒证据或者伪造证据；(6) 泄露国家秘密或者检察工作秘密；(7) 滥用职权，侵犯自然人、法人或者其他组织的合法权益；(8) 玩忽职守，造成错案或者给当事人造成严重损失；(9) 拖延办案，贻误工作；(10) 利用职权为自己或者他人谋取私利；(11) 从事营利性的经营活动；(12) 私自会见当事人及其代理人，接受当事人及其代理人的请客送礼；(13) 其他违法乱纪的行为。检察官出现上述行为时，应给予处分；构成犯罪的，依法追究刑事责任。处分包括警告、记过、记大过、降级、撤职、开除。

检察人员在执法办案活动中故意违反法律和有关规定，或者工作严重不负责任，出现导致案件实体错误、程序违法以及其他严重后果或者恶劣影响的行为时，应当按照《检察人员执法过错责任追究条例》和有关法律、纪律规定追究执法过错责任。追究执法过错责任，应当遵循实事求是、主观过错与客观行为相一致、责任与处罚相适应、惩戒与教育相结合的原则，按照执法过错责任人的过错事实、情节、后果及态度，分别作出批评教育、组织处理、纪律处分和刑事处理。

检务督察是指在检察机关内部设立相关的督察部门，依法对检察机关及其工作人员履行职责、行使职权、遵章守纪、检风检容等方面进行监督检查和督促落实的制度。2007年，最高人民检察院发布《最高人民检察院检务督察工作暂行规定》，在全国范围内推进检务督察制度。最高人民检察院设立检务督察委员会，并下设检务督察室作为常设办事机构，展开督察工作。各地检察机关建立相应的检务督察机制。

五、港澳台地区的检察制度

(一) 香港特别行政区检察制度

1. 检察机关

《香港特别行政区基本法》第63条规定："香港特别行政区律政司主管刑事检察工作，不受任何干涉。"香港地区律政司具有检察机关的地位与性质，但不是专门从事检控的机构，而是近似于美国司法部的司法行政机构。律政司作为检察机关除了负责香港地区刑事案件的检控外，还在一切起诉政府的民事诉讼（包括行政诉讼）中以被告身份参加诉讼，在法庭上代表政府和公众利益。同时，律政司作为公众利益的维护者，可以申请司法审查，以大律师的身份代表公众利益出庭参与涉及重大公益的案件。

律政司下设刑事检察科，负责对刑事被告人提起诉讼；民事检察科，负责对民事事宜提供法律指导，并且处理一切涉及政府的民事诉讼，代表政府出席法庭。此外，廉政公署和警务署经授权也负责一部分刑事检控工作。

2. 检察官制度

律政司的法律专业人员称为"检察官"，又称"政府律师"，分为首长级检察官和辅助人员等。检察官属于法官以外的其他司法人员，须依法任命。

(二) 澳门特别行政区检察制度

1. 检察机关（见图5—2）

澳门特别行政区基本法规定，澳门特别行政区设立检察院，是行使澳门特别行政区检察权的法律监督机关，是特别行政区的司法机关。在设置上，检察院与立法会、政府并列。在行使职权上，检察院独立行使检察权，不受任何干涉。检察长与特别行政区的行政长官一样，由中央政府任命。比终审法院院长任命规格更高。

检察院的职权包括：(1) 代表澳门地区、公钞局、市政府和无行为能力人参与诉讼；(2) 提起刑事诉讼，支持公诉；(3) 维护司法独立，监督法院审判，保证法院判决的执行；(4) 依法为劳工及其家属担任诉讼代理；(5) 领导监督刑事侦查和警察机关工作；(6) 预防犯罪，参与破产及公益诉讼；(7) 为行政长官提供法律咨询；(8) 对法院不当判决提起抗诉；(9) 法律赋予的其他职权。

2. 检察官制度

检察官与法官一样同属司法官，其任职资格和待遇以及任免方式都相同。

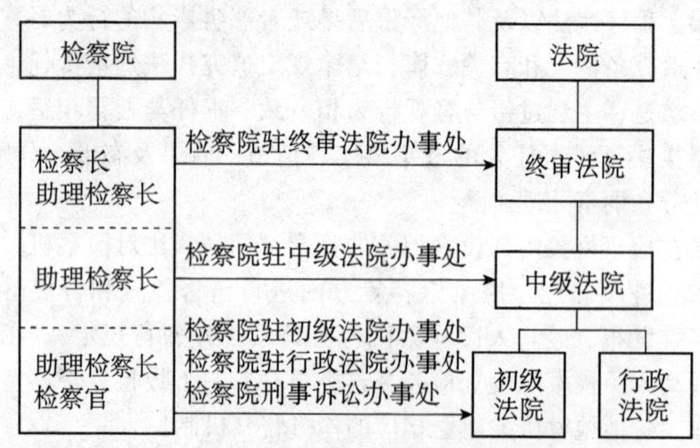

图 5—2 澳门特别行政地区检察院组织体系

(三) 台湾地区检察制度

1. 检察机关（见图 5—3）

台湾地区检察制度在 1980 年以前沿用民国时期国民党政府的体制，实行审检合署制度，检察系统隶属于“行政院”。1980 年 7 月起实行审检分隶制，其组织系统隶属于“行政院”的“法务部”，在机构设置上按照“审检合一的原则”设于各级法院之中。分别设立台湾地区“最高法院”检察署，高等法院检察署，地方法院检察处。“最高法院”检察署设检察长一人，各检察机构设首席检察官，检察官若干人及各种辅助人员，检察机关独立行使检察权，不受审判机关的影响。

检察官的职权，主要是在刑事诉讼活动中对犯罪的追诉权，具体包括：实施侦查权、提起公诉权、实行公诉权、协助自诉权、担当自诉权、指挥刑事裁判执行权以及法律所规定的其他职权。

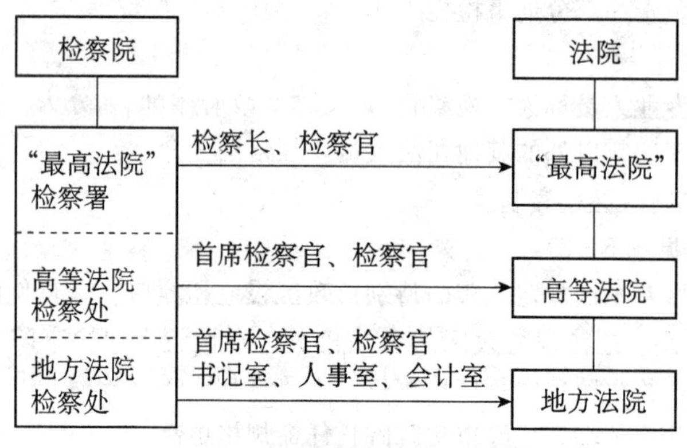

图 5—3 台湾地区检察院组织体系

2. 检察官制度

检察官和法官（推事）的任职条件，包括司法官考试的条件、培训等都是相同的。首席检察官和地方法院院长、高等法院院长的任职资格条件也相同。检察官的任免制度由“法务部”“人事审议委员会”负责，决定检察官的荐任、派免、迁调等。检察官与法官同属文官，享受同等的职务等级和相同的身份保障制度。

【深度阅读】

1. 林钰雄．检察官论．北京：法律出版社，2008

2. 樊崇义主编．检察制度原理．北京：法律出版社，2009

3. 甄贞等．检察制度比较研究．北京：法律出版社，2010

4. 孙谦，樊崇义，杨金华．司法改革报告——检察改革．检察理论与实践专家对话录. 北京：法律出版社，2002

5. 黎敏．西方检察制度史研究——历史缘起与类型化差异．北京：清华大学出版社，2010

6. 朱孝清．中国检察制度的几个问题．中国法学，2007（2）

【问题与思考】

思考题：

1. 怎样理解检察权的性质？检察权、审判权和行政权有何区别与联系？

2. 简述现代检察机关的类型及其同异。

3. 现代检察机关拥有哪些具体职权？

4. 现代检察官制度的内容和意义是什么？

5. 我国检察机关的特点及工作原则是什么？

6. 简述我国检察官制度的基本内容。

练习题（选自历年司法考试试题）：

1. 王检察官的下列哪一行为符合检察官职业道德的要求？(A)

A. 穿着检察正装、佩戴检察标识参加单位组织的慰问孤寡老人的公益活动

B. 承办一起两村械斗引起的伤害案，受害人系其密切近邻，但为早日结案未主动申请回避

C. 参加朋友聚会，谈及在办案件犯罪嫌疑人梁某交代包养了 4 个情人，但嘱咐朋友不要外传

D. 业余时间在某酒吧任萨克斯管主奏，对其检察官身份不予否认，收取适当报酬

2. 根据《中华人民共和国检察官职业道德基本准则（试行）》规定，下列哪一选项不是检察官职业道德的基本要求？(C)

A. 忠诚　　B. 公正　　C. 严明　　D. 清廉

3. 关于检察官的行为，下列哪一选项是正确的？(B)

A. 甲检察官业余时间担任某中学法制辅导员，在推辞无效的情况下收下学校付给的每年 1 000 元的酬金

B. 乙检察官办理余某涉嫌贪污案时，针对余某所在单位财务管理方面的问题以个人名义向该单位领导提出了改进建议

C. 丙检察官下班后未换下检察官制服即赶往饭店宴请来访的外地检察院同学

D. 丁检察官办理一起交通肇事案件时，对不配合调查的目击证人周某实施了拘传

4. 依照《检察官法》的规定，应当依法提请免除检察官职务的情形有哪些？(ABCD)

A. 到年龄退休　　B. 经考核确定为不称职

C. 长期患病不能上班　　D. 调至法院任院长

5. 根据我国相关法律规定，为保证检察官的公正与廉洁，检察官不得兼任下列哪些职务？(ABC)

A. 行政机关职务　　B. 审判机关职务

C. 人民代表大会常务委员会委员　　D. 政协委员

6. 下列关于我国审判制度和检察制度的哪些表述存在错误之处？(AD)

A. 凡是职务犯罪和重案都是检察院自侦的；只有检察院才有批捕权、公诉权；检察院还可以对民事案件进行抗诉

B. 法院实行审判公开，除非法律有例外规定，记者都可以采访报道案件；除非法律有例外规定，没有在法庭上口头调查过的证据，一律不能作为定案的证据

C. 律师可以为犯罪嫌疑人提供法律咨询，代理申诉、控告，申请取保候审；检察院应当保证律师的会见权和阅卷权

D. 在审判制度中实行“两审终审制”，从来没有过“一审终审”的情况

7. 根据我国《检察官法》有关任职回避的规定，下列表述哪一选项是不正确的？(C)

A. 杨某和蒋某系夫妻，两人不得同时在同一人民检察院担任检察员

B. 何甲和何乙系姐弟，两人不得同时在同一人民检察院起诉科担任助理检察员

C. 检察官袁某从人民检察院离任后 2 年内，不得担任诉讼代理人或者辩护人

D. 林某为某县人民检察院检察官，其子小林不得担任该县人民检察院办理案件的辩护人

8. 检察官徐某因泄露国家秘密构成犯罪而被追诉。下列关于徐某纪律责任的说法哪些是正确的？(ABCD)

A. 无论徐某主观上是否出于故意，只要被判处 3 年以上有期徒刑，即应予开除

B. 如果徐某主观上出于故意，被判处 3 年以下有期徒刑或者判处管制、拘役，即应予开除

C. 如果徐某主观上出于过失，被判处 3 年以下有期徒刑宣告缓刑，不一定予以开除

D. 如果徐某被依法免予刑事处罚，应予降级或撤职处分

9. 主诉检察官陈某办理某单位的一起走私案件，此时，他应当遵循的基本要求是下列哪一项？(C)

A. 兼顾国家利益和单位利益

B. 充分考虑走私单位职工的经济利益要求

C. 以事实为根据，以法律为准绳

D. 综合各方面的意见，权衡利弊

10. 下列选项中，检察官违反职业道德规范，可以直接给予降级、撤职或开除处分的情形有哪些？(BD)

A. 对待证人态度粗暴的

B. 故意拖延办案、贻误工作，情节严重，造成严重后果的

C. 违反枪支管理规定鸣枪的

D. 干预他人办案，造成恶劣影响的

11. 下列选项中，哪些属于检察官违反忠诚规范的行为？(AD)

A. 参加反对国家的集会、游行、示威等活动

B. 收取当事人钱财，私放在押嫌疑人

C. 从事经商、办企业或者参与其他营利性活动

D. 因玩忽职守，造成错案

12. 关于检察官的行为，下列哪一观点是正确的？(D)

A. 房检察官在同乡聚会时向许法官打听其在办案件审理情况，并让其估计判处结果。根据我国国情，房检察官的行为可以被理解

B. 关检察长以暂停工作要挟江检察官放弃个人意见，按照陈科长的判断处理某案。关检察长的行为与依法独立行使检察权的要求相一致

C. 容检察官在本地香蕉滞销，蕉农面临重大损失时，多方奔走将 10 万千克香蕉销往外地，为蕉农挽回了损失，本人获辛苦费 5 000 元。容检察官没有违反有关经商办企业，违法违规营利活动的规定

D. 成检察官从检察院离任 5 年后，以律师身份担任各类案件的诉讼代理人或者辩护人，受到当事人及家属的一致肯定。成检察官的行为符合《检察官法》的有关规定

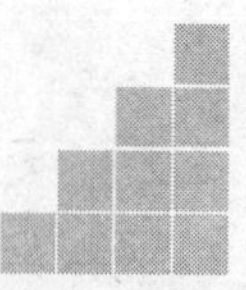

第六章

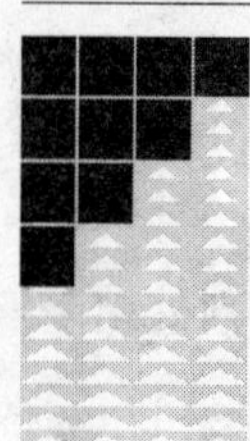

律师制度

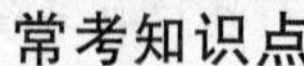

常考知识点

- 律师的概念、性质与职能
- 律师的权利与义务
- 律师制度
- 律师执业的条件、申请程序及限制性规定
- 我国律师执业的基本原则
- 律师事务所
- 律师收费制度
- 律师管理体制

第一节　律师与律师职业

一、律师的概念

律师（Lawyer，Attorney at Law），指依法取得律师资格，为社会提供法律服务的执业人员，属于法律职业群体的重要组成部分。现代世界各国对律师的称谓、分类及概念表述存在一定差异，但其内涵、本质和功能基本是一致的。对律师概念的界定，主要是着重于其功能和资格上的特点。我国《律师法》将律师界定为："……依法取得律师执业证书，接受委托或者指定，为当事人提供法律服务的执业人员。"

律师作为复数的概念，意味着律师职业和行业，以及由从事律师职业的所有人员构成的职业群体，当代世界各国普遍建立了律师制度和行业组织。

二、律师职业的特征

1. 具备必需的法律专业知识和资质。律师是受过法律专业训练，具有丰富的法律知

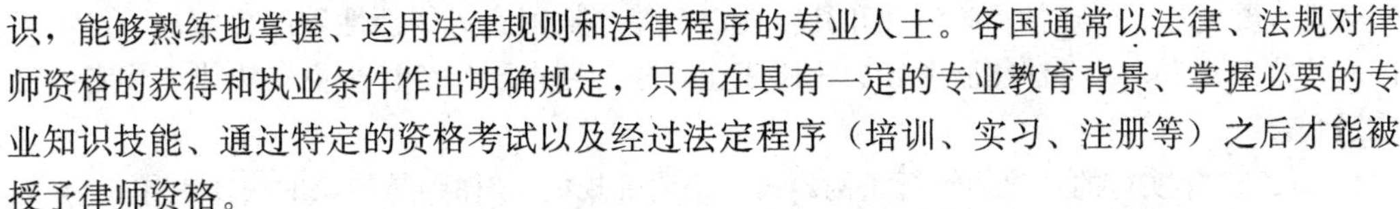

识，能够熟练地掌握、运用法律规则和法律程序的专业人士。各国通常以法律、法规对律师资格的获得和执业条件作出明确规定，只有在具有一定的专业教育背景、掌握必要的专业知识技能、通过特定的资格考试以及经过法定程序（培训、实习、注册等）之后才能被授予律师资格。

2. 以提供法律服务为职能。律师是接受国家或当事人委托，为社会提供法律服务的法律工作者。各国律师的法律地位有所不同，其服务的对象从政府到普通当事人，相当广泛。律师承担的最重要的法律事务是民事诉讼代理和刑事诉讼中的辩护，但随着当代律师业务和法律服务范围不断拓展，非诉讼业务所占的比例越来越大，一般可占律师业务总量的80%以上。律师属于一种自由职业，有权以自己的服务获取报酬。

3. 受国家保护和管理，实行行业自治。律师承担着许多重要的司法辅助职能，其行为属于司法程序的一个重要环节，能够产生相应的法律效力，因此，其执业活动受到法律的保护和国家规制。同时，律师行业具有悠久的自治和自律传统，律师协会作为律师行业组织，负责制定律师的职业道德规范，监督实施行业自律，维护律师的合法权益等。

4. 具有重要的社会功能。律师是现代法治的重要因素，律师的活动直接与法律的实施及公民的权益保护密切相关，并关系到司法程序的公正与效率，所以，律师不仅必须具备良好的业务素质和职业道德，为当事人提供优质的服务，而且应当承担追求正义、维护司法公正、维护法律权威、保护人权、参政议政、推动立法等重要的社会责任。因此，律师的权利和义务及其职业伦理不同于一般的自由职业者，具有更强的规范性、伦理性和公益性。

三、律师的性质与职业伦理

（一）律师的性质

律师的性质，指法律所规定的律师职业的本质属性和法律地位。律师的性质决定着一个国家律师的社会地位、权利和义务，职业道德与律师的管理体制。世界上多数国家都通过法律明确规定律师的性质和法律地位。例如，《德意志联邦共和国律师法》第1条规定："律师是独立的司法人员"，第2条规定："律师职业属于自由独立职业"。《美国律师职业行为示范规则》中将律师描述为"当事人的代理人，是法制工作者，是对法律的顺利实施和司法的质量负有特殊责任的公民"。

律师职业具有司法职业和自由职业的双重性质。一方面，从职业属性而言，律师属于司法活动的组成部分，是司法程序运作中不可缺少的一环和现代法治的要素之一，其职业行为要在国家法律规范下进行，其活动具有司法性和公益性。另一方面，从社会属性而言，律师在司法活动中的角色和作用与法官、检察官存在根本区别，不是作为国家司法官员保持中立立场，而是向自己的委托人负责，为其提供法律服务。律师职业和行业作为一种市场主体或中介，具有获取报酬并盈利的动机、需求和权利，其执业方式具有经营性和营利性。各国对律师性质的界定，也体现了这两方面的作用。例如，日本称律师为"在野法曹"，既将其区别于法官、检察官等"官"，又强调了其作为"法曹"及法律家的职业特点。律师在职业活动中必须谨慎协调好这两个方面的关系。

（二）我国律师性质的表述

关于我国律师的性质，理论界与实务界一直存在着不同的见解，所提出的定性及分类包括：平等性、有偿性、自律性、服务性；民主性、社会性、独立性、商业性；专业性、服务性、委托性、公正性；政治性和社会性；等等。从国家对律师性质的界定看，经历了国家法律工作者、社会法律服务者、法律职业服务者到中国特色社会主义法律工作者的变化过程。

1. 1980年实行的《律师暂行条例》第1条明确规定："律师是国家的法律工作者"，强调律师的"公职人员"身份。根据这一规定，律师属于国家的司法工作人员，与审判人员、检察人员享有同等的法律地位。这是由当时的历史发展情况和条件所决定的，对于提高律师的法律地位，保障律师的法定权利，推动律师制度的发展起到了积极作用。

2. 1993年开始，司法部按照中华人民共和国国务院批复的《关于深化律师工作改革的方案》，对律师制度进行有计划的改革。1996年通过的《中华人民共和国律师法》第2条规定，"本法所称的律师，是指依法取得律师执业证书，为社会提供法律服务的执业人员"，明确了律师的非公务人员身份，强调了其"社会性"。据此，律师不再是公职人员，转而成为向社会提供中介服务的人员。这是社会经济体制和法律服务市场变化、发展的结果，旨在调动律师执业活动的积极性，扩大律师队伍，满足法律服务市场日益增长的需求。但这一定位并未全面反映律师职业的特征，虽然将其与司法活动区别开来，却没有体现律师职业与其他社会职业的不同，容易引发忽视律师职业道德建设、过分商业化、监管不足等问题。

3. 2008年施行的《律师法》将律师界定为：依法取得律师执业证书，接受委托或者指定，为当事人提供法律服务的执业人员（第2条）。强调了律师的"法律性"，突出了律师职业的专业性、技术性以及当事人与律师之间的关系。这一定位依然延续了市场化定位，保留了进一步加强律师行业自治和独立发展的空间；但在我国律师自律程度和公信力较低的背景下，行政规制的作用仍很难退出或削弱。

4. 2010年11月，司法部发布《关于进一步加强和改进律师工作的意见》，强调要切实做到四个"始终坚持"：即始终坚持高举中国特色社会主义伟大旗帜，牢固树立并自觉践行社会主义法治理念；始终坚持以科学发展观统领律师工作，把律师工作放在中国特色社会主义事业发展全局中来谋划和推进，把依法维护国家利益、社会公共利益和人民群众合法权益作为律师工作的根本出发点和落脚点；始终坚持律师是中国特色社会主义法律工作者的本质属性，引导广大律师忠诚履行中国特色社会主义法律工作者的职责使命，切实做到拥护党的领导、拥护社会主义制度，维护宪法和法律尊严、维护当事人合法权益、维护法律正确实施、维护社会公平正义；始终坚持党对律师工作的领导。《意见》在强调律师是中国特色社会主义法律工作者的同时，提出要健全律师执业准入机制，防止"政治素质、业务素质、职业道德素质"不好的人进入律师队伍，表明国家对律师业规制的加强。

综上所述，对律师性质的界定，应从其多元属性和特点综合加以把握，坚持司法性、公益性和服务性的统一。律师在对当事人负责的同时，必须承担较高的法律义务和社会责任，在二者发生根本性冲突时，应当以法律和公共利益为先，不能无条件地基于当事人的利益作出违背法律与正义的行为。我国律师从职业属性而言，属于司法体制的组成部分，即法律工作者；从功能角度看，属于一种社会性、市场中介性法律服务行业：其行业组织属于在国家司法体制规制下的社会自治组织；同时，其执业形式具有自由职业特点。

（三）律师的职业伦理

基于律师的性质及职业特点，职业道德问题始终伴随着这一职业群体的发展历程。随着律师群体的快速发展和作用的不断提升，这一问题更加受到世界各国的关注。各国都注重通过严格的行为规范以及自律与规制，加强律师的职业伦理，其核心是协调律师对当事人的责任与忠实于法律和事实以及社会责任的关系，从而保证律师在司法公正中的作用，提高律师行业的公信力。在加强律师职业道德规范的系统性和明确性的同时，提高惩戒的严格性和可操作性。

各国律师职业伦理的具体内容和形式各有不同。例如，美国主要是通过美国律师协会（ABA）等自治团体形成职业道德规范和惩戒标准，而一些大陆法系国家则通过国家法律、行政规则与行业规范共同构成严密的职业规范体系，律师协会制定的职业道德规范具有法律约束力，如日本 2004 年的《辩护士职务基本规程》。我国律师职业群体发展时间较短，职业道德规范和自律程度较低，职业伦理的建设任重道远，全国律师协会于 1996 年制定、2001 年、2002 年修订的《律师职业道德和执业纪律规范》以及《律师执业行为规范（试行）》（2004 年 3 月），2004 年年初最高人民法院与司法部制定的《关于规范法官和律师相互关系，维护司法公正的若干规定》等都属于律师职业道德规范。

国际通行的律师伦理规范主要包括：妥善处理利益冲突、保密义务、诚实义务和真实义务等，重点是处理律师与当事人、法官、检察官和同行之间的关系。主要包括：

1. 规范律师的代理行为、与委托人的关系，以及与司法公正的关系。律师必须忠实于委托人，以实现当事人的权益为己任，但不得以违背法律和社会正义为代价。例如，律师应当承担保密义务，不得披露当事人的隐私和不利信息；但如果这些信息涉及其他重大犯罪或危害公共安全及利益，律师不能无条件地保持沉默。因而，各国都规定了例外原则。例如，美国律师职业道德对保密义务的例外经过多次反复，目前公认的例外原则包括防止未来伤害与自我防护，即为了避免可能发生的伤害以及避免律师本人陷入法律责任（被指控）的情况下，律师可以披露相关信息，而不受职业道德规范追究。[①] 日本则以公共利益优先作为保密义务的例外。[②] 同样，律师不得为了当事人的利益和胜诉而伪造证据，怂恿委托人伪造证据、提供虚假证词，不得暗示、诱导、威胁他人提供虚假证据，否则必须承担相应的法律责任。

2. 规范律师的执业行为，避免律师之间的利益冲突，如同一律师或同一事务所的律师不得同时代理原被告的案件；不得通过夸大宣传或广告进行不正当竞争；不得唆讼；担任中立调解人的律师在调解不成时不应作为任何一方当事人的诉讼代理人继续参与诉讼；等等。

3. 规范律师收费，加强律师的社会责任。律师收费必须合理；同时，律师应当积极承担社会责任，对弱势群体提供法律援助。

4. 规范律师与法官的关系。律师不得利用与法官及其他司法人员的特殊关系影响或干扰司法公正，不得向委托人宣传自己与有管辖权的执法人员及有关人员有亲朋关系，不能利用这种关系招揽业务。不得以影响案件的审理和裁决为目的，与本案审判人员、检察人员、仲裁员在非办公场所接触，不得向上述人员馈赠钱物，也不得以许诺、回报或提供其他便利等方式与承办案件的执法人员进行交易。在具体案件中，律师与法官之间如果存在特殊关系（如亲属、原同事、师生、同学等），应主动回避。鉴于我国的特殊情况，最高人民法院和司法部特别发布了《关于规范法官和律师相互关系，维护司法公正的若干规

---

① 参见王进喜：《美国律师职业行为规则理论与实践》，第十六章，北京，中国人民公安大学出版社，2005。

② ［日］森际康友编：《司法伦理》，于晓琪、沈军译，第二章第四节，北京，商务印书馆，2010。

定》，旨在从法官与律师的关系方面对律师的行为加以约束。

我国律师伦理规范主要包括：（1）法律，如《律师法》；（2）行政法规、规章，如司法部和最高人民法院共同制定的《关于规范法官和律师相互关系维护司法公正的若干规定》（2004年）；《律师和律师事务所违法行为处罚办法》（2010年）等；（3）律师协会规则，如《律师职业道德和执业纪律规范》（2001年修订）；《律师协会会员处分规则》（1999年）；《律师执业行为规范》（2011年）等，其中既包括大量与世界各国律师相同的职业伦理规则，也有一些根据中国特有的问题提出的行为规范，特别是律师与法官的关系以及职务回避等方面的要求，如退职法官和现任法官亲属从事律师活动的避忌等。

四、律师的职能

（一）律师的基本职能

律师的职能，指律师所承担的法律事务，其业务范围一般由法律加以明确规定。世界各国律师的职能大同小异，通常均与法律相关，包括：（1）提供法律咨询；（2）为当事人担任辩护人或代理人，参加诉讼；（3）代理当事人参加谈判、协商、调解、仲裁等非诉讼纠纷解决活动；（4）作为中立第三方独立主持调解、仲裁；（5）代写法律文书，提供证明、见证和其他法律服务；等等。

（二）参与诉讼

作为辩护人和代理人参与诉讼是律师最重要的职能，一般分为两种情况。

1. 强制律师代理（辩护），即法律明确规定在诉讼中必须有律师作代理人或辩护人。很多国家明确规定一切刑事案件（即使是轻罪案件）的被告都有权获得辩护，如果当事人自己没有能力聘请律师，国家应该为其提供法律援助。我国尚未实现为所有刑事被告人提供强制代理（辩护），但根据《刑事诉讼法》的规定，包括重罪和青少年犯罪在内的几类刑事被告人必须有辩护人（参见本书第十章）。在民事诉讼方面，一些国家规定适用普通诉讼程序审理的民事案件必须聘请律师作代理人（简易法院和简易程序除外），例如德国。

2. 任意代理，又称当事人本人诉讼主义，是指是否聘请律师代理由当事人自行决定。多数国家在民事诉讼方面采用任意代理原则。但很多国家由于普通诉讼程序高度复杂，有无律师代理直接关系到诉讼的胜负，因而，尽管采用任意代理原则，实际多数普通程序民事诉讼都有律师代理，例如美国。有些国家（如日本），当事人本人诉讼的情况较多，但当事人往往会在诉讼前通过咨询等方式求助于律师。为了节约诉讼成本，当代各国民事简易程序，一般均鼓励当事人本人诉讼；在小额诉讼中甚至限制或禁止律师代理。

（三）我国律师的职能

我国《律师法》第28条对律师的职能作出了明确的规定，具体包括：（1）接受自然人、法人或者其他组织的委托，担任法律顾问；（2）接受民事案件、行政案件当事人的委托，担任代理人，参加诉讼；（3）接受刑事案件犯罪嫌疑人、被告人的委托或者依法接受法律援助机构的指派，担任辩护人，接受自诉案件自诉人、公诉案件被害人或者其近亲属的委托，担任代理人，参加诉讼；（4）接受委托，代理各类诉讼案件的申诉；（5）接受委托，参加调解、仲裁活动；（6）接受委托，提供非诉讼法律服务；（7）解答有关法律的询问、代写诉讼文书和有关法律事务的其他文书。尽管对律师作为中立第三方直接主持调解、仲裁的职能未作明确规定，但实践中，律师在这方面已经开始发挥重要作用。

五、律师的权利与义务

律师在执业活动中的权利和义务与其职能直接相关，各国通常通过律师法、司法组织法、各种诉讼法等作出明确规定。

(一) 律师的权利

律师的权利，是律师在执业活动、履行职能时依法享有的权利。律师的权利受国家法律保护。规定并保证律师的权利，对于保证律师执业活动的正常进行，维护当事人的合法权益，具有重要的作用。律师的权利通常是与其职能范围相适应的，在一定程度上属于一种职务上的特权，只有赋予律师一定的特殊权利（权力），才能保证其顺利履行职责。例如，如果允许律师在刑事案件侦查初期阶段介入，就必须通过法律赋予并保证律师的这一特权；为了更好地发挥律师在维护刑事被告权利方面的作用，就必须赋予他们与公诉机关相同或对等的了解案件证据等情况的权利；在民事诉讼中，律师拥有取证和调查权则能够更好地保证当事人履行举证责任，减轻法院的负担。在不同的国家、不同的时代、不同的诉讼程序中，法律赋予律师的权利各有不同，律师可以据此在法庭内外发挥不同的作用。律师的权利能否得到社会和司法机关的尊重和保障，在很大程度上决定着一个国家司法公正的程度。此外，很多国家还规定，律师享有辩论豁免权和作证豁免权，即律师在法庭辩论中如有不当言行，一般不得以诽谤、侮辱或蔑视法庭等罪责追究其法律责任；在涉及当事人隐私或律师保密义务的情况下，律师可以免除作证义务；等等。

律师与当事人之间属于一种委托代理关系，双方根据法律规定、行业惯例和职业道德以及双方之间的约定，产生相应的权利义务关系。律师的权利与其对当事人所承担的义务是对等的，律师有接受或拒绝委托的权利，但这种权利也受到法律和职业道德的限制。

根据律师法和有关法律的规定，我国律师在执业中享有的权利主要包括两方面：

1. 人身权利。律师在执业活动中的人身权利不受侵犯。包括人格尊严、人身自由、住所和工作地点、名誉权不受侵犯的权利。律师在参与诉讼的活动中涉嫌犯罪的，侦查机关应当及时通知其所在的律师事务所或者所属的律师协会；被依法拘留、逮捕的，侦查机关应当依照刑事诉讼法的规定通知该律师的家属（《律师法》第 37 条，2012 年修订）。

2. 工作权利。律师依法执业不受非法干涉，其在诉讼活动中享有的工作权利主要包括会见和通信权、调查取证权、查阅案卷权、出庭参加诉讼权、质证权、法庭辩论权、代为上诉权、代理申诉或控告权、为犯罪嫌疑人及被告人申请取保候审或解除强制措施权、取得合法报酬权、拒绝辩护和代理权等。根据 2012 年修订的《刑事诉讼法》第 33 至 41 条的相关规定，犯罪嫌疑人自被侦查机关第一次讯问或者采取强制措施之日起，有权委托辩护人；在侦查期间，只能委托律师作为辩护人。辩护律师在侦查期间可以为犯罪嫌疑人提供法律帮助；代理申诉、控告；申请变更强制措施；向侦查机关了解犯罪嫌疑人涉嫌的罪名和案件有关情况，提出意见。辩护律师可以同在押的犯罪嫌疑人、被告人会见和通信。辩护律师持律师执业证书、律师事务所证明和委托书或者法律援助公函要求会见在押的犯罪嫌疑人、被告人的，看守所应当及时安排会见，至迟不得超过四十八小时。辩护律师会见在押的犯罪嫌疑人、被告人，可以了解案件有关情况，提供法律咨询等；自案件移送审查起诉之日起，可以向犯罪嫌疑人、被告人核实有关证据。辩护律师会见犯罪嫌疑人、被告人时不被监听。辩护律师自人民检察院对案件审查起诉之日起，可以查阅、摘抄、复制本案的案卷材料。辩护律师经证人或者其他有关单位和个人同意，可以向他们收集与本案有关的材料，也可以申请人民检察院、人民法院收集、调取证据，或者申请人民法院通知证人出庭作证。辩护律师经人民检察院或者人民法院许可，并且经被害人或者其近亲属、被害人提供的证人同意，可以向他们收集与本案有关的材料。

（二）律师的义务

律师的义务是律师在执业活动中应当遵守的行为规范。律师的义务与其权利相对应，具有保证其正当行使权利、避免滥用权利（力）的作用。律师如果违背其义务，就需要承担相应的责任。律师的义务分为法定义务和约定义务两个方面，前者指由法律规定的律师必须履行的义务，既包括职务内容、程序上的，也包括行为方式（如语言、文字的使用），服饰甚至礼仪方面的要求。后者则包括律师与当事人之间在委托代理合同中所约定的各种义务。律师的义务不仅由法律规定，也受职业道德规范制约。我国律师的义务主要包括：

1. 基于代理权而产生的义务。在受委托的权限内，维护委托人的合法权益；应当保守在执业活动中知悉的国家秘密和当事人的商业秘密，不得泄露当事人的隐私；律师不得在同一案件中，为双方当事人担任代理人。担任调解员的律师，在调解不成、当事人提起诉讼后，原则上不得担任任何一方当事人的代理人参与诉讼。

2. 禁止性行为。私自接受委托，私自向委托人收取费用，收受委托人的财物；利用提供法律服务的便利牟取当事人争议的权益，或者接受对方当事人的财物；违反规定会见法官、检察官、仲裁员；向法官、检察官、仲裁员以及其他有关工作人员请客送礼或者行贿，或者指使、诱导当事人行贿；提供虚假证据，隐瞒事实或者威胁、利诱他人提供虚假证据，隐瞒事实以及妨碍对方当事人合法取得证据；扰乱法庭、仲裁庭秩序，干扰诉讼、仲裁活动的正常进行。（《刑事诉讼法》第42条规定：辩护律师或者其他任何人，不得帮助犯罪嫌疑人、被告人隐匿、毁灭、伪造证据或者串供，不得威胁、引诱证人作伪证以及进行其他干扰司法机关诉讼活动的行为。违反前款规定的，应当依法追究法律责任，辩护人涉嫌犯罪的，应当由办理辩护人所承办案件的侦查机关以外的侦查机关办理。辩护人是律师的，应当及时通知其所在的律师事务所或者所属的律师协会。）

3. 法律援助义务。律师必须按照国家规定承担法律援助义务，尽职尽责，为受援助人提供法律服务。

4. 公平竞争方面的义务。1995年，司法部专门制定了《关于反对律师行业不正当竞争行为的若干规定》，规定八种不正当竞争行为应受到处罚，包括不当宣传、借行政权力垄断法律事务、诋毁其他律师事务所、无正当理由降低收费标准等情况。

5. 执业限制义务。曾担任法官、检察官的律师，从人民法院、人民检察院离任后两年内，不得担任诉讼代理人或者辩护人。

（三）法律与职业道德责任

律师如果违反了法定或约定义务，就应该承担相应的责任，包括刑事责任、行政责任、民事责任，分别由相应的司法机关、行政主管部门和受害当事人依法加以追究，律师的行业自律机构亦可以通过内部的惩戒机制追究其违反职业道德规范的行为责任。

1. 行政责任，即由行政主管机关依法追究的行政责任和处罚。根据我国《律师法》，行政责任一般由设区的市级或者直辖市的区人民政府司法行政部门实施，但吊销律师执业证书须由省、自治区、直辖市人民政府司法行政部门确认。

应予追究行政责任的行为根据性质分为：第一类：（1）同时在两个以上律师事务所执业的；（2）以不正当手段承揽业务的；（3）在同一案件中为双方当事人担任代理人，或者代理与本人及其近亲属有利益冲突的法律事务的；（4）从人民法院、人民检察院离任后2年内担任诉讼代理人或者辩护人的；（5）拒绝履行法律援助义务的。（《律师法》第47条）第二类：（1）私自接受委托、收取费用，接受委托人财物或者其他利益的；（2）接受委托后，无正当理由，拒绝辩护或者代理，不按时出庭参加诉讼或者仲裁的；（3）利用提供法律服务的便利牟取当事人争议的权益的；（4）泄露商业秘密或者个人隐私的。（《律师法》第48条）第三类：（1）违反规定会见法官、检察官、仲裁员以及其他有关工作人员，或者以其他不正当方式影响依法办理案件的；（2）向法官、检察官、仲裁员以及其他有关工作人员行贿，介绍贿赂或者指使、诱导当事人行贿的；（3）向司法行政部门提供虚假材料或者有其他弄虚作假行为的；（4）故意提供虚假证据或者威胁、利诱他人提供虚假证据，妨碍对方当事人合法取得证据的；（5）接受对方当事人财物或者其他利益，与对方当事人或者第三人恶意串通，侵害委托人权益的；（6）扰乱法庭、仲裁庭秩序，干扰诉讼、仲裁活动的正常进行的；（7）煽动、教唆当事人采取扰乱公共秩序、危害公共安全等非法手段解决争议的；（8）发表危害国家安全、恶意诽谤他人、严重扰乱法庭秩序的言论的；（9）泄露国家秘密的。律师因故意犯罪受到刑事处罚的，应吊销其律师执业证书。（《律师法》第49条）

行政处罚方式包括罚款、没收违法所得；情节严重的，停止执业；情节特别严重的可吊销其律师执业证书。上述行为构成犯罪的，应依法追究刑事责任。

2. 刑事责任，即根据刑法或相关法律追究刑事责任和判处刑罚。根据我国律师法及其他相关法律，律师在执业活动中可能触犯的罪名主要包括侵犯商业秘密罪，故意或过失提供虚假证明文件罪，辩护人、诉讼代理人毁灭证据、伪造证据、妨害作证罪，扰乱法庭秩序罪，行贿罪，介绍贿赂罪，泄露国家秘密罪等。

3. 民事责任，即按照相关法律对律师因违约或侵权给当事人造成的损失承担赔偿责任。我国《律师法》第54条规定，律师违法执业或者因过错给当事人造成损失的，由其所在的律师事务所承担赔偿责任。律师事务所赔偿后，可以向有故意或者重大过失行为的律师追偿。

4. 职业道德责任：律师必须受律师行业协会制定的职业道德规范的严格制约。根据中华全国律师协会制定的《律师职业道德和执业纪律规范》（2001年11月26日修订）以及《律师执业行为规范》（2011年11月9日修订），违反职业道德规范的律师、律师事务所，由律师协会依照会员处分办法给予处分。

第二节　律师制度

一、律师制度

（一）律师制度的概念及意义

律师制度，是指国家关于律师性质、资格、地位、功能、组织、执业方式、活动原则以及向社会提供法律服务的具体方式等方面的法律制度。律师制度属于一国司法制度的重要组成部分，现代国家都通过宪法、律师法和各种司法程序法对律师制度加以确认和规范。

律师制度在现代法治社会中的意义主要是：

1. 律师制度是民主与法治的重要保障。律师通过向社会提供法律服务，成为连接国家法律与普通社会民众生活之间的桥梁。律师制度，旨在保障法律得以实施和实现，保证社会主体实现利用司法程序的权利，保障社会秩序和法律秩序的有序运行。当前，律师已经成为现代法治社会的一种重要社会力量，活跃在立法、司法、行政和社会生活的各个领域，并被视为法治的标志之一。

2. 律师制度是司法程序公正、高效运行的重要条件。法律程序具有规范性、专业性和复杂性的特点，普通当事人由于不具备法律职业的专业知识、经验以及必要的技术手段，在取证、调查、书写法律文书、举证、质证和法庭辩论等方面，都存在着明显的能力不足，很难自行参与并实现诉讼目的，由此也会给法官的审理带来极大的困难，影响诉讼程序的正常高效进行，甚至可能导致诉讼结果的不公正。因此，现代司法诉讼程序，一般都需要借助律师的辅助才能完成。在刑事诉讼中，国家有义务保证被告人获得律师辩护的权利；在民事诉讼方面，律师的参与有助于缩小当事人之间在诉讼能力上的差距，保证诉讼的公正和效率。

3. 律师制度是市场经济运行和社会自治不可缺少的中介。现代社会的法律调整主要是依靠社会主体自主地依据法律规定的行为规范建立各种法律关系，进行各种经济和社会交往活动。但由于当事人对法律的理解和运用存在许多障碍，因而律师提供的法律服务的作用和范围不断扩大：通过提供法律咨询帮助当事人进行决策，避免违法行为和纠纷的发生；参与订立合同、协商谈判；协助当事人依法纳税、制订各种法律文件、自治性规章和公约，建立自治性组织，提供律师见证等。目前，不仅企业普遍聘请法律顾问或专职律师，许多公民个人生活中也开始越来越多地依靠律师的服务。律师行业也发展为一种具有巨大市场和发展潜力的产业。

4. 律师制度是现代社会纠纷解决机制中的重要组成部分。传统的律师主要是为当事人进行诉讼活动提供法律服务，但现代律师的主要业务领域已经极大地向非诉讼事务和诉讼外纠纷解决扩展：除代理当事人参与谈判协商、调解和解、仲裁外，也可以作为中立第三方担任调解人、仲裁员。律师的纠纷解决专业化程度高，能够对纠纷解决的法律标准和结果以及解纷的成本、效益作出相对理性的预测和判断，属于一种在法律的框架下交易协商的解纷模式，既能满足当事人的特定需要，也有利于节约解纷成本和司法资源。

5. 律师制度是现代人权保障事业的重要力量。当代社会律师在人权保护中具有重要的作用，包括：代表被害人参与追究违法犯罪；保障刑事被告人切实获得辩护的权利；对司法活动进行有效监督；通过法律援助帮助弱势群体和当事人利用司法诉讼程序解决纠纷，维护合法权益，实现平等的诉讼权利；推动公益诉讼和集团诉讼；通过质询、启动听证程序等推动和监督政府依法行政；等等。

6. 各国律师制度的规模和模式对法治的运作具有重要影响。当代世界各国的律师人数、组织结构和执业方式存在着明显的不同，决定了各国法律运作模式的差异。律师人数多、作用大，说明一个国家对法律特别是诉讼的依赖程度较高，既有促进经济和市场的竞争力、保护社会成员权利、扩大法律服务的优势，但也可能产生刺激诉讼、增加纠纷解决成本、降低当事人参与等负面作用。因而，各国应该根据社会需求和条件进行规划，使律师人数和规模保持在与社会和经济的发展相协调和“可持续发展”的合理状态。

（二）律师制度的产生与发展

1. 古代律师制度的产生

律师的需要产生于法律活动的专门化。早在公元前6世纪的雅典共和国时期，西方国家就产生了律师的雏形——辩护士或“保护人”。雅典的法律规定，只有雅典的男性才拥有起诉权，异邦人只有通过“保护人”才能提起和进行诉讼；同时，在案件审理中允许委托他人进行辩护，适应这种需要，产生了职业的辩护士。辩护士或“保护人”对后世罗马律师制度的产生起到了一定作用。

古罗马共和国时期，由于商品经济发达，民事纠纷和诉讼也日益增加，由此形成了罗马时期的诉讼制度和法庭审理中的辩论模式。法律及诉讼程序的复杂和辩论的需求产生了诉讼代理人的需要，并逐步产生了以此为职业的专业人士。公元前3世纪，罗马皇帝正式以诏令形式确认了诉讼代理，并建立了通过考试选用辩护人作为诉讼代理人的制度，这一制度就是现代律师制度的起源。公元1世纪，在罗马共和国后期，律师制度正式确立，不仅采用了“律师”这一职业名称，而且形成了律师职业阶层。法律规定，公民有权获得律师的法律帮助。公元3世纪，罗马帝国后期，国家加强对律师的管理，将律师分为从业律师和候补律师，从业律师实行限额管理，缺额时由候补律师递补。律师收费标准由法律规定。律师的社会地位很高，并常常成为法官的候选人。

2. 中世纪律师制度

西方中世纪时期，由于封建割据，国家的立法和司法活动处于非常低落的状态，纠问式的法庭审理模式也使得辩论的意义不复存在，因而，律师制度几乎失去了存在的地位和意义。有些国家只有僧侣能够以律师身份在宗教法庭执行律师职务。12世纪开始的文艺复兴运动，使得罗马法得以全面复兴，随着大学法律教育和法学研究的发展，世俗律师及律师事业也得到复兴，12世纪以后，法国正式建立了由受过法律教育的世俗专业律师宣誓就职的登记律师制度。律师逐步成为法国法律职业中重要的组成部分，并直接促进了近现代法的形成。英国律师制度从13世纪开始有了长足的发展，辩论式诉讼模式和罗马法的影响都推动了律师行业的发展，至15世纪，律师业已经相对发达，形成了师徒传承式的律师教育模式，建立了四大律师学院（Inn），并确立了从律师中选任法官的传统。

3. 近现代律师制度的建立

近代律师制度是17、18世纪资产阶级革命的产物。近代自由民主思想提倡罪刑相适应、无罪推定等原则，主张保护人权，近现代诉讼程序则以当事人的平等权、辩护权为基础，强调诉讼程序的理性化、专业化和文明，这些都促进了律师制度的发展。1679年，英国颁布《人身保护法》，规定诉讼实行辩论原则，当事人有权获得辩护。此后，各国的宪法和法律先后确认了刑事被告人获得辩护的权利，并相继建立了近现代律师制度，成为近现代司法活动的组成部分和促进司法公正的重要机制。

4. 当代律师制度的发展趋势

（1）律师人数迅速增长，社会地位不断提高。尽管速度和规模不尽一致，但世界各国的律师人数都在持续增长。美国在20世纪60年代，律师的增长速度竟达到人口增长速度的8倍。[①] 原来对律师人数发展持稳健保守态度的日本，在司法改革中也逐步扩大了律师人数，与此同时，律师的社会地位也在不断提高，律师开始形成独立的政治势力和利益集团，并在社会的各个领域发挥着越来越重要的作用。

（2）律师业务范围不断扩大。从原来的诉讼为主发展到各个领域，从纠纷解决到日常

---

① 参见［美］理查德·L·埃贝尔：《美国律师》，张元元、张国峰译，99页，北京，中国政法大学出版社，2009。

法律事务；服务对象从国际组织、政府直到个人。

(3) 律师的分工日趋专业化。为适应现代法律事务日趋专业化和复杂化的社会需要，律师也产生了分工专业化趋势。专业律师和专业律师事务所已成为普遍现象。

(4) 执业形式多样化，大型法律事务所和律师公司产生。由于法律服务市场和需求的多元化，为适应这种情况，律师执业形式也呈现多样化特点。在经济全球化的背景下，大型律师事务所及公司化律师事务所在国际贸易和投资等事务中具有特别明显的竞争优势，其出现和快速发展标志着律师业务国际化时代的到来，由此也导致律师执业责任的承担从无限责任向有限责任方向转变。

(5) 律师行业自治和自律程度不断提高。律师行业自治历史悠久，随着其社会地位的不断提高，通过自治维护行业的社会威望和声誉，提高行业的素质和竞争力就成为各国律师界的共同目标。律师自治能力的提高既保护了自身的权利，维护了行业的整体利益，也使得国家和社会减少了对其进行行政管理和控制的必要。世界各国关于律师的立法日益完善，律师行业自治也更加规范，部分原来由国家行使的管理和规制权责转由律师协会承担。律师开始承担越来越多的社会责任，特别是法律援助和公益诉讼，力图改变整体形象，成为社会正义和社会良心的代言人。

二、西方主要国家律师制度

(一) 英国

在普通法系中，英国的律师制度具有一定的代表性。13世纪前后产生的“辩护律师”职业，可以视为英国大律师的最初形态。英国没有系统的律师法典，有关律师制度的各项规定散见于宪法性文件及其他一些法律文件中。英国律师分为两类：

1. 大律师（Barrister），也译为“出庭律师”、“巴律师”、“高级律师”或“专门律师”，指能在英国上级法院执行律师职务的律师。成为大律师的条件是：(1) 得到四大律师公会（林肯、格雷、内殿、中殿律师公会）认可的资格；(2) 通过大律师资格考试；(3) 在有经验的辩护律师的指导下，当一年的见习律师。大律师的职能是出庭辩护，有权在上议院、上诉法院、刑事高等法院、巡回法院等上级法院执行律师职务。在皇家法院，通常只有大律师享有出庭权。大律师社会地位很高，属于高收入阶层，对英国社会的政治、经济等方面产生了深远的影响。在英国，没有大律师的资格不得申请成为法官。法院的许多重要职位，都要求有10年或15年以上的大律师执业资历。但大律师不能直接从当事人那里接受委托，也不能直接会见当事人。

2. 小律师（Solicitor），也译为“初级律师”、“沙律师”、“诉状律师”、“事务律师”，是直接接受当事人的委托，在下级法院及诉讼外执行律师业务的律师。成为小律师，并无特定学历要求，但通常是毕业于大学法科，通过小律师资格考试，并需要在诉状律师所当若干年（一般为2年—5年）实习律师。其主要职能是负责接待当事人，解答法律咨询，起草法律文书，担当法律顾问，处理婚姻、家庭、财产、遗嘱方面的法律事务。其工作大多与财产有关：如调查土地的所有权，准备销售、财产转让及遗嘱的契约文书，还常常履行执行人和受托人的职责。小律师是不准出庭的，但20世纪70年代以后，此规定有所松动，但只限于在治安法院和郡法院出庭辩护，如果这些案件上诉到高等法院，小律师也可以到高等法院出庭辩护。

截至20世纪90年代末，英国有小律师7万人，大律师近7 000人。在这种律师二元制的结构中，由于出庭律师不与当事人直接接触，因而有利于从纯粹专业的角度公正地承办法律事务，维护当事人的合法权益，确保法律的公正实施，但是当事人必须聘请大小两名律师，手续复杂且成本高，诉讼效率和效益较低。因此，英国国内要求改革二元律师制度的呼声日益高涨。1990 年，英国议会通过了《法院和法律服务法》，初步打破了两类律师的分立状态。1999 年又颁布了《接近正义法》，规定大法官在取得议会同意的条件下可以改变限制出庭辩护权的不合理规则，并授予出庭律师完全的审前诉讼准备权。到 2001 年，大约有 1 153 名事务律师获得了出庭辩护权。[①] 但与此同时，二元律师的融合也会带来一些负面影响，如导致辩护质量的降低、当事人得以聘用出庭律师的机会减少等。加之事务律师取得出庭经验的难度，取得在高级法院出庭权的事务律师人数实际只占事务律师整体的一小部分。总的来说，英国律师业的融合能否实现仍需要实践的检验。

英国没有全国性的律师组织，各地区都建有大律师组织和小律师组织。例如，英格兰和威尔士的大律师公会和律师协会，分别实行行业自治。律师都必须是律师组织的成员，律师组织负责律师的资格考试、资格认定、惩戒，制定律师从业规则和考试规则等。

（二）美国

截至 2007 年，美国律师有 1 143 358 人。[②] 美国没有统一的律师法，有关律师的规定散见于宪法、判例法，以及律师协会制定的《律师守则》中。美国律师没有出庭律师和诉状律师之分，依职能通常划分为私人律师和公职律师。

1. 私人律师是自由开业的律师。取得州律师资格，并在一家律师事务所工作，就可以成为私人律师。主要工作是接受当事人委托从事各种法律业务。收费方式以按时收费为主，同时对部分案件实行胜诉酬金制度。律师在收入和经济地位方面存在极大的差别。

2. 公职律师主要为政府部门、法院、检察院服务，一般只为本部门提供法律服务，而不面向社会，如向政府部门的首长提供法律咨询，代理本部门参加诉讼。在法院工作的公职律师主要是接受法院指定，为没有钱请律师的被告人担任辩护律师（法律援助）。公职律师的报酬由政府支付，除高级司法官员（如司法部长）外，收入一般比私人律师低。因而，担任公职律师的通常是刚获得律师资格的年轻律师，一旦获得经验或更好机会，就会转为私人律师。

私人律师和公职律师在法律资格和教育方式上完全相同：（1）法学院学历。（2）通过律师资格考试。美国的各个州都有自己的律师资格制度，律师在一州执业必须通过该州的律师资格考试，各州考试委员会由该州最高法院指定。联邦设立全国律师资格考试领导小组，负责协调各州的考试与评分。（3）具备良好的个人品行条件，律师事务所和律师协会对律师的品行拥有详细的记录和监督机制。律师从业范围相当广阔。

美国有全国性和地方性律师组织。美国律师协会（ABA）成立于 1878 年，是律师的全国性行业组织，律协成员不仅包括开业律师，也包括法官、检察官和法学家等，加入律师协会是自愿的。律师协会在促进法学研究和法律家的继续教育、促进司法统一、维护律师职业的荣誉、加强法律家之间的感情和联系、增进公共利益等方面都发挥了重要作用。

（三）法国

作为典型的大陆法系国家，法国的律师制度主要受罗马法的影响，1971 年以前，法国

---

① 参见程汉大、李培锋：《英国司法制度史》，251 页，北京，清华大学出版社，2007。

② 参见吕冰心：《中美律师行业的六大差异》，载《法人杂志》，2007（10）。

的律师业由四种专职人员组成，即律师、诉讼代理人、商事诉讼代理人和法律顾问。其中，辩护律师和诉讼代理人的关系类似于英国的出庭律师和诉状律师；商事诉讼代理人则在商事法院履行辩护律师和诉讼代理人的职责。1971年，法国颁发《关于司法与法律方面专门职业改革办法》，对传统律师制度进行改革，以新的专业律师取代过去各种专门律师。通过1990年的议会专门立法，至1992年1月，律师和法律顾问的两类职业合并，最终实现了律师职业的统一。目前，法国的律师主要分为三类：(1) 律师，可以出庭辩论并代理大审法院一级的诉讼程序业务；(2) 代理上诉法院业务的律师，称为诉讼代理人；(3) 专属于最高行政法院和最高司法法院的律师。

2004年—2006年，法国先后通过了第2004～130号法律、第2004～1123号关于"欧共体律师"的法令、第2004～1368号关于律师职业培训的法令、关于律师惩戒结构及程序的法令、关于修改地区律师职业培训中心考试评审委员会的组成以及专业化考试的法令等，对原律师立法作了重要修改。

按照现行法律的规定，在法国成为律师的条件是：(1) 法国国民。(2) 具有法学学士学位；或根据欧盟1988年12月21日颁布的89～48号法令的规定，符合法国司法部长、教育部长联合发布的政令承认的，与法学学士同等的学历。(3) 持有律师职业适合证书。途径是：参加地区律师职业培训中心组织的入学考试，考试通过者需在该中心接受18个月的培训，并通过结业考试。在通过律师资格考试，获得"律师业技能合格证书"之后，成为见习律师。此后，还需要在律师事务所进行为期3至5年的实习培训，由律师协会根据其表现决定是否授予律师资格。(4) 道德行为标准，没有因为有损于品行的行为而被判处刑罚、受到纪律惩戒或行政处分。(5) 没有受过破产等宣告。(6) 在参加培训地的律师公会登记注册，并须到上诉法院宣誓。注册律师还需要接受每年20小时或每两年40小时的强制性"律师进修培训"。

法国律师公会负责规范律师职业事项。律师公会设在大审法院所在地，各地律师公会之间没有上下级隶属关系，可自由重组合并。

(四) 德国

德国律师都拥有统一称号 (Rechtsanwalt) 和资格，没有职业上的法定分类。但根据律师事务所从事的业务，可以将其分为三类：

1. 私人开业律师。接受当事人委托，作为辩护人或代理人参与诉讼活动，提供法律咨询和其他委托业务。普通民事诉讼中实行强制律师代理制度，律师在诉讼中的收费由法律明文规定。

2. 企业法律顾问。分为两种：一类是企业的专职法律顾问，在企业的法律部门工作，主要从事商务法律工作，相应地失去作为出庭律师的机会。另一类是理事律师 (syndic-attorneys)，绝大多数时间为特定客户，如某一企业服务，但不是专职律师，其余时间仍作为私人开业律师从事业务。

3. 政府律师。服务于政府部门的律师，绝大多数是作为行政官员而非法律专家行使职权的。

德国的律师与法官接受同样的法律教育和培训，但由于法律职业采用分业模式，律师一般不能直接转为法官或检察官。律师协会属于公法人，具有较高的自治权。

(五) 日本

在日本，律师与法官、检察官的培训途径是相同的，即司法考试和司法研修。传统上法律职业采用分业模式，律师一般不能直接成为法官或检察官。20 世纪 90 年代的司法改革，开始仿效英美允许律师成为法官，但人数极为有限。21 世纪实施的司法改革方案计划在若干年内逐步增加从律师中升任法官的人数，最终实现全部法官从律师中产生的目标，但目前与这一目标尚存在较大距离。

日本律师（辩护士）联合会是法定的律师组织，属于一种独立的自治团体。每个律师都必须加入当地律师联合会，律师和各地律师联合会均为日本律师联合会的当然成员（双重强制加入制度）。协会的活动经费来自会员缴纳的会费。根据日本的辩护士法，律师联合会的权限和职能主要是：（1）设置律师名册，负责登记业务；（2）律师的资格审查；（3）研讨为维护会员纪律的各种方针政策；（4）审查对律师惩戒处分的不服或审查对不处分所提出来的异议申诉，以及行使对律师的直接惩戒权；（5）发行机关杂志和出版物；（6）办理休业、共济、互助养老金业务。

日本律师界有很严格的行业自律和重要的社会功能，在司法改革、立法、人权保障运动等方面都作为一支重要的力量发挥了不可或缺的作用；在强调律师行业为当事人服务性的同时，强调律师的公益性和司法性，以维护法治、促进司法的公正和民主化为己任。

三、我国律师制度

（一）我国律师制度的产生与发展

1. 古代社会的法律职业

作为一种提供法律服务的职业，我国古代也存在类似律师的行业。春秋时期，在公元前 7 世纪和 6 世纪的文献中，就已经可以见到以法律知识和辩论技巧为人代理诉讼的记载。元、明、清时期，国家曾允许为没有诉讼行为能力（官吏、老废笃疾或妇女）的当事人提供诉讼代理。然而，我国历史上从未真正承认过律师的作用，也并未形成正式的律师制度。由于民间客观存在对法律服务的需求，因而“讼师”作为民间法律家应运而生，为当事人代写诉讼文书、提供法律咨询、打点官府等，提供“法律服务”。但由于讼师的行为和声誉不佳，成为诱发滥讼和恶意诉讼的要因，国家不断对其进行禁止和打压，因而，讼师虽然起到了律师的某些作用，但并不具备律师的社会地位，也不能在法庭上公开合法地出现。

2. 近代律师制度的建立

近代中国的律师制度萌芽于清末变法，当时拟定的许多法律中都确认了律师的作用。辛亥革命后，南京临时政府起草了《律师法草案》。1912 年，北洋政府公布《律师暂行章程》，为第一部正式实施的律师法，标志着中国近代律师制度的建立。南京国民政府时期，曾制定、公布了多部关于律师的法律、法规，使律师制度更加规范。当时为数不多的律师都集中于少数几个大城市。在共产党领导的革命根据地时期，也曾开始实行律师代理和辩护制度，但由于历史条件所限，律师的作用不可能得到发挥。

3. 新中国律师制度的建立和发展

新中国成立后，立即开始筹建新的律师制度。1954 年《宪法》中规定，被告人有获得辩护的权利。1954 年到 1957 年，多数省、自治区和直辖市都建立了律师机构。但 1957 年以后，律师制度被视为资产阶级司法制度而被废除。

20 世纪 80 年代之后，律师制度得以恢复。1980 年，全国人民代表大会常务委员会通过了《中华人民共和国律师暂行条例》，此后，律师制度得到了迅速的发展。1996 年，制定实行了《中华人民共和国律师法》(2007、2012年修订)。目前,律师已经成为一个人数众多的职业群体,截至2010年年底,我国律师已达20.4万多人,其中专职律师占88%,兼职律师占5%,公职公司律师占3%,法律援助律师占3%,军队律师占1%。

(二)我国律师制度的特点

我国律师制度除与世界各国的现代律师制度具有共同性外,还具有以下一些特点。

1. 我国律师制度建立在社会主义司法体制基础上,具有鲜明的本国特色。律师执业机构从最初的法律顾问处到国办所,发展为目前的多元化格局,经历了一个转型和发展的过程,制度建构已基本完成。

2. 我国律师制度的历史较短,发展过快,律师素质参差不齐,律师行业整体的职业道德、自律程度和公信力相对较低。同时,律师的社会地位和权利保障程度也比较低。

3. 法律职业准入与法律教育之间尚未形成固定模式,律师的来源、职业定位和资格获得途径多元化,与法官、检察官、法学家之间的转换无严格规范。

4. 律师资格与律师执业资格及相关程序相互分离,公民依法取得律师资格后并不能当然成为职业律师,如欲以律师名义执行业务,还必须经过法定程序领取律师执业证书。

5. 行政管理与行业自治相结合。尽管行业自治正在不断加强,但整体而言,律师协会自治能力较低、作用有限,目前实施的行政监管和法律规制不可或缺。

6. 港澳台地区存在相对独立的律师制度,律师在各法域之间的交流和协助成为律师活动的重要内容。

(三)港澳台地区律师制度

1. 香港特别行政区律师制度

香港地区的律师制度渊源于英国律师制度,从1858年《执业律师条例》开始,先后制定了若干关于律师的法律法规。1964年8月颁布、历经多次修订的《执业律师条例》,是现行律师制度的基本依据。

香港地区的律师根据业务性质可分为官方律师(政府律师)和私人律师(执业律师)两大类。官方律师承担政府法律顾问的职能,具有律师和公务员双重身份,从政府领取薪金,不能私自接受当事人的委托,也不能在执业律师事务所从事兼职律师工作,如律政司的检察官。

私人律师则是独自或合伙设立律师事务所,为社会提供法律服务的执业律师,分为"大律师"和"(事务)律师"两类。大律师又称出庭律师,主要从事诉讼代理,代表当事人出庭或辩护,不能直接接待当事人,出庭必须由事务律师陪同。事务律师主要处理非诉讼法律事务以及出庭前的准备工作,当事人诉讼必须通过事务律师聘请大律师。事务律师资格的取得,要求具备法定条件(在香港地区居住满7年以上、法学学士);在律师行跟随一名律师实习两年后的12个月内向律师会提出申请,经审查合格者,发给"符合资格获认许为律师证明书"。之后,向司法常务官提出申请,由高等法院审查同意后送律政司和律师会备案。经过宣誓、交纳规定费用,登记入《律师名册》。取得律师资格后,还必须申请执业资格,领取律师执业证书。大律师资格与事务律师不同,需单独申请,程序大致相似。大律师累积10年经验后有机会被终审法院首席法官委任成为资深大律师(Senior Counsel,S.C.),截至2012年5月,资深大律师共有86人。

两类律师分别建立了自己的自治性组织。香港地区大律师公会是大律师的专业团体。香港地区律师公会成立于1907年,是律师的自治性组织,也是法定的专业团体。律师公会制定了一系列纪律规范和职业道德规范，对律师严加规范。

律师纪律审裁团由首席法官委任，负责处理律师的违纪案件和投诉，根据情况分别处以除名、吊销执业资格等处分。律师由于职业过失给当事人造成损失的，当事人可以通过民事诉讼获得赔偿。律师都必须购买执业保险，实行强制保险制度。

2. 澳门特别行政区律师制度

澳门地区的律师为自由职业者，人数很少。1991年通过的《澳门律师通则》共41条，是澳门地区律师制度和律师工作的基本法规。

获得律师资格要求一定的学历条件。律师必须在澳门地区律师公会注册并遵守公会制定的章程、准则。经律师公会有效注册的律师和实习律师，具有执业的权利，享有与律师业务相当的保障及待遇。律师不得兼任任何减损律师独立性及职业尊严的活动或职务，包括：除立法会议员之外的澳门地区管理机关领导或成员；正式或代任的法院法官、检察院司法官及任何法院的公务员或服务员；市政厅主席、副主席、公务员或服务人员；公证登记机关的公共公证员、登记局局长、公务员或服务人员；除法律教员以外的人和公共机关的公务员或服务人员；现役的武装部队及军事化部队的成员；中间人或拍卖人；以及法律规定的律师不得从事的其他活动或职业。

澳门地区律师可以单独执业，也可以采取合伙的形式集体执业。澳门地区律师公会1995年成立，是自治的公法人组织，职责主要有：制定从事律师业的规范；给予律师及实习律师职业资格；增进律师职业的尊严与威望，并促进尊重职业道德原则；维护职业及专业人士利益、权利及特权；增强会员之间团结；促进求取法律的认识及运用。

澳门地区律师业高等委员会，是根据《澳门律师通则》建立的律师的职业纪律机关。澳门地区律师的惩戒由澳门地区律师业高等委员会来行事，通过投诉或者举报，自行行使对律师和实习律师的纪律管辖权。对律师的处分主要有：警告、训诫、罚款、中止10至180个律师工作日和中止6个月至5年律师工作，以及开除等。对违纪律师的处分需遵循法定的程序，并允许受处分的律师进行辩护。

3. 台湾地区律师制度

根据台湾地区“律师法”，成为律师必须参加律师资格考试。应试资格分为：(1) 积极资格，即允许考试的资格，要求具有法律专科以上学校的同等学力；(2) 消极资格，指禁止参加律师考试的条件，包括违法犯罪等。

律师资格还可以通过检复的方式获得，即以间接的形式，考察检复对象是否已具备执行律师职务所需要的知识和能力，主要限定于司法界、立法界、教育界和军界，以及能在台湾地区开业的外国律师。检复只能由考选机关设置的检复委员会实施。

已经取得律师资格证书者，从正式工作起，必须先在法院登录，并且加入律师公会，否则不能执业。台湾地区的律师公会分为全台湾地区的律师公会和地方各级律师公会。行政上，省级律师公会受“内政部”管辖；地方各级律师公会受各市、县级的行政主管机关管理。业务上，它们都受“法务部”及律师公会所在地的地方法院首席检察官的指挥和监督。没有加入律师公会的律师，不能进行律师执业。律师公会的作用主要是促进司法制度的改革，提高律师地位、发展司法教育以及与世界各地的法律界进行交流，提高法律服务的质量。律师公会的工作要受到社会行政主管部门和法院的指挥和监督。

律师的工作主要包括诉讼与非诉讼两类。律师必须本着忠于事实，为当事人服务的精神为当事人谋求利益，遵守法规法纪，不为私利所动。没有正当的理由，律师不得终止与当事人的契约或合同。如果因为客观原因不得不中止与当事人的契约，应当在审判前10天通知委托人。同时，律师对当事人负有保密义务。

律师惩戒程序分为两级，“律师惩戒委员会”是初审机关，“律师惩戒复议委员会”为复审机关。由高等法院及其分院或地方法院的首席法官向“律师惩戒委员会”提出律师的惩戒案，由“律师惩戒委员会”内部评议表决，超过半数即可通过该惩戒案。如果受惩戒律师对该判决不服，可以在20天内以书面形式向“律师惩戒复议委员会”提出复审。初审、复审后由“法务部”以命令的形式来决定是否执行。对律师共有四种处罚方式：警告、申诫、停止执业两个月以上两年以下、除名，其中第四种处罚意味着受罚人将永远失去律师资格。

第三节　律师的执业形式及其管理

一、律师职业资格

（一）律师资格的概念

律师资格，即根据国家的有关规定，按照一定的条件和程序所获得的国家认可的专业资格。获得律师资格是成为律师的必经程序和法定条件，只有取得律师资格的人，才能以律师的身份执行律师职务。世界各国对于律师的资格都有严格的规定。

（二）获得律师资格的途径和条件

世界各国律师资格取得方式各有不同，一般有两种基本模式：

1. 法律职业培养一元化模式，即律师与法官、检察官采用同样的资格条件和培训途径，在取得资格后，分别就任不同的法律职业，如法官、律师等。这种模式下，律师与法官具有大致相同的任职条件，如德国、日本。

2. 专门化律师培养及资格准入模式，包括两类：（1）在英美法系国家，律师是法律职业的基础，从事法律职业必须首先从律师开始，法官、检察官资格高于律师。其中英国（也包括我国香港地区）的律师根据分工的不同，大律师与事务律师各有专门的资格获得方式和培养途径。（2）大陆法系国家的分业培养模式，例如法国，律师的培训与法官分别进行，互不相关，各法律职业的任职条件不同，要求不同，但并无明显的高下之分。

各国的律师资格一般都要求以下条件：（1）具有本国国籍，但有些国家允许外国人参加律师资格考试并获得律师资格，如美国和德国；（2）品行良好，符合一定的道德标准；（3）学历条件，如法学学士学位，但也有国家不作专门规定；（4）通过专门的司法考试或资格考试；（5）经过专门培训或实习；（6）法定机构（如律师协会或行政主管机关）的考察、注册或资格授予程序。

（三）执业资格

律师资格与律师执业资格既有联系，又相互区别。原则上，律师资格是指一种专业资格，是进入律师行业的准入条件之一；而律师执业资格则是一种营业资格，即开业和执业的许可，是以律师资格为前提并以实际从事律师职业为条件的。在大多数国家，律师资格与律师执业证书是统一的，同时二者又可以分离。在取得律师资格之后即使不从事律师业务，仍然可以保留其资格；同样，具有律师资格并不必然可以随时进行律师业务，仍需履行一定的程序、取得执业证书。我国采取律师资格与律师执业资格分离的制度。取得律师资格，并不必然意味着可以获取律师执业证书，只有经过实习，司法行政机关经审核认为其能力可以从事律师职业的，才可以获得律师执业证书。

律师职业道德及权利义务通常是针对律师的行为而言的，在这个意义上，律师行业管理和自治也主要是针对执业律师而言的。此外，执业律师的营业性活动通常与一定的组织机构，即律师事务所和其他执业形式有关，因此对诸如注册、考核、营业、纳税等问题须由一系列特殊的法律制度加以调整。

（四）我国律师资格与执业资格

1. 律师资格的取得

根据我国《律师法》的规定，取得律师资格的条件包括：

（1）品行条件：即拥护中华人民共和国宪法，品行良好。受过刑事处分的（过失犯罪除外）、被开除公职或被吊销律师执业证书的人不予颁发律师执业证书。

（2）学历条件：取得高等院校法学大专、非法学本科以上学历或同等专业水平都可以报名参加司法考试。

（3）资质条件：即通过律师资格考试或考核。根据《国家司法考试实施办法》的规定，国家实行法律职业资格全国统一考试制度。我国从1986年组织第一次全国律师资格考试，到2000年为止，进行了12次全国统考。从2002年开始，律师资格考试由统一司法考试取代。

我国律师资格以考试为主，以考核批准为补充。《律师法》第8条规定："具有高等院校本科以上学历，在法律服务人员紧缺领域从事专业工作满十五年，具有高级职称或者同等专业水平并具有相应的专业法律知识的人员，申请专职律师执业的，经国务院司法行政部门考核合格，准予执业。"经考核批准取得律师资格的程序，在程序上要求更为严格。

2. 律师执业证书的取得

律师执业证书是律师执业的有效证件和法定标志。取得律师资格的人员必须依法获得律师执业证书才能执业。律师执业证书与律师资格证书不同，申请律师执业证书必须符合一定的条件，包括实质要件和形式要件。

申请律师执业证书的实质要件。根据我国《律师法》第5条的规定，申请律师执业，应当具备下列条件：（1）拥护中华人民共和国宪法；（2）通过国家统一司法考试；（3）在律师事务所实习满一年；（4）品行良好。上述条件必须同时具备，缺一不可。

申请律师执业证书者，有下列情形之一的，不予颁发律师执业证书：（1）无民事行为能力或者限制民事行为能力；（2）受过刑事处罚的，但过失犯罪的除外；（3）被开除公职或者被吊销律师执业证书的。

申请执业证书的形式要件。《律师法》第6条规定：申请律师执业，应当向设区的市级或者直辖市的区人民政府司法行政部门提出申请，并提交下列材料：（1）国家统一司法考试合格证书；（2）律师协会出具的申请人实习考核合格的材料；（3）申请人的身份证明；（4）律师事务所出具的同意接收申请人的证明。申请兼职律师执业的，还应当提交所在单位同意申请人兼职从事律师职业的证明。受理申请的部门应当自受理之日起20日内予以审查，并将审查意见和全部申请材料报送省、自治区、直辖市人民政府司法行政部门。省、自治区、直辖市人民政府司法行政部门应当自收到报送材料之日起10日内予以审核，作出是否准予执业的决定。

申请人对司法行政部门不予颁发律师执业证书不服的，可以向上一级司法行政机关申请复议，对复议决定不服的，可以向人民法院提起行政诉讼，也可以直接提起行政诉讼。

根据司法部颁布的《律师执业管理办法》的规定，律师执业证书每年注册一次，由司法部或省、自治区、直辖市司法厅（局）负责组织实施。律师办理执业年度注册，由所在律师事务所向住所地司法行政机关申报注册材料，住所地司法行政机关提出审查意见。符合注册条件的，注册机关应当自收到申请材料之日起15日内办理注册手续。

律师应妥善保管律师执业证书，不得出借、出租、抵押、转让、涂改、毁损。律师执业证书损坏或遗失的，由所在律师事务所向司法行政机关申请换领或补发。律师执业证书损坏的，应交回原律师执业证书；律师执业证书遗失的，应当在当地报刊上刊登遗失声明。

此外，在某些专门领域从事律师业务，需要特殊的资质条件。例如，从事证券法律实务的律师，必须事先取得中国证监会和司法部共同授予的“证券律师资格”。

3. 律师执业的限制

律师执业限制，是指国家法律、法规或者其他规范性文件所规定的有关律师执业时的身份、业务种类和时空范围等方面的特殊约束。对一些特殊情况下的律师执业行为进行适当的限制，有利于维护正常的律师执业秩序和保障社会公众的利益。根据《律师法》和其他有关规定，我国的律师执业限制主要包括三方面：

（1）不能以个人名义独立执业，并且只能在一个律师事务所执业。律师可以在不同的律师事务所之间自由流动，但是不能以自己的名义执业，只能从属于某一个特定的律师事务所（可以是个体律师事务所）。禁止律师同时在两个以上的律师事务所执业。

（2）公务员不得兼任执业律师。

（3）律师担任各级人民代表大会常务委员会组成人员的，任职期间不得从事诉讼代理或者辩护业务。这样规定，一方面，有利于担任该职务的律师集中精力履行其职责；另一方面，人大作为权力机关，对政府、法院、检察院等的工作具有监督权，对其主要负责人有任免权。律师如果在担任各级人大常委会组成人员期间同时还执行律师职务，不利于各有关机关依法履行职务，也不利于律师的队伍建设和自我保护。

（4）曾任法官、检察官的律师，从司法机关离任后2年内，不得担任诉讼代理人或者辩护人。这一规定旨在避免曾担任法官、检察官的律师借用以往工作关系和人情等因素影响司法公正。

二、律师执业机构

（一）律师执业机构的概念和性质

律师执业机构，是律师开展业务活动的工作机构，包括工作组织和场所。世界各国的律师执业机构名称各有不同，例如，律师事务所、法律事务所、律师办公室、法律顾问处、律师楼等，其组织形式和经营方式也各有不同。

各国律师执业机构在性质上也各有不同：多数国家都将律师执业机构视为一种自由职业，属于民间性法律服务机构；但也有国家强调律师执业机构作为国家司法机构的性质，由国家司法行政机关统一管理。我国律师制度建立初期，曾经作为国家事业单位，受司法行政机关的管理，但随着律师制度的改革，律师执业机构被定位为市场中介组织，在组织形式和管理体制等方面都发生了重要的变革。

（二）律师执业机构的组织形式

当代世界各国的律师执业机构的组织形式呈多元化格局，但已开始出现了集约化的发展趋势。目前存在的律师执业机构组织形式主要有：

1. 个体或个人律师事务所，即由取得律师资格和执业执照的律师单独投资建立的、以个人或家庭所有的财产承担无限责任的律师执业机构。在律师制度发展初期，个体事务所是基本执业形式。随着律师业的发展，为了节约成本、扩大影响、加强律师间的合作，律师行业开始出现了各种联合营业的形式。这些形式包括：（1）以雇佣关系结合的事务所，即个体开业律师以雇佣关系聘请其他律师在其事务所工作。（2）联合营业，即若干个体事务所共同使用同一场所（办公室），分担各种行政费用开支，但每个个体在业务上不发生联系与合作；或者在一个场所同时建立多个事务所，各自分立，仅仅共同使用物质设施。

2. 合伙律师事务所，是由个体联合的事务所发展而来的、按照合伙法律关系组成的律师执业机构，合伙人对律师事务所的财产实行共有，共同负责事务所的经营，对事务所的债务共担风险、承担无限连带责任。目前，合伙制是西方国家律师事务所的主要形式，其内部一般由合伙人、聘任律师、业务人员和行政辅助人员构成，在业务上，各合伙人独立运作，但也合作承担较大的业务项目；共同承担事务所的日常运营费用，同时各自负担个人独立的业务费用，如雇用秘书等。合伙律师事务所均设立代表人或主任对外代表事务所。合伙人一般分为普通合伙人和高级合伙人，聘用律师在事务所工作一定年限后可升任为合伙人。合伙人可以对事务所的利润进行分配，一般是依据合伙人当年的工作业绩、案件受益、客户量和在事务所工作的年限等因素。聘用律师一般通过工资和奖金获得报酬。合伙制律师事务所一般采用合伙人民主管理的方式经营，并聘用行政主管管理日常行政工作。

3. 大型律师事务所，是适应经济全球化和法律事务国际化的趋势和需求发展起来的新型律师执业机构，其特点是集合了大量具有专业知识的优秀律师，形成了专业的互补与合作的规模优势和竞争力，在承办国际投资、国际贸易、跨国公司组建、国际技术转让法律服务方面能够发挥重要的作用。目前美国、英国和一些发达国家都出现了这种大型律师事务所，并且在不同国家设立了若干分支机构，形成了跨国法律服务的格局。大型律师事务所的经营方式有两种：一种是合伙制，另一种则是法人性质的律师公司，后一种执业形式已经为一些国家的法律所认可，例如，法国允许开业律师组成民法上的非商业性律师公司。美国的法律虽然不允许建立律师公司，但是许多大型律师事务所实际上已经发展为职业性的公司或职业联合。

（三）我国律师执业机构

我国《律师法》第 14 条规定，律师事务所是律师的执业机构。律师执业机构对律师从事业务工作，交流律师工作经验，维护律师的合法权益，以及对律师职业道德和职业纪律意识的提高，反映律师的意见和建议，促进律师制度的发展，都有着十分重要的意义。

1. 律师事务所的设立。根据《律师法》第 14 条的规定，设立律师事务所应当具备以下条件：（1）有自己的名称、住所和章程。律师事务所的名称，是经批准设立的律师事务所在执业活动中使用的机构名字和字号。由字号＋律师事务所组成，字号由两个以上汉字组成。（2）有符合律师法规定的律师。（3）设立人应当是具有一定的执业经历，且 3 年内未受过停止执业处罚的律师。其中，设立合伙律师事务所，还应当有 3 名以上合伙人，设立人应当是具有 3 年以上执业经历的律师；设立个人律师事务所，设立人应当是具有 5 年以上执业经历的律师。(4) 有符合国务院司法行政部门规定数额的资产。

申请设立律师事务所，应当提交申请书，律师事务所章程，发起人名单、简历、身份证、律师资格证书、能够专职从事律师业务的保证书，资金证明，办公场所的使用证明。住所地司法行政机关对申请材料审查无误后，报省、自治区、直辖市人民政府司法行政部门审核，符合律师法规定条件的，应当在收到材料之日起30日内颁发律师事务所执业证书，并应当在收到申请人材料之日起30内书面通知申请人。申请人对不予颁发律师事务所执业证书不服的，可以依照规定的程序向司法部申请复议，也可以直接向人民法院提起行政诉讼。

律师事务所办理开业登记时，应当填写《律师事务所登记表》，发起人应当向登记机关提交已辞去原职的证明。办理开业登记后，登记机关应向律师事务所颁发律师事务所执业证书。律师事务所凭借律师事务所执业证书刻制公章，开立银行账户，办理税务登记。律师事务所执业证书由司法部统一制作，不得伪造、涂改、出借、抵押和转让。

律师事务所在执业过程中，变更名称、住所、章程、合伙人等重大事项，应当报原审核部门，并到原登记机关办理变更登记。律师事务所因解散或其他原因终止业务活动时，应到原登记机关办理注销登记手续。律师事务所被注销后，登记机关应当收回律师事务所执业证书、公章以及所属律师的执业证书。

2. 律师事务所的组织形式

目前我国律师事务所的组织形式包括以下几种：

(1) 国资律师事务所。《律师法》第20条规定："国家出资设立的律师事务所，依法自主开展律师业务，以该律师事务所的全部资产对其债务承担责任。"国家出资是国资律师事务所的法定内涵，也是其区别于其他类型的律师事务所的根本特征。

(2) 合伙律师事务所，即由律师自愿组合，开办经费由个人筹集，风险责任由合伙人共担，收入归合伙人共有的律师执业机构。合伙是国际上通行的律师执业形式。1993年12月26日，国务院批准了《司法部关于深化律师工作改革的方案》，此后，合伙律师事务所得到迅速发展，目前已成为我国律师事务所的主要形式之一。

1996年10月25日，司法部发布了《合伙律师事务所管理办法》，对合伙律师事务所的有关问题作了具体规定。合伙律师事务所须有3名以上符合规定条件的律师自愿组合构成；合伙人需共同出资，共负盈亏，财产归合伙人共同所有，合伙人对律师事务所的债务承担无限连带责任，合伙协议是律师事务所成立、存在的前提和基础。

(3) 个人律师事务所。我国于2002年首次批准建立个人律师事务所。2007年修改的《律师法》正式肯定了这种组织形式。个人律师事务所的设立人是该所的负责人，对律师事务所的债务负无限责任。

截至2011年6月底，我国律师事务所已达1.7万多家，其中合伙所占76%，个人所占16%，国资所占8%。

3. 律师事务所的年检制度

2010年司法部发布《律师事务所年度检查考核办法》，规定司法行政机关按年度定期对律师事务所的执业和管理活动实施检查考核，明确了检查考核内容、考核等次和评定标准、考核程序、考核结果备案和公告等内容。律师事务所应当向住所地司法行政机关提交年度执业情况报告、律师事务所执业证书（副本）、经审计机构审计的律师事务所年度财务报表、律师事务所及律师的纳税凭证以及其他需要提交的材料。年检的时间为每年3月至5月。考核结果分为“合格”和“不合格”。律师事务所不按规定接受年度检查考核的，由设区的市或者直辖市区（县）司法行政机关公告责令其限期接受年度检查考核；逾期仍未接受年度检查考核的，视为自行停办，由司法行政机关收回并注销其执业许可证。

4. 律师执业的基本原则

律师执业原则，指律师正常从事业务活动时所必须遵守的基本原则，为律师、律师事务所以及律师行业管理者共同遵循，并贯穿在律师执业全部过程中。主要包括：

（1）遵守宪法和法律、恪守职业道德和职业纪律。

（2）维护当事人合法权益。律师是为社会提供法律服务的专业人员，与当事人的利益息息相关，所以律师在执业过程中必须在受委托的权限内，努力维护委托人的合法权益，不得损害当事人的利益。

（3）接受国家、社会和当事人监督。律师接受国家、社会和当事人的监督，可以保证律师业的健康发展。司法行政机关代表国家对律师进行监督、管理；社会各界对律师业进行社会监督，维护公共利益和社会正义；同时，律师接受当事人的委托，为其提供法律服务，当事人与律师的关系最为密切，利害关系也最大，因此也应受当事人的监督。

（4）律师依法执业受法律保护。律师执业中的职业权利和人身权利不允许被非法侵犯，司法机关对于律师的依法执业活动不准以任何借口和理由无故阻挠和侵犯。律师从事业务活动，在忠于事实和法律的前提下，只对当事人的委托负责，有权依法独立开展业务活动而不受任何机关、团体和个人的干涉。律师对于执业过程中存在的各种非法干涉，如地方保护主义、上级行政机关的干涉，应当坚决抵制，并有权进行控告。

三、律师管理体制

（一）律师管理体制的概念和模式

1. 律师管理体制的概念

律师管理体制，指一个国家对律师行业及其活动的管理制度，包括律师资格的获得、律师执业许可、律师执业机构的开设和管理、律师行为规范等各个方面的管理。根据管理主体的不同，律师管理可分为行政监管与行业自治管理两个方面。一般而言，当代世界各国律师管理中都同时存在两种因素，尽管行业自治已逐渐成为现代社会律师管理的主流，但为了避免行业保护倾向、维护社会公共利益，行政管理或调控仍然是必不可少的，尤其是在自治传统、自律能力及社会公信力较弱的情况下。在传统上，社会主义国家律师管理通常以行政监管为主；大陆法系国家律师管理中行政因素相对较强，同时授权律师行业自治组织行使部分准行政功能；而英美法系国家的律师自治则历史悠久，且影响极大，成为律师行业管理的主导因素，但律师也需要接受执业注册登记等行政监管。

2. 行政监管

当代世界各国律师管理通常是由国家的司法行政机关（司法部）主管，但各国的管理体制各有不同，取决于一个国家对律师的重视程度、律师的性质与职能，律师行业自治的成熟程度和司法行政机关的职权范围等因素。在具体操作上也有不同侧重。大致有两类方式：

（1）宏观规划和监管，即有关律师的基本制度均由法律明确加以规定，司法行政机关仅对律师的人数、规模进行整体规划，通过司法考试、法律教育规模等进行调节，统一掌握律师培训的机构、职业准入标准和程序等，并通过律师行业组织（律师协会）对律师及其执业机构进行间接的监管。司法行政机关不具体负责律师行为的惩戒、管理、监督等，而由律师行业自治组织进行具体的管理。

(2) 微观和具体管理。根据法律的授权，一些国家的司法行政机关具体承担许多律师管理职能，如组织司法考试，负责录用和培训律师，审核批准律师执业机构，律师注册，组织管理律师行业协会，对律师执业机构和律师执业行为进行监督、管理并追究行政责任等。

3. 行业自治

律师的行业自治，是指律师自治组织即律师协会对所属会员律师及律师事务所的执业活动进行的约束、监督及行业自律。西方国家的律师作为一个特殊而独立的行业，从历史上就有行业自治的传统，以实现自我保护、自我约束，抵制外来干预、提高行业公信力。

律师行业的自治管理，通常是由执业律师组成的自治组织——律师协会对律师进行自我服务、自我约束。世界各国基本上都设立了律师协会或公会，由其在法律授权下行使自治管理权，执行有关律师行业的指导、联络和监督事务，谋求律师素质、品格和律师服务水平的提高，促进律师制度的完善。各国律师协会的职责与权限各有不同，但一般都包括以下几个方面：制定律师执业规则和职业道德规范，负责律师的业务培训和教育、资格管理、纪律惩戒等事务，调解处理会员之间及会员与当事人之间的纠纷，维护律师待遇和权利，开展律师界的联络与交流等，并将促进法律的公正实施和立法的完善作为奋斗目标之一。

实行律师行业自治既有利于排除过多的行政干预，又有利于充分调动律师自我管理的积极性，已成为当代世界律师管理的主要方式。大多数国家主要或完全依靠律师行业组织来进行律师管理，律师协会通过制定行业规范，从完善律师资格考试、严格执业纪律和道德规范等方面入手着力提高律师的整体水平。各国律师自治组织主要有两种基本模式：

(1) 自愿模式。加入律师协会是律师的权利和自由，完全根据律师本人的自愿选择决定，律师协会的运行及影响力依靠其成员自身的维护和自律实现，如美国的律师协会(ABA)。优点是高度自由，个别律师即使不加入律协、不接受其管理，也有权以律师身份执业；缺点是可能导致部分律师的失控，因此仍需行政监管作为后盾。

(2) 强制模式，即将律师加入律师协会作为其法定义务，要求律师必须强制性地加入律师协会，接受律师协会的管理，律协本身带有一定的行政指导性，如日本的辩护士联合会和我国的律师协会。优点是使每一个律师都置于律协的管理控制下，有利于保证律师的整体素质和管理，并可以通过收费保证协会的日常财政支出。这种方式可以将行政机关的管理减少到最低限度，但无法保证律师的自由执业，行业的垄断性和保护性强。

(二) 我国律师管理体制

《律师法》第4条规定，“司法行政部门依照本法对律师、律师事务所和律师协会进行监督、指导”，并分别规定了各级司法行政机关对律师行业的行政管理职权。同时，《律师法》第43条规定，“律师协会是社会团体法人，是律师的自律性组织”；并规定了律师协会的有关职责。确立了一种以行政管理为主、行业自治为辅，行政管理与行业自治相结合的律师管理体制。律师资格的授予权、律师执业证书的颁发权、律师事务所设立的许可权、律师行业的日常监督管理权以及行政处罚权等均由各级司法行政机关行使；而律师协会的职责是总结交流工作经验、组织业务培训等。

我国律师管理体制从初建至今，始终是以司法行政管理为主，国家将律师视为司法工作人员的一部分，强调国家对律师职业的管理和控制；同时，我国律师业尚处于发展的初期阶段，行业本身不够成熟，自治传统、自律能力及社会公信力较低，因而暂时还不具备完全实现行业自治的条件。随着我国律师行业的发展以及律师执业水平的提高，今后，律师行业自治将会不断加强。

1. 律师业的行政管理

律师业的行政管理由司法行政部门主管，具体包括：(1) 对律师、律师事务所和律师协会进行监督、指导；(2) 主持统一司法考试；(3) 审核、发放律师执业证书；(4) 审核、批准建立律师事务所；(5) 对律师协会章程备案；(6) 对违反律师法规定的律师给予行政处罚；(7) 对违反律师法规定的律师事务所给予行政处罚；(8) 制定律师收费办法。

近年来，司法部在律师管理方面制定发布的有关行政规章，主要包括：《关于规范法官和律师相互关系维护司法公正的若干规定》(2004 年，与最高人民法院共同制定)；《律师服务收费管理办法》(2006 年，与国家发展和改革委员会共同制定)；《律师执业管理办法》(2008 年)、《律师事务所管理办法》(2008 年)；《律师和律师事务所执业证书管理办法》(2009 年)、《律师事务所名称管理办法》(2009 年)；《律师和律师事务所违法行为处罚办法》(2010 年)；《关于建立律师宣誓制度的决定》(2012 年) 等。

2. 律师业的行业自治

中华全国律师协会和地方各级律师协会（简称律协），是由执业律师自愿组成并依法设立的行业性社会团体（社会团体法人）和律师的自律性组织。凡中华人民共和国的律师均为中华全国律师协会会员。根据《律师法》第 46 条的规定，律师协会的职责包括：(1) 保障律师依法执业，维护律师的合法权益；(2) 总结、交流律师工作经验；(3) 制定行业规范和惩戒规则；(4) 组织律师业务培训和职业道德、执业纪律教育，对律师的执业活动进行考核；(5) 组织管理申请律师执业人员的实习活动，对实习人员进行考核；(6) 对律师、律师事务所实施奖励和惩戒；(7) 受理对律师的投诉或者举报，调解律师执业活动中发生的纠纷，受理律师的申诉；(8) 法律、行政法规、规章以及律师协会章程规定的其他职责。

中华全国律师协会所制定的有关行业规则和职业道德规范主要包括：《中华全国律师协会章程》(1999 年 4 月 28 日第四次全国律师代表大会通过，2002 年 5 月 21 日第五次全国律师代表大会修订)；《律师职业道德和执业纪律规范》(2001 年修订)；《律师协会会员处分规则》(1999 年)；《律师执业行为规范》(2011 年) 等。

(三) 律师收费制度

1. 律师收费制度及意义

律师收费制度，即律师为其服务收取报酬的制度。律师收费制度是由律师的性质与职能决定的，作为提供法律服务的自由职业，律师本质上属于一种受法律服务市场调节的行业。律师有权为其提供的法律服务收取报酬，并可依案件的难度、工作量以及所提供服务的质量、水准收取不同的费用。

律师收费制度构成现代律师制度中的一个重要环节，发挥着调节律师职能、保证公民诉权平等和控制诉讼成本等作用。律师收费的意义在于可合理调节法律服务需要与诉讼成本的关系。律师收费一般受市场规律和供求规律调节。律师收费是诉讼成本的组成部分，具有限制滥诉、促进当事人理性解决纠纷的积极意义。但当事人是否聘请律师、聘请什么等级的律师，取决于其需求和经济能力，经济实力的不同也会导致公民在诉讼能力上的不平等。有鉴于此，国家需要对律师收费进行适当的调控，并通过法律援助或公职律师等尽可能弥补当事人能力的不足，保证其获得平等的诉讼权利。

2. 律师收费的主要方式

当代世界各国现有的律师收费方式大致有以下几种：

(1) 计时收费制，即律师以小时为单位收费，每小时的收费标准，根据律师的资历、声望，以及案件的复杂程度、胜诉的可能性等确定。计时收费制的主要弊端是容易诱使律师拖延，导致诉讼成本的攀升。英美的律师传统上实行计时收费。

(2) 固定收费制，也称定价收费。根据法律规定的收费标准，按照案件的类型、诉讼的不同阶段、工作量等收费。德国的律师诉讼费用采用固定制，由法律明文规定收费标准，分阶段收费，如果当事人在诉讼中达成和解（调解），律师可以获得全部费用，以此鼓励律师提高效率、促进和解。这种收费方式对当事人比较合理，但如果标准过低，则难以调动律师的积极性，可能会影响律师参与诉讼（拒绝收案）。因此，在社会律师供应总体不足的情况下，往往难以满足社会需要。

(3) 胜诉酬金制，也称风险代理，即律师与当事人事先达成协议，当事人不用预先支付代理费（或部分支付），在胜诉后律师再按约定的比例从胜诉后的赔偿金中收取律师费用。如败诉，则不收取任何费用。这一收费方式的积极意义在于，可以使当事人不承担诉讼成本负担和风险，有利于保护贫困和弱势当事人的权利；但是也存在一些弊端：律师获利比例过高，多数赔偿金都落入律师之手，使律师成为利益主体，会产生唆讼的强烈动机。因此，首先采用胜诉酬金制的美国，近年来一直在限制其适用范围，以避免其弊端。

(4) 协商收费制，即当事人与律师协商确定费用，一般综合了多种因素，如律师水准、案件情况等。但是，协商往往在很大程度上受供求关系制约，存在一定的随意性，一般仍需要行业制定的收费标准作为基准。

(5) 比例收费制，即按诉讼标的额确定收费标准，一般是在财产纠纷案件中采用，这种方式比较简单明了，但缺点是，诉讼的复杂性并非必然与标的额成正比，有时未必合理。

3. 我国现行律师收费标准

1990年，司法部、财政部、国家物价局制定颁布了《律师收费办法》。2006年国家发展和改革委员会、司法部印发《律师服务收费管理办法》，规定律师服务收费实行政府指导价和市场调节价相结合的制度。据此，我国律师收费的方式主要有：

(1) 计件收费，分别规定了法律咨询、制作法律文书、刑事案件和非财产民事案件的计件收费标准。

(2) 计时收费，主要用于解答法律咨询和处理涉外法律事务方面。

(3) 按照标的额比例收费，主要适用于涉及财产关系的法律事务。

(4) 风险代理，办理涉及财产的民事案件时，委托人被告知政府指导价后，仍要求实行风险代理的，可以实行风险代理收费，但下列情形除外：婚姻、继承案件；请求给予社会保险待遇或者最低生活保障待遇的；请求给付赡养费、抚养费、扶养费、抚恤金、救济金、工伤赔偿的；请求支付劳动报酬的案件等；同时，禁止刑事诉讼案件、行政诉讼案件、国家赔偿案件以及群体性诉讼案件实行风险代理收费。实行风险代理收费，律师事务所应当与委托人签订风险代理收费合同，约定双方应承担的风险责任、收费方式、收费数额或比例。实行风险代理收费，最高收费金额不得高于收费合同约定标的额的30%。这是因为，此类诉讼涉及当事人的基本权利，风险代理缺乏正当性。曾有律师以风险代理方式代理农民工工伤赔偿案件，胜诉后当事人拒付高额代理费，律师向被代理人提起诉讼后未获法院支持。

【深度阅读】

1. 徐家力，王文书．律师实务（4版）．北京：法律出版社，2009

2. ［美］理查德·L·埃贝尔．美国律师．张元元，张国峰译．北京：中国政法大学出版社，2009

3. ［美］戴伟·鲁本．律师与正义——一个伦理学研究．戴锐译，北京：中国政法大学出版社，2010

4. ［日］森际康友编．司法伦理．于晓琪，沈军译．北京：商务印书馆，2010

5. 王进喜．美国律师职业行为规则理论与实践．北京：中国人民公安大学出版社，2005

6. 刘思达．割据的逻辑——中国法律服务市场的生态分析．上海：上海三联书店，2011

【问题与思考】

思考题：

1. 怎样理解律师职业的基本属性和法律地位？
2. 怎样理解律师在现代法治社会中的意义和作用？
3. 怎样理解律师的权利、义务和责任之间的关系？律师职业道德的意义是什么？
4. 当代世界各国对律师资格有哪些要求和规定？为什么？
5. 当代律师执业机构的组织形式包括哪些类型？我国的律师执业机构有哪些特点？
6. 律师管理体制中行政监管与行业自治管理之间是什么关系？
7. 律师收费制度的根据和功能是什么？各种律师收费制度有哪些不同和利弊？
8. 2012年人大常委会对《律师法》作了哪些修订？

练习题（选自历年司法考试试题）

1. 刘律师出身建筑世家并曾就读建筑专业，现主要从事施工纠纷法律服务。开发商李某因开发的楼房倒塌被诉至法院，欲委托刘律师代理诉讼。关于接受委托和代理案件，刘律师的下列哪些做法符合律师职业有关规定？(AD)

A. 接受委托，了解并运用建筑和房地产知识分析案件，寻求对李某有利的理由

B. 接受委托，告知李某楼房倒塌系建筑风水原因，使其接受败诉结果

C. 明知不懂房地产开发业务会影响代理效果，但为经济效益极力宣扬建筑世家背景并接受委托

D. 考虑到不懂房地产业务会影响代理效果，决定不接受委托

2. 根据我国《律师法》的规定，下列哪一选项是正确的？(D)

A. 律师事务所变更名称、负责人、章程、合伙协议的，应当报原审核部门备案

B. 律师服务机构一般采用公司形式，但在经济社会发展欠发达地区仍可保留少数合作制律师事务所

C. 个人律师事务所实行无限责任，因此在成立条件上比合伙律师事务所要宽松

D. 律师事务所采用特殊的普通合伙形式的，当个别合伙人因故意或重大过失造成对外债务时，其他合伙人不承担对外责任

3. 2007年10月28日第十届全国人民代表大会常务委员会第三十次会议对《律师法》进行了修订。根据修订后的《律师法》，下列哪些选项是错误的？(ACD)

A. 受委托的律师自案件审查起诉之日起，有权查阅、摘抄和复制与案件有关的所有材料

B. 犯罪嫌疑人被侦查机关第一次讯问或者采取强制措施之日起，受委托的律师凭律师执业证书、律师事务所证明和委托书或者法律援助公函，有权会见犯罪嫌疑人、被告人并了解有关案件情况。律师会见犯罪嫌疑人、被告人，不被监听

C. 律师在法庭上发表的代理、辩护意见不受法律追究。但是，发表危害国家安全、恶意诽谤他人、严重扰乱法庭秩序、泄露商业秘密的言论除外

D. 律师是维护当事人合法权益、维护法律正确实施、维护社会公平和正义的国家法律工作人员

4. 王律师为扩大业务范围采用的下列哪一做法是错误的？(C)

A. 在晚报上发布介绍自己专业范围、所在律师事务所和联系方法的广告

B. 加入当地的企业家协会并免费提供法律咨询服务

C. 向所有的同学发函，承诺给介绍案源者10%的回报

D. 参加房地产专题研讨会，在会上发表“按揭”法律问题研究报告，并向与会者派发名片

5. 律师接受律师事务所安排办理业务后，律师事务所可以因某些情况的出现终止其代理工作。但发生下列哪一种情况时，不得终止承办律师的代理工作？(B)

A. 发现了不可克服的利益冲突

B. 承办律师另有一重大案件需要办理

C. 承办律师突发疾病无法继续工作

D. 承办律师被管理机关中止执业资格

6. 律师的下列哪些行为构成对委托人的虚假承诺？(BC)

A. 依据事实、证据和担保法的有关规定，在诉讼中主张全部免除委托人的担保责任，但法院未采纳其意见

B. 与当事人签订法律服务合同前讨论案情时表示：“如果此案交给我办，至少能追回一百万元。”

C. 接受辩护委托后，经过与被告人见面、详细查阅案卷、调查证据后，被告人尚有犯罪嫌疑点的情况下，向委托人表示一定能让被告人无罪释放

D. 在分析案情的基础上向当事人提出案件很难胜诉，建议当事人争取和解

7. 律师除特殊情况外，应当保守在执业活动中知悉的国家秘密和当事人的商业秘密，不得泄露当事人的隐私。下列情况中，律师的哪些做法是正确的？(ACD)

A. 在庭审中出具了委托人提供的包含有商业秘密的董事会会议记录作为证据

B. 将十年来办结的案例汇编出版，其中包含了客户的商业秘密资料

C. 发现委托人正在进行的行为将会发生致人伤亡的严重犯罪，立即将此情况向有关单

位反映

D. 代理海关关税事务时发现委托人的行为属于走私犯罪，确信自己将被无辜地牵涉其中，遂将情况向有关单位反映

8. 根据律师法、刑事诉讼法、民事诉讼法和行政诉讼法的规定，我国律师在执业过程中享有 11 个方面的权利。下列哪种权利在这些法律中没有明确规定？(C)

A. 同犯罪嫌疑人、被告人通信的权利

B. 提出新证据的权利

C. 执业活动中人身权利不受侵犯的权利

D. 要求法官签发调查令的权利

9. 骆律师代理甲公司与乙公司签订货物运输合同。甲公司与骆律师所在律师事务所签订的委托代理合同约定，如果甲公司因该货物运输合同的履行发生纠纷，亦由骆律师所在的律师事务所代理。后因乙公司未履行合同义务，甲公司起诉乙公司，骆律师以业务繁忙为由不愿代理该案件。在此情形下，骆律师所在的律师事务所能否拒绝该案件的代理？(D)

A. 能，因为甲公司的委托不成立

B. 能，因为甲公司与骆律师所在的律师事务所之间的代理关系已经终止

C. 不能，但是需要事先取得乙公司的同意

D. 不能，因为甲公司与骆律师所在的律师事务所之间的委托代理合同合法有效

10. 以下哪一种行为违反了律师管理规定？(C)

A. 某律师在看守所会见犯罪嫌疑人时，接受其投诉办案人员刑讯逼供的控告材料并转达有关机关

B. 某律师事务所为开拓业务，在全国十个城市申请开设了分所

C. 某律师事务所在办理购房按揭贷款业务时，凡客户以现金交纳代理费的，只出具本所内部收据不开发票

D. 某律师事务所代为保管委托人的资金，并约定将存款利息作为律师费

11. 王某因抢劫被一审法院判处 4 年有期徒刑后提出上诉。王某父亲从报上看到张律师专打刑事诉讼官司的广告后，找到张律师。张律师称其有多年办理刑事上诉案件的经验，胜诉率在 90%以上，而且二审法院的承办法官是他的同学，有把握争取改判。经张律师提议，王父同意聘请张律师为王某的二审辩护人，律师费为 3 万元，如果改判无罪则另付 7 万元，改判缓刑则另付 5 万元。在张律师暗示下，王父去做受害人杨某工作，希望杨某私了，如改变证词则付 4 万元。根据上述事实，张律师的下列哪些行为违反了律师执业行为规范？(ABCD)

A. 明示与司法机关的特殊关系

B. 为承揽业务作虚假承诺，对委托人进行误导

C. 对刑事案件根据诉讼结果协议收费

D. 怂恿委托人制造伪证

12. 下列关于律师执业行为规范的表述哪一项是正确的？(D)

A. 律师可以根据案件的进展情况，适时就某一案件的判决结果向委托人作出承诺

B. 律师依法辩护、代理案件提出的预先分析意见没有实现，可以认定律师的意见是虚假承诺

C. 律师接受委托时必须与委托人明确规定包括程序法和实体法两方面的委托权限。委托权限不明确的，视为全权委托

D. 律师可以公开委托人授权同意披露的信息

13. 下列哪些行为违反了律师执业行为规范？(BCD)

A. 律师申某主动向当事人出具意见，论证一审判决错误应予改判

B. 律师潘某向多个法院的院长、庭长写信，承诺介绍案件将提供中介费

C. 律师刘某明知当事人提供的证据是编造的，仍向法院提交

D. 律师韩某的名片上印有“某法院经济庭前庭长”

14. 被告人周某被公诉机关以诈骗罪为由提起公诉。鉴于周某年龄尚不满18周岁，人民法院通过有关程序指定某律师事务所指派律师为周某辩护。该律师事务所指派路律师担任周某的辩护律师后，路律师不得以哪些理由拒绝为周某辩护？(ABCD)

A. 周某本人没有提出委托律师为其辩护的请求

B. 周某没有直接与律师事务所办理委托手续，也没有缴纳委托费用

C. 根据刑法关于诈骗罪的规定，周某不会被判处死刑

D. 本人与本案合议庭组成人员陈法官是同学，可能影响本案的公正审理

15. 下列哪一选项属于违反律师或公证有关制度及执业规范规定的情形？(A)

A. 刘律师受当事人甲委托为其追索1万元欠款，因该事项与另一委托事项时间冲突，经甲同意后另交本所律师办理，但未告其支出增加

B. 李律师承办当事人乙的继承纠纷案，表示乙依法可以继承两间房屋，并作为代理意见提交法庭，未被采纳，乙仅分得一万元存款

C. 林公证员对丙以贵重金饰用于抵押的事项，办理了抵押登记

D. 王公证员对丁代理他人申办合同和公司章程公证的事项，出具了公证书

16. 下列哪些选项属于《刑事诉讼法》新增或加强律师诉讼权利的规定？(ACD)

A. 辩护律师在侦查期间可以申请变更强制措施；向侦查机关了解犯罪嫌疑人涉嫌的罪名和案件有关情况，提出意见

B. 辩护律师可以同在押的犯罪嫌疑人会见和通信

C. 辩护律师会见犯罪嫌疑人、被告人时不被监听

D. 律师作为辩护人涉嫌干扰司法机关诉讼活动犯罪的，应当及时通知所在的律师事务所或所属的律师协会

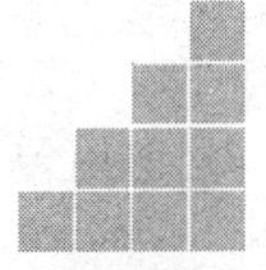

第七章

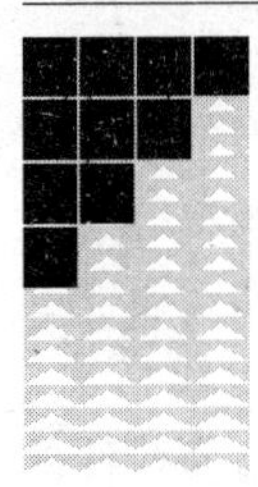

警察制度

常考知识点

- 警察的概念及性质
- 警察的职权和职责
- 警察体制
- 世界各国警察制度的基本模式或类型
- 国际刑事司法协助
- 我国人民警察的职能和任务
- 我国人民警察体制

第一节　警察制度概述

一、警察的概念、性质和职能

（一）警察的概念

警察一词在英文、法文中为police，德文中为polizei，关于其词源有两种说法，一说来源于希腊文polis，一说来源于拉丁文politia。在欧洲，还有一些与police同义的词，如constable（公安员）、gendarme（宪兵）等。

现代世界各国的警察，是指具有武装性质的维护社会秩序的国家公职人员。当代各国都承认警察是具有强制力的武装力量，是维护社会秩序和公共安全的政务机关及其人员。警察一词在生活中有多种含义，可以指政治制度，也可以指人员。

在牛津英语字典中，警察机关（police organization）有两个含义：（1）警察机关是负责维持社会治安与安全的政府执法部门，在不同的国度和不同的时期，职权范围不尽相同；（2）警察机关是维持社会治安，执行、防止和惩治违法行为及侦查犯罪行为的行政力量；也指警察部门的所有成员，或某一地区的全部警察或保安力量。

(二) 警察的性质

1. 关于警察性质的不同理解

警察的性质，是指根据警察的本质功能和权力属性对其本质所进行的界定。西方国家对警察性质的理解不尽相同，比较有代表性的关于警察性质的定义有：

(1) 福利警察论，强调警察是保护“公益”、“社会安宁”和“公共福利”的武装力量。

(2) 警察中立论，强调警察的武装力量属于国家，其立场应是中立的，决不可受党派的威胁和利诱而卷入政治斗争。

(3) 增进公共利益论，认为警察是为了增进公共利益及预防突发危害的目的而设立的政务，代表人物是苏顿（Soden)。

(4) 强制力论，认为警察是为保护公益，代表国家以强制力限制人民的自由而行使的行政权力。这种观点认为警察的本质在于代表了国家的强制力，没有强制力限制的必要，便无须警察，代表人物是伯伦芝利（Bluntchli)。

(5) 防止危害论，认为警察是为了防止国家及人民的安全幸福受到危害，而对人民的人身和财产进行限制的人，代表人物是史典格尔（Stehgel)。

2. 警察的性质

警察作为国家机器的组成部分，与国家和法一样具有阶级性与社会性双重属性，同时兼有阶级统治、镇压的专政功能和维护公共秩序、执行公共管理和服务的职能。这些性质统一地体现在警察的职权和执法活动之中。具体而言，表现为以下几个方面：

(1) 政治性或工具性。警察和军队、法庭、监狱等国家强制机构同为国家机器的重要组成部分。警察是代表国家行使权力的一种重要政治工具，是国家意志的忠实执行者，并具体承担着镇压敌对势力，保护国家和公共安全的任务。

(2) 行政性。警察机关是国家的行政机关，属于中央政府或地方政府领导下的行政职能部门。警察属于国家的行政人员。

(3) 司法性。警察机关虽然是国家的行政机关，但又不同于其他行政机关，它参与司法活动并拥有侦查、拘捕、审讯、关押、看守等法律规定的强制手段，具有一定的司法性。在很多国家，警察机关亦属于广义上的司法机关。

(4) 武装强制性。警察机关是具有武装性质的行政力量，可以配备武器装备，执行武装性质的任务。国家赋予警察以暴力战胜暴力的特权，并以准军事化的方式加以管理。但与军队不同，警察的武装强制性主要是针对国内，甚至主要是针对国内普通民众的，因而其武力的行使必须受到极严格的限制。

(5) 公共服务性。警察作为纳税人的服务机关和管理机构，公共性非常明显，并为各国所承认。警察的职能以保护和服务于公共利益为宗旨，包括大量社会生活秩序管理工作和服务工作，如户籍、交通、消防、民事调解、救死扶伤、安全知识教育、积极救灾抢险等。

(三) 警察的职能

警察的性质具体体现在其职能活动中，由于各国警察体制和基本职能定位各有不同，因而警察所承担的具体功能也存在一定差异。但一般而言，警察都具有两方面的职能：一方面，具有政治统治职能，是国家强制力的具体体现。主要表现为镇压威胁统治阶级与国家安全的敌对势力；另一方面，警察具有社会管理职能，承担着治安管理等多项国家或政府的职能。主要表现为惩罚与制裁危害国家、危害社会、危害广大社会成员的刑事犯罪分子，管理各种社会公共事务，以及为社会成员提供多方面的服务。

二、警察的职权

（一）警察职权与警察权

1. 警察职权的概念

警察职权是政府权力的一部分，是国家为了维护社会秩序，以宪法、法律、法规等形式规定的警察的职责以及在职责范围内实施各种警察行为时拥有的权力。警察的职能是通过行使具体职权实现的。

当代世界各国都通过各种法律法规严格规定和完善警察职权，其目的是明确划分警察的权限、具体职责和行为规范，以保证警察正确实施各项行为，自觉约束自己的行为，避免滥用权力和不当使用权力，维护警察在履行职务中的权力，同时有效地保护公民的合法权益，以实现有效保护国家的安全、有效维护良好的社会秩序的目的。

2. 警察权的概念

有关警察权的概念，目前学界尚未达成共识。一般认为，警察权是国家权力体系中的重要组成部分，是主权国家用以维护国家安全和社会治安秩序，预防、制止和惩治违法犯罪活动而施行的一种强制力量，主要包括立法权、执法权、武装权、处置突发事件的权力等。警察权随着国家的产生以及国家权力的产生而产生，形成于国家权力运行结构的分工过程中。

3. 警察权与警察职权的关系

警察权是警察和警察机关存在、发展和进行一切职务活动的基础和核心。它作为一种抽象的国家权力，必须交由特定的机关或人员行使，只有转化为具体的警察职权，才能得以有效地实施。警察权是各种警察职权的抽象集合，警察职权则是警察权的具体化。①

（二）警察职权的内容

警察的职权分为职责和权力两个方面，二者是不可分割的。

1. 警察的职责

警察的职责，是法律规定的警察在职务范围内的法定义务及相应的责任，这种义务是不可推卸和放弃的，如果拒不履行或未依法履行（包括不作为），都可能构成行政违法，应受到追究，并承担相应的责任；情节严重的可能构成犯罪，应当追究刑事责任。世界各国根据需要和传统，赋予警察不同的具体职责，主要包括：

（1）犯罪侦查。侦查是警察最重要的职责之一，包括受案立案，调查、侦查罪犯和犯罪行为，逮捕、拘留罪犯，移送起诉，法庭作证，参与后来的法庭诉讼活动等。警察履行这种职责的行为实际上是一种司法活动。

（2）治安行政管理。警察是当代世界各国治安管理中的主要力量，又被称为治安警察体制。警察的治安行政管理职权包括：通过预防性的巡逻和其他措施减少犯罪的机会；救助生命处于危险境地的人；帮助受到侵害和忽视自己生命和财产的人；处理突发事件，解

---

① 我国台湾地区学者邱华君认为，警察权与警察职权，虽说同源，但仍有主从之别，换言之，警察权出于政治原则，其所肯定的，警察职权不宜否定。警察职权依据政府法令，其所肯定的，警察权可以否定之。亦可谓警察权包括警察职权，而警察职权却未能包括警察权。参见邱华君：《警察学通论》，“国立编译馆”主编，231页，台北茂昌图书有限公司，1991。

决纠纷和冲突；行使治安处罚权，对违法者进行行政处罚等。同时，警察对地方的社会治安综合治理和预防犯罪往往负有领导和统合职责，例如，指导和培训地方的保安、民间自治治安组织，对基层民众进行法制宣传教育等。

（3）公共事务管理。包括：交通管理，处理交通事故；户籍管理；消防管理；特种行业管理（如服务业或风俗行业等）；危险物品管理；内部保卫管理；出入境、边防管理；市政管理；促进和维护社会秩序；为社区居民提供力所能及的服务；等等。

2. 警察的权力

警察在履行职责时需要拥有一定权力，主要包括刑事侦查权、采取强制措施权、执行刑罚权、治安行政管理权、警械武器使用权等。这些权力具有专属性，并受到法律的严格制约。警察的权力与职责实际上往往是一体的。由于警察权力的行使直接关系到国家的安全、社会的稳定和公民的切身利益，所以在行使警察权力时要注意坚持符合法定程序，符合法定事实，权力与职责相适应，公正、公平、公开等原则。

3. 警察的职务责任

作为行使国家管理权的国家行政人员，警察的职务行为具有两个显著特点：（1）行政强制性，警察可以使用暴力制止非法暴力；（2）干预社会生活的主动性。警察的职务行为经常会涉及限制公民的人身自由以及其他权利。因此，对于警察行为必须有特别严格的规范和制约，以避免出现滥用权力、侵犯人权的行为，例如，非法拘禁、搜查，刑讯逼供，徇私枉法等；一旦警察在执行公务中对公民的合法权益和人身造成了伤害，就应该根据具体情况承担相应的责任，既包括民事赔偿，也包括对执法中的违法犯罪或违纪人员追究个人责任。现代国家一方面通过行政复议、行政诉讼、国家赔偿等法律程序对受到侵害的行政相对人进行救济；另一方面，建立了相关的法律制度和法律程序，加强对违法行使职权的警察进行责任追究，包括刑事责任、行政责任、纪律和职业道德责任等。

三、警察制度的历史发展

（一）古代警察制度

警察随着国家的产生而产生。国家作为公共权力而出现，构成这种权力的不仅有武装的人，包括警察、军队，而且还有物质的附属物，如监狱和各种强制机关。国家为了维持这种公共权力，就需要向公民征税。各种阶级统治和公共管理的职能都需要通过作为国家官吏组成部分的警察完成，这就是警察的起源。恩格斯在《家庭、私有制和国家的起源》一书中描述了这一过程。早期的古代西方国家一般没有专职警察，警察主要是指受都市或地方行政机构委任或指派，维护治安或进行都市管理的人员，后逐渐被承认为国家官吏。

在古罗马早期时代的欧洲，警务活动主要由军队和公众自我警务两种形式组成。公元前27年，古罗马皇帝奥古斯都（Augustus）建立了承担大量政府行政工作的警察制度和制服宪兵。公元6年，古罗马建立了威季来斯特种警察（Vigiles）。公元7世纪，古罗马的第一个刑事侦查局——福曼托雷（Frumentarii）建立。

与罗马警察制度相反，古不列颠地区实行的是自治警务模式。在诺曼人入主不列颠之前，当地一直实行“太兴连坐制”（Tything）和“擂鼓鸣金捕盗制”（Hune & Cry），并有审理一般轻微的刑事犯罪的村民法庭。1006年以后建立了公安员制，帮助地方诸侯维护国王的统治。

（二）近代警察制度

进入 14 世纪，警察开始成为近代国家权力的象征，一些西方国家把“警察”作为国家政务的统称。这一阶段，警察是一种军事化、强制化的镇压力量。1786 年，德国学者玛耳的《警察学》一书，第一次以理论形式对警察问题加以阐释。1829 年英国《大伦敦警察法》的制定，标志着近现代警察制度的正式确立。

随着近代民族国家的形成，资产阶级革命的完成及现代民主制度的建立，以及“自由、平等、博爱、天赋人权、三权分立”等思想的影响，西方国家警察制度发生了许多新的变化，完成了向近现代警察制度的转变。在这一历史过程中，各国普遍根据本国的政治体制、传统和理念，建立了不同类型的现代警察制度。主要的类型包括：

1. 大陆法系国家警察制度

法国继承了古罗马警察制度。1799 年，拿破仑第一执政时期建立起统一的资产阶级国家。1800 年创建的巴黎警察厅是近代第一个专门的警察机构。1801 年，法国在全国各市县建立起专门的警察机构。1829 年，巴黎警察厅厅长德伯雷姆创建的一支百余人的现代制服警察队伍，是世界上最早的文职警察。法国的警察体制后来为欧洲大陆国家所采用，是大陆派警察体制的代表。

2. 英美法系国家警察制度

现代英国警察起源于小地方或郊区的警察，他们被委任维护辖区内的治安并执行治安官的命令和授权令。1663 年，伦敦开始雇佣夜间巡逻的更夫。1740 年，托尼斯·戴维法官在考文特花园的舰队街建立镇压犯罪和违反治安行为的法院。1763 年，亨利·菲尔丁兄弟组建新的公安员队伍和夜间骑兵巡逻队，这些全脱产职业警察被称为“舰队街巡捕”。18 世纪工业革命后，英国的治安急剧恶化；1825 年爆发第一次经济危机，工人运动也不断发展，在此背景下，国家不得不设法扩大和完善警察系统。1822 年，罗伯特·皮尔任英国内政大臣。他认为抑制犯罪的最好方法是预防犯罪而不是打击犯罪。在首相威灵顿公爵的支持下，1829 年，国会通过皮尔的创建新警察制度的议案——《大伦敦警察法》（The Metropolitan Police Act），建立起享受国家警俸的正规职业警察，这是西方近代警察制度建立的标志。至 1939 年，英国各郡普遍建立了正规职业警察制度。英国实行的是地方自治的警察体制，这一体制为当时的英属殖民地和北美国家所接受，是海洋派警察体制的代表。

美国受英国影响，于 1838 年在波士顿市建立警察局，1844 年建立纽约市警察局。1908 年在联邦政府司法部设调查组，次年改为调查局，逐步建立起庞大的警察体系。

3. 社会主义国家警察制度

俄国“十月革命”后缔造了新型的人民警察制度。1917 年 11 月 10 日，内务人民委员部作出在地方苏维埃属下建立工人民警的决议。次年 10 月 13 日，颁布内务人民委员部和司法人民委员部关于建立苏维埃工农民警的决议。1920 年，将边防部队移交给肃反委员会统管和指挥。1922 年 2 月 6 日，全俄肃反委员会撤销，改为内务人民委员部下的国家政治保卫局（格伯乌）。1954 年，原苏联把国家政治保卫局从内务部划出，改组为“国家安全委员会”（克格勃）。许多社会主义国家基本上都依照原苏联的模式建立了警察制度。

（三）当代警察制度

世界现代警察制度的发展经历了四次大的警务革命：第一次警务革命（1829 年—1890 年），以英国通过《大伦敦警察法》，正式建立世界上最早的专职警察——伦敦警察系统为标志；第二次警务革命（1890 年—1930 年），以美国警察专业化运动为重要标志，核心是通过专业化摆脱地方政治集团对警察的控制，使警察成为一支独立的、高效的队伍，从而以更职业化的模式开展警务活动；第三次警务革命（1930年—1980年），以英美各国的警察现代化运动为主要标志，强调通讯、车辆等警察装备现代化；第四次警务革命（1980年至今），以英美各国的“社区警务”为标志，开始强化服务职能，率先提出了社区警务的战略思想，强调搞好警民关系以换取社会力量的支持，以此拓展警力资源。①

当代世界各国警察制度都有了不同的发展变化，其中最显著的特点是：

1. 警察体制出现了进一步的分工，开始设立若干机构共同行使警察的职能，例如，由普通警察和国家公共安全机关分别承担侦查权等。

2. 根据现代国家权力设置和相互制约的原理，对警察职能进行调整，减少其司法裁判的职权，例如，将原有的治安处罚等权限加以限制或削弱，由行政法院或普通法院接管。

3. 各种警察体制之间出现相互借鉴和趋同迹象。大陆法系国家中，有些国家警察体制发生了整体变化，丧失了大部分原有的大陆派特征，如日本和德国；有些国家警察体制发生了局部变化，警察的职责和权力受到很大程度的削弱，原大陆派特有的警察规则制定权相继移交给议会或政府，违警处罚权也大多交给了法院，如法国和意大利。英美法系国家警察体制的变化主要表现在改革警察管理体制，调整中央和地方对警察的管理权限，逐步扩大中央管理警察的权力，并出现建立全国或全州统一的警察组织的呼声。这说明了现代各国警察制度在互相靠近、互相融合，但其中仍保持着一些基本的区别和特征。

4. 随着当代加强打击犯罪，保护人权和受害者权益，保护公共安全和社会秩序的需要，各国不断改革警察的管理体制，规范警察的行为，以提高警察工作的能力与公信力，警务改革的趋势表现为警察功能的扩大，从狭义警察走向广义警察。

5. 国际间的司法协作开始加强，出现警察活动和职能国际化的趋向。

第二节 警察体制

一、警察体制的概念与类型

（一）警察体制的概念

警察体制，是一国司法体制的重要组成部分，是指警察在法律上及在国家机构中的地位和管理体制，包括警察机关的组织机构设置和领导体制，警察在社会治安机制中的地位和作用，警察的类型（警种）和属性，以及警察管理体制等相关制度。

（二）警察体制的不同分类

世界各国警察体制不尽相同。按照不同的标准可以划分为不同的类型。各国学者在对世界各国警察体制进行比较研究时，曾提出以下几种分类方式：

1. 四种类型说

英国人梅拜在《比较警务问题》一书中，将世界各国警察体制分为四种类型：

（1）盎格鲁模式（英国模式），以英国的警察体制为代表。警察机关依照法律由地方政府建立，管理体制以地方管理为主。警察的性质为非武装平民化组织，警察的作用主要是承担社会服务与行政职能。

---

① 参见董世昙：《“软警力”研究》，载《中国人民公安大学学报》，2009（1）。

（2）美国模式，以美国警察体制为代表。与英国模式基本相同，各州拥有独立的警察组织系统，但警察的性质属于武装性力量。

（3）大陆模式，以法国警察体制为代表。依照国家统治者的命令建立，警察管理体制采用中央集权领导体制。警察的性质属于武装的军事力量。警察的作用主要是承担政府和行政职能。

（4）殖民地模式，例如1997年回归前的香港。警察机关由殖民当局建立，受宗主国的统一领导和指挥，但管理体制实际上仅是部分性的中央领导，本地政府仍拥有对警察机关的指挥和管理权。

2. 三种类型说

美国的R. D. 亨特把西方国家警察体制分为三种类型：

（1）地方自治型（分散型），以英国和美国为典型，即把管理警察的权限交给不同的行政当局，建立地方自治的警察机构，并对警察的权力进行限制。英国警察体制按照行政区划可以分为五种类型：郡警察、郡级市警察、联合体警察、伦敦市警察和首都警察。各郡均设有郡警察，其管辖机关是由郡议会议员和郡治安法官组成的常设联合委员会。郡级市警察的管辖机关是郡级市议会的委员会。联合体警察是英国特有的自治体警察组织形式，是由郡和郡、郡和郡级市之间互相配合而组成的，其管辖机关由郡和郡级市的有关当局共同协商决定。伦敦市警察除接受警察局局长的直接管辖外，还服从其他一些负有警察和检察职能的行政当局的管理。首都警察由警察总监直接管理，并接受内务大臣的管辖。在美国，按照行政区划可以将警察分为联邦警察、州警察、县（郡）警察、城市警察和村镇警察五种。除联邦警察直接接受联邦政府统一领导外，其他各种警察均直接受地方政府的领导，与联邦政府并无直接的上下级关系。

（2）中央集权型，以法国为典型。由国家对警察实行集中统一管理，警察机构直接接受中央政府的领导。在法国，内务部负责掌管全国警政和公安防范工作。该部下设国家警察总局和警察总监室。国家警察总局是国家警察的最高管理机构。国家警察总局办公厅直辖的单位有：警察体育管理部、内务部警备部和车辆管理部。总局的职能管理机构有人事培训局和警察技术局。总局的业务执行机构有：警察监察总监室、刑事局、城市警察局、综合情报局、领土监视局、国家机动部队总部、国际技术协作部、空防与国境警察部和警卫部。国家警察总局形成了一个比较完备的有机整体。法国还设有军事警察，由国防部统辖。

（3）集中与分散结合型，如澳大利亚、巴西。这种类型也称结合体制，采取的是国家和地方共管的方法。地方按照国家统一标准进行警察管理。这样既可以消除公民对警察机构滥用权力的担心，还可以为国家提供有效率的警察组织。

3. 两种类型说

一些研究者认为，现代警察体制可分为两种类型：

（1）大陆派警察体制，如法国。采取集中形式，全国有统一的警察组织，中央可以指挥和监督地方警察机构，警察的权力范围较大，以执行法令为主，经费由中央统一编列预算。

（2）海洋派警察体制，如英国。采用分权式，全国没有统一的警察组织系统，中央与地方警察机构进行协调、合作，警察的权力受到一些限制，重视为民服务，中央警察经费由中央负担，地方警察经费由地方负担。

4. 两大模式及其融合

实际上，上述三种分类学说本质上并无不同。我国学者通常将大陆法系国家与英美法系国家的警察体制分为两大模式。本书从警察机关设置及管理体制的角度，在两大模式的基础上将世界各国的警察制度分为三种类型：

（1）以大陆法系国家为代表的中央集权式警察体制，亦称大陆模式或大陆派警察体制。特点是，强调中央政府对警察的统一领导、统一指挥和统一标准。典型的中央集权式警察体制包括法国、意大利、芬兰等欧洲国家，警察受国家中央政府统一领导，不受地方政权的控制，有利于警察的整体指挥和调动，效率高、行动迅速，可以有效地发挥打击犯罪的作用并节约国家的资源；全国的警察标准统一，工资待遇、警衔、招聘标准、晋升条件、警察的权限、服装和装备等均采取统一的标准。缺点是，警察与地方和民众的关系不够紧密，容易产生官僚作风，在灵活性方面存在一定问题。

（2）以英美即普通法系国家为代表的分权式警察体制，亦称英国模式、地方自治型或海洋派警察体制。特点是强调警察的地方性，不设立国家统一的警察组织系统；或者分别设立中央政府的警察组织和地方的警察组织（如美国的联邦和各州警察组织），二者各司其职，互相独立。其中又可以根据警察是否具有武装属性，进一步分为英国模式和美国模式。以限制警察机构滥用权力为基本理念，强调保护个人自由和地方权力。警察的职能以服务地方为宗旨，实行领导体制、人员和财政等方面的地方自治。优势是能够保持警察与地方社会的紧密联系，服务于民众，有利于保护民众的自由和权力，防止集权和官僚作风。缺点是缺乏统一领导，无法组织全国性的统一行动，在打击大规模和严重犯罪方面效率低，管理混乱，缺乏整体协调的能力。

（3）融合以上两种体制而形成的混合类型的警察体制，即集中与分散结合型或结合体制，采取中央和地方共管的警察体制。这种混合型警察体制，既保证了警察在地方治安行政管理中的作用和地方政府对警察的管理，又能够保证国家对警察的统一调度和指挥权。这种体制力求采两大模式之长，避其所短，但是在设计和运作中，也存在一定的困难。当代世界各国面临着打击犯罪、加强合作的总体需要，因而，相互借鉴和适度融合将成为当代警察及治安体制的改革方向和大趋势。

（三）我国警察体制

我国现行警察制度是以大陆法系国家警察体制（大陆派）模式为主，以英美法系国家警察体制（海洋派）特征为辅的混合型警察体制。近代警察制度是以大陆派警察体制为基本模式建立的，后来又烙上了原苏联社会主义警察制度的特征。目前已经形成了一个全国统一的、自上而下的警察系统，下级警察机构接受上级警察机构的领导，中央可以领导和监督地方警察机构。警察所辖业务既包括刑事方面的工作，也包括一般行政工作和社会服务工作，范围比较广泛。这些都是大陆派警察体制的突出特征。同时，我国警察制度也具有海洋派的特征，表现在警察机关同时受地方政府领导。国家保障人民警察的经费，但人民警察的经费不是由中央统一列入预算，而是按照事权划分的原则分别列入中央和地方的财政预算。警察并不完全属于武装力量，作为人民警察，根本宗旨是为人民服务，警察注意保持与民众之间的良好关系，警民关系较好。这种混合型警察体制符合我国国情，也适应了当代世界警察制度发展的大趋势，但其中也存在一些有待改革的问题。

二、警种

（一）警种的概念

警种，是指根据警察事务的不同，依法建立的各种警察体系。警种设置属于警察体制的基本制度，通常是根据国家职能的分工和实际需要，通过宪法、警察法、公共安全法等相关法律法规设置的。警种设置反映了警察职能的多样性，也是根据警察职能对不同警种的警察进行分类管理的需要。

（二）警种的设置

世界各国常见的警种有：

1. 刑事警察。简称刑警，主要负责侦破刑事案件、逮捕罪犯、打击各种犯罪活动。

2. 治安警察。主要负责维护公共场所和社区的治安秩序，管理特种行业、违禁物品，预防犯罪等。

3. 国家安全警察。主要负责国家安全事务，具体包括监视敌对分子的活动，侦查暴动、间谍等危害国家安全的犯罪等。

4. 防空警察。主要负责设计防止空袭的计划、训练公民的日常防空能力、在空袭时引导公民进入防空设施及救护等。

5. 交通警察。主要负责管理交通秩序、指挥车辆的行驶、处理交通事故以及制裁各种违反交通规则的行为等。

6. 消防警察。主要负责居民住宅、公共场所以及重要设施等的防火、扑救火灾工作。

7. 水上警察。主要负责各国领海、内海上交通、海上安全、打击海上犯罪等。

除此之外，有的国家根据国情还设置了一些特殊的警种，如新加坡的特殊警察和辅助警察，我国的边防警察、户籍警察等。随着当代警察职能的不断扩大，很多国家仍在不断增加新的警种，如英美国家的警种多达三四十种。①

三、警察的选任和管理

（一）警察的选任

1. 警察的身份和条件

警察是国家公务员，无论是在执行公务还是非执行公务时都具有公务员身份，但只有在执行公务时才具有国家行政机关代表的身份。警察在依法执行公务时产生的法律后果归于行政机关。

由于警察的特定身份和职权，各国对警察的素质要求都十分严格。成为警察的具体条件一般包括：（1）政治素质。要求警察应忠于祖国、效忠政府、遵守法律。（2）道德素质。应具有高尚的道德品质，如富有正义感、公正不阿、廉洁奉公、忠于职守、勇于献身、谦虚谨慎等。（3）业务素质。应牢固掌握本职工作所涉及的基本理论和操作技能。（4）文化素质。应具有与职业要求相应的文化程度和良好的文化修养，以保证文明执法。（5）法律素质。作为执法者，警察应具有较高的法律意识和法律知识。（6）心理素质。警察在执行任务时常常要承受很大的心理压力，因而应具有健康的心理、稳定的情绪、顽强的意志和

---

① 参见郭成伟、宋英辉主编：《当代司法体制研究》，421页，北京，中国政法大学出版社，2002。

宽大的胸怀等心理素质。(7) 身体素质。

2. 警察的招募和录用

为了保证警察的素质，世界各国大都通过警察法、相关法规和条例等建立了有关警察招募和录用的制度。

各国都设定了比较严格的警察招募条件。如《泰国警察公务员法》(1978年) 规定，被推荐或应试为警察公务员的人必须具备以下条件：(1) 具有当地出生的泰国国籍；(2) 年龄不低于18周岁；(3) 真诚拥护依照宪法实行的民主统治制度；(4) 非政务官；(5) 非身残以致不能执行公务者，非丧失工作能力者，或非精神病患者，或非部颁法规规定的病患者；(6) 不是被责令停止公务者，或非依照本法或其他法律正处于被责令退出公职者；(7) 非缺乏优良品德者；(8) 非负债累累者；(9) 非破产者；(10) 非法庭终审判决被监禁者，过失犯罪或轻微犯罪者除外；(11) 不是曾为政府机构或其他单位解退、解雇、开除、处分者；(12) 非因违纪依照本法或其他法律开除公职者；(13) 非因违纪依照本法或其他法律受到处罚，被辞退、解雇、开除者；(14) 非在招考公务员中作弊者；(15) 被推荐者或应试者为男性时，身高不少于158公分，胸围不少于77公分；被推荐者或应试者为女性时，身高不少于150公分。

在警察录用程序方面，很多国家规定，警察一经录用，应在任职前举行宣誓或誓愿仪式，由国家法定机构或官员监督宣誓。

(二) 警察的管理

1. 警察的编制

警察编制，是指警察机构的设置、人员定额及职务的分配。警察的配额一般是根据本国或本地区的经济发展水平、人口数量、社会治安状况等按一定比例确定的。当代发达国家警察均占人口比例的1‰以上，在一些大城市，警察占人口的比例更高，如纽约每千人中的警察数量达9.7，巴黎达5.4，维也纳达4.8。[①]

确定警察编制是国家统一进行的，一般属于议会或政府的权限。目前一些国家在警察法中对警察编制作了原则性规定。如《日本警察法》(1972年) 规定：(1) 地方警务官的定额和都、道、府、县的警察总数，由政令规定。该都、道、府、县警察按等级区别的定额，由总理府令规定。(2) 地方警察职员的定额，由条例规定。在这种场合，关于警察官的定额，必须符合政令规定的标准。

2. 警衔制度

现代警衔制度起源于西欧，体现了警察管理的准军事化特征。法国和英国相继创建现代警察组织时，都对警察人员实行了警衔制度。目前世界各国警衔制度大体可分为两种类型：一种为类军衔制，警衔使用将、校、尉、士等类似军衔的称呼，如意大利、比利时、西班牙等。另一种为警级制，即专门的警察衔级，为大多数国家使用，如日本的警衔分为警视总监、警视监、警视长、警视正、警视、警部、警部补、巡查部长和巡查。

3. 警察的待遇

世界各国为了稳定警察队伍、鼓励警察更好地履行职责，都在警察法规中对警察的待遇作出具体规定。一般采用警衔、职务与待遇挂钩的办法。鉴于警察属于高危险的职业，

① 参见郭成伟、宋英辉主编：《当代司法体制研究》，421页，北京，中国政法大学出版社，2002。

警察的待遇一般应高于其他部门工作人员的待遇，同时，对于警察的人身保险和健康保险、医疗条件等方面需要更为优厚的保证。例如，《秘鲁国民警察基本法》（1986 年）规定，根据宪法规定，警察人员享受休假、补贴、抚恤金和其他经济收益等。警察人员的子女、父母、配偶有权享受公费医疗。

4. 警察的考核和奖惩

由于警察的执法活动直接关系到公民权利和公共利益，因而各国都很重视对警察行为的考核，以保证和提高警察队伍的素质。考核的内容一般包括：警察职业道德、警察基本知识、警察专业能力等。

为了保证警察队伍的高效和廉洁，世界各国均建立了警察的奖惩制度，对忠于职守、有突出贡献的警察给予奖励；有玩忽职守等违法违纪行为时应该给予相应的惩罚。

5. 警察的教育与培训

为了保障警察的教育与训练正规化、科学化、制度化，许多国家设立了不同类型、不同层次的警察院校、教育培训中心或基地，将教育、培训与实际工作的需要紧密结合起来。一般来说，教育与培训制度包括岗前培训、在职培训、专业深造等多种形式。

6. 警察的装备

为了提高打击犯罪和维护社会治安的水准，在经济和科技不断发展的前提下，现代各国警察的装备也在不断改善。警察的装备包括警察机关的大型装备和警察的个人装备。其中，警察机关的大型装备包括车辆、警艇、直升机等；警察的个人装备包括警服、手枪、警棍、警绳等。随着犯罪的日益技术化、集团化，世界各国都意识到改进警察装备的迫切性。现代警察的枪支、交通工具等装备已经发生了巨大变化，并使用了高科技先进技术。

7. 警察的经费

为了保证警察功能的正常实现，必须保证警察的经费预算和支出，这是国家正常管理所必不可少的组成部分。世界各国警察经费的负担大体可以分为三种体制：

（1）中央负担的体制，即由中央财政负担全国警察的经费，如法国、新加坡等。

（2）中央和地方分担的体制，即以法律规定由中央财政负担的全国警察经费，其余的警察经费由地方财政负担。有些国家还规定各地方的警察经费在预算范围内可以由中央财政补助一部分，如日本。

（3）中央和地方各自负担的体制，即中央财政只负担中央警察机关的经费，不负担地方警察机关的费用。各地方警察机关的经费由各地方负担，如英国。

四、国际刑事司法协助

国际刑事司法协助是主权国家之间为制裁跨国犯罪，根据两国缔结的双边条约或参加的国际公约或互惠原则，通过代对方进行一定的刑事诉讼行为，而相互给予便利与援助的一种活动。主要内容包括：送达文书、调查取证、引渡、刑事诉讼移送管辖，外国法院刑事判决的承认与执行等。国际刑警组织的活动属于国际刑事司法协助的重要组成部分。

国际刑警组织全称为“国际刑事警察组织”（ICPO），原为 1923 年成立的，1956 年更名，总部设在法国的里昂，是世界上唯一的一个国际性的警察合作机构，负责进行国际犯罪研究、传递犯罪信息、协调各国打击跨国犯罪，并对成员国警察进行技术培训。截止到 2009 年 10 月，该组织已经有 188 个成员国（地区）。我国于 1984 年 9 月加入该组织。

根据 1956 年生效的《国际刑警组织章程》的规定，国际刑警组织的主要机构有：

1. 全体成员国代表大会，简称全体大会，是最高权力机构，每年召开一次会议，由各成员国派代表参加，讨论和表决该组织的一系列重大问题，如方针政策、人事任免等。

2. 执行委员会。是全体大会的常务机关，由主席1名和副主席3名、委员9名组成，负责监督大会决议的实施和向大会提交工作计划或有价值的方案等。

3. 总秘书处。是国际刑警组织的执行机构，也是与犯罪作斗争的情报与技术中心。总秘书处由秘书长负责，下设行政管理部、警察事务国际协调部、研究部和《国际刑事警察评论》编辑部。

4. 国家中心局。是国际刑警组织的外部机构，在国际警察合作过程中起到关键作用。

国际刑事警察合作的基本原则是在充分尊重国家主权的前提下进行广泛而灵活的合作。国际刑警组织的地区合作组织有“亚洲合作工作组”、“欧洲联络处”等，随着地区合作组织的建立，国际刑警合作的途径也越来越多样化。洲际之间的犯罪事务主要通过国际刑警总部协调或直接与犯罪的涉及国联系。各大洲内部的跨国犯罪事务则直接通过地区合作组织解决。相邻国家的犯罪事务通过联络官进行协作。国际警察在请求协查犯罪嫌疑人或其他事项时可以向成员国（地区）发出“国际通告”，分为红色、绿色、蓝色、黄色和黑色通告五类。

我国在北京设有国际刑警组织中国国家中心局，在广东等省公安厅设有联络处，与国际刑警组织会员国在打击国际性刑事犯罪活动方面开展合作，已经取得很大成效。

第三节　我国警察制度

一、警察的概念、性质和职能

（一）警察的概念

1. 警察与公安

我国警察称为人民警察。根据《中华人民共和国人民警察法》（1995年2月公布实施），人民警察包括公安机关、国家安全机关、监狱、劳动教养管理机关的人民警察和人民法院、人民检察院的司法警察。

人民警察的主要构成是公安机关的工作人员。在我国，“公安”一词既是指社会生活中的公共安全，也是公安机关即警察机关的简称。

警察与公安两者既有区别又有联系。区别在于：警察是人民警察的简称，而公安主要是公安机关这一专门机关的简称；警察的外延比公安更大，公安人员是警察的一个组成部分。但由于警察的主要构成是公安机关的工作人员，因而二者在我国传统上属于同一概念：公安人员即警察或警察的组成部分；维护公共安全的公安工作是警察工作的目标或内容。在一般公众的理解中，警察机关即公安机关，警察即公安人员。

2. 警察的定义

我国警察的定义是：警察是国家机器的组成部分，是具有武装性质的维护社会秩序、保卫国家安全的国家行政力量，也指以国家名义行使警察职能的公职人员。

汉语的“警”和“察”在我国古籍中出现很早，但古籍中的这些词与近现代警察的概念相差甚远。近现代意义上的警察概念出现在20世纪初。当时清朝统治者引入了外国警察制度，并使用了现代意义上的警察概念。

目前，我国各类法学文献中关于警察概念的表述不尽一致。如《汉语大词典》中，警察是指为维护社会秩序而设立的武装性质的治安力量，亦指构成这种力量的成员。《中国警察辞典》中，警察是指根据国家统治阶级的意志，依靠国家暴力强制手段，并运用公开的和某些特殊的秘密手段，维护国家安全和社会秩序的武装性质的国家治安行政力量，是实现其阶级专政的重要工具。《简明公安词典》中指出，警察是阶级统治的工具，是指依照法律规定设置的专职的警察人员，用以维护社会治安、调查违法犯罪行为。《公安学概论》一书中指出，警察是国家政权中按照统治阶级意志，依靠暴力的、强制的、特殊的手段维护国家安全与社会秩序的武装行政力量。但各种概念对警察的基本性质和职能，以及内涵和外延的界定大致相同。

（二）警察的性质

我国警察是人民民主专政的工具之一，是具有武装性质的国家行政机关及其工作人员。其性质可以从以下几个方面理解：

1. 警察是人民民主专政的重要工具。这是由我国警察的阶级性质决定的。我国警察的任务是保护广大人民群众的利益，惩罚和制裁极少数敌对分子和罪犯。

2. 警察机关属于国家行政机关。警察机关是分别在中央人民政府和地方各级人民政府领导下的行政职能部门，是国家行政机关的重要组成部分。

3. 警察机关不同于一般行政机关，它具有武装性质。警察机关的武装性质表现在它执行武装性质的任务，配备武器装备。

4. 我国公安（警察）机关属于广义的司法机关，警察的某些职权活动具有准司法性质。警察可以在其权限之内行使自由裁量权，作出适用法律的决定，如治安处罚等。

（三）警察的职能和任务

我国警察的基本职能是专政职能和社会管理职能。其中，专政职能是指对危害国家安全的敌对势力、敌对分子和严重危害社会治安秩序的犯罪分子进行镇压、制裁、改造和监督；社会管理职能，是指依法保护人民的民主权利和其他合法权益，维护正常的社会生活秩序、生产秩序。

我国《人民警察法》规定，人民警察的任务是维护国家安全，维护社会治安秩序，保护公民的人身安全、人身自由和合法财产，保护公共财产，预防、制止和惩治违法犯罪活动。

二、我国警察制度的历史发展

（一）古代警察制度

我国具有警察职能的机构最早产生于夏朝。夏朝的“司徒”和“士”是兼有警察职能的官职。春秋战国时期，执掌警察职能的机构和官职有了较细的分工。至秦朝时，警察制度已经形成体系。从朝廷、郡、县到亭等基层机构都设置了相应的警卫、治安机构，并建立户籍制度、什伍联防连坐制度、通行凭证制度、防火和追究肇事责任制度等。唐代、明朝的厂卫制度把警察的强制职能推到了极端。

（二）近代警察制度

我国近代意义上的警察出现在戊戌变法时期。当时的湖南按察使黄遵宪参照日本警视厅和上海等地租界巡捕制度，在长沙创设了湖南保卫局，职责是“去民害、卫民生、检非违、索罪犯”。后随着“百日维新”的失败而被降旨裁撤。1900年，八国联军攻陷北京后建立“安民公所”。1901年《辛丑条约》签订后，撤销了“安民公所”。清政府在此基础上建立“善后协巡营”执行警察职能，不久改名为“工巡总局”，由工巡事务大臣统辖，直接隶属于皇帝。1902年，清政府接受日本人川岛的意见，设立警务学堂，由川岛任总监，训练巡警。这是我国第一次使用警察一词，警察教育也从此时开始。

中华民国成立后，在内政部下设警政司，把京师内外城巡警总厅合并为京师警察厅。北洋政府时期，军阀混战，警政未能得到统一。1927年后的蒋介石主政时代的警察制度，是警、宪、特一体的特务警察统治制度。

人民公安机关产生于1927年党中央直接领导的中央特科，主要从事隐蔽斗争和情报工作。人民政府的公安机关最早出现在1931年，为中华人民苏维埃共和国临时中央人民政府建立的国家政治保卫局。临时政府还在内务部下设立了民警局和刑事侦查局。在抗日战争时期，厉行锄奸运动，先后建立了保安处、中央和地方的社会部、根据地的公安局等公安保卫组织。

（三）新中国警察制度的建立和发展

解放战争时期，随着革命政权的进一步巩固，根据地的公安保卫工作进一步扩大，并随着大城市的逐步解放，人民政府开始接管和改造旧的警察机构和人员。新中国成立后，于1949年10月15日在北京召开第一次全国公安会议，解决了组建公安机关的基本问题。10月19日，中央人民政府任命罗瑞卿为公安部部长，11月5日，举行公安部成立大会，之后逐步建立起从中央到地方的公安系统。1950年6月，召开第一次全国公安人事工作会议，专门研究了民警队伍建设问题。1957年6月25日，第一次全国人民代表大会常务委员会第七十六次会议通过了《中华人民共和国人民警察条例》，该条例一直沿用到1995年人民警察法实施。“文化大革命”时期，出现对公安工作的“两个否定和一个砸烂”，公安系统的正常工作受到极大破坏。1970年“9·13”事件后，周恩来总理主持中央日常工作，公安工作得到恢复。

改革开放以后，我国警察制度得到了很大的发展。1995年2月28日，第八届全国人大常委会第十二次会议通过了《中华人民共和国人民警察法》。此后，国家陆续制定、发布了许多行政法规，包括：《公安机关人民警察辞退办法》（1996年）、《公安机关人民警察执法过错责任追究规定》（1999年）、《公安机关人民警察内务条令》（2000年）、《公安机关人民警察训练条令》（2001年）、《公安机关人民警察奖励条令》（2003年）、《公安机关组织管理条例》（2006年）、《公安机关人民警察着装管理规定》（2007年）、《公安机关人民警察证使用管理规定》（2008年）、《公安机关人民警察纪律条令》（2010年）、《公安机关督察条例》（2011年）等，警察制度不断完善。

三、警察体制

（一）我国警察体制及公安机关组织系统

警察体制，指警察机构的设置及管理体制。在我国，警察包括公安机关、国家安全机关、司法机关中履行监狱管理和法庭秩序的（司法）警察等不同类型，分别受所属的不同主管机关的管理，警察体制具有多元化的特征。由于警察体制的主体是公安机关，因而，本书将以公安机关的体制为主对我国警察体制进行介绍。

根据宪法和法律，我国公安机关由公安部、地方各级公安机关、专门公安机关和中国人民武装警察组成。

1. 中华人民共和国公安部。是我国最高的公安行政机关，隶属于国务院，接受国务院的领导。

2. 地方各级公安机关。地方各级公安机关是本级人民政府的组成部分，接受本级人民政府的领导，同时也接受上级公安机关的领导。地方各级公安机关具体包括公安厅、公安局、公安处、公安分局、公安派出所。

3. 专门公安机关。包括铁路公安机关、民航公安机关、林业公安机关、交通运输公安机关、海关缉私公安机关等。它们一方面是本部门的组成机构，接受本部门的领导；同时也是公安机关的组成部分，接受公安部的领导。

4. 中国人民武装警察。是人民警察的一个警种，也是公安机关的组成部分。中国人民武装警察总部接受中央军委和公安部的双重领导。各级武装警察接受地方各级公安机关的领导，同时接受上级武装警察部队的领导。

（二）公安机关的领导体制（见图 7—1）

我国公安机关实行统一领导、分级管理、条块结合、以块为主的体制。

1. 统一领导。全国公安机关必须接受党和政府的领导，在党委和政府的统一领导下履行职责。地方公安机关必须接受公安部的统一领导。公安部在党中央和国务院的领导下，负责全国公安工作和公安队伍建设，并对全国各级公安机关实行统一的公安业务领导。

2. 分级管理。中央和地方公安机关分别接受中央和地方人民政府以及同级党委的领导。专门公安机关分别接受本部门的行政领导和公安部的业务领导。具体说就是，公安部在党中央和国务院的领导下，领导和管理全国公安工作；地方各级公安机关在本级人民政府、党委和上级公安机关的领导下，负责所辖区的公安工作；铁路等专门公安机关接受本部门的行政领导和公安部的业务领导，并领导所辖公安机关的工作。

3. 条块结合。“条”是指全国公安系统内部从上到下的领导关系；“块”是指县以上各级党委、政府对公安机关的领导关系。“条块结合”是指实行公安机关内部上级对下级的领导与党委和政府对同级公安机关的领导相结合。

4. 以块为主。在双重领导中，以同级党委和政府对公安机关的领导为主。

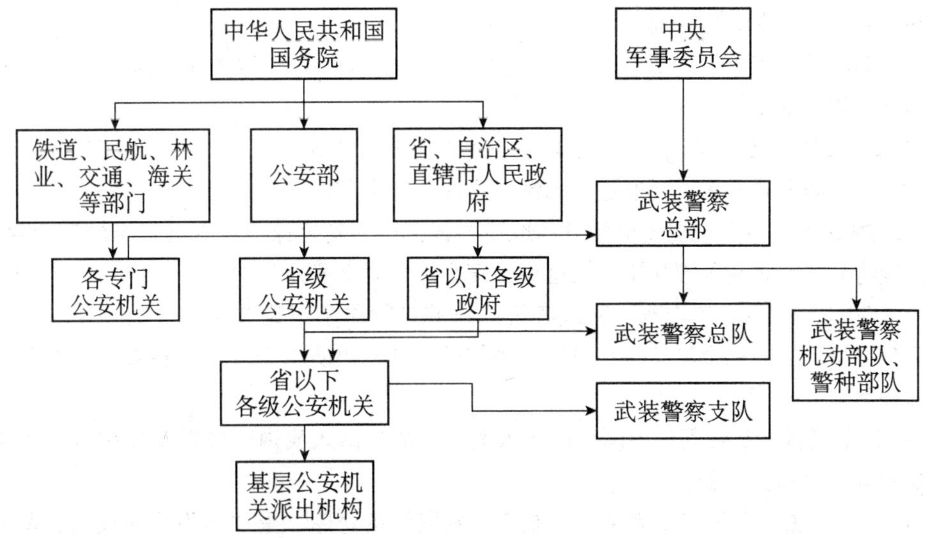

图 7—1 我国公安机关领导体制

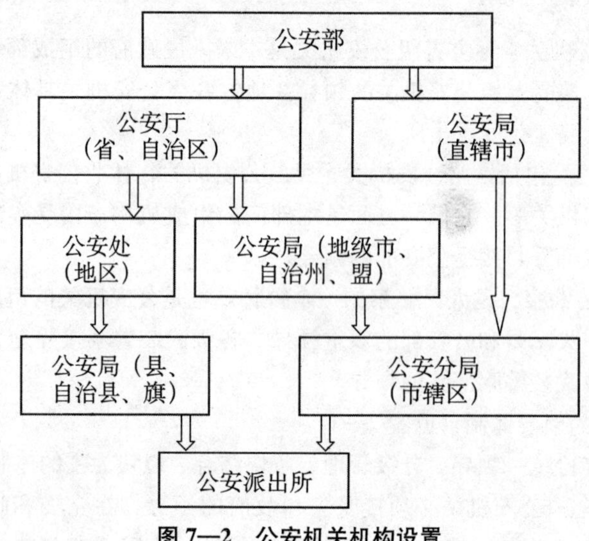

图7—2 公安机关机构设置

四、警种

我国警察根据社会治安管理的实际需要，分为不同的警种，主要包括（见表7—1）：

1. 治安民警。负责处理违反《治安管理处罚法》的治安案件，管理特种行业，进行治安巡逻，维护社会治安秩序，保障公共安全等。

2. 户籍民警。负责管理户籍，熟悉责任区内居民情况，发现和防止违法犯罪行为、教育轻微违法人员等。

3. 刑事民警。负责刑事侦查工作，侦破犯罪案件、逮捕犯罪分子等。

4. 交通民警。负责指挥交通，维护道路交通秩序，管理车辆和车辆驾驶人员及道路，防止和处理交通事故等。

5. 铁路民警。负责铁路车站、列车、货场、铁路沿线等的公安保卫、查禁危险物品、预防和处理铁路治安案件和刑事案件等。

6. 公路民警。负责公路、汽车站、公路工程等的公安保卫、查禁危险物品、预防和处理公路运输的治安案件和刑事案件等。

7. 水上民警。负责船舶、港口、码头、水上运输、航务工程等的公安保卫工作，查禁危险物品，预防和处理水上交通运输的治安案件和刑事案件等。

8. 民航民警。负责航空安全保卫和地面要害部位的安全保卫、管理机场的安全保卫、查禁危险物品、预防和处理民用航空运输治安案件和刑事案件等。

9. 边防民警。负责在陆地边防线各近海海域进行军事巡逻和警戒、武装警卫边防口岸、管理边境地区的社会治安、在口岸和民航机场进行边防检查和安全检查、预防和处理边境涉外治安案件等。

10. 外事民警。负责管理中国公民出入境、外国人出入我国边境以及外国人在我国居住和旅游等各种相关事务。

11. 经济民警。负责守卫大型厂矿企业、物资储备仓库、重要通讯交通设施、军工科研厂等，押运机密、危险和贵重物品等。

12. 网络警察。即公共信息网络安全监察专业警察。负责监督、检查、指导计算机信息系统安全保护工作，并查处危害计算机信息系统安全的违法犯罪案件，履行计算机信息系统安全保护工作的其他监督职责。

13. 消防民警。负责预防和扑灭火灾、监督消防工作、指导专职消防队和群众义务消防队、向群众进行防火灭火宣传教育等。

14. 森林民警。负责保护林地和林区内野生动植物等森林资源、维护林区的治安、预防和打击与森林资源有关的刑事案件等。

15. 司法民警。负责维护法庭秩序、押解被告人出庭、执行法院判决、辅助检察官进行侦查等。

16. 劳改工作民警。负责管理狱政、改造和教育在劳改场所的罪犯等。

表 7—1　　警察类型及主要警种

警察基本分类	所在机关	警种
人民警察	公安机关	刑事警察
		治安警察
		户籍警察、外事警察
		交通警察、铁路警察、民航警察、水上警察、森林警察、经济警察、网络警察
	国家安全机关	国家安全警察
	监狱	监狱警察
	劳动教养场所	劳教警察
	人民法院	司法警察
	人民检察院	司法警察
武装警察	武装部队	消防警察
		边防警察
		其他武装警察

五、警察的职权

我国警察的职权可以分为以下几个方面：

（一）刑事方面的职权

1. 立案权。按照刑事诉讼法的规定，任何单位和个人发现犯罪嫌疑人或者犯罪事实，可以向公安机关报案或者举报。公安机关在接到报案、控告、举报后，都应该接受，问明情况，制作笔录。经过审查后认为有犯罪事实需要追究刑事责任的应当立案；认为没有犯罪事实或犯罪事实显著轻微、不需要追究刑事责任的，不予立案。对于不属于自己管辖的，应移送主管机关处理。

2. 侦查权。根据刑事诉讼法的规定，公安机关是主要的刑事案件侦查机关。除了自诉案件和应由人民检察院侦查的案件外，其他刑事案件均由公安机关负责侦查。公安机关侦查权的具体内容包括调查取证权、预审权等。

（1）调查取证权，具体包括勘验检查犯罪现场，组织辨认现场遗留物、无名尸体或赃物，提取与案情有关的痕迹和物证，检查与犯罪有关的物品和人身，询问和调查现场周围的群众，询问证人和被害人，搜查罪犯或重大嫌疑分子的人身和住所，扣押书证和物证，依照法定程序对刑事侦查对象的通信进行检查，自己或聘请专门人员对疑难性的专门问题进行科学鉴定，通报其他公安机关和有关单位协助查明无名尸体或查获赃物等。

（2）预审权，指公安机关对已逮捕、拘留的犯罪嫌疑人依法进行询问和调查的职权。预审的目的是查明案情，揭露和证实犯罪，保证无罪之人不受刑事追究。预审工作要注意实事求是，重视证据、重视调查，切不可轻信口供和刑讯逼供。

3. 侦察权。侦察权是国家赋予公安机关和国家安全机关的一项特殊权力，主要是指采取秘密的调查手段、秘密的力量、特殊的技术，预防和揭露危害国家安全的活动和重要的刑事犯罪活动。《人民警察法》第16条规定，公安机关因侦查犯罪的需要，根据国家有关规定，经过严格的批准手续，可以采取技术侦察措施。

4. 刑事强制权。刑事强制权是为了保证刑事诉讼的顺利进行，由警察对犯罪嫌疑人、被告人行使的强制权。具体包括拘传、取保候审、监视居住、拘留和执行逮捕。

（1）拘传，指强制未被羁押的犯罪嫌疑人、被告人到指定地点接受讯问的强制措施。

（2）取保候审，指责令犯罪嫌疑人、被告人提出保证人或交纳保证金，以保证其在取保候审期间不逃避侦查和审判并随传随到的强制措施。

（3）监视居住，指责令犯罪嫌疑人、被告人在诉讼过程中未经批准不得离开住处或指定的居所，并对其行动加以监视的强制措施。

（4）拘留，指在法定的紧急情况下，暂时剥夺现行犯或重大嫌疑分子的人身自由，予以羁押，并进行审查的强制措施。

（5）逮捕，指依法剥夺犯罪嫌疑人、被告人的人身自由，予以羁押，并进行审查的强制措施。逮捕由人民检察院批准、决定或人民法院决定，由公安机关执行。

5. 刑罚执行权。根据刑法和刑事诉讼法的规定，我国警察具有刑罚执行权。具体包括管制执行权、拘役执行权、死刑执行权、监外执行权、假释执行权、缓刑执行权、没收财产执行权、剥夺政治权利执行权等。

（二）治安行政方面的职权

1. 治安行政处置权。治安行政处置权是人民警察在公共场所管理、道路交通管理、消防管理、危险物品管理、特种行业管理和出入境管理、处理纠纷案件等活动中，对特定的人、物、事、场所采取的处置措施。具体包括命令、指挥、禁止与取缔、许可、调解等措施。

（1）命令和指挥，指人民警察为了维护社会治安秩序和公共安全，依法向负有特定义务的人作出的，要求该人无条件地接受约束的处置措施，如在特定情况下，要求公民不得接近某一场所或离开某一场所。

（2）禁止和取缔，指人民警察依法对某些违反治安管理、扰乱社会秩序、危害公共安全的行为宣布禁止或予以取缔，如禁止携带武器、管制刀具和爆炸物品。

（3）许可，指人民警察对公民、法人或其他组织的请求依法允许或否定，如公安机关许可经指定或批准的工厂制造枪支。

（4）治安调解，指对于民间纠纷引起的违反治安管理行为，情节轻微的，可以在警察的主持下由当事人双方互相协商，并以书面形式达成解决争议的协议的处理措施。治安调解必须遵循自愿、合法的原则。

2. 治安行政处罚权。根据法律规定，人民警察对不履行治安法规规定的义务或者违反治安法规，情节轻微，尚不够刑事处罚的行为可以根据《治安管理处罚法》进行治安行政处罚。警察刑事治安处罚权必须严格遵守法定程序，行政相对人对于行政处罚决定不服的，有权提起行政复议和行政诉讼。治安管理处罚具体包括警告、罚款、行政拘留、强制出境、没收等。

（1）警告。警告是对违反治安管理的人予以谴责和告诫的处罚方法。一般适用于初犯、偶犯，且情节轻微、认识态度较好的人。通常情况下，警告应单独适用。

（2）罚款。罚款是依法强制违反治安管理的人向国家缴纳一定数量金钱的处罚方法。对一般违反治安管理行为的罚款为1元以上，200元以下。通常情况下，罚款应单独适用。

（3）拘留。拘留是在一定期限内限制违反治安管理行为人的人身自由的处罚方法。拘留的期限为1日以上，15日以下。对县级以上人大代表执行拘留之前应报本级人大常委会同意。对孕妇和正在哺乳自己婴儿的妇女不能拘留。一般对未成年人也不能拘留。

（4）强制出境。强制出境是指公安机关对有违法行为或被认为不适宜在境内居留、停留的境外人员，终止其居留、停留，采取强制手段迫使他们离境的强制措施。强制出境的方式有遣送、限期出境和驱逐出境三种。遣送由省级公安机关决定，限期出境和驱逐出境由公安部和国家安全部决定。

（5）没收。没收是将行为人违法所得财物、使用的本人所有的工具及查获的违禁品无偿收归国家处置的强制措施。

3. 治安行政强制权。人民警察在进行治安行政管理和实施治安行政处罚权时，可以依法对不履行法定义务或不服从治安行政处罚的行为人采取一定强制措施。具体包括强制传唤、强行带离现场、强制拘留、保护性人身约束、强制戒毒、盘问检查等。

（1）强行带离现场权。《人民警察法》第8条规定：公安机关的人民警察对严重危害社会治安秩序或威胁公共安全的人员，可以强行带离现场、依法予以拘留或采取法律规定的其他措施。

（2）盘问检查权包括当场盘问检查和留置盘问检查。《人民警察法》第9条规定：为维护社会治安，人民警察出示相应证件后，可以对有违法犯罪嫌疑的人员当场盘问、检查；经盘问、检查，对于被指控有犯罪行为、有现场作案嫌疑、有作案嫌疑身份不明、携带的物品有可能是赃物情形的，可以将其带至公安机关，经该公安机关批准，对其继续进行盘问，其留置时间自带至公安机关之时起不得超过24小时，在特殊情形下经县级以上公安机关批准可以延长至48小时，并应当有盘问笔录。对于批准继续盘问的，应当立即通知其家属或其所在单位。对于不批准继续盘问的，应当立即释放被盘问人。

（3）保护性人身约束。《人民警察法》第14条规定：公安机关的人民警察对严重危害公共安全或者他人人身安全的精神病人，可以采取保护性约束措施。需要送往指定的单位、场所加以监护的，应当报请县级以上人民政府公安机关批准，并及时通知其监护人。

（4）强制戒毒。公安机关对于吸食、注射毒品成瘾的人员，可以决定送戒毒所强制集中戒毒。

4. 治安监督检查权。治安监督检查权是人民警察依法对应负相应治安责任的社会团体、组织及个人履行该责任的情况进行检查、监督的权力。通过治安监督检查，发现违章违法行为，依法予以处置或制裁；发现治安隐患，要求监督对象限期整顿改正。

5. 劳动教养审批权、管教权。依据法律规定，公安机关与劳动、民政部门组成劳动教养管理委员会。公安机关受劳动教养管理委员会委托，审查和批准需要劳动教养的人员；同时，人民警察还负责管理、教育劳动教养人员和护卫劳动教养场所。

(三) 安全保卫方面的职权

1. 经济文化保卫权。经济文化保卫是人民警察中负责经济文化保卫的部门和机关、团体、企业、事业单位的保卫组织共同负担的一项专门业务工作，主要目的在于保卫生产和科研的正常进行，保卫国家财产、国家机密和要害部门的安全。

2. 警卫权。警卫权是指人民警察依照法律法规警戒敌人的阴谋暗害和自然、责任事故等的侵害，保卫重要机关和重要人物安全的权力。

3. 边防保卫权。边防保卫权具体包括在沿海、沿边和开放口岸，严密布防，检查、防范和打击潜入、潜出的特务间谍、危害国家安全犯罪分子、刑事犯罪分子、走私贩毒分子和偷渡外逃分子的破坏活动等。

(四) 警械、武器使用权

警械、武器使用权，是指警察在制止违法犯罪行为时，根据需要，可以依照相关法律法规使用警械；使用警械不能制止违法犯罪行为，或不使用武器制止，可能发生严重危害后果的，可以依照规定使用武器。

1. 警械使用权。警察在具有以下情形时，经警告无效，可以使用警棍、催泪弹、高压水枪、特种防暴枪等驱逐性、制服性警械：(1) 结伙斗殴、殴打他人、寻衅滋事、侮辱妇女或进行其他流氓活动的；(2) 聚众扰乱车站、码头、民用航空站、运动场所秩序的；(3) 非法举行集会、游行、示威的；(4) 强行冲越人民警察为履行职责设置的警戒线的；(5) 以暴力方法抗拒或阻碍人民警察依法履行职责的；(6) 袭击人民警察的；(7) 危害公共安全、社会秩序和公民人身安全的其他行为，需要当场制止的；(8) 法律、行政法规规定可以使用警械的其他情形。在以上情形下，警察使用警械以制止违法犯罪行为为限。另外，警察在抓获违法犯罪分子或重大嫌疑犯，执行逮捕、拘留、看押、押解、审讯、拘传、强制传唤以及法律、法规规定可以使用警械的其他情形下，遇有违法犯罪分子可能逃脱、行凶、自杀、自伤或有其他危险行为的，可以使用手铐、脚镣、警绳等约束性警械。警械的使用以不故意造成人身伤害为限度。

2. 武器使用权。警察判明有下列暴力犯罪行为的紧急情形之一，经警告无效，可以使用武器：(1) 放火、决水、爆炸等严重危害公共安全的；(2) 劫持航空器、船舰、火车、机动车或者驾驶车、船等交通工具，故意危害公共安全的；(3) 抢夺、抢劫枪支弹药、爆炸、剧毒等危险物品，严重危害公共安全的；(4) 使用枪支、爆炸、剧毒等危险物品实施犯罪或以此相威胁实施犯罪的；(5) 破坏军事、通讯、交通、能源、防险等重要设施，足以对公共安全造成严重、紧急危险的；(6) 实施凶杀、劫持人质等暴力行为，危及公民生命安全的；(7) 国家规定的警卫、守卫、警戒的对象和目标受到暴力袭击、破坏的紧迫危险的；(8) 结伙抢劫或持械抢劫公共财物的；(9) 聚众械斗、暴乱等严重破坏社会治安秩序，用其他方法不能制止的；(10) 以暴力方法抗拒或阻碍人民警察依法履行职责或暴力袭击人民警察，危及人民警察生命安全的；(11) 在押人犯、罪犯聚众骚乱、暴乱、行凶或逃脱的；(12) 劫夺在押人犯、罪犯的；(13) 实施放火、决水、爆炸、凶杀、抢劫或其他严重暴力犯罪行为后拒捕、逃跑的；(14) 犯罪分子携带枪支、爆炸、剧毒等危险物品拒捕、逃跑的；(15) 法律、行政法规规定可以使用武器的其他情形。当犯罪分子停止实施犯罪，服从人民警察命令或犯罪分子失去继续实施犯罪能力时，应停止使用武器。

(五) 紧急情况特殊处置权

为了维护国家安全和社会秩序，我国法律赋予警察在紧急情况下的特殊处置权。具体包括紧急优先权、紧急征用权、紧急排险权、管制权、戒严执行权等。

1. 紧急优先权和紧急征用权。《人民警察法》第 13 条规定：公安机关的人民警察因履行职责的紧急需要，经出示相应证件，可以优先乘坐公共交通工具，遇交通阻碍时，优先通行；公安机关因侦查犯罪的需要，必要时，按照国家有关规定，可以优先使用机关、团体、企业事业组织和个人的交通工具、通信工具、场地和建筑物，用后应及时归还，并支付适当费用，造成损失的，应当赔偿。另外，根据紧急处理暴力犯罪或重大治安灾害事故、追捕逃犯、抢险救灾的需要，人民警察可以征用急需的人员、物资和场所。

2. 紧急排险权。紧急排险权是指人民警察在紧急处置重大灾害事故或平息叛乱时，在不得已的情况下采取的非常措施。如在扑救重大火灾时，为防止火势蔓延而拆除与火灾现场毗邻的建筑物。

3. 管制权.《人民警察法》第 15 条规定：县级以上人民政府公安机关，为预防和制止严重危害社会治安秩序的行为，可以在一定的区域和时间，限制人员、车辆的通行或停留，必要时可以实行交通管制。《人民警察法》第 17 条规定：县级以上人民政府公安机关，经上级公安机关和同级人民政府批准，对严重危害社会治安秩序的突发事件，可以根据情况实行现场管制。

4. 戒严执行权。戒严视涉及地区大小，分别由全国人民代表大会常务委员会或国务院作出决定，由人民警察执行，必要时由中央军事委员会决定派出人民解放军协助执行。人民警察负责对戒严地区实行治安控制。戒严期间，可以在戒严地区采取交通管制、宵禁等特别管理措施。

六、警察的选任和管理

（一）警察的选任

1. 警察的招募

我国警察属于国家机构工作人员，即国家公务员。根据法律规定，我国的国家公务员是指各级国家行政机关中依法行使国家行政权，执行国家公务，除工勤人员以外的工作人员。

我国对担任人民警察应具备的条件作出了较为严格的规定。《人民警察法》规定，担任人民警察应具备以下条件：（1）年满 18 岁的公民；（2）拥护中华人民共和国宪法；（3）有良好的政治、业务素质和良好的品行；（4）身体健康；（5）具有高中毕业以上文化程度；（6）自愿从事人民警察工作。《人民警察法》同时规定了不得担任人民警察的情形：（1）曾因犯罪受过刑事处罚的；（2）曾被开除公职。此外，国家人事部、公安部在《公安机关人民警察录用办法》中对警察的录用作了更具体的规定。

2. 警察的录用

我国法律规定，录用人民警察应遵循公开、平等、竞争、择优等原则。人民警察的录用采取公开考试、严格考核的方法。具体的人民警察录用程序包括发布报考公告、进行资格审查、考试、考核和审批。对新录用的人民警察实行试用制度，试用期为 1 年。试用期合格者，正式任职；不合格者，取消录用资格。

根据《公安机关人民警察执法资格等级考试办法》的规定，2011 年 1 月正式实行全国公安民警执法资格等级考试制度。该考试分为基本级、中级和高级，考试内容包括公共科目和警种专业科目，执法资格等级有效期为 5 年。全国公安机关所有在编在职的人民警察都必须取得基本级执法资格，未取得基本级执法资格的，不得办理案件；担任县级、市（地）级公安机关内设执法勤务类机构、公安派出所主要负责人的公安民警，必须取得中级以上执法资格。

除此之外，《公安机关组织管理条例》第22条还规定："公安机关根据工作需要，经中央公务员主管部门或者省、自治区、直辖市公务员主管部门批准，可以对专业性较强的职位和辅助性职位实行聘任制。"广义上的辅协警是包括各类社会治安防范组织在内的协助公安机关维护社会治安的力量，狭义上则是指在公安机关中协助人民警察处理与警务有关的事务的人员，包括勤杂类辅协警与执法、值勤类辅协警，前者如文秘、打字员、门卫、驾驶员等，后者如交通辅协警、治安辅协警等。

（二）警察的管理

1. 警察编制

按照《公安机关组织管理条例》的规定，对公安机关人民警察使用的国家行政编制，实行专项管理。公安部根据工作需要，向国务院机构编制管理机关提出公安机关编制的规划和调整编制的意见，由国务院机构编制管理机关审核，按照规定的权限和程序审批。省、自治区、直辖市人民政府根据工作需要，可以向国务院机构编制管理机关提出调整公安机关编制的申请。国务院机构编制管理机关对省、自治区、直辖市人民政府调整公安机关编制的申请，征求公安部意见后进行审核，按照规定的权限和程序审批。

警察编制的产生一般是按照人口的比例确定，各地区警力的分布很不平衡。从世界范围来看，我国警察编制比例是很低的。影响警察编制的重要因素是经费。因为警察机关的经费并非全部由中央承担，许多地方的警察机关在人手不够的情况下仍继续缩编，原因就在于，地方政府没有足够的经费来维持警察机关的运转。今后，增加编制和财政经费的投入将成为完善我国警察制度的关键所在。

截至2008年，我国约有公安干警180万，与国际通行的标准相比较而言，警察与居民人口的比例相对较低，警力明显不足。但同时，有相当一部分属于警察职权范围的执法活动是由城管及辅警、协警等承担的，由此也引发了有关执法质量等一些社会问题。

2. 警衔和警察职务管理

1992年7月1日，第七届全国人大常委会第二十六次会议通过了《人民警察警衔条例》。1992年9月，国务院转批了《公安部评定授予人民警察警衔实施办法》，并发布了《人民警察警衔标志式样和佩戴办法》。按照这些规定，评定授予警衔的人员必须是属于人民警察建制的在编在职人员。警衔共分为五等十三级，分别是（1）总警监、副总警监；（2）一级警监、二级警监、三级警监；（3）一级警督、二级警督、三级警督；（4）一级警司、二级警司、三级警司；（5）一级警员、二级警员。人民警察离休、退休的，其警衔予以保留，但不得佩戴。人民警察被开除公职的，其警衔相应取消。

人民警察职务分为警官职务、警员职务和警务技术职务三大类，其中履行警务指挥职责的人民警察实行警官职务序列，履行警务执行职责的人民警察实行警员职务序列，从事警务技术工作的人民警察实行警务技术职务序列。公安机关内设机构专司警官职务、警员职务的任免，由本公安机关按照干部管理权限决定或者报批。公安分局领导成员职务以及公安派出所警官职务、警员职务的任免，由派出公安分局、公安派出所的公安机关决定。

3. 警察的待遇

我国采用警衔、职务与待遇挂钩的办法，《人民警察法》第 40 条规定，人民警察实行国家公务员的工资制度，并享受国家警衔津贴与其他津贴、补贴以及保险福利待遇。由于经费问题，实际上警察的待遇仍然较低。

4. 警察的考核和奖惩

对人民警察的考核是有效管理人民警察队伍的一项措施。各级领导机关，尤其是政治部门根据人民警察的不同专业和不同岗位设置相应的考核内容，对人民警察一定时期内的工作、学习、专业能力等加以全面考核。考核办法一般是平时考核与定期考核相结合、领导考核与个人总结及群众评议相结合。

按照法律规定，人民警察在工作中表现突出者应给予奖励；违反纪律并造成损失的应给予惩处。奖励可以分为个人奖励和集体奖励。个人奖励包括授予荣誉称号（一级英模、二级英模）、一等功、二等功、三等功、嘉奖。集体奖励包括一等功、二等功、三等功、嘉奖。人民警察故意或过失实施了违纪行为，尚未构成犯罪的，应按照纪律规定接受行政处分和警纪处分；构成犯罪的，应追究刑事责任。

5. 警察的教育与培训

（1）人民警察院校，是国家教育体系的组成部分，也是国家警察系统的构成部分，同时接受国家教育机关的领导和国家警察机关的领导。目前，警察院校可以分为三个层次：公安部管理的高等警察院校和公安部管理干部学院；省、自治区、直辖市公安厅（局）管理的大专、中专警察院校和公安管理干部学院；部分城市公安局管理的人民警察学校或公安学校。我国现有的警察院校主要负责提供学历教育和警察初任训练。近年来，随着我国警察院校毕业生就业制度进行的改革和公安部对在职教育的重视，警察院校学历教育的地位有所下降，公安部部属院校及部分地方警校已经相继停止了警察学历教育的招生，转而加强警察初任训练和在职培训。

（2）在职民警的教育与培训，方法有正规培训、业余学习、短期专业培训班、辅导讲座、自学小组、业务测验、现场观摩等。教育培训干警应注意针对不同业务、不同级别的干部提出不同的要求和不同的内容。

人民警察应当经过公安院校等人民警察培训机构培训并考试、考核合格，方可任职、晋升职务、授予警衔、晋升警衔。

6. 警察装备

警察担负着维护社会秩序和保卫国家安全的重任，因而有权依法使用一些武器和警械。我国警察的警用武器可以分为致命性和非致命性两类。致命性武器是指具有杀伤力的武器，如枪支、弹药。非致命性武器是指各种不具有杀伤力的防暴、自卫武器，如电警棍、手套电击器、催泪枪、强光电筒等。

7. 警察经费

《人民警察法》第 37 条规定，国家保障人民警察的经费。人民警察的经费按照事权划分原则分别列入中央和地方财政预算。第 38 条规定，人民警察需要的通讯、训练设施和交通、消防以及派出所、监管场所等基础设施建设，各级人民政府应列入基本建设规划和城乡建设总体规划。《公安机关组织管理条例》第 23 条第 2 款规定，县级以上人民政府按照国家规定的经费项目和标准，将公安机关经费列入财政预算，实行全额保障，并对经济困难地区的公安工作给予必要的经费支持。

七、港澳台地区警察制度

(一) 香港特别行政区警察制度

1. 警察体制

香港特别行政区警察署隶属于政务司，实行“四区一处”建制。从纵向上看，香港地区警察可以分为五个层次。最高层组织是警察总部，即警务处。第二层次是总区，第三层次是警区，第四层次是分区，第五层次是警署。其中警务处处长下辖刑事侦缉处、特别行动组、商业罪案调查科、毒品调查科、刑事记录科、监证科、军火及枪械监证科、国际刑警科、防止罪案科、化验室、警犬队、警察机动队、辅警队、警察训练学校、侦缉训练学校、水警训练学校、警察训练科。从横向上看，警察队下分六大总区，分别为水警总区、新界北总区、新界南总区、港岛总区、九龙西总区、九龙东总区。每个总区还设有自己的交通总部、冲锋队。

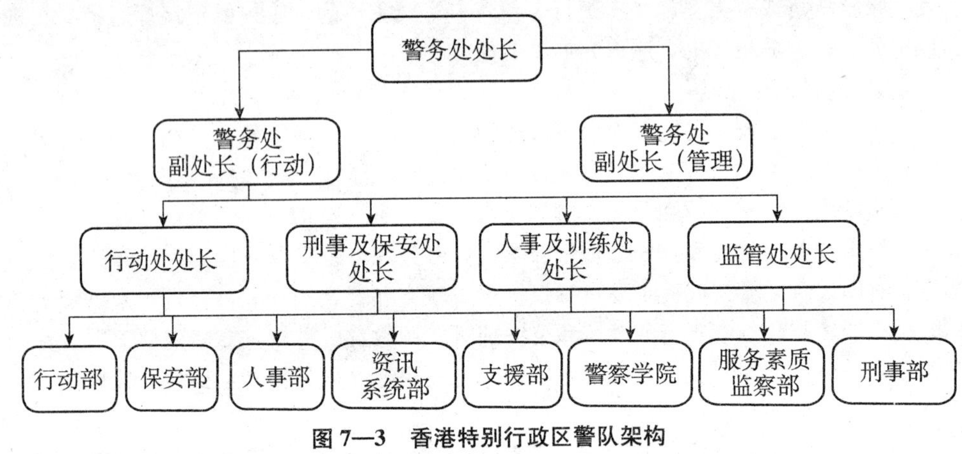

图 7—3　香港特别行政区警队架构

2. 警种

香港地区的警种包括：制服警察（着装治安警察）、刑事警察、水上警察、交通警察、机动部队（蓝帽子）、机场特警队等。

除了专职警察外，香港地区还有一部分辅助警察和一定数量的文职人员。按照有关规定，在市民中物色一些人选，并任命其为辅助警察，一旦遇有抢险救灾、制止骚乱等特殊事宜，这些辅助警察可以穿上制服、执行警察的职权。除此之外，辅助警察还可以在公众节假日参加巡逻。

3. 警衔

香港地区的警衔分为 4 类、14 等。具体为：（1）员佐（Rank and File），分为警员（PC）、警长（Sergeant）、警署警长（Station Sergeant）；（2）督察（Inspector），分为见习督察（Probationary Inspector）、督察（IP）、高级督察（SIP）、总督察（CIP）；（3）警司（Superintendent），分为警司（SP）、高级警司（SASP）；（4）处长（Commisioner），分为助理警务处长（ACP）、高级助理处长（SASP）、副警务处长（DCP）、警务处长（CP）。

4. 警察的待遇

香港地区警察的薪水比较高，并十分关注警员的后勤工作。警察分区以上的机关都设有福利（警佐）协会，负责安排警员解决休养治病、协助警员的妻子儿女就业、学习等。

警署以上的机构还有洗衣房等。警察俱乐部的活动也十分活跃。

5. 警察培训

香港地区采取警衔晋升与培训相结合的方法。警员提升为警长或警署警长前要参加晋升课程训练，此后在职级服务满 3 年、6 年、11 年时都要接受专门训练。在升任督察之前，要经过 36 周的见习督察训练，内容除了业务、文书写作外，还包括领导技巧等。任督察后还可借助于警察奖学金到大学接受教育。香港警察队伍每年都要进行各项专业训练，且实行电化教学。

6. 警察装备

香港地区对警察的装备非常重视。警察的主要装备有手枪、步枪、催泪弹、无线电台、舰艇、直升机、电脑、车辆等。警察队常用的枪支有雷明登霰弹枪、雷明登长程狙击来福枪、来福枪、士他灵冲锋枪、史密夫威信十型重枪管手枪、长短管催泪弹枪等。

（二）澳门特别行政区警察制度

1. 警察体制（见图 7—4）

早在 1691 年 3 月 14 日，澳门就成立了巡城更练。1937 年正式成立澳门治安警察，1976 年成立女警和保安部队，1980 年成立特警队。

澳门特别行政区的警察基本上分属两个部门：

（1）行政治安警察系统，负责澳门地区社会治安管理，由保安政务司统辖；澳门地区治安行政警察系统的最高指挥机关保安政务司下辖五个部门：治安警察局、水警稽查队、消防队、保安部队事务司、保安部队高等学校和综合训练中心。澳门地区治安警察承担着维护澳门地区社会治安的重任，其具体职责是：维护澳门地区公共秩序，预防、侦查及打击犯罪，维护公共秩序及个人财产，管制非法移民，负责出入境工作，管制及监察车辆与行人通行。治安警察局下面还设有八个部门：资源管理厅、情报厅、行动厅、出入境事务局、交通厅、特警队、澳门警务厅和海岛警务厅。澳门地区水警稽查队是澳门地区保安政务司所辖负责澳门地区水上和港口警务及缉私的警察部门。澳门地区保安部队高等学校成立于 1988 年，是专门为保安部队人员本地化进行培训而设立的，负责新警的基础训练、警察的进修与晋升、警官课程以及本地区有关治安的研究和规划。

（2）刑事警察系统，由司法政务司统辖。1990 年 7 月制定的《澳门司法警察组织法》规定，澳门地区司法警察是在行政长官直接领导下，行使预防和调查犯罪、协助有关司法机关行使职权的机关。其主要职权是：1）监视和检查权。司法警察有权监视和检查金铺等从事买卖和租赁的场所、酒店等旅游娱乐场所、公园等公共场所。2）调查权。司法警察有权采取一切必要的方法和手段进行与案件有关的调查活动，有权要求当事人提供情况，有权要求有关的组织和机关给予协助。3）侦查权。司法警察有权代表国家行使侦查权，但不得为私人机构和个人进行侦查。《澳门司法警察组织法》还明确规定了司法警察应履行的义务和纪律。

司法警察局下设刑事调查厅、国际刑警中国中心局澳门支局、司法鉴定化验所、管理及计划厅、司法警察学校和情报及支援厅等。澳门特别行政区基本法规定，特别行政区检察院领导刑事侦查工作，对警察机关的工作进行监督。

2. 警察的奖惩

对于工作有突出表现的警察人员可以破格升级或给予优厚奖励。对于没有担任领导或主管职务的刑事侦查员或助理刑事侦查员，年满 60 岁退休。非因受纪律处分而离职退休者，不论有否机械执照，均保留使用及携带自己的机械的权利。

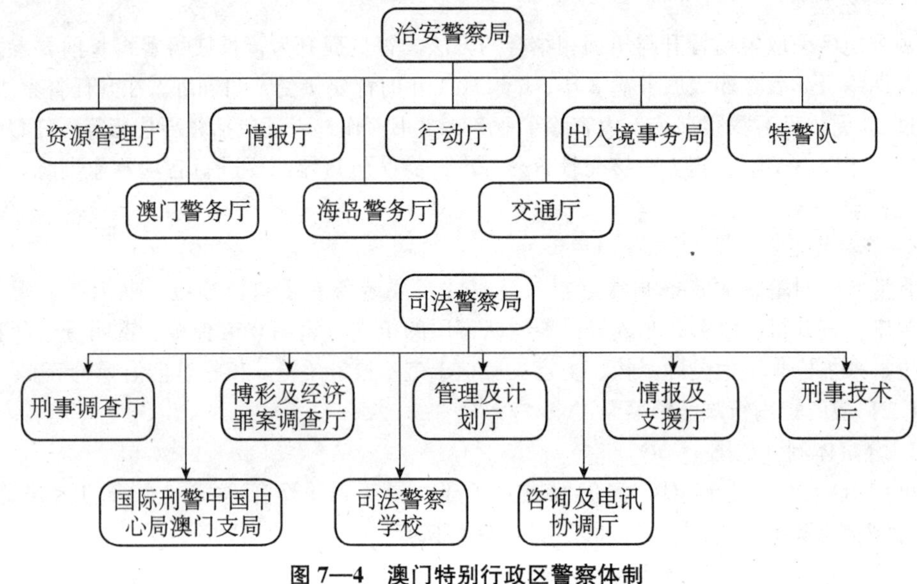

图 7—4　澳门特别行政区警察体制

(三) 台湾地区警察制度

1. 警察的体制

台湾地区实行检警一体制，即检察机关和警察机关在侦查犯罪方面的任务完全相同，警察机关应接受检察官的指挥和调度。

台湾地区的司法警察分为两类：一类为警察厅长、警保处长、警察局长和警察大队长以上的长官，协助检察官执行侦查犯罪职务；另一类为警察分局长或警察队长以下的官长及铁路、森林、矿业或其他各种专门警察机关的警察官长，均听从检察官的指挥，执行侦查犯罪职务。其他所有警长、警士应接受检察官的命令，执行侦查犯罪的职责。检察官和司法警察在办理刑事案件过程中应随时交换意见，必要时召开联席会议或相互列席业务检讨会议。司法警察在执行职务时发生法律上的疑义，应向检察官请示解答。司法警察解送的刑事案犯，法院检察处应随时接受，不受办公时间限制。检察官认为必要的，应将传票、拘票、搜索票或其他文书交司法警察机关代为执行。

除警察机关外，台湾地区还设立了相当于美国联邦调查局的属于政府的调查机构“法务部调查局”。调查局设局长 1 人，副局长 2 人，设有第一处、第二处、第三处、第四处、第五处、第六处、第七处，以及干部训练所、秘书室、人事室、主任室、机要室、设计委员会、研究委员会、训练委员会等职能机构。各地分别设有调查处、调查站。

“法务部调查局”除调查职能外，也具有执行特定刑事案件调查的职权，以及一般犯罪的刑事侦查职能，同时还是行使司法权的特定刑事机构，有专门人员负责技术鉴定工作，主要业务范围有：化学检验鉴定；文书及痕迹鉴定；电机机械及录音鉴定；法医检验鉴定。

2. 警察的奖惩

首席检察官根据司法警察的执行职务情况决定给予奖惩，并将奖惩事实通知受奖惩人的主管长官，报送“法务部”及主管铨叙机关登记。

【深度阅读】

1. 王大伟．英美警察科学．北京：中国人民公安大学出版社，1995
2. 王勃．发达国家警察管理制度．北京：时事出版社，2001
3. 冯德文编著．警察学概论．北京：中国人民公安大学出版社，2005
4. 陈真，陈合权主编．世界警察概论．成都：四川大学出版社，2008
5. 李永清主编．警察法学．北京：中国民主法制出版社，2008

【问题与思考】

思考题：

1. 警察的性质和职能是什么？
2. 当代世界各国的警察体制有哪些基本类型，各有什么特点和利弊？
3. 我国警察体制属于哪一种类型？其特点是什么？
4. 我国人民警察的职能包括哪些主要方面？
5. 警察行使职权具有哪些特点？怎样避免警察滥用权力？
6. 人民警察进行治安处罚应该依据什么法律规范和程序？有哪些制约机制？

练习题（选自历次公安机关人民警察基本级执法资格考试题目）

1. 下列说法正确的是：（A，见《人民警察法》第 8、9、13、19 条）

A. 对严重危害社会治安秩序的人员，公安机关人民警察可以采取强行带离现场、依法予以拘留等措施

B. 对下班期间发现的违法犯罪行为，人民警察没有制止义务

C. 依照《人民警察法》的规定，对违法犯罪嫌疑人适用继续盘问不得超过 24 小时，特殊情况经批准，可以再延长 48 小时

D. 公安机关人民警察因着急下班回家，经出示人民警察证，可以优先乘坐公共交通工具

2. 在现场管制中，某派出所民警下列做法正确的是：（B，见《人民警察法》第 17 条）

A. 经县级公安机关批准后，可以对严重危害社会治安秩序的突发事件实行现场管制

B. 对现场人员可以采取必要手段强行驱散，对拒不服从的人员强行带离现场或立即予以拘留

C. 对拒不服从的人员可以予以逮捕

D. 经上级公安机关批准，即可对严重危害社会治安秩序的突发事件现场实行现场管制

3. 根据《人民警察使用警械和武器条例》的规定，下列做法正确的是：（C）

A. 民警高某发现甲正在用木棍击打乙的腿部，乙倒地后甲继续殴打乙的背部，高某立即开枪击中甲的腿部

B. 孕妇朱某携带枪支逃跑，民警王某开枪射击

C. 张某在公共聚集的场所安装爆炸物后正准备实施爆炸，民警胡某发现后，立即开枪射击

D. 李某深夜盗窃后被巡逻的民警罗某发现。李某转身便跑，罗某经警告无效后，开枪击中李某的腿部

4. 李某（15岁）和同学王某因琐事发生纠纷，便殴打了王某。王某向公安机关报了案。对此案，公安机关的下列做法正确的是：（B，见《治安管理处罚法》第9、12、82条）

A. 不可以调解处理

B. 对李某应当从轻或减轻处罚

C. 询问李某时，李某要求不通知其父母到场的，可以不通知

D. 因李某殴打他人，可以直接强制传唤

5. 办理治安案件时，下列关于扣押的选项错误的是：（A，见《治安管理处罚法》第89条）

A. 可以对被侵害人或者第三人合法占用的财产适用扣押

B. 可以扣押与案件有关，需要作为证据的物品

C. 满6个月无人对扣押的财产主张权利或者无法查清权利人的，应当公开拍卖或者按照国家有关规定办理

D. 对不宜长期保存的扣押物品，应当按照有关规定办理

6. 有关保护性约束措施说法正确的是：（C，见《治安管理处罚法》第15条

A. 公安机关对醉酒的违法嫌疑人都可以采取保护性约束措施

B. 对行为举止失控的醉酒人，公安机关可以使用约束带、手铐等警械进行约束

C. 违法嫌疑人在醉酒状态中对本人有危险的，可以采取约束性保护措施，也可以通知其家属领回看管

D. 保护性约束措施只能适用于醉酒的人

7. 下列说法正确的是：（ABD，见《人民警察法》第21、26条）

A. 曾因犯罪受过刑事处罚的不得担任人民警察

B. 民警有权拒绝执行超越法律规定的职权范围的指令

C. 民警李某使用乙的汽车追赶犯罪嫌疑人，待案件办理结束后归还

D. 人民警察应当积极参加抢险救灾和社会公益工作

8. 某县公安局民警小张在调查一起治安案件时，发现违法嫌疑人甲骑车经过，即拦截路人乙的摩托车追赶，将甲抓获，随后将其带回派出所继续盘问，继续盘问期限届满后又对甲采取传唤措施。一周后，公安局将车归还给乙，并未支付任何费用。办理此案存在的执法问题包括：（ABCD，见《人民警察法》第9、13条）

A. 小张因查处治安管理处罚行为的需要征用了乙的车辆

B. 小张未经当场盘问、检查便对甲适用继续盘问

C. 小张在继续盘问期限届满尚不能证实甲有违法行为，又对甲适用了传唤

D. 因工作较忙，没有及时归还车辆并支付费用

9. 下列哪些情形中民警应当立即停止使用武器？（AD，见《人民警察使用警械和武器条例》第11条）

A. 甲持刀抢劫，被民警击中手腕，所持刀具被击飞

B. 乙持枪抢劫，被民警击中腿部，暂无法逃跑

C. 丙持铁棒袭击民警，被击中腿部后仍持铁棒扑向民警

D. 丁持刀劫持人质，被民警说服后，放下刀，释放人质

10. 公安机关人民警察职务分为：（BCD，见《公安机关组织管理条例》第10条）

A. 警务职务　　B. 警员职务　　C. 警务技术职务　　D. 警官职务

11. 下列事项可以进行现场督察的是（ABCD，见《公安机关督察条例》第4条）

A. 治安突发事件的处置情况

B. 使用警用车辆、警用标志的情况

C. 处置公民控告申诉的情况

D. 刑事案件的侦查实施情况

12. 办理治安案件中，公安派出所可以收缴的物品是（AB，见《治安管理处罚法》第11条）

A. 违禁品　　B. 吸食毒品的工具

C. 价值600元的非法财物　　D. 违法所得的财物

案例分析

1. 张某深夜酒醉，在无人帮助的情况下在路上摔倒并昏睡。两位巡逻民警发现后将其带回派出所，在其身上未发现家属的电话号码，但有两位亲属和朋友的电话号码。民警与两位亲属和朋友联系后，他们都表示深夜不便前往，并称张某经常喝醉，睡到天亮便可自己回家。民警于是让张某在派出所睡觉，决定待其清醒后送回家。但是天亮时突然发现张某呼吸急促，立即送医院抢救，但不治身亡。经尸检，张某的死因是摔倒后造成颅内出血，救治不及时而导致死亡。张某的妻子将派出所及两位民警告上法庭，认为其没有履行职责，导致张某死亡，请求对其进行损害赔偿。

问：两位民警的行为有无失职？他们是否应对张某的死亡承担责任？

2. 2005年除夕，家住某市的孙某发现自家天花板上不断有水往下滴，赶忙上楼敲门，但久扣不应，便拨打110求助。民警到现场后，邻居告知402住户到外市过年，现家中无人，民警即时关闭该户户外进水阀，但仍有滴漏。民警通过各种方式仍无法联系到402户主，而302住户要求民警入户处理积水。面对应否入户处理积水，民警犯了难。如果从保护302住户的利益出发，民警可以入户处理积水，以阻止402室渗水进一步扩大，对302房内家装和家具造成进一步损害。但上述事件中，只是楼上滴水，情况显然并不严重，民警如果未经402住户同意即入户就侵犯了户主的住宅权。

问：民警是否应该入户处理积水？如何界定警察权的行使？

3. 某地公安机关刑警制定实施了一项改革措施：对于一些久未侦破的刑事案件进行招标破案。对招标的案件制定出破案期限和奖金数额，所有刑警均可投标，中标者可以得到办案经费和所需人员，破案成功即可获得该项奖金。实行此项改革后，该局很快就侦破了一些积案。

问：这种招标破案有无法律依据？有哪些利弊？

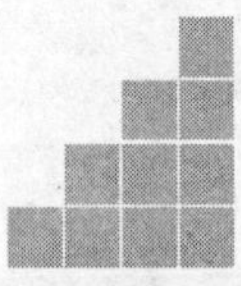

第八章 司法行政制度

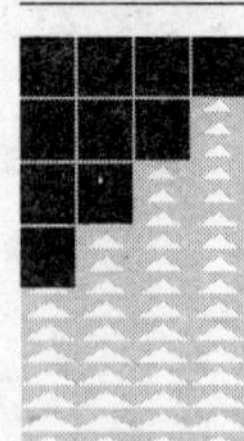

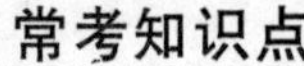

常考知识点

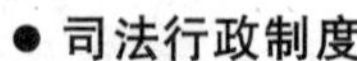

- 司法行政制度
- 司法行政机关
- 司法行政工作的基本原则
- 司法行政权
- 司法行政体制
- 我国司法行政机关的机构设置和职责

第一节 司法行政制度概述

一、司法行政制度的概念与作用

(一) 司法行政制度的概念

司法行政制度是国家司法制度的重要组成部分，具有保证国家司法权有效行使和规范国家司法行为的重要功能。狭义的司法行政制度，是指司法行政机关依法对司法行政事务实施行政管理的制度。广义的司法行政制度，则是国家对司法行政事务的管理体制和司法行政活动的总称，包括国家专门机构（如司法委员会、立法机关中的主管部门、司法机关内部的相关机构）以及政府的司法行政机关，依法实施司法行政管理和依法履行司法职能的制度，包括各司法行政机关的性质、任务、组织体系、活动原则、工作程序等，以及行政立法和行政司法活动。

司法行政制度作为一项重要的法律制度，在世界各国的表述和定义大致相同，但由于各国社会制度的不同，司法行政制度的性质、内容、职能和形式等方面也存在着较大差异。一般而言，现代司法行政制度的构成要素包括：

1. 司法行政事务，指与国家审判机关、检察机关、警察机关依法处理法律事件和违法行为的司法活动紧密相关的行政事务和法律事务，主要体现司法行政机关的司法或准司法职权。

2. 司法行政管理，指国家司法行政机关依法对司法行政事务实施的管理活动，主要体现了司法行政机关的行政管理属性。司法的运作不仅需要一定的制度和程序，而且需要通过特定的司法机关和司法人员进行，因而需要建立一整套对司法活动的人、财、物进行行政管理的制度，并需要有专门的机构和人员，按照法定的权限和程序实施这种管理，这就是司法行政管理制度。狭义的司法行政制度主要是指司法行政管理活动及相关制度。

3. 司法行政机关，是政府主管司法行政事务的职能部门，是国家对司法行政事务依法行使管理权的主体，具有国家行政体系组成部分和司法体系组成部分的双重性质。司法行政机关根据宪法和法律所赋予的权限，行使司法行政权，实施司法行政行为和司法行政管理职能。

本书论及的司法行政制度，在兼顾司法行政体制的同时，重点以司法行政管理工作（即狭义司法行政）为研究对象，包括司法行政机关的性质、任务、组织体系、活动原则、工作程序，及司法行政管理活动等。

（二）司法行政工作的作用和原则

司法行政活动具有双重属性和特点：一方面，作为政府行政管理活动的组成部分，受各级政府领导；但另一方面，司法行政机关在司法行政活动的管理和服务中又拥有自己独立的职能和地位。一般而言，司法行政工作应当遵循以下基本原则：

1. 司法行政仅限于政府对司法行政事务的管理，不涉及对司法权的管理。根据权力分立原则，世界各国的司法权都是独立的，司法行政工作不得破坏司法独立。

2. 司法行政活动的主管机关是各级政府，但司法行政活动只是政府职能的一部分，而不是政府的全部职能。

3. 司法行政活动必须依法进行，在国家授权的范围，依照法定程序进行。政府的司法行政管理职权必须与其他行使司法行政权限的国家机关（包括司法机关）依法进行分工和协作。

二、司法行政权

（一）概念

司法行政权，指司法行政机关依法拥有和行使的司法行政管理权及其他职权。司法行政权是现代司法制度中不可缺少的部分，是随着司法权的分工细化，从司法权中分离出来的一种介于司法权与行政权之间的国家权力。随着现代社会司法活动和司法社会功能的扩大，司法行政权本身也在不断扩大，多数国家建立了专门的国家司法行政机关行使这一职权。

（二）司法行政权的内容和范围

当代世界各国司法行政机关的设置和权限各有不同，司法行政权的内容和范围因而也存在差异。一般而言，主要包括：

1. 行政立法和法律起草权

行政立法是司法行政机关的一项重要职权，也是当代世界各国行政权不断扩张的产物。20世纪以后，世界各国为了提高行政管理的效率，积极介入和干预社会经济生活，将部分议会的权限授予了行政机关，即赋予行政机关一定的行政立法权（委任或授权立法），行政立法已经成为一种普遍性的制度。部分国家的行政立法主要是由司法部负责或主持进行的；另一些国家，司法行政机关承担部分行政立法和法律起草工作，与其他主管机构的立法活动相互配合。

2. 司法官员的选任和司法机关人事管理权

司法人事制度的独立和规范化是保证司法独立的前提，因此，现代国家司法官的选任都是由国家统一管理的。当代世界各国既有由议会直接负责司法官选任的，也有由最高法院承担的；但多数国家是由司法行政机关全面负责司法官员和法律职业人员的考试、选任、培训等方面的事务。由司法行政机关专门负责行使司法人事管理权，有利于统一司法职业标准，加强对司法人员的规范性管理，也有利于防止在司法人事任免方面的不公正，从而保证司法独立；同时，也体现了司法民主的理念和国家行政权对法院等司法机关的制约。为了避免司法行政机关通过人事任命权对司法进行干预，各国家和地区均严格规定司法行政机关不得干涉审判，并通过法官身份保障制度，确保司法独立不会受到干扰。

3. 司法机关的财政、建筑、设施等事务管理权

保证司法机关在财政和物质设施等方面有充足的资源保障，是维护司法独立的基础，也是国家的一种责任和义务。许多国家司法机关（法院、检察院）的财务、行政等司法行政事务由司法行政机关统一管理，或在司法委员会的监管下由司法行政机关负责实施。通过统一规划和管理，保证国家对司法的财政投入，为司法机关创造良好的物质基础和工作条件；同时可以减轻司法机关的行政管理负担，有利于保证审判权、检察权的行使。

4. 司法考试、职业培训组织及管理权

为了保证法律职业群体的统一标准和基本素质，很多国家由司法行政机关统一负责实施和管理司法考试和法律教育制度，包括组织全国法律职业的司法考试，领导和管理法律教育、法律信息管理和法律学术研究活动，组织和管理各种法律职业培训机构，如法官学院、律师学院等。

5. 法律服务行业的指导和监督管理权

世界各国的司法行政机关大都承担着对律师行业的监管职责，包括对律师资格、律师执业资格、律师执业机构的资格审查、认定和监管，律师培训以及对律师自治组织和律师执业活动的监管等。此外，司法行政机关通常还负责指导和管理公证员和公证机构，调解员和调解机构，仲裁员和仲裁机构，以及其他法律职业人员的职业活动、培训、监督管理等。

6. 监狱行政管理权和刑事裁判执行权

在多数国家，监狱及矫正（如劳动教养）等机构的管理以及刑事裁判的执行，属于司法行政机关的职能。该职权往往与司法机关、警察机关、地方政府、民政机关、社会保障机构以及社区自治等权限相互交叉，形成互动和协作关系。此外，一些国家的司法行政机关还承担着民事裁判的强制执行职能。

7. 法律援助、法制宣传等社会公益性事务管理权

法律援助、法制宣传等社会公益性事务管理权通常由司法行政机关负责行使，彰显了司法行政权的社会公益色彩。

8. 司法协助事务管理权

司法协助是各国之间在平等互惠的基础上，相互为对方国家的司法活动提供帮助的一

项制度，一般通过各国签订双边条约或加入国际公约来确定。这项制度包括引渡犯罪嫌疑人，送达法律文书，协助取证，应对方要求查封、扣压、没收和返还犯罪资产，对被判刑人移交对方管理等。当代世界各国的司法协助一般都由司法行政机关负责组织和管理。

9. 行政司法权

由于世界各国的司法体制不同，行政司法权也分由不同的机构行使。

(1) 在行政裁判方面，世界上主要存在两种类型：行政法院类型和行政机关（行政裁决）类型。前者以法国和英国为代表，后者则包括美国、德国、日本等国的行政申诉、裁决等制度，其中司法行政机关都具有一定的行政司法功能，通常是在司法部下设若干具有行政裁决或者准司法性质的纠纷处理机制，用以处理某些特殊类型的纠纷和案件，如劳动争议、环境污染纠纷、反垄断和知识产权案件、消费者纠纷以及各种针对具体行政行为的争议等；采用的程序既有正式的听证、裁决、复议和审判程序，也有非正式的调解等程序。这方面的功能较多地体现了司法行政机关及其职权的司法性。

(2) 在刑事犯罪的追究和制裁方面，有些国家的司法行政机关与检察机关合一，因而拥有极大的权限。例如，美国的联邦司法部拥有管理和监督联邦检察系统和警察系统，管理和监督联邦所属的全国监狱及其他惩罚机构，对各种犯罪活动进行调查和起诉，负责调查并向总统提出有关假释、缓刑、赦免的请求等诸多职权。加拿大司法部也有此权限。澳大利亚司法部的职责之一是提起和支持公诉，提供有关军火、毒品方面的政策和建议，打击暴力和严重刑事犯罪，负责高级官员保卫工作。日本法务省负责对破坏团体行为进行公安调查、公安审查和规制。

10. 其他司法行政事务

世界各国司法行政机关还承担着许多公共性司法行政管理职能，如户籍登记、委托保管等，这方面的权限范围各国不尽相同。

第二节 司法行政体制

一、司法行政体制概述

1. 司法行政体制的概念

司法行政体制，是指一个国家有关司法行政事务及管理的组织体系、活动原则、工作程序的总和。当代世界各国的司法行政体制通常呈现出多元化的特点，往往是由国家的司法委员会、政府的司法行政机关、司法机关以及社会团体组织构成的体系。在司法行政体制中，作为政府职能部门的司法行政机关一般居于核心地位。

2. 司法行政体制的特点和意义

在现代国家中，围绕着司法活动存在大量的司法行政事务和管理活动。从整体上看，当代司法行政体制的特点表现为，司法行政通常由专门的政府主管机关负责，但实际上又往往由若干国家机关分担。

首先，现代司法活动日益趋向功能分化，司法权不断从司法机关向其他国家机关和社会机构分化和分流，需要有专门的司法行政机关分担法院的工作，协调法院与其他行使司法权的国家机关的关系，并管理、协调承担司法辅助功能的社会机构的工作。

其次，司法行政工作涉及司法独立和司法民主两个基本理念的协调。一方面，国家应当优先保证司法的独立，赋予法院和法官极大的独立性，同时又必须防止司法的过分垄断和专权，需要通过法律教育、法官人事任免、保障民众和社会对法官人选的发言权等方式保证法官的素质，使其不致完全脱离社会。司法行政机关由于控制了法院的人、财、物管理权，就可能直接或间接地控制法院，因而必须建立合理的司法行政体制，协调这两个基本价值。由于各国在权力配置中价值取向的不同，往往会由不同的机构负责司法行政工作，并形成不同机构之间的协作和制约关系。

随着社会的发展和法治本身的发展需要，司法行政体制也在不断发展和变革。同时，各国又可以根据各自政治经济制度、社会理念和传统等因素，选择建立符合本国国情的司法行政体制。

二、司法行政体制的构成

世界各国司法行政体制的构成各有不同，一般而言，拥有司法行政权限的机关包括：司法委员会、议会、司法机关（如最高法院）、政府的司法行政机关等。

（一）司法委员会

司法委员会是欧盟国家常见的司法行政机构，是在国家体制框架内负责管理法院和司法组织的国家机构。由于司法行政工作直接关系到司法运作的状态、秩序和效果，因而为了加强对包括司法机关人事、财政等方面管理在内的司法行政工作的领导，协调司法独立与司法行政工作之间的关系，欧洲一些国家逐渐建立和完善了司法委员会制度，由高于各权力机关的司法委员会统筹司法行政事务。

基于各国特定的历史、文化和社会环境，欧洲各国的司法委员会的具体设置、职能和运作情况不尽一致，但从规模和职责等角度来看，主要包括两种模式。

1. 南欧模式，以法国、意大利、西班牙和葡萄牙等国家为典型。欧洲最早的司法委员会始于1946年的法国，共和国总统担任委员会主席，组成人员包括司法部部长（副主席），由司法机关和检察系统选任的本系统的12名成员、1名来自行政法院的成员以及由总统任命的3名成员。南欧模式司法委员会大部分是依据宪法建立的，其主要职责是捍卫司法独立，具体包括对司法机关成员的任命或升迁提出建议，或由司法委员会本身行使任命和晋升的权力，对司法机关成员进行培训和行使纪律监督权。

2. 北欧模式，以瑞典、爱尔兰、丹麦等国家为代表。始建于1975年的瑞典司法委员会被称为北欧模式之父，其执行机构成员包括4名法官（2名法院院长、2名上诉法院院长）、2名国会议员、1名律师和2名工会代表。爱尔兰、丹麦和荷兰的司法委员会分别于1998年、1999年和2002年建立。在大多数情况下，北欧模式的司法委员会的职责集中在下列领域：法院的行政事务（如监督司法行政、案件流程管理、战略性规划、促进法律统一、案件质量管理等）、法院管理（如办公用房、办公自动化、人员招募、培训等）和法院预算（包括制定预算、预算分配、费用的监督和控制等）。北欧模式司法委员会的职责和权力不是集中在法官的职业管理上，而是集中在司法组织的有效管理和高效运转方面。

目前，欧洲国家的发展趋势是改革原来依赖行政部门对法院和法官进行行政管理和司法预算管理的模式，由司法委员会来承担这些职能。这主要基于三个方面的原因：20世纪末司法改革浪潮的影响；瑞典司法委员会20年良好运行的成功经验；1994年成立的欧洲议会部长委员会关于司法独立、法官的作用、司法行政的建议。无论是南欧模式还是北欧模式，各国司法委员会都非常注重成员的代表性和广泛性，不仅包含不同级别法院的法官，而且注重吸收“司法外成员”，即律师、工会代表等，目的是引进社会控制因素，增加司法民主化的色彩，从而实现公众控制与行政控制相结合。调查显示，司法委员会在促进法官和司法组织的权威地位上确有很好的作用和效果。司法委员会介于政府和司法组织之间，专职负责司法管理和预算事务，实际上减少了司法机关与政府之间的矛盾，其运作管理是让法院更多地专注于审判工作并自我管理。委员会则促进、指导以及在某种程度上监督法院的自我管理责任的实施。①

（二）司法行政机关

现代世界各国的司法行政机关一般都是根据宪法独立设立的政府机关，多数国家称司法部（或法务部），属于政府中专司司法行政的职能部门，一般也是政府的法律顾问。各国的司法行政机关（司法部）所承担的职能有所不同，除了一般的司法行政管理职能外，司法行政机关还根据法律享有其他重要的国家职权。包括：行政立法权和行政司法权，检察权和法律监督权等。为了提高政府的工作效率，加强对社会生活的积极干预，很多国家的司法行政机关的职权还在不断扩大。

（三）司法行政机关与法院的关系

尽管司法行政机关是专门负责司法机关行政管理事务的政府部门，但是，世界各国法院的司法行政事务并非全部由司法行政机关管理。法院自身也拥有司法行政权，承担了大量的司法行政事务，有些甚至包括法院以外的司法行政事务，如律师资格考试和培训及管理，仲裁、调解、公证机构的管理等。

在司法官人事任命方面，有些国家并不是由司法部提名、遴选或任命，而是由议会、专门委员会负责或由法院自行实施的。在司法职业培训方面，有些国家也是由最高法院统一负责的，如日本的司法研修所即由最高法院主持。在法院的经费、建筑和设施的管理方面，很多国家也是由法院自己管理的，如我国法院的司法行政工作基本上是由法院自己独立管理。不言而喻，司法行政机关对司法行政事务的管理必须以不干预司法权行使为前提；但是，这并不意味着法院可以不受行政机关的制约，实际上，法院的司法行政事务仍然应受到议会和各级政府的制约。因此，法院是否独立管理司法行政事务，并不是司法独立程度的指标。

（四）司法行政机关与检察机关的关系

由于当代世界各国检察机关的地位和职能各有不同，因而，这些国家中检察机关与司法行政机关的关系也有所区别。

1. 在一些国家，主要是社会主义国家，检察机关作为国家法律监督机关，具有独立的司法机关的地位和权限，行使广泛的职权。例如，在原苏联，检察机关甚至高居各种司法机关之首。我国检察机关是与法院并列的独立的司法机关，检察机关与司法行政机关的关系与其和法院的关系基本相同。检察院的人事任命、培训，以及经费、建筑和设施的管理均直接受立法机关的控制，由检察院自行管理。

2. 与此相对，西方国家的检察机关主要承担的是国家公诉人的职能或国家律师的角色，性质上往往属于行政机关，在体制上或隶属于司法部，或与司法部合一。现代西方国

① 参见［荷］威廉·沃尔曼斯：《司法委员会的职能与组织：欧洲各国法院的司法行政管理模式比较研究》，王晓芳译，载《法律适用》，2004（2）。

家在司法行政机关与检察机关的关系方面，根据机构设置和职权范围可以分为两种模式：

（1）检司分署式，以法国、德国为代表，这些国家实行检察机关与司法行政机关分立和检审合署，检察机关设在法院内部，但检察机关仍与司法行政机关存在密切的联系。

（2）检司合署式，以美国、加拿大为代表，这些国家检审分署，检察机关不是设于法院内部，而是设于司法行政机关内部。检察机关与司法行政机关合一，刑事检控由司法行政机关负责。

由于当代检察机关的职能不断扩大，其司法性和独立性逐步得到确认，因而无论采取上述哪一种模式，检察官在行使职能时，其独立性必须得到最大程度的保障，应尽量减少和限制上级检察机关或司法行政机关（包括司法部长或总检察长）的直接干预（参见本书第五章）。

（五）司法行政机关与其他行政机关的关系

随着当代世界各国司法权的分化和行政权限的扩大，司法行政事务也日益分散到各个行政机关或政府职能部门之中，因此，在政府机构中，并不是仅有司法行政机关才拥有司法行政权。一般而言，行政立法权和行政司法权都是国家根据需要，分别赋予各个不同的政府职能部门的，例如，关于土地的行政立法和纠纷解决职责可能由土地管理部门承担；而劳动人事行政规章和劳动争议解决则由劳动人事部门负责等。因此，司法行政机关作为司法行政管理的主管职能部门，必须注意根据宪法和法律以及政府内部分工，与其他行政机关相互协调、相互配合、相互制约，共同行使司法行政权，实现司法行政工作的既定目标。

（六）司法行政机关与各种民间组织、社会团体的关系

当代世界各国的一些司法行政事务，实际上已经开始越来越多地转由社会组织和团体分担，如仲裁机构属于民间机构；行业性的纠纷解决机制则属于行业自治范围；律师行业有着悠久的自治传统；而公证机关及公证事务也逐步社会化。在这种情况下，司法行政机关的管理方式也在发生转变，主要是通过行政宏观监控与社会组织、行业自治相结合的方式发挥规制作用，而不再完全依靠行政机关的严格管理。司法行政机关监管与有关社会团体组织自治的协调，是当代司法行政体制的发展趋势。

三、西方国家司法行政体制

当代世界各国的司法行政体制各有不同，并不存在统一的模式，但是各国的司法行政体制又有共同的功能和目的，在形式上也在不断相互借鉴。以下将分别介绍几个主要西方国家的司法行政体制。

（一）英国司法行政体制

以往，英国没有设立专门的司法部，苏格兰、英格兰和威尔士分由不同部门或官员负责司法行政事务。此外，由大法官事务部负责管理法院系统，制定并监督执行司法方面的政策及行业标准，向议会提出修改法律的意见，管理全国的司法工作人员（包括录用、培训、考证及工资福利等），负责向全国司法机构的运转提供财政物资保障等职能。内政部在司法行政方面的职权主要体现在对法律和秩序的管理，对刑法制度负有总体责任，同时负责警察、监狱和其他惩戒机关。

2003年6月12日，英国对内阁进行了重大改组：撤销大法官、苏格兰事务大臣和威尔士事务大臣3个内阁大臣的建制，新设立一个宪法事务部，大法官事务部的大部分职

责移转给宪法事务部。宪法事务部内设法院服务处统一行使法院管理权。2007 年 5 月 9 日，内政部中的内务部与宪法事务部合并组建了司法部。司法部的核心职能包括：(1) 监督各类行政裁判所的运作，并向其提供改革程序规则的建议；(2) 管理英格兰和威尔士地区的民事和刑事法院；(3) 负责英格兰和威尔士地区的罪犯矫正事务；(4) 负责对青少年司法委员会的资助管理；(5) 假释委员会、皇家监狱与缓刑巡视员、独立监督委员会、监狱与缓刑监察委员会的资助管理；(6) 刑事、民事和行政法律事务，刑事法律和量刑政策，包括量刑指南委员会的管理、量刑顾问委员会以及法律委员会的资助管理；(7) 管理法律援助以及更广范围的社区法律服务事务；(8) 对法院提供支持，通过新设立的司法任命委员会任命法官、司法办公室和司法联络办公室工作人员；(9) 宪政事务，包括选举改革和民主安排，公民权、人权事务，信息自由，管理英国宪政安排和宪政关系，包括被移交的机构和女王属地；(10) 致力于制定综合战略并负责组织履行和实施的总部等。

司法部的成立是英国世纪之交法制改革的一个重要方面，逐渐实现了司法行政事务从多部门管理向司法部相对集中管理模式的转变。但司法部成立运行以来，机构职责交叉重叠、机构运行效率较低、无法有效执行司法部的职责和目的等问题凸显。为此，英国在司法部成立后不久又进行了大规模的重组改革，重新调整内设机构，以试图减少职能重叠和提高效率，其中主要包括减少累犯；对社区服刑人员和缓刑人员进行更有效的管理；加强司法系统管理；与法院方面建立更有效的联系；推动宪法改革等。司法部希望通过这些方面的改革，最终实现如下目标：对公众进行更有效的保护；使监狱和缓刑“双轨”齐下，发挥更大效率；充分利用公共资金，为司法部未来的发展奠定正确的方向和基础。

（二）法国司法行政体制

法国是典型的大陆法系国家，其司法行政体制与德国、意大利有许多相似之处，而与普通法系的英、美等国有很大的区别。在法国的司法系统中，占据主要地位的是司法行政机关和司法机关。司法行政机关对司法活动的控制非常严格，其中以在西方率先建立的最高司法会议（即司法委员会）为标志。

法国最高司法会议和司法部是负责法院的组织设置、撤销、人事调动和经费等事项的司法行政机关。第五共和国宪法规定：“共和国总统保证司法独立，最高司法会议协助总统。”最高司法会议由总统任主席，司法部部长任副主席，有时也可以代替总统任主席。总统任命 9 名委员，3 名从最高法院中任命，1 名从行政法院中任命，2 名从非法官身份的法律教授中任命，最高法院办公室再从法官中挑选 3 名成员，委员任期为 4 年。司法委员会的主要职权是对最高法院法官的任命以及上诉法院首席法官的任命提出建议，对司法部部长任命其他法官的建议提出意见，对总统行使特赦提出咨询意见。同时，根据宪法，最高司法会议又是法官纪律委员会，对法官的工作行使惩罚权。在它作为法官纪律委员会时，总统和司法部部长不出席，而是由最高法院首席法官主持。

司法部是法国政府中历史最悠久的六个部之一，作为司法行政机关，行使司法行政管理权，负责掌管法院系统的行政组织、人事调动和活动经费等方面的事务。目前下设以下业务机构，同时设有国家勋级委员会和一个司法研究中心。

1. 办公厅，主要处理司法部与法院、政府机关之间的来往文件、其他信访事件等，并负责与新闻界建立联系。

2. 司法事务司，主要负责法院的人事工作，诸如法官的任命、指派、临时调动、日常管理，其他司法工作人员的招聘、任用和管理，制定各项人事工作规章条例，培训各类司法工作人员等。

3. 民事司法司，是司法部最主要的业务部门之一，负责民事、民事诉讼法的立法工作，推动司法改革，并负责不动产权立法和土地法立法；负责制订公证员、清算员、拍卖估价员等各类法律职业条例，并承担国际私法协助等各类业务。

4. 刑事特赦司，主要参与刑事立法工作，包括刑事法律条款及其他部门法；参与大赦活动，此外，还参与有关刑法和犯罪学的学术研究活动。

5. 监狱行政司，业务主要有：对监狱设施、监管人员以及其他狱政工作实施监督管理；解决徒刑执行、缓刑、监外执行、犯人刑满后重返社会等一系列有关判决执行方面的事务，参与相关的立法和研究活动等。

6. 总务与装备司，集中管理司法部的财政与物资装备，保证全部动产、其他设备以及资金的供给，最终保证司法部各部门的正常运转。

7. 监督教育司，下属机构主要有监督教育研究训练中心和国立监督教育学校，属于青少年感化教育机构。

司法部部长担任最高司法会议副主席，并领导检察院，在国家体制中占有重要的地位。司法部拥有行政条例制定权。由于法国拥有健全的行政法院体系，行政司法主要由行政法院承担，因而司法行政机关的行政司法职能较少。

（三）美国司法行政体制

美国司法部是美国联邦政府机构之一，成立于1870年。与国务院、国防部、财政司、劳工部、运输部、卫生与公共服务部、商务部、内政部、农业部、住房和城市发展部、能源部、退休军人事务部以及教育部构成美国内阁的14个部，处于美国总统的领导之下。司法部部长是内阁成员，也是美国政府和总统的法律顾问。其主要职权是：在法律事务上代表合众国；充当总统和政府行政部门首长的法律顾问；向总统和政府行政首长提供法律咨询；监督司法行政工作；指导有关国家安全的法律问题的解决；监督监狱等机关；同时，作为联邦总检察长，在联邦最高法院审理重大案件时，代表政府出庭提起公诉。

除司法部部长、副部长外，司法部还下设：副总检察长、法律顾问局、立法事务局、行政和司法管理局、民权司、反托拉斯司、民事司、刑事司、土地和自然资源司、税务司、司法援助司、司法统计局、毒品管理局、移民和归化局、移民检查执行局、监狱管理局、美国执行官局、美国假释委员会、国家申请局、联络服务局、联邦调查局等。

司法部是美国司法系统中不可分割的一个组成部分，是美国最高检察机关和最高执法机关。其主要职能是：（1）指导和监督联邦检察系统和警察系统；（2）指导美国地区检察官的工作；（3）管理和监督联邦所属的全国监狱以及其他惩罚机构；（4）对违反联邦法律的各种犯罪活动，包括颠覆活动等案件进行调查和起诉；（5）负责调查并向总统汇报有关假释、缓刑、赦免的请求；（6）执行移民法、国籍法和有关麻醉品管理的法律；（7）协助起草联邦法律规程，应总统或政府首脑的请求，提供有关法律问题的意见；（8）依法对公民予以保护和甄别；（9）保护商业正常竞争。

司法部像一座金字塔，下级机构向上级机构负责并受其监督，下级官员作出决定时可以求助于上级官员。司法部及其各个职能部门的管辖权和职责，都是严格按照法律法规进行的。司法部可以制定行政规章，但必须得到立法机关的明确授权，并必须严格遵守法定程序，不得与上位法相抵触。

(四) 德国司法行政体制

德国司法行政机关分为联邦司法部和州司法部。

联邦政府司法部由联邦司法部部长主持，向国务秘书负责。联邦司法部由六个司法行政管理局组成：民法局、刑法局、商法局、经济法局、公法局、人事和金融管理局。德国联邦司法部的职能主要有：(1) 制定法律草案；(2) 选任法官，为联邦最高法院法官的任命做准备；(3) 审查其他部制定的法律草案的合法性；(4) 对联邦所属的各法院负责，监督他们是否履行职责，为法院推荐候选法官。

州级司法部的职能范围不像联邦司法部的职能范围那样广。州司法部一般在本州范围内负责与联邦司法部相应的事务。除办理管辖权归属州司法部的具体事务外，州司法部还负责任命本州的法官等法律职业人员的培训。

(五) 加拿大司法行政体制

加拿大联邦设司法部，司法部部长即联邦总检察长，为内阁成员。司法部是联邦政府行使司法行政权和检察权的部门，负责处理联邦政府法律事务，从事检察业务，并负责法官的推荐选任。加拿大省高等法院的法官和联邦法官由加拿大律师协会司法委员会（由23人组成，代表各省和地区）讨论评议，最后由司法部部长决定并向内阁正式提出候选人名单，经内阁批准后提请总督任命。

加拿大各省设律政署，其首长即省检察长，负责处理本省或地区政府法律事务，从事检察业务，对外还负责省法院法官的选任。

联邦检察机关和省检察机关相互之间在组织和业务上无隶属和指导关系。联邦检察机关属于加拿大司法行政系统，总检察长由司法部部长兼任。省检察机关隶属于省律政司，负责除联邦检察官管辖以外所有案件的起诉。

(六) 日本司法行政体制

日本司法行政体制由法务省、法制审议会及相关附属机构构成。

法务省是日本负责司法行政事务的国家行政机关，1948年根据国家行政组织法建立。其职权范围包括：检察事务；矫正（监狱等）事务；赦免及更生保护事务；参与涉及公共或国家利益的诉讼；负责国籍、户籍登记管理；出入境管理、难民认定和外国人管理事务；制定有关司法制度及司法行政事务的法律案；与联合国协作的各种研究、培训、调查等事务；其他司法行政事务。内设大臣官房（办公厅）、民事局、刑事局、矫正局、保护局、讼务局、入境管理局等机构。检察机关与法务省在机构上合一。

法制审议会由法务大臣担任会长，委员由法务大臣任命，一般为各部门的专家。法制审议会负责就民、刑事法律等的完善进行调查审议，对法务省负责的司法行政事务，包括检察官的任命和考察进行调查，对有关问题提出意见和建议，由法务大臣作出决定。

法务省负责的其他附属机构包括：(1) 检察厅；(2) 研修机构，包括法务综合研究所和矫正研修所，主要负责对有关专业人员的培训、调研和专门研究；(3) 矫正收容设施；包括监狱、少年监狱（刑务所）、拘留监、少年院、少年鉴别所、妇女辅导院、入境者收容所；(4) 地方分支机构，包括法务局和各地方法务局、地方更生保护委员会、保护观察所、地方入境管理局等；(5) 司法考试管理委员会，专门负责组织管理司法考试事务；(6) 公安审查委员会，根据破坏防止法而设，负责防止涉及公共安全的破坏团体活动；(7) 公安调查厅，负责对破坏团体进行调查及请求对破坏团体进行规制处分。

第三节 我国司法行政制度

一、司法行政制度的创立和发展

(一) 司法行政机关的创建

我国司法行政机关是从民主革命时期开始逐步发展而来的。1931年，在中央革命根据地成立了中华苏维埃共和国，中央执行委员会作为全国苏维埃代表大会闭会期间的最高权力机关，下设人民委员会（最高行政机关）和最高法院。人民委员会下设的司法人民委员会相当于今天的司法部，是我国司法行政机关的雏形。抗日战争时期，1937年以后，为了一致抗日，发展民族统一战线，中央决定撤销中华苏维埃中央政府西北办事处，成立陕甘宁边区政府。同时，撤销各省、县、区裁判部，成立陕甘宁边区高等法院，司法行政和审判工作统一由边区高等法院管理。解放战争时期，1948年华北人民政府成立，于同年10月建立了华北人民政府司法部。1949年年初，中原临时政府成立，也在政府机构中设立了司法部，同时，根据中原人民政府命令，在河南、山东、湖北等省建立了司法厅。

(二) 新中国司法行政机关的发展与挫折

中华人民共和国成立后，按照人民政治协商会议共同纲领的精神，于1949年11月1日在原华北人民政府司法部的基础上，建立中央人民政府司法部，作为国家司法行政机关，主持全国的司法行政工作，实行司法行政与司法审判的分立制。同年12月29日，中央人民政府委员会批准了《中央人民政府司法部试行组织条例》，对司法部的任务和组织机构作了明确规定。

1954年，根据宪法规定，中央人民政府司法部改称为中华人民共和国司法部，作为最高司法行政机关。在撤销各大行政区司法部的同时，在各省、自治区、直辖市设立司法厅(局)。司法行政机关的主要任务是：管理人民法院的设置、干部的教育和管理、组织培训、律师、公证、司法统计工作。司法行政机关的建立和健全，是人民司法制度建设的重要举措和组织保证。

从1957年下半年开始，党和国家的政策出现失误和法制虚无主义倾向。1958年6月到8月，第四届全国司法工作会议召开，对司法行政工作进行了错误批判。1959年4月，国务院提请第三届全国人民代表大会决定撤销司法部，原司法部主管的工作由最高人民法院管理。地方司法行政机关也随即被撤销，司法行政与司法审判的分立制改变为合一制，刚刚建立的司法行政制度夭折。

(三) 司法行政机关的重建

中共十一届三中全会后，为适应我国民主和法制建设的需要，1979年9月13日，第五届全国人民代表大会常务委员会第十一次会议决定重新设立司法部。同年10月，中共中央、国务院发出了《关于迅速建立地方司法行政机关的通知》，要求各省、自治区、直辖市尽快建立司法行政机关。1980年7月，国务院转批司法部关于迅速建立省属市（地区）、县司法行政机构的请示报告，要求各省属市、地区设立司法局（处），各县设立司法局(科)，把各级司法行政机关建立起来。1982年1月13日，中共中央《关于加强政法工作的指示》下发后，全国各地开始在农村、乡、镇和城市街道办事处设置了司法助理员。从中央到地方逐步恢复、建立了司法行政机关。1982年宪法规定，国务院领导和管理“司法行政”等工作，确立了司法行政机关的法律地位，司法行政工作开始进入全面发展时期。随着国家政治体制和经济体制的改革深化，司法行政机关的职能也随之不断变化。具体经历了以下几个阶段：

1. 恢复重建司法行政机构初期，司法行政机关的职能与 20 世纪 50 年代基本相同，主要管理法院的干部工作、机构设置、人员编制、协同建立健全审判制度等各项司法行政工作，管理干部培训、法学教育、法制宣传、律师、公证、人民调解、司法外事和法律编纂等任务。

2. 1982 年 6 月，司法行政机关的具体工作范围做了较大调整，将各级法院的干部工作、机构设置、人员编制、助理审判员的任免、财务装备、司法统计等行政工作，全部移交给法院自行管理。

3. 1983 年上半年，司法行政机关的职权范围再做调整，公安部将劳动改造机关及劳动教养机关，整建制移交给司法行政机关管理。之后，司法行政机关的职能为：管理监狱劳动改造和劳动教养工作、培养法律人才、培训在职干部、管理律师工作、管理公证工作、负责法制宣传工作、指导人民调解委员会工作、开展司法外事和其他司法行政事宜等任务。

4. 1988 年，国务院批准司法部“三定”方案，司法行政机关强化了参与立法、为经济建设和民主与法制建设服务、管理劳改劳教工作、管理基层工作、深入普法 5 个方面的职能，特别是增加了管理乡镇法律服务和参与社会治安综合治理的内容。

5. 1994 年，国务院再次批准司法部“三定”方案，司法行政机关的职责范围增加了涉外内容，主要是综合管理法律服务机构和在华设立的外国（境外）律师机构，组织参加联合国有关预防犯罪领域的会议和活动及国际人权问题的法律研讨和交流活动，参与同国外政府间的法律交流和合作，参加与外国鉴定司法协助协定的谈判，参与制定有关港澳台地区的法规工作等。1996 年，司法行政机关被赋予监督和管理法律援助职能。

6. 进入 21 世纪以来，随着司法体制改革的不断深化，司法行政机关的职能也不断调整、充实：2001 年，增加了组织实施国家统一司法考试职能；2005 年，被赋予统一管理司法鉴定职能；2008 年，国务院新批准的司法部“三定方案”，增加了“指导、监督司法行政系统戒毒场所的管理工作”、“指导管理社区矫正工作”、“指导仲裁机构登记管理工作”三项职能，增设了法律援助工作司，劳动教养管理局加挂“戒毒管理局”牌子。

二、司法行政机关的性质、地位和特征

（一）司法行政机关的性质

我国司法行政机关是国家机构的重要组成部分，是人民政府的职能部门之一。它负责管理司法行政工作和法律规定的司法工作，是国家的执法机关。司法行政机关的工作对司法职能的实施有着十分重要的作用，其任务与职责是随着国家经济建设、民主法制建设、改革开放的情况和社会需要而不断演变的。

司法行政机关的性质，首先是行政性，司法行政机关归属于行政系统，行使的是一种行政管理权，在国家授权的权限范围内依法行政。其次，司法行政机关又具有一定的司法性，由于其具体职能和权限涉及大量司法活动，因而本身也具有一定的司法性或准司法性。根据当代社会司法功能分化的原理，司法行政机关实际上分担了许多原由司法机关承担的工作，随着社会的发展、司法功能的调整，这部分司法功能还会继续扩大，但方式将

会更加多元化。除了直接行使司法职能外，司法行政机关还承担着对律师以及从事纠纷解决、法律服务等活动的民间社会机构的监管职能。

（二）司法行政机关的地位

1. 在国家行政管理中的地位

国家行政管理，是国家行政机关依法实现国家职能的行政行为，主要包括军事、民政、公安、司法行政、国民经济、教育、文化等方面的行政管理。司法行政机关作为政府主管司法行政事务的职能部门，在国家行政管理体系和国家行政管理活动中处于十分重要的地位。宪法规定，国务院行使“领导和管理民政、公安、司法行政和监察等工作”的职权，确立了司法行政机关在国家行政管理中的法律地位。国务院 1989 年批准的《司法部“三定”方案》也明确规定，“司法部是国务院管理司法行政工作的职能部门，是国家的执法机关之一”，进一步确立了司法行政机关在国家行政管理中的重要地位。司法行政机关管理的监狱、劳动教养、法制宣传、律师、公证、人民调解、法学教育、仲裁、司法鉴定、国际司法协助等司法行政事务，都是国家行政管理的重要内容，在辅助国家司法行政权的行使上起着重要作用。

2. 在国家司法体系中的地位

根据我国的政治体制和传统，司法行政机关与公、检、法各部门一样，都是国家的执法机关，在执法过程中应当与公、检、法分工负责，互相配合与制约。司法行政工作涉及多种法律制度，如监狱制度、劳动教养制度、人民调解制度、律师制度、公证制度、仲裁制度、法律援助制度等，这些都属于国家司法活动的重要内容，是我国人民司法体制的组成部分，司法行政工作在司法实践中从不同角度、不同程度与其他司法机关及其活动相互配合与制约。司法行政制度对司法活动的配合和制约作用，能够从总体上保障司法活动的顺利进行，保障国家法律的正确实施，是我国司法体制中不可缺少的重要环节，充分体现了司法行政机关在国家司法体系中的重要地位。

（三）司法行政工作的特征

1. 执法性

我国司法行政机关是国家执法机关，执法性是司法行政工作最根本的特征。司法行政机关的各种活动和职权都是由法律规定或授权的，并且需要按照法定的程序和规则进行，即依法行政。

2. 服务性

我国司法行政机关负责管理各种具有多种功能的法律服务机构，因此，司法行政工作也是一种全方位的法律服务活动。体现在：

（1）司法行政机关掌握多种法律服务手段，具有特定的服务功能，特别是通过依法对律师、公证机关和人民调解组织、仲裁、乡镇法律服务机构等机构进行管理、监督和指导，保证这些机制在诉讼和非诉讼活动中，通过刑事辩护、民事代理、法律援助、办理公证等方式向社会提供法律服务，满足社会的司法需求。

（2）司法行政机关是社会治安综合治理中的重要领导力量，基层司法所不仅参与组织和领导基层自治和治安工作，同时代表政府参与调处纠纷，为公民提供法律帮助，在打击犯罪、预防犯罪和纠纷、地方治理、维护国家政治稳定和社会安定方面发挥了重要作用。

（3）司法行政机关承担着法制宣传、普法的职能，致力于提高全民族的法律意识，促进法学教育和法学研究活动；对于建立法治秩序、营造法治文化以及良好的法治环境和道德氛围方面具有重要作用。

3. 管理性

司法行政机关是政府职能部门，依法对司法行政事务实施国家管理，因此，其主要职能即依法行使司法行政管理权。目前，我国司法行政机关虽然没有完全实现对司法行政事务的统一管理，部分司法行政管理职能仍由司法机关（法院、检察院）或其他职能部门承担，但绝大多数司法行政管理职能，如管理监狱、劳动教养、法制宣传、法学教育、法学研究、律师、公证、人民调解、仲裁、司法鉴定、法律援助、国际司法协助等司法行政事务，都属于司法行政机关的管辖范围。因此，可以说我国司法行政机关在司法行政管理中担负着主要任务，发挥着主要作用。

三、司法行政机关的机构设置和职责

（一）司法行政机关的机构设置

根据2008年国务院批准的《司法部主要职责内设机构和人员编制规定》等相关文件，我国司法行政机关的机构设置大体如下（见图8—1）：

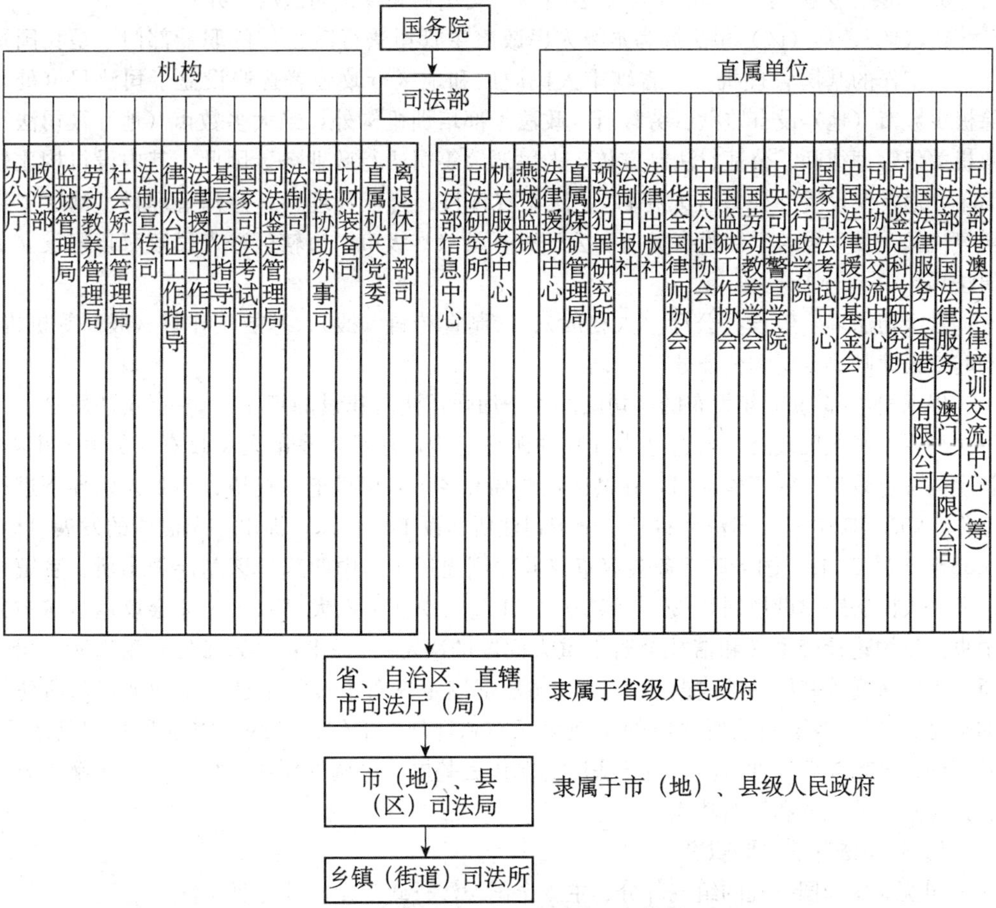

国务院
司法部
机构
办公厅
政治部
监狱管理局
劳动教养管理局
社会矫正管理局
法制宣传司
律师公证工作指导司
法律援助工作司
基层工作指导司
国家司法考试司
司法鉴定管理局
法制司
司法协助外事司
计财装备司
直属机关党委
离退休干部司
直属单位
司法部信息中心
司法研究所
机关服务中心
燕城监狱
法律援助中心
直属煤矿管理局
预防犯罪研究所
法制日报社
法律出版社
中华全国律师协会
中国公证协会
中国监狱工作协会
中国劳动教养学会
中央司法警官学院
司法行政学院
国家司法考试中心
中国法律援助基金会
司法协助交流中心
司法鉴定科技研究所
中国法律服务（香港）有限公司
司法部中国法律服务（澳门）有限公司
司法部港澳台法律培训交流中心（筹）
省、自治区、直辖市司法厅（局）　隶属于省级人民政府
市（地）、县（区）司法局　隶属于市（地）、县级人民政府
乡镇（街道）司法所

图8—1　我国司法行政机关组织体系

注：资料来源：司法部官方网站。

1. 中央司法行政机关——司法部

司法部是国务院主管司法行政机关的职能部门，是全国司法行政工作的最高管理机关。为履行上述职责，司法部设16个职能司（局、厅）和政治部：办公厅、政治部、监狱管理局、劳动教养管理局、社会矫正管理局、法制宣传司、律师公证工作指导司、法律援助工作司、基层工作指导司、国家司法考试司、司法鉴定管理局、法制司、司法协助外事司、计财装备司、直属机关党委和离退休干部司。除上述业务司局外，司法部还直接领导、管理和指导以下机构的工作：司法部信息中心、司法研究所、机关服务中心、燕城监狱、法律援助中心、直属煤矿管理局、预防犯罪研究所、法制日报社、法律出版社、中华全国律师协会、中国公证协会、中国监狱工作协会、中国劳动教养学会、中央司法警官学院、司法行政学院、国家司法考试中心、中国法律援助基金会、司法协助交流中心、司法鉴定科学技术研究所、中国法律服务（香港）有限公司、中国法律服务（澳门）有限公司、司法部港澳台法律培训交流中心（筹）。

2. 省级司法行政机关——省、自治区、直辖市司法厅（局）

省、自治区、直辖市司法厅（局）是本级人民政府主管司法行政工作的职能部门。其内设机构与司法部基本类似。

3. 基层司法机关—— 市（地）、县（区）司法局和乡镇司法所（办）

市（地）、县（区）司法局为本级人民政府主管司法行政工作的职能部门，是我国司法行政工作的基层管理机关。省辖市人民政府和地区行政公署普遍设立了司法局（处）。除极少数市（地）设有监狱、劳教所、政法干部培训机构外，绝大多数市（地）级司法行政机关仅管理律师、公证、法制宣传、人民调解等司法行政业务。因此，其内设机构比较简单，通常仅设置办公室（人秘科）、法制宣传科、公证管理科、律师管理科、基层工作科等机构，并下设若干律师事务所和公证处；县（县级市、市辖区）人民政府普遍设立了司法局。

县级司法局一般设办公厅（人秘股）、法制宣传科（股）、基层工作科（股）等机构，同时下设律师事务所和公证处。

根据司法部1996年发布的《司法部关于加强司法所建设的意见》，基层司法所是县区司法局在乡镇人民政府（街道办事处）的派出机构，是承担乡镇人民政府（街道办事处）管理司法行政工作的职能部门，在县区司法局和乡镇人民政府（街道办事处）领导下进行工作。2004年10月，司法部召开了全国司法所建设工作会议，提出了司法所的发展目标。2006年1月24日，国务院常务会议审议并原则通过了《中西部地区基层派出所、乡镇司法所、人民法庭建设规划》。2006年10月11日，中共十六大第六次全体会议通过《中共中央关于构建社会主义和谐社会若干重大问题的决定》，提出："加强公安派出所、司法所、人民法庭等基层基础建设。"此后，司法部制定发布了《关于进一步加强司法所建设的意见》。根据乡镇司法所建设的正规化标准和规划，工作人员编制将逐步收归县政府，其职能也开始向管理性过渡。但司法所仍在代表基层政府调处纠纷、指导人民调解等方面发挥着重要的服务和解纷功能。

（二）司法部的主要职责

司法部作为国务院的组成部分，主管全国司法行政工作。其主要职责是：

1. 拟订司法行政工作方针、政策，起草有关法律法规草案，制定部门规章，制订司法行政工作的发展规划并组织实施。

2. 负责全国监狱管理工作并承担相应责任，监督管理刑罚执行、改造罪犯的工作。

3. 负责全国劳动教养管理工作并承担相应责任，指导、监督劳动教养的执行工作，指导、监督司法行政系统戒毒场所的管理工作。

4. 拟订全民普及法律常识规划并组织实施，指导各地方、各行业法制宣传、依法治理工作和对外法制宣传。

5. 负责指导、监督律师工作、公证工作并承担相应责任，负责港澳地区的律师担任委托公证人的委托和管理工作。

6. 监督、管理全国的法律援助工作。

7. 指导、监督基层司法所建设和人民调解、社区矫正、基层法律服务和帮教安置工作。

8. 组织实施国家司法考试工作。

9. 主管全国司法鉴定人和司法鉴定机构的登记管理工作。

10. 参与有关国际司法协助条约的草拟、谈判，履行司法协助条约中指定的中央机关有关职责。

11. 指导司法行政系统的对外交流与合作，组织参与联合国预防犯罪组织和刑事司法领域的交流活动，承办涉港澳台地区的司法行政事务。

12. 负责司法行政系统枪支、弹药、服装和警车管理工作，指导、监督司法行政系统计划财务工作。

13. 指导、监督司法行政队伍建设和思想作风、工作作风建设，负责司法行政系统的警务管理和警务督察工作，协助省、自治区、直辖市管理司法厅（局）领导干部。

14. 承办国务院交办的其他事项。

（三）各级司法行政机关的职能和作用

司法行政机关在立法、司法、行政执法、普法等方面具有多种职能和作用，司法部通过自上而下的行政领导体制，将国家赋予司法行政机关的各种职能贯彻到各级司法行政机关，直至基层。主要包括：

1. 司法行政管理

（1）指导人民调解工作，化解矛盾，减少纠纷，形成社会治安综合治理第一道防线，维护广大农村和基层的社会稳定。

（2）规范保障刑事案件律师出庭辩护工作，配合侦查、检察、审判机关，准确、及时地打击各种犯罪活动，依法维护当事人的合法权益，保障国家法律的正确实施和司法活动的正常进行。

（3）加强监狱、劳教工作，确保监所稳定，提高教育改造质量，努力减少和预防重新犯罪。

（4）做好刑满释放、解除劳教人员的安置帮教工作，使他们重返社会后有栖身之地和就业之路，预防和减少重新犯罪。

（5）建立和促进法律援助事业，维护刑事被告人的合法权益，为弱势群体和贫困当事人提供法律帮助，保障民众利用司法的途径。

（6）开展国际司法人权合作，扩大国际司法协助，打击潜逃境外的犯罪分子和跨国犯罪活动，维护国家利益和惩治犯罪。

2. 为社会提供法律服务

根据改革开放和经济建设发展的需要，司法行政机关将律师、公证、仲裁、乡镇法律服务等机构组织成一个多功能、多手段、全方位的法律服务体系，通过多种途径和方式，不断扩大法律服务行业规模和人员素质，加强管理，强化职业道德规范，规范法律服务市场主体，以满足全社会日益增长的法律服务需求。

同时，司法行政机关还在不断扩展法律服务的新领域和新内容，包括：开拓为政府实现宏观调控服务的领域，使法律服务进入决策层，帮助政府部门运用法律手段实现宏观调控；开拓各类生产要素市场服务的领域，依法引导、规范、维护房地产、金融、产权交易、信息等市场的正常秩序；开拓为国有企业改革服务的领域，依据国家有关法律和政策，建立现代企业制度，促进经济向集约化发展；开拓为发展农业和促进科技进步服务的领域；等等。

3. 法制宣传和普法

司法行政机关作为国家法制宣传的主管部门，自重建以后，始终把法制宣传作为一项重要任务来抓。自1986年到现在，国家已进入第六个五年普法教育规划时期，全国已初步形成了一个多渠道、多层次、多手段、齐抓共管的法制宣传教育格局。

4. 促进法学教育、法律培训

法学教育是我国国民教育体系的重要组成部分，也是法律职业的基本教育途径。司法行政机关与教育主管部门在高等教育、成人教育和职业教育方面互相配合、相互沟通，建立了多形式、多层次的法学教育格局。

5. 组织国家司法考试，颁布法律执业证书

从2000年起，我国开始进行法律职业的统一司法考试。国家司法考试是国家统一组织的从事特定法律职业的资格考试，初任法官、初任检察官和取得律师资格必须通过国家司法考试。《国家司法考试实施办法》第5条规定，国家司法考试由司法部实施。《法律职业资格证书管理办法》第4条规定，法律执业资格证书由司法部统一制作、颁发。

6. 促进法学理论研究

司法行政机关通过科研项目招标、管理，科研成果评定、奖励等措施，促进法学理论研究，产生了一些有价值的法学理论研究成果，为国家的立法实践、司法实践以及政府行政决策提供了理论依据。

(四) 基层乡镇 (街道) 司法所的职能

(1) 指导、管理人民调解工作，参与调解疑难、复杂民间纠纷；

(2) 承担社区矫正日常工作，组织开展对非监禁服刑人员的管理、教育和帮助；

(3) 指导、管理基层法律服务工作；

(4) 协调有关部门和单位开展对刑释解教人员的安置帮教工作；

(5) 组织开展法制宣传教育工作；

(6) 组织开展基层依法治理工作，为乡镇人民政府（街道办事处）依法行政、依法管理提供法律意见和建议；

(7) 协助基层政府处理社会矛盾纠纷；

(8) 参与社会治安综合治理工作；

(9) 完成上级司法行政机关和乡镇人民政府（街道办事处）交办的维护社会稳定的有关工作。

四、港澳台地区司法行政制度

(一) 香港特别行政区司法行政制度

1997年7月1日，我国对香港恢复行使主权。香港特别行政区的各项制度以《香港特别行政区基本法》为法律依据，其司法行政制度由以下机关及职能构成：

1. 法院内部的司法行政机关—— 规则委员会

香港法院同时兼有审判和司法行政的职能。高等法院和区域法院内分别设立“法院规则委员会”，作为主管司法行政工作的权力机关，负责制定和修改司法行政工作的原则和管理措施，包括诉讼程序管理、法院行政管理、涉外诉讼规则以及诉讼费用标准和法院的各种经费管理等。

高等法院规则委员会由高等法院首席法官和他任命的1名上诉法庭及4名原讼法庭的法官、高等法院经历司司长或1名副司长、2名大律师和2名律师组成，高等法院首席法官任委员会主席，经历司司长任秘书，会议的法定人数为5人。区域法院规则委员会由区域法院首席法官和他任命的3名法官、1名大律师和1名律师组成。

法院司法行政官员如经历司司长、执行官、书记官、法警和译员均由行政长官任命。经历司司长根据法律授予及法院规则委员会规定的权限，具体领导法院的司法行政工作，管理司法行政有关事项，带领执行官、法警以及其他人员执行法院的判决和命令。

香港高等法院对律师业拥有最高的领导和管理权，律师公会和大律师对律师业的管理权，来自高等法院的授权。在香港，律师和大律师均属于高等法院的“官员”，但实际上，律师和大律师并不依附于高等法院，只是在资格审查、登记和处分方面属于高等法院管理。香港高等法院主要行使对律师的除名权。

2. 律政司（见图8—2）

香港律政司既是政府的检控机关，也是政府的司法行政机关，其职能相当于美国的司法部，集各种权限于一身，主要职能之一就是对司法行政事务的管理。律政司有民事法律科、国际法律科、法律草拟科、法律政策科和刑事检控科5个不同的科别。由律政司政务专员主管的政务及发展科，则负责向这些科别提供一般辅助。

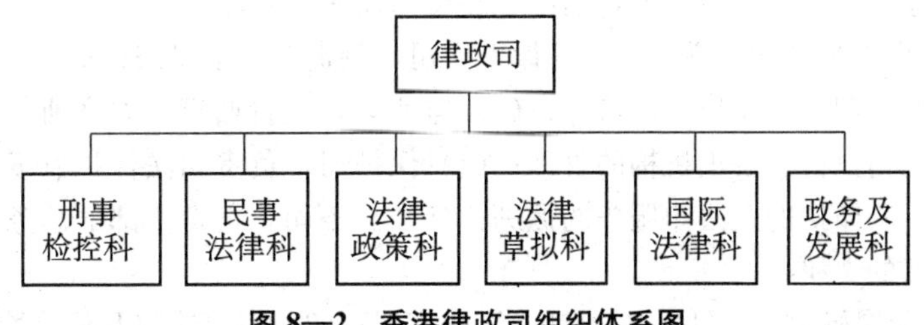

图8—2　香港律政司组织体系图

3. 监狱管理机构——惩教署

惩教署俗称监狱署，是香港监狱的管理机构。香港法院将已作确定判决的刑事罪犯交惩教署所属机构监管，对其进行惩处和教育改造。

惩教署依照监狱条例、教养中心条例、拘留中心条例和毒瘾治疗中心条例设立了二十多所相应的机构，包括低度设防、中等设防和高度设防的监狱，1间精神治疗中心，多间教导所、劳役中心、戒毒中心和3间过渡时期宿舍，可容纳近9 000名犯人。此外，还设有1所职员训练学院，1个押解组，同时还办有协助犯人重返社会的广泛善后辅导服务。

惩教署根据“惩”与“教”相结合的原则，对犯人进行管理和教育，使其弃旧从新，成为新人。惩教措施主要包括：心理治疗和生理治疗；劳动改造；教育和职业训练；提前假释和释前就业；善后辅导等。

(二) 澳门特别行政区司法行政制度

澳门特别行政区的司法行政事务主要由澳门地区司法委员会负责，司法委员会是澳门法院、法官的管理与纪律执行机关，同时对法院办事处和检察院各部门行使管辖权。

具体来说，澳门司法委员会具有以下管理与监督权限：(1) 对第一审法院法官、检察官、司法参事的任命、定期委任之续期及免职提出建议；(2) 对司法官与司法参事作出纪律处理；(3) 对无能力的司法官作出退休命令；(4) 编制年资表，并对澳门法院所有司法官与司法参事进行管理；(5) 对第一审法院法官作出安排；(6) 发布对司法官的兼任及代理的命令，并有权指定法官组成合议庭；(7) 对司法官工作作出考评；(8) 对法院办事处、检察院各部门作出纪律考评或纪律处理；(9) 审议第一审法院有关工作状况的年度报告书；(10) 对第一审法院或检察院进行视察、全面调查及专项调查；(11) 建议更改第一审法院法官的员额；(12) 对司法委员会主席的决定提出的异议进行审议；(13) 通过内部规章；(14) 通过委员会机构所作出的预算提案；(15) 行使法律所赋予的其他权力。

司法委员会还可以指定视察员、调查员巡查司法机关的工作。对司法委员会的决定不服者，允许当事人向高等法院起诉。

(三) 台湾地区司法行政制度

台湾地区的司法行政制度主要由以下机关及职能构成：

1.“法务部”(见图8—3)

台湾地区的司法行政机关名称几经变革，原称“司法行政部”，1980年7月1日，台湾地区实施审检分署，改组为“法务部”，主管检察、监所、司法保护等行政事务及“行政院”的法律事务，隶属于“行政院”。“法务部”设“部长”1人，由“行政院院长”提请“总统”任命，为“政务委员”之一，综理部务，指挥、监督所属职员及机关。“法务部”设政务次长、常务次长各一人，辅助“部长”处理部务。

“法务部”设下列各司、室：(1) 法律事务司，负责各类法律修订；(2) 检察司，负责检察业务的管理、调查、监督、研讨等；(3) 监所司，负责监狱、看守所、少年观护所及少年辅育院等刑罚执行、矫正机构的管理；(4) 保护司，负责司法保护制度的执行，更生保护事业管理，法律扶助及法律服务的促进；(5) 总务司，负责本部的总务后勤；(6) 秘书室，负责本部的文秘。

“法务部”所属机关有：(1)“最高法院”检察署；(2) 高等法院及分院检察署；(3) 地方法院及分院检察署；(4) 调查局；(5) 司法人员训练所；(6) 监狱；(7) 看守所；(8) 少年观护所；(9) 少年辅育院。

“法务部”另设“法规委员会”、“人事审议委员会”、“检察官审议委员会”等专门委员会。“法规委员会”负责研讨各项重要法规及法律问题。“检察官审议委员会”负责审议各级检察机关检察官的任用、升迁、转调及重大奖惩案件，以及办案书类成绩的审查。“人事审议委员会”负责审议有关人事案件，其职责如下：(1)“法务部”以及所属机关(调查局除外)荐任以上人员(检察官除外)，及委任主管人员、法医师、导师的任用、升迁、转调及奖惩的审议；(2) 优秀人员的选拔；(3) “法务部”以及所属人员进修及出境研习审议；(4) 办理民刑事案件事实证明审查；(5) 其他有关人事审议事项。该委员会审议结果，报请“部长”核定后分别处理。

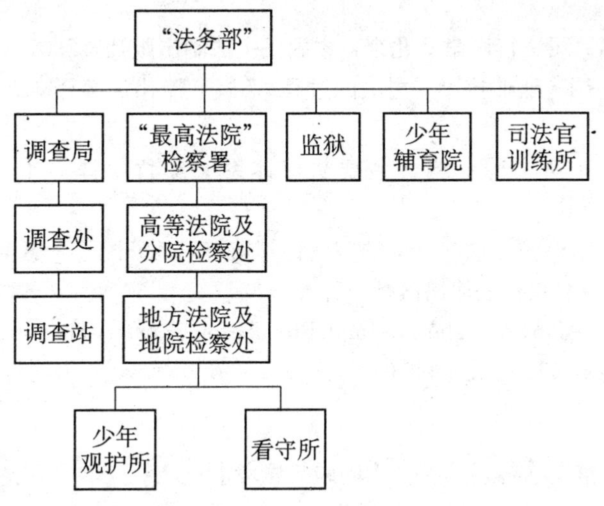

图 8—3 台湾地区“法务部”所属机关图

2. 司法官训练所

1980 年 8 月 1 日，台湾地区公布“司法官训练所组织条例”修正案，将司法官训练所归属于“法务部”管理。由“行政院”和“司法院”共同负责设立“司法官训练委员会”，除司法官训练所所长为当然委员外，由“行政院”及“司法院”各指派 4 人组成，并互推 1 人为召集人。“司法官训练委员会”决定的司法官及其他司法人员的训练方针、计划及与训练有关的重要事项，由司法官训练所执行。

3. 监所

台湾地区“法务部”所属的刑罚执行机构、羁押机构和感化教育机构有监狱、看守所、管收所、少年观护所、少年辅育院。

(1) 监狱主要负责对经刑事判决确定的受刑人的刑罚执行，及受刑人的矫治，促使受刑人悔改向善，掌握谋生技能，重新适应社会生活。

(2) 管收所分别隶属于各地法院。根据“管收条例”，对于债务人、担保人或其他依法予以拘提、管收的人，适用“刑事诉讼法”关于拘提、羁押的规定，将其拘提、管收在管收所内。

(3) 依据“少年事件处理法”的规定，设少年观护所。少年观护所隶属于所在地方法院检察署。有关少年管训事件，少年的收容及少年刑事案件，审理中少年的羁押等事项的当事人可送往该所。少年观护所同时接受法院的督导。

(4) 少年辅育院由“法务部”或由“法务部”委托地方最高行政机关设置，受“法务部”指导、监督。少年辅育院专门收容经少年法庭判处感化教育的 12 岁至 18 岁的犯罪少年。

【深度阅读】

1. 董开军主编．司法行政学．北京：中国民主法制出版社，2007

2. ［美］亨利·J·亚伯拉罕．司法的过程．7版．泮伟江等译．北京：北京大学出版社，2009

3. ［法］勒内·达维德．当代主要法律体系．漆竹生译．上海：上海译文出版社，1984

4. ［荷］兰布克，［意］法布瑞．法院案件管辖与案件分配——奥英意荷挪葡加七国的比较．范明志等译．北京：法律出版社，2007

5. Alexander B. Aikman，The Art and Practice of Court Administration，Boca Raton，London ，New York：CRC Press，2006

【问题与思考】

思考题：

1. 司法行政制度的功能与属性是什么？
2. 现代司法行政机关一般都可能拥有哪些职权？
3. 司法委员会的功能是什么？有几种类型？
4. 当代世界各国的司法行政体制是怎样构成的？有哪些特点？
5. 阐述我国司法行政体制的构成及特点。
6. 我国司法行政机关的地位及基本职能是什么？

练习题：

1. 下列说法，正确的是：(D)

A. 司法行政涉及政府对司法行政事务的管理，包括对司法权的管理

B. 司法行政活动的主管机关是司法机关而非政府部门

C. 司法行政机关在司法行政活动的管理和服务中没有独立的职能和作用

D. 司法行政机关具有国家行政体系组成部分和国家司法体系组成部分的双重性质

2. 一般而言，下列哪些属于司法行政权的内容？(ABD)

A. 行政立法和法律起草

B. 司法考试、职业培训的组织及管理

C. 司法改革的统筹规划

D. 法律服务行业的指导与监督管理

3. 下列有关现代西方国家司法行政体制的说法，正确的是：(CD)

A. 英国没有设立独立的司法行政机关（司法部）

B. 法国的司法行政机关承担了大量的行政司法工作

C. 美国的司法部是该国最高检察机关和最高执法机关

D. 德国司法行政机关分为联邦司法部和州司法部

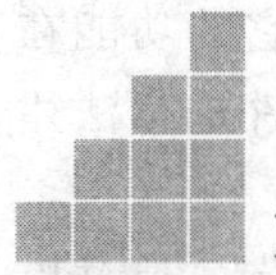

第九章 司法程序与非诉讼程序

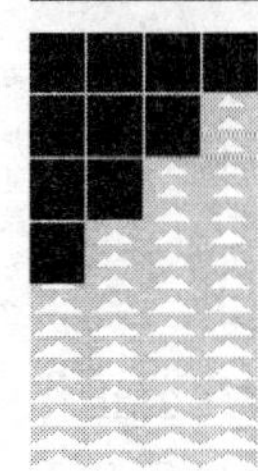

常考知识点①

- 刑事诉讼程序
- 民事诉讼程序
- 行政诉讼程序
- 违宪审查程序
- 非诉讼程序
- 调解
- 仲裁
- 公证
- 信访

第一节　司法程序概述

一、司法程序的概念与基本原则

（一）司法程序的概念

司法程序，指司法活动中必须遵循的法定形式、步骤和方法。广义的司法程序，可以涵盖司法机关的组织规范、行为准则、司法行政程序和部分非诉讼程序等；狭义的司法程序，则特指诉讼程序。

1. 从形式的意义上，司法程序是以司法机关的活动为中心的，包括司法机关的组织、活动规范以及诉讼程序规则和制度，重点是诉讼程序。《牛津法律大词典》对司法

① 本章分别简要介绍司法程序与非诉讼程序（ADR），由于这些内容均属于法学教育和司法考试的重点，都有专门的教材和系统的知识体系，本章拟不作过多重复，仅仅作为司法制度的一个主要组成部分简单提及。因此，本章常考知识点仅供参考，并省略练习题。

程序的定义是：司法程序（Judicial process）与立法程序、行政程序不同，它的功能在于通过查清纠纷和案件的事实，公布真相，以协助司法机构对于纠纷和案件进行法律处理。

2. 从功能或实质的意义上，立法程序、行政程序与司法程序有时会互相交错，如法院也拥有司法行政权和规则制定权及相应程序；一些行政程序也具有准司法功能，甚至一些民间性非诉讼程序，如仲裁、调解等，也可以与司法程序相衔接，因此也可涵盖在广义的司法程序之中。

(二) 程序公正与司法程序的基本原则

程序公正（procedural justice）是现代法治的基本理念和价值，其实质是以程序公正作为衡量法治与司法正当性和公正性的基本尺度，强调各方主体机会的平等、执法过程和手段的合法性以及权力行使的形式上的正当性。程序公正在司法程序中体现为"正当程序"（Due process）的理念以及一系列原则和具体规则，以各种法定的程序要件作为判断司法行为正当性的标准，给予各方当事人以平等的权利和机会，切实保证每一个当事人的基本权利，并由此维护社会的公共利益和法律秩序。

现代司法程序的原则是以程序公正为基础和标准的，具体包括：

1. 司法程序的合法性原则。司法活动必须以程序法和实体法为前提，司法机关必须依法行使权力，不得背离法律规则和程序；法官在适用法律过程中，必须严格遵循法定程序。

2. 平等原则和辩论原则。无论是刑事、民事或行政诉讼程序，乃至于违宪审查程序，双方当事人在诉讼中都应有平等的参与和辩论的机会，拥有同等的诉讼权利。法官必须平等地对待诉讼各方当事人，对所有人平等地适用法律，即"同样的案件同样处理"、"不同的案件不同处理"。通过辩论原则，使双方当事人在诉讼中形成两造对抗，保证其获得同等的机会、平等地实现和行使权利，并以此制约法官的职权。

3. 审判中立性原则。也即保证法官居中裁判，通过法官的中立保证司法公正。任何人都不能成为自己案件的裁判官，法官办案时必须本着客观、公正的态度，避免主观随意性和先入为主，要以客观事实和充分可靠的证据为基础，不偏不倚地适用法律，在没有合法地审查全部证据、听取当事人意见和全部辩论之前，绝不能径自作出判决。

4. 公开审判原则。公开是保证司法公正的条件和程序保障，既是为了接受双方当事人和社会的监督；也是一种向社会传播法律信息、对公众进行法制教育的重要渠道。任何案件，除法律有特别规定的以外，都必须公开进行审理。包括审理过程的公开、法官心证的公开、法律适用及裁判理由的公开、法律文书的公开。不仅要对双方当事人公开，而且要向社会公开。

5. 审级保证和程序监督原则。司法的程序公正以实质公正为最终目标，需要承认司法程序的局限性，设立必要的司法程序纠正司法活动中可能出现的错误，对当事人给予公平救济。为了统一法律的适用，避免和纠正初审程序中可能出现的错误和不同认识，减少法律适用结果的不确定性和差异，需要合理设计审级制度、上诉程序以及法律监督机制，如再审，更好地发挥不同审级法院在司法实践中的不同功能，实现司法机关之间的相互监督，实现司法公正，保证当事人权益。

二、诉讼程序法体系

(一) 诉讼程序法的概念

狭义的司法程序法是指诉讼法，即国家制定或认可的用于调整诉讼法律关系的、国家司法机关和当事人以及其他诉讼参与人进行诉讼活动必须遵循的法律规范的总和。根据诉讼性质的不同，一般分为刑事诉讼法、民事诉讼法和行政诉讼法以及违宪审查程序（或司法审查程序）。诉讼程序法的渊源，除了诉讼法典、诉讼规则和证据规则等专门的成文程序法外，还包括宪法、法院组织法等基本法律。同时，很多实体法中也包含着大量诉讼程序规范。此外，法院经授权制定的程序规则、惯例和司法解释也属于司法程序中必须依据的规范。

(二) 现代司法程序

随着社会和法制的发展，诉讼的结构、形式和功能始终处于不断的发展变化中。从早期的诸法合体以及实体法与程序法不分，到近现代三大诉讼法体系的形成，标志着法律调整机制的日益成熟、司法社会功能的扩大，司法活动日益走向理性化、科学化和规范化。在现代民主宪政制度下，为了维护宪法的权威，保证法制的统一，保障公民的基本权利，独立的（违宪）司法审查、宪法法院及宪法诉讼也已经成为当代重要的司法程序。

由于国家体制和所属法系的不同，各国司法程序的体系也不同。当代大多数国家的司法程序体系分为：民事诉讼程序、刑事诉讼程序、行政诉讼程序及违宪审查程序；一般都分别制定了民事诉讼法典、刑事诉讼法典、行政诉讼法典。但部分国家没有行政法院和专门的行政诉讼程序，在处理行政诉讼案件时同样适用民事诉讼程序，如美国。

(三) 各种司法程序之间的联系

每个国家的各种司法程序之间必然存在着内在的统一性。表现在：

1. 各种司法程序均属于同一法律体系，建立在共同的经济基础、政治体制、价值理念和文化传统基础上；都需要通过国家司法机关进行运作，受到司法体制的制约，采用相同的审级制度；所作出的裁判都应具有既判力、权威性、终局性。

2. 各种诉讼程序均需要遵循司法活动的规律和一些相同的基本原则，包括平等、公开、当事人对抗，法官中立、司法独立、保障当事人诉讼权利、公正与效率等。同时，法律需要保证各种诉讼程序之间的协调性，保证一个司法程序的裁判结果对其他程序具有一定的约束力，如刑事附带民事诉讼、刑事和行政裁判对民事诉讼的证据作用等。在特定情况下，为了更好地利用司法资源，发挥各种司法程序之间的协同作用，可以将几种司法程序加以合并，如我国司法改革中试行的知识产权案件“三审（刑事、行政、民事诉讼）合一”模式。

3. 各种诉讼程序之间存在许多共同特征和内在的要求，采用相同的运作原理和相似的程序和制度。例如，都属于事后的救济；裁判者都采取“不告不理”的消极立场；都必须依法定程序进行证据调查，依法进行审判和判决；都采用以辩论主义为核心的对审结构，程序之间是可以衔接和贯通的。

4. 各种现代诉讼程序中存在一些共通的技术性特点，例如，规范化、司法官职业化、律师的专业服务等。国家需要为司法程序的运行提供和配置相应的司法资源以及各种辅助性制度，如法律援助、执行、鉴定、评估等。

（四）各种诉讼程序之间的区别（见表9—1）

各种诉讼程序之间也存在着一些实质性区别，主要包括：

1. 所解决的纠纷性质不同。刑事诉讼解决的是犯罪与刑罚问题，即被告人的刑事责任问题；民事诉讼解决平等民事主体在财产关系、人身关系方面发生的民事纠纷及经济纠纷；行政诉讼的目的是处理行政机关与公民、法人和其他组织之间因行政管理活动而引起的纠纷。违宪审查程序或宪法诉讼则是对现行法律规范及各种规则及权力的行使是否存在违宪问题作出审查和判定。

2. 依据的实体法律规范不同。由于各种实体法所调整的社会关系不同，在不同的主体之间形成不同的法律关系，承担不同的法律责任、导致不同的法律后果。这决定了法官在处理案件时所适用的法律规范不同，法律解释的方法也由此存在较大的差别。例如，刑事诉讼以“罪刑法定”为原则，原则上禁止类推；而民事诉讼则不能因没有法律规定而拒绝受理民事案件，必须通过大量的实质推理等方法发现规则、处理案件，法院在民事诉讼程序中，也拥有更多的自由裁量权。

3. 具体程序、原则和方式不同。刑事诉讼所要解决的是追究犯罪行为并对罪犯施以刑罚制裁，在这一过程中，对于实体法（即刑法）和程序法（包括当事人的权利保护、证据的确定性等）两方面都要求尽可能严格的确定性，体现为“罪刑法定”、“罪刑相适应”、“违法必究”等原则。国家对犯罪的追究原则上是不容妥协和交易的，除少数自诉案件外，应由检察机关代表国家提起公诉，原则上不允许当事人自行“私了”①。民事诉讼以当事人处分为原则，当事人在实体和程序两方面都具有较大程度的自主性和选择权，可以自行和解或通过调解解决纠纷。行政诉讼则是为了审查和纠正行政机关在行使行政权过程中的权力滥用或法律适用的错误，保护行政相对人的合法权益，针对具体行政行为是否合法而设立的一种司法救济。行政主体的具体行政行为合法性及与相对人的协商，都需要受到司法监督和审查。

4. 举证责任和证明标准不同。刑事诉讼的举证责任主要由原告或者国家司法机关承担，要求达到接近确信无疑的证明程度；民事诉讼强调“谁主张，谁举证”，证明标准达到高度盖然性即可；而行政诉讼的举证责任则在被告，即行政主体，证明的目的仅针对行政行为的合法性。

5. 诉讼主体不同。在刑事诉讼中，公诉案件由检察机关起诉，自诉案件由被害人或其法定代理人起诉，对方当事人则是犯罪嫌疑人；民事诉讼的双方当事人一般都是平等的民事主体；行政诉讼中的起诉人是具体行政行为的相对人，被告则是作出具体行政行为的国家行政机关。宪法诉讼的主体具有更明确的特定性。因此，在不同的诉讼程序中，当事人之间的权利、义务和诉讼地位也有所不同。

6. 审理的结果不同。刑事诉讼追究的是被告人的刑事责任；民事诉讼追究当事人的民事责任；行政诉讼的审理结果则是撤销或维持行政机关被诉的具体行政行为，或者判决被告在一定期间内履行其法定职责，给予或不给予原告以行政补偿等。

---

① 各国的刑事和解和“诉辩交易”属于基于司法资源短缺、当事人之间的协商和解和被害人权益救济等因素对既有程序的改革或变通，同时也是在公权力控制下实现的。

表 9—1　　民事诉讼、刑事诉讼和行政诉讼比较（概要）

	民事诉讼	刑事诉讼	行政诉讼
原告	民事主体（公民、法人、组织）	公诉人、自诉人	行政相对人
被告	民事主体（公民、法人、组织），可反诉	犯罪嫌疑人不可反诉	行政主体（国家行政机关或授权组织），不可反诉
诉讼对象	民事权益纠纷	定罪量刑	具体行政行为的合法性
实体法	民事法律规范	刑法	宪法、法律、行政法
程序法	民事诉讼法	刑事诉讼法	行政诉讼法
功能目的	解决民事权益纠纷	追究犯罪、保护人权	对行政权力的司法监督和救济
当事人关系	平等（民告民）	追诉、被追诉（官告民）	民告官
当事人权利	选择权、处分权（和解、撤诉、放弃权利）	被告授辩护权，有条件的被告与受害人和解	被告处分权受限制，原则上不可调解
受理原则	不告不理（可私了）	犯罪必究（除自诉案件）	不告不理
举证责任	谁主张谁举证	指控方	行政机关（法定）
法院权力	调查、裁判、调解（受当事人处分权制约）	调查、裁判、裁量（可超越公诉人起诉改判）	调查、确认合法性（原则上不变更）
结案方式	判决、调解、撤诉	判决、撤诉	判决（维持、撤销或要求被告重新作为）、撤诉

注：本表格仅概要说明三种程序的基本区别，并非精确的界定。

第二节　当代主要司法程序

一、刑事诉讼程序

（一）刑事诉讼程序的概念和特征

刑事诉讼，是国家司法机关在当事人及其他诉讼参与人的参加下，依照法定程序依法处理犯罪案件，定罪量刑的活动。刑事诉讼程序，是国家以法律形式制定或认可的调整刑事诉讼活动的法律程序，具体体现为刑事诉讼程序法律原则、法律规范及法律制度。

刑事诉讼程序的主要特征是：

1. 具有严格的规范性。刑事诉讼活动必须依照刑事诉讼法及相关程序规则进行。其基本法律规范和渊源是刑事诉讼法典或诉讼规则，以及法院或司法组织法，证据规则和各种相关的法院规则、规范性司法解释等。由于刑事诉讼程序涉及对罪犯自由乃至生命权的剥夺，因而较之其他程序更为严谨，适用更为严格的证明标准。

2. 刑事诉讼程序是正确执行刑法的保证。刑法是实体法，刑事诉讼法是程序法，程序法是保证实体法贯彻实施的，二者相互依存、密不可分、缺一不可。刑事诉讼法与刑法之间是形式与内容的统一，也是手段和目的的统一。刑法是定罪量刑的依据，其内容只有通过刑事诉讼程序才能正确地实施。

3. 刑事诉讼程序的目的和功能是追究犯罪和保障人权，对犯罪者施以刑罚，保护无罪者不受刑事追究。刑事诉讼程序的设计应以最大限度地追究犯罪、发现案件事实为基本要求；同时，由于相对于国家公诉人及其权力，刑事被告人在诉讼中处于相对弱势地位，需要更加重视对他们的权利保护。因此，刑事诉讼程序在追究犯罪的同时，必须注重保护无罪者不受刑事追究，保护犯罪嫌疑人的诉讼权利。

4. 刑事诉讼程序具有相对稳定性和延续性。刑事诉讼程序中的技术性规则具有延续性；各国的刑事诉讼法往往都体现出其内在、深厚的法律文化和诉讼传统；同时，由于程序的独立性，世界各国的刑事诉讼程序之间也可以相互继承和借鉴。

5. 刑事诉讼法存在效力范围的限制，包括对人，对空间、时间的效力范围。一般而言，一国刑事诉讼法的效力范围及于该国的全部领域之内，对于在本国领域内发生的一切刑事案件，本国司法机关均享有司法管辖权。时间的效力范围，指刑事诉讼法的生效和失效时间，同时，还涉及法律的溯及力问题。

（二）当代国际通行的刑事诉讼原则

1. 无罪推定。与有罪推定相对立，要求在法院依法确定刑事被告人有罪之前，应推定其为无罪。该原则为当代绝大多数国家的刑事诉讼立法所确认，也得到了《世界人权宣言》、《欧洲人权公约》、《公民权利与政治权利公约》等国际法律文件的认同。

2. 控审分离。包括：起诉权与审判权相分离，起诉机关与审判机关相独立；不告不理，只有当起诉机关提起诉讼后，审判机关才能进行审判。

3. 平等对抗。包括：控诉方与辩护方在诉讼中法律地位平等，诉讼权利、义务相等；控、辩双方在平等基础上对抗，围绕案件争点展开诉讼攻防活动，法官则居中裁判。

4. 注重诉讼效率。要求迅速审判并限制嫌疑人被羁押期间。

5. 禁止重复追究。禁止重复追究原则源于罗马法精神，在大陆法系诉讼制度中被称作“一事不再理”，在英美法系国家被称作“禁止双重归罪”。基本内容是，对被追究者的同一行为，一旦作出有罪或无罪的确定判决，即不得再次对同一行为予以审判或处罚。要求侦控机关不得以同一理由重复侦查或起诉已作处理的行为；审判机关对上述行为不得再次审理，更不能予以处罚。

（三）当代世界刑事诉讼基本模式

当代各国在刑事诉讼的基本结构上有许多共同的特点，但是仍存在明显不同。从法律渊源和司法传统来说，以英国、美国为代表的英美法系国家和以法国、德国为代表的大陆法系国家在刑事诉讼程序上形成了鲜明的对照。

1. 英美法系国家刑事诉讼程序，也称当事人主义诉讼程序或对抗制（adversary system)，其基本程序和特点如下：（1）侦查由警察机关进行。（2）起诉原则上由检察官提起，美国联邦和半数的州规定重罪必须经大陪审团决定。（3）庭审程序：由起诉一方（检察官或起诉律师）和被告一方（被告人和辩护律师）在平等的基础上按交叉讯问的程序对证人进行讯问（交叉质证)。讯问证人后，双方做终结性辩论。之后，由陪审团根据法官的总结性提示作出裁决。（4）除诉辩交易和适用简易程序外，均实行陪审团审判，由陪审团负责案件的事实判断。（5）有严格的证据规则，用于指导陪审团对证据的判断、排除和事实的认定。（6）原则上实行二审终审或三审终审制。（7）注重在审前阶段对被告人诉讼权利的保障；大量的刑事案件不需要经过正式庭审便可以通过诉辩交易（Plea Bargaining）等审前程序得到解决。

2. 大陆法系国家刑事审判模式，又称职权主义诉讼模式，特点是：（1）警察机关、检察机关以及其他有侦查权的官员，依职权主动追诉犯罪。检察官承担公诉职责。（2）在预审程序中，犯罪嫌疑人或被告人有权聘请律师协助，讯问被告人时律师可以在场，但控诉人地位要比被告人有利。(3) 以公诉为主，自诉为辅，公诉人通常由检察官担任。(4) 庭审程序：在当事人平等对抗的前提下，审判官在法庭审理过程中起主导作用，并充分行使诉讼指挥权，同时可以直接进行法庭调查。(5) 通常实行三审终审制，第二审可以进行事实审；第三审只审查法律适用上的问题，即法律审。(6) 采用自由心证主义和与之相适应的证据制度。

(四) 我国刑事诉讼程序

1. 历史沿革。新中国建立之后，我国的刑事诉讼活动随即开始进行。新中国成立初期，在1951年有关法院和检察院的两个组织条例中，初步确定了刑事诉讼的基本原则和制度。1954年9月，在第一部《宪法》颁布的同时，制定了《人民法院组织法》和《人民检察院组织法》，由此建立了刑事诉讼法的基本框架。1979年7月，刑事诉讼法典和刑法正式颁布，1980年1月1日起开始施行。1996年3月，全国人民代表大会对刑事诉讼法做了较大的修改，2012年3月，第十一届全国人民代表大会第五次会议通过《关于修改〈中华人民共和国刑事诉讼法〉的决定》，对其做了第二次修正。

2. 刑事诉讼的基本原则。包括 (1) 职权原则。对刑事案件的侦查、拘留、执行逮捕、预审，由公安机关负责。检察、批准逮捕、检察机关直接受理的案件的侦查、提起公诉，由人民检察院负责。审判由人民法院负责。除法律特别规定的以外，其他任何机关、团体和个人都无权行使这些权力。(2) 公、检、法三机关分工负责、相互配合、相互制约原则。(3) 专门机关与群众相结合原则。(4) 依法不追究刑事责任的不追诉原则。情节显著轻微、危害不大，不认为是犯罪的；犯罪已过追诉时效期限的；经特赦令免除刑罚的；依照刑法告诉才处理的犯罪，没有告诉或者撤回告诉的；犯罪嫌疑人、被告人死亡的；其他法律规定免于追究刑事责任的情形，不追究刑事责任，已经追究的，应当撤销案件，或者不起诉，或者终止审理，或者宣告无罪。(5) 刑事司法协助原则。(6) 无罪推定原则，即未经人民法院依法判决，对任何人都不得确定有罪的原则。

3. 刑事诉讼程序。包括：(1) 立案，指公安机关、人民检察院和人民法院对报案、控告、举报和犯罪嫌疑人自首的材料进行审查，根据事实和法律，认为有犯罪事实发生并需追究刑事责任时，决定作为刑事案件进行侦查或审判的诉讼活动。包括发现立案材料或对立案材料的接受；对立案材料的审查和处理；人民检察院对不立案的监督。(2) 侦查，指公安机关、人民检察院及其他特定的机关在办理刑事案件过程中，依法进行的专门调查工作和有关的强制性措施。(3) 提起公诉，即人民检察院代表国家依法提请人民法院对被告人进行审判的诉讼活动。(4) 第一审程序，是人民法院对刑事案件进行初次审判的诉讼程序，指人民法院按照级别管辖的规定受理公诉案件和自诉案件的程序。具体程序包括开庭、法庭调查、法庭辩论、被告人最后陈述、评议和宣判。(5) 第二审程序，又称上诉审程序，是指上一级人民法院根据上诉或抗诉，对下一级人民法院作出的未经生效的判决和裁定进行第二次审理的诉讼程序。实行全面审理原则，即对一审判决认定的事实和适用法律进行全面审查，不受上诉或者抗诉范围的限制。(6) 死刑复核程序，即对死刑案件进行复查核准的程序。所有判处死刑的案件都要经过最高人民法院的死刑复核程序才能交付执行。(7) 审判监督程序，又称再审程序，指人民法院、人民检察院对已经生效的判决和裁定，发现其在认定事实和适用法律上确有错误，依法提交原审法院再审、提审或以抗诉方式使案件得以重新审理、纠正错误判决和裁定的一种诉讼程序。(8) 执行程序，指法定执行机关将已经发生法律效力的判决和裁定付诸实施的诉讼活动。

二、民事诉讼程序

(一) 民事诉讼程序的概念和特征

民事诉讼，是审判机关在当事人及其他诉讼参与人的参加下，依照法定程序依法处理民事案件、解决民事纠纷的活动。民事诉讼程序，是国家以法律形式制定或认可的调整民事诉讼活动的法律程序，具体体现为各种民事诉讼程序法律原则、法律规范及法律制度。民事诉讼法是国家制定或认可的用于调整民事诉讼活动程序的法律规范的总和。

民事诉讼程序的基本特征是：

1. 民事诉讼的诉讼对象是有关民事权益的争议。法院受理的案件应该属于民事法律关系调整的范围，应该有民事实体法的依据。

2. 民事诉讼的主体是法院和当事人。当事人居于诉讼的主动地位，体现在：(1) 民事诉讼的发生，基于当事人向法院提起诉讼，即解决民事纠纷的请求。法院应该恪守“不告不理”的原则。(2) 在民事诉讼中，当事人拥有充分的处分权，包括对实体权利和诉讼权利的处分，可以反诉、和解、撤诉、放弃权利等，法院应该最大限度地尊重当事人自由行使其处分权。(3) 双方当事人的诉讼地位及权利、义务平等，其主张即实体权利的实现，主要取决于自身主张、证明责任的完成，法院主要是居中裁判，其指挥权和调查权都受到当事人的制约。与此同时，在审判过程中，法院（法官）居主导地位，指挥和推动着诉讼的进行，离开法院的作用，就无所谓民事诉讼。

3. 民事诉讼程序依民事诉讼程序法（规则）的规定进行。

(二) 民事诉讼程序的价值目标

1. 公正。公正是民事诉讼追求的最高价值目标，在民事诉讼中，程序公正的标准是相对客观和形式化的，基本要求是：(1) 裁判者中立。(2) 当事人平等。(3) 程序参与，即应保证当事人平等地利用和参与诉讼程序。(4) 尊重当事人的处分权原则。(5) 文明程序原则。程序设计应能够最大限度地保护当事人的人格尊严，方便当事人利用，减少恶意诉讼和突袭等不当行为。(6) 程序合理原则。程序的设计应有利于查明客观事实，有利于纠纷的合理解决，并设立有效的制约机制和纠错机制。(7) 公开性原则。(8) 权威性原则。必须维护诉讼程序的效力，保证裁判结果的权威性和安定性，并能够得到执行。(9) 协商性与平和性，尽可能促进当事人通过协商和调解解决纠纷，降低诉讼对抗性的负面效果。

2. 效益。(1) 进行繁简分流，分别通过小额、简易和普通程序审理不同案件，以降低诉讼成本，节约司法资源。(2) 降低诉讼的私人成本，发挥非诉讼程序（ADR）的辅助作用。(3) 通过一次性审理、诉的合并、共同诉讼等方式，最大限度地利用有限的诉讼成本实现最大的产出。(4) 加强法官的职权管理和指挥，加快诉讼程序运行的速度，缩短诉讼周期。(5) 保证司法裁判的安定性和既判力，严格限制再审。

3. 诚实信用。当事人和其他诉讼参加人都应诚实参加诉讼过程，理性协商，信守承诺，履行义务。法院应注意保护诚信行为，追究恶意诉讼和滥用诉讼权利者的责任。

(三) 当代世界民事诉讼基本模式

当代世界各国民事诉讼制度构成了多种不同的模式，最有代表性的是职权主义和当事人主义两种基本模式，分别以英国、美国和德国为典型代表。20世纪后半期以后，二者出现了某种程度的相互融合，一些国家，例如日本和法国的民事诉讼制度，呈现出一种混合性特点。

就本质而言，任何民事诉讼模式实际上都是以当事人主义为基点的。在这个意义上，诉讼模式的区别主要是指诉讼的不同形式和运作方式，其实质在于诉讼参与人（主要是当事人和法院）之间权利、义务的分配。各种诉讼模式都是基于特定的历史传统，经过国家和社会主体精心设计和选择而形成的，体现了特定的理念和价值取向，并与一系列相关制度构成严密的体系。其中多数国家的诉讼制度，都是以宪法加以确立和保证的，具有相对的稳定性。

1. 当事人主义模式

当事人主义，又称对抗制（adversary system），是英美法系国家民事诉讼的基本原则和制度。具体特点是：（1）强调当事人责任。在民事诉讼中实行完全的“处分权主义”，诉讼程序（包括再审）的启动、终结，诉讼请求的确定，诉讼资料、证据的收集和证明主要由当事人负责。（2）法官在诉讼的进行中处于消极和顺应的地位，对当事人的主张和诉讼行为不作干预，并不能主动进行证据调查和调解。（3）在庭审程序方面，当事人主义强调充分发挥当事人之间的对抗作用，通过对抗性的交叉质证、法庭辩论和证人制度等，发现真相、判断事实。（4）陪审团。传统的对抗制以陪审团作为事实的判断者，法官的作用在于指导陪审团并适用法律，由此形成系统的证据规则。当事人主义程序具有程序的高度对抗性和法官的中立性、消极性等特点，以此来保障程序的公正，并较好地解决了法官与当事人之间的责任分担问题。然而，这种程序同时具有成本高、效率低等弊端。

经过20世纪后期的司法改革，当代英美法系国家的民事诉讼已经发生了相当大的变化，包括：（1）加强法官对案件的职权管理和诉讼进行过程的指挥权。（2）取消诉答程序，注重审前程序（特别是证据开示程序）的作用，减少突袭，提高程序的公平和效率，积极促进和解。（3）通过非诉讼程序（ADR）减轻法院压力。（4）减少或取消陪审团的使用。（5）简化诉讼程序。

2. 职权主义模式

职权主义是指法院在诉讼程序中拥有主导权，包括：（1）职权进行主义，指法院在诉讼程序的进行中具有高度集中的指挥权；（2）职权探知主义，指法院拥有收集调查诉讼资料和证据的权力，可以进行职权调查。诉讼程序依靠法院的指挥和推动，法官根据自由心证负责事实判断和法律适用，成本较低，效率较高。

职权主义实质上是建立在当事人主导原则，即辩论主义（Verhandlungsmaxime）之上的，要求：（1）当事人没有主张的事实不能作为判决的基础；（2）法院对当事人之间没有争议的事实，必须作为判决的基础；（3）法院认定当事人之间的争议事实，原则上限于当事人所提的证据，不得根据自己的判断主动收集或审查证据。

20世纪后半期，以德国为代表的采用职权主义诉讼模式的国家进行了一系列的改革，目标同样是简化诉讼程序、提高诉讼效率和保证当事人诉讼权利等。

3. 社会主义诉讼模式

以原苏联、东欧为代表的社会主义国家的民事诉讼模式除了在形式上沿袭了大陆法系国家的许多传统做法之外，其政治体制、经济制度、司法制度以及意识形态等都在民事诉讼制度模式中显示出独有的特色，特别是其基本原则，对我国民事诉讼制度产生过重大的影响，包括：

（1）合法原则，即法制原则。首先，法院必须严格依照实体法和程序法的规定审理案件。其次，除当事人之外，检察长依职权也可以申请提起民事诉讼。最后，法院在诉讼活动中拥有较大的职权，如对双方当事人的处分行为进行监督，有权力和义务主动实施某些诉讼行为等。

（2）客观真实原则。要求法院不受当事人提供的材料和陈述限制，必须采取法律规定的一切措施，全面、充分、客观地查明案件的客观事实真相。法院可以主动收集证据，审判员根据内心确信原则判断证据的真实性。

（3）处分原则，被称为民事诉讼的活动原则。表明民事诉讼本质上以当事人处分权为基点，但处分权同时受到合法原则和客观真实原则的制约。检察长、国家机关和组织都可以提起民事诉讼；在个别情况下，法院可以主动进行审理。法院不受当事人和解行为的约束，如果不符合法律或损害他人权利，可不批准双方和解。

（4）其他原则，包括：辩论原则、当事人诉讼权利平等原则、法庭审理公开原则、直接原则、法庭审理的不间断原则、言辞原则，等等。

（四）我国民事诉讼制度

1. 历史沿革。我国民事诉讼制度及其模式在革命根据地时期开始形成，新中国建立后，在此基础上建立了民事诉讼制度。1957年，最高人民法院制定了《民事案件审判程序》，1979年制定了《人民法院审判民事案件程序制度的规定》，这一时期的民事诉讼制度结合了社会主义诉讼模式和中国传统法律文化的特色，以简便、非职业化、职权主义和注重调解为特征。1982年10月1日《中华人民共和国民事诉讼法（试行）》实施，1991年4月9日，《中华人民共和国民事诉讼法》实施，确立了我国现行民事诉讼制度。2007年全国人民代表大会对民诉法进行了局部修改，2012年8月31日第十一届全国人大常委会第二十八次会议作出《关于修改〈中华人民共和国民事诉讼法〉的决定》，对其进行了第二次修正。

2. 民事诉讼的基本原则。包括：（1）当事人诉讼权利平等原则，即双方当事人享有平等的诉讼权利；保障和便利当事人平等地行使诉讼权利。（2）辩论原则。当事人双方在人民法院的主持下，就案件事实和适用法律等有争议的问题，陈述各自的主张和意见，通过当事人双方的辩驳，帮助人民法院查明事实，正确适用法律。（3）处分原则。指当事人在法律规定的范围内有权自由处置自己的民事权利和民事诉讼权利。（4）自愿和合法调解原则。人民法院在审理民事案件时，对能够调解的案件，应根据自愿和合法的要求进行调解，促使争议双方协商解决纠纷。

3. 民事诉讼基本制度。民事诉讼基本制度由宪法、人民法院组织法和诉讼法共同规定，包括：（1）合议制度。指由3名以上审判人员组成合议庭对案件进行审理的制度。人民法院审理民事案件以实行合议制度为原则，仅在适用简易程序和适用特别程序审理的民事案件中实行独任制；但由于实践中采用简易程序审理的案件所占比例很大，实际上独任制审理更为普遍。（2）回避制度。指人民法院审理民事案件的审判人员或其他有关人员，遇有法律规定的情形，应当主动退出本案的审理，当事人及其代理人也有权请求更换上述人员。（3）公开审判制度。指法院审理案件和宣告判决一律公开进行。（4）两审终审制度。

4. 民事诉讼程序。包括：（1）第一审普通程序，是法院审理民事案件时的最基本的程序。分为起诉和受理、审前准备、开庭审理等环节，其中开庭分为开庭准备、法庭调查、法庭辩论、评议与宣判四个阶段。（2）简易程序，即基层人民法院和它派出的人民法庭审理事实清楚、权利义务关系明确、争议不大的简单民事案件所适用的程序；部分小额案件，可采用小额诉讼程序，一审终审。（3）第二审程序。指人民法院审理上诉案件所适用的程序。（4）特别程序。指人民法院审理法定的特殊案件，即选民资格案件，宣告失踪案件、宣告死亡案件，认定公民无民事行为能力或者限制民事行为能力案件，认定财产无主案件所适用的程序。(5) 审判监督程序。指人民法院对已发生法律效力又确有错误的判决和裁定，进行再一次审理所适用的程序，亦称再审程序。(6) 督促程序。指债权人申请人民法院发出支付令，督促债务人履行一定给付义务的程序。(7) 公示催告程序。指人民法院根据丧失票据的当事人的申请，以公告的方式催促不明确的利害关系人在规定期间内申报权利、提出票据，否则将判决宣告利害关系人持有的票据无效的程序。(8) 企业法人破产还债程序。

三、行政诉讼程序

(一) 行政诉讼程序的概念和特征

行政诉讼，是审判机关在当事人及其他诉讼参与人的参加下，依照法定程序依法解决行政纠纷的活动。行政诉讼程序，是国家以法律形式制定或认可的调整行政诉讼活动的法律程序，具体体现为各种行政诉讼程序法律原则、法律规范及法律制度。行政诉讼法，是国家制定或认可的用于调整行政诉讼活动程序的法律规范的总和。

行政诉讼程序的主要特征是：

1. 行政诉讼的对象是行政案件，即对行政机关作出的具体行政行为（包括作为与不作为）的合法性发生的争议。行政诉讼的目的在于审查引起讼争的具体行政行为的合法性。

2. 行政诉讼是旨在监督行政机关依法行使职权和履行职责，保护行政相对人的合法权益不受违法行政行为侵害的司法活动。

3. 行政诉讼的原告是不服行政行为的行政相对人，行政诉讼的被告是作出具体行政行为的行政主体。

(二) 行政诉讼的功能

1. 平衡公共利益与个人权益，在保障公民权利的同时，监督和维护行政权的合法行使。行政诉讼制度可以纠正行政机关在执法中的违法行为，平衡行政执法机关与行政相对人之间法律地位的不对等，保护行政相对人的合法权益；同时，法院通过确认具体行政行为的合法性，可以有效地支持和维护行政机关依法行使职权。

2. 保障行政相对人的权益，进行司法救济。行政诉讼的目的，是运用司法权对政府行政行为进行监督、制约，矫正行政违法。法院通过审查，可撤销违法的具体行政行为，变更显失公正的行政处罚行为，责令行政机关对其违法行政行为给行政相对人造成的损失承担责任，对滥用国家权力对公民权利造成的侵害给予司法救济。

行政诉讼通过这两项功能，实现制约行政权和保护行政相对人合法权利的最终目的，从而维护正常的行政职能和社会公共秩序，保证社会的公正。

(三) 现代行政诉讼制度

行政诉讼制度以民主政治为基础，同时又是民主政治发展的客观要求和具体体现，其核心是权力的分立与制衡。世界各国在建立这一制度时基于特定的国情和理念采用了不同的制度设计。其中大陆法系国家和英美法系国家的行政诉讼制度既保留了传统的区别，又出现了新的融合与分化。目前，世界各国的行政诉讼制度可以分为三种模式：

1. 双轨制，即行政诉讼独立模式，建立独立和专门的行政法院或法庭（裁判所）负责审理行政诉讼案件。如法国、德国等大陆法系国家和英国等的行政法院一般适用独立的行政诉讼程序。英国的行政裁判所是隶属于行政系统的行政诉讼主管机关，是在普通法院以外，根据法律规定设立的专门用以解决行政上的纠纷，以及公民之间涉及社会政策纠纷的专门裁判机构。其特点是：（1）根据纠纷和案件的类型分类，裁判官具有相应的专业知识；（2）程序简便；（3）在法律适用上具有较大的灵活性，不受先例规则约束；（4）办案时间迅速、费用低廉；（5）较普通法院更适于审理社会法领域的案件，程序具有灵活性，一般不受证据规则束缚，裁判所可以应当事人要求进行现场调查。

大陆法系国家的行政诉讼制度以法国为代表，特点是由专门建立的行政法院系统审理行政诉讼，而不是由普通法院管辖。法国大革命后，根据三权分立理念建立政治体制和司法体制时，1790年8月的司法组织法中明确规定，禁止普通法院受理行政诉讼。最初，行政法院实际上依附于行政机关，行政诉讼完全由行政机关进行审理，但以后逐渐发展为由独立的行政法院系统审理行政案件。德国也在联邦和州分别建立了行政法院。欧洲大陆国家的行政诉讼程序以职权主义为特征：（1）采用纠问式审理程序；（2）经常采用书面审理方式；（3）实行合议制；（4）审理过程半秘密；（5）诉讼程序简便、费用低廉；（6）由政府专家参加诉讼。

2. 单轨制，即不单独设立行政法院和行政诉讼程序，由普通法院采用民事诉讼程序审理行政诉讼案件，以美国为典型。美国没有独立的行政法院和行政诉讼程序，行政诉讼程序与民事诉讼程序并无严格区别，实质意义上的行政诉讼称为司法复审，是司法机关对行政行为加以审查，从而纠正不法或不当行政行为，对特定行政决定的被害人提供救济的基本措施。其特点是：（1）司法审查的主体是联邦和各州的各级普通法院；（2）审查的客体是一定的行政行为，范围受法律和判例所决定；（3）原告范围广泛，只要因行政行为受到不利影响或损害的人，都可以起诉；（4）适用民事诉讼规则。在诉讼程序上，基本上延续了民事诉讼中当事人主义审判模式的基本特点，即采取双方当事人对抗、法官居中裁判的非纠问式审判。司法复审不同于违宪审查中的司法审查。

3. 混合制。一般是由普通法院审理行政诉讼案件，但设有专门的行政诉讼程序及审判组织。日本和我国基本上属于这一类型。

（四）我国行政诉讼制度

1. 历史沿革。辛亥革命胜利后，南京临时政府在其颁布的《临时约法》中首次确认了行政诉讼的意义。新中国成立以后，《共同纲领》第19条规定，“人民和人民团体有权向人民监督机关或人民司法机关控告任何国家机关和任何公务人员的违法失职行为”。但实际上，我国的行政诉讼制度在20世纪80年代才正式建立。1982年《民事诉讼法（试行）》颁布并适用于行政诉讼案件，标志着中国现代行政诉讼制度的诞生。1989年通过了《行政诉讼法》，使中国行政诉讼制度进入了一个专门法律化的新时期。目前，《行政诉讼法》修改也列入了立法日程。我国的行政诉讼由普通法院管辖，在法院内设立专门的行政诉讼审判庭审理行政诉讼案件。

2. 行政诉讼的基本原则，是由行政诉讼法所规定的用以指导行政诉讼活动的基本准则。我国行政诉讼除遵循所有诉讼制度共同的基本原则外，其专门的基本原则主要包括：（1）选择复议原则。当事人对行政处理决定不服时，既可以选择先申请复议，对复议决定不服，再向法院起诉；也可以选择不经复议直接向法院起诉。（2）审查具体行政行为合法性原则。法院仅限于对具体行政行为的合法性进行审查。具体行政行为的合理性，原则上通过行政复议由行政机关自行判断和处理。（3）具体行政行为不因诉讼而停止执行原则。当事人提起行政诉讼后，在法院作出生效判决之前，具体行政行为仍然被推定为合法有效，可继续执行。(4) 司法变更权有限原则。司法变更权是指人民法院对被诉具体行政行为经过审理后，可以改变该具体行政行为的权力。本着尊重行政权的精神，采用有限原则。(5) 不适用调解原则，即法院审理行政案件，不能将调解作为结案方式。基于传统的公权力不得交易和让渡的原理，法院审理行政案件是对具体行政行为的合法性进行审查，行政机关对于这种法定职权不得放弃或者让步。但是，随着当代社会对协商性解纷机制的推崇，在行政诉讼中有条件地引进调解或和解，已经成为世界各国的共同趋势，我国行政诉讼法修改或将对此原则作出相应变更。

3. 行政诉讼程序 (1) 第一审程序。行政诉讼管辖范围包括：原告直接向法院起诉的行政诉讼案件，经复议后向法院起诉的行政诉讼案件，以及对行政裁决的司法审查。当事人应根据相关法律规定，在法定期限内向法院提起行政诉讼。行政诉讼的一审程序与民事诉讼的一审程序相类似。人民法院经过审理，可以分别作出维持判决、撤销判决、限期履行判决、变更判决等处理结果。(2) 第二审程序。二审法院审理上诉行政案件后，可以作出维持判决和依法改判两种类型的判决和发回重审的裁定。(3) 审判监督程序。是人民法院发现已经发生法律效力的判决、裁定违反法律、法规，依法对案件再次进行审理的程序。(4) 执行程序。发生法律效力的行政判决、裁定和行政赔偿调解书，由第一审人民法院执行；行政机关申请人民法院强制执行其作出的法律文书的，由被执行人所在地的人民法院受理执行。

四、违宪审查与宪法监督程序

(一) 违宪审查制度的概念与功能

违宪审查 (unconstitutional review) 或合宪性审查 (constitutional review)，指根据宪法或惯例，对特定法律或特定国家机关或官员（乃至政党）的行为是否违反成文宪法的审查制度。这种审查一般可分为内容（实体）审查和形式（程序）审查两个方面。

在西方，由于很多国家的违宪审查往往由司法机关通过司法程序或诉讼进行，因而又称为“司法审查”(judicial review)。《大不列颠百科全书》对司法审查的释义是：“指由国家的法院行使的审查政府的立法、行政和管理部门的权力活动，并保证使这些活动符合宪法规定的权力。不符合宪法的活动就是违宪的。”

实际上，违宪审查与司法审查是两个不同的概念，二者的主要区别在于：(1) 违宪审查的主体并不仅限于司法机关，世界各国根据体制的不同，可以由立法机关、宪法委员会及其他专门机构进行违宪审查。不仅包括宪法诉讼，也包括我国的宪法监督程序。(2) 司法审查具有两重含义，第一种含义与违宪审查概念相同，包括对立法机关与行政机关的抽象行政行为和具体行政行为的审查，例如，美国往往将司法审查解释为美国联邦最高法院的违宪审查；第二种含义，则是指法院对行政机关的具体行政行为的司法审查（也称行政复审），实际上是行政诉讼范畴的问题。因此，司法审查并不简单地等同于违宪审查，即对立法和抽象行政行为（行政法规）的违宪审查。本书采用严格意义上的违宪审查制度的概念。

近代违宪审查制度的起源最早可追溯到1799年法兰西共和国宪法。在英美法系国家，真正对现代宪政运动理论和实践产生重大影响的事件，是1803年美国的马歇尔大法官所审判的马伯里诉麦迪逊案。该案首开由司法机关对立法进行违宪审查之先河，以后，美国联邦最高法院又先后通过马丁诉亨特案、弗莱彻诉佩克案、柯恩诉弗尼亚案等一系列判决，最终确定了具有美国特色的违宪审查制度，并对世界各国产生了巨大的影响。第二次世界大战以后，违宪审查制度得到了普遍重视和发展。

违宪审查的目的是保障宪法的实施，其功能包括：

1. 对国家立法权进行制约，即通过对立法机关制定的法律文件进行审查，对立法权进行制约。

2. 对行政立法权进行制约。通过对行政法规进行司法审查，实现对行政立法权的监督和制约，避免出现行政法规与宪法、法律的冲突以及行政法规之间的相互冲突。

3. 对地方立法权进行制约。通过对地方性法规进行司法审查，实现对地方立法权的监督和制约，避免地方性法规与宪法、法律、行政法规的冲突以及地方性法规之间的相互冲突。

4. 对社会团体、自治章程条例等进行制约。通过对自治性规范进行司法审查，实现对社会自治的监督和制约，避免自治权脱离法治的轨道。

（二）世界各国的违宪审查制度

当代世界现存的违宪审查制度大致可以分为两大类型[①]：

1. 美国模式。其特点是：（1）在审查主体上是分权（diffused）的，由不同法院分别行使；（2）在审查时机上采用事后审查（A Posteriori），主要是对案件进行审理；（3）在审查方法上是附带审查（review incidenter）；在诉讼程序上采用普通诉讼程序（ordinary means）；在审查结果上采用个案效力（inter partes）原则，通过既判力对社会主体产生约束力。这种模式要求必须有一部刚性宪法，并必须存在具有足够声誉、威望和能力的法官。

美国联邦最高法院在行使司法审查权中形成了一系列自我限制（self-Restraint）原则，主要是：（1）政治问题（political question）不受审查，政治问题应由国会和行政部门解决；（2）无诉讼则不实行司法审查，司法审查只能通过具体诉讼案件进行；（3）法律应尽可能推定为合宪，以尊重立法机关的权威。

第二次世界大战后日本的宪法基本采用了美国模式，即由最高法院行使违宪审查权。但五十多年来，很少出现法律、法令和中央政府的行为被最高法院裁判为违宪的情况。

2. 欧洲大陆模式。其特点是：（1）在审查主体上是集权（centralized）的，由特定机构专门集中行使；（2）在审查时机上采用预防审查（A Priori），主要是对法律文件进行事先审查；（3）在审查方法上是主要审查（review principaliter）；在诉讼程序上采用特别诉讼程序（extraordinary means）；在审查结果上采用普及效力（erga pomnes）原则。这种制度可以更好地保证三权之间的分工和制衡，对法律规则和文件进行全面监督，在法院不具有崇高威望的情况下仍然可以进行违宪审查。

大陆法系国家违宪审查的具体制度设计有三种类型：（1）德国和意大利的宪法法院违宪审查制度；（2）瑞士的模仿美国由普通法院进行违宪审查的制度；（3）法国的宪法委员会违宪审查制度。

（三）违宪审查机构的不同类型

当代世界各国的违宪审查制度，从审查机构，即主体来看，主要可以分为以下几种

---

① 参见季卫东：《宪政新论——全球化时代的法与社会变迁》，36页以下，北京，北京大学出版社，2002；王利明：《司法改革研究》，269页以下，北京，法律出版社，2000。

类型：

1. 代议机关审查制。代议机关审查制，即由最高国家立法机关或最高国家权力机关负责违宪审查。该宪法监督体制源于英国的议会监督模式。英国的“议会至上”原则主张，国家主权属于人民，人民通过“代议制”把法律上的主权赋予议会，即形成所谓议会主权。议会有权制定和废止任何法律，立法权不受任何限制。根据这一原理，任何国家机关都不可能监督审查议会制定的法律，因此，监督宪法实施的职责顺理成章地落在了议会自己身上。英国的议会审查制在 19 世纪的欧洲大陆影响很大，曾被意大利、德国、比利时等诸多国家所效法。在社会主义国家中，原苏联和我国也采取了这种审查制。代议机关违宪审查制，在违宪审查方式上是通过立法程序来进行的。无论事前或事后，一旦发现法律法规、规章等违宪，都可以进行修改或废除。但在事前或事后两种方式中，更主要运用前者。其优点是宪法监督的权威性有充分保证，立法的合宪性较强，缺点是议会自我审查监督的效率、权力运行机制都存在一定的不足，有时形同虚设。

2. 司法机关审查制。又称为司法违宪审查制，即由普通法院通过司法程序来审查和裁决立法、行政是否违宪的制度。美国违宪审查模式，即通过普通诉讼程序，采取附带审查方法，即司法机关在审理具体案件的诉讼过程中，对所适用的法律、法令是否合宪进行附带审查。如果被适用的法律、法令中某个条款经审查不合宪，便宣布该违宪条款无效而拒绝适用。其优势在于更好地体现了法院的作用，可以及时纠正立法机关和行政机关的违宪行为，给予受害者及时的救济；实际上使司法机关具有了更大的权限参与决策，从而改变了法院消极、被动的定位，以及三权分立的平衡格局。

3. 专门机关审查制，即设立专门机关，如宪法委员会行使违宪审查权。法国历来反对赋予司法机关（法院）过大的权力，不接受美国式的司法审查制度，因此，设立宪法委员会进行违宪审查，力求打破国家权力的传统分类，寻找一种凌驾于行政权、立法权和司法权之上的权力，亦即一种新的制衡力量，负责监督行政权、立法权和司法权，以确保其在宪法的范围内运行。宪法委员会并非宪法法院，其违宪审查不采取诉讼程序，也不实行公开审理。

4. 宪法法院审查制。作为独立于国家传统权力之外的行使宪法监督权的形态，宪法法院 1920 年在奥地利首先建立。宪法法院的创始人是实证主义法学家汉斯·凯尔森，他最早提出设立宪法法院作为宪法监督和保障的专门机构，并出任了宪法法院的第一任院长。宪法法院地位高于普通法院，拥有对于一切法律、法令的违宪审查权。继奥地利之后，捷克和西班牙等国也建立了宪法法院。原苏联、东欧国家发生社会变革后，大都建立了宪法法院。

各国之所以采取不同的宪法监督模式，取决于各自的国情，即政治体制、社会理念和法律传统。当今违宪审查制度已经成为世界各国法治发展的共同需要和趋势，各国均注意根据本国的宪政传统形成切实有效的违宪审查制度。特点是：（1）违宪审查的主体日趋专门化。（2）违宪审查的程序日趋司法诉讼化，即宪法诉讼（constitutional complaint）。（3）违宪审查制度逐步完善化。（4）重视对违宪的制裁措施，主要包括：撤销违宪法律；宣布违宪法律无效；允许宪法主体不受该违宪法律约束或者不适用该法律；不允许通过具有违宪性的法案，并责令立法机关修改；以弹劾、罢免等措施追究违宪行为的责任者等。

（四）我国宪法监督制度

1. 历史沿革

我国 1954 年宪法规定，由全国人民代表大会行使监督宪法实施的职权；1975 年宪法删去了这一规定；1978年宪法再次规定由全国人民代表大会行使监督宪法和法律实施的职权。1982年制定的现行宪法在总结以往经验教训的基础上，加强了宪法实施的监督制度，规定全国人民代表大会及其常设机关（全国人大常务委员会）负有“监督宪法实施”的职权（《宪法》第62条第2项和第67条第1项）。

2. 基本内容

“监督宪法的实施”（简称“宪法监督”），通常被称为我国的违宪审查制度。其内容主要是：（1）一切法律、行政法规和地方性法规都不得同宪法相抵触；任何组织或个人都不得有超越宪法和法律的特权。对一切违反宪法和法律的行为，必须予以追究。（2）宪法把监督宪法实施的职权同时赋予全国人大及其常委会，弥补了原来只有全国人民代表大会行使监督宪法实施职权的不足，保证了我国最高国家权力机关可以经常地行使这一职权，有利于对违宪事件的及时处理；而且由于解释宪法是全国人大常委会的职权，把解释权和监督权结合起来，可以使问题的处理更能符合宪法的精神。此外，根据《全国人民代表大会组织法》的规定，全国人大设立的各专门委员会要协助最高国家权力机关行使监督宪法实施的职权。各专门委员会的任务之一是：审议全国人大常委会交付的被认为同宪法相抵触的国务院的行政法规、决定和命令，国务院各部、各委员会的命令、指示和规章，省、自治区、直辖市的人民代表大会和它的常委会的地方性法规和决议，以及省、自治区、直辖市的人民政府的决定、命令和规章，提出报告。（3）明确规定了修改宪法的特别程序。（4）建立了一套自上而下、比较完整的法制监督体系，以保证宪法的统一实施。全国人大有权改变或撤销其常委会不适当的决定；有权撤销国务院制定的同宪法、法律相抵触的行政法规、决定和命令以及下一级国家权力机关的相应决定和法规、命令。

3. 特点

我国宪法实施的监督制度的特点主要表现为：坚持一切权力属于人民和民主集中制的原则；有广泛的全民性和民主性基础；有从中央到地方的组织保证体系；采用的是事前审查与事后审查相结合的方法。具体包括：（1）从主体看，属于权力机关违宪审查的模式。由全国人民代表大会及其常务委员会行使宪法监督的职权，将宪法的制定权和监督实施权统一于同一个最高权力机关。（2）从合宪性审查方式看，采取了事先审查和事后审查相结合的方式。事先审查就是在法律生效之前，在法律的制定过程中由法定机关对其合宪性进行的审查，表现为对有关地方性法规、单行条例和自治条例的备案和批准；事后审查就是在法律生效以后，由法定的主体提出而由法定机关对其进行的审查，表现为全国人大有权撤销全国人大常委会的违宪立法，全国人大常委会有权撤销国务院的违反宪法的行政立法和地方各级人大及其常委会制定的地方性法规。（3）从违宪审查的制裁措施上看，采取撤销违宪法律、不批准违宪法案和罢免违宪责任人的职务等措施。（4）宪法监督的主体具有广泛性和多样性的特点。“全国各族人民、一切国家机关和武装力量、各政党和各社会团体、各企业和事业组织，都必须以宪法为根本的活动准则，并且负有维护宪法尊严，保证宪法实施的职责。”

4. 存在的问题

（1）缺乏一个专门监督宪法的机关。由于全国人大及其常委会担负着繁重的立法任务和任免、决定等工作，且又是以会议的方式行使职权，会议次数、期限都受到限制，使得其没有足够的时间和精力行使宪法监督权，从而导致宪法监督缺乏有效性和连续性。

(2) 宪法监督缺乏可操作性和适用性。主要表现在：首先，宪法和立法法没有明确规定全国人大可否对自己的立法进行违宪审查，致使宪法监督的范围出现了空白。其次，缺乏宪法监督的程序和标准，这使得宪法监督很难实际开展。最后，由于全国人大及其常委会没有司法功能，法律也没有规定对除违宪立法之外的其他违宪行为进行审查的依据和违宪的司法救济手段，使得宪法无法进入实际诉讼领域，难以有效纠正违宪行为，使宪法监督体制落到实处。

5. 改革和完善方案

针对我国宪法救济和宪法诉讼[①]，目前我国法学界提出了以下几种选择方案：(1) 授权最高人民法院受理因直接适用宪法规范而发生的案件，在最高人民法院设立宪法法庭，由其受理案件后，请求全国人大常委会对宪法规范的含义进行解释，再根据全国人大常委会对宪法规范的解释，对当事人之间的纠纷作出判断。(2) 授权最高人民法院享有对宪法的解释权。最高人民法院就可以在受理宪法案件后，直接解释宪法规范的含义，并依据其自身的解释作出判断。如果全国人大常委会认为最高人民法院对宪法规范的解释不符合宪法规范的本意，可以予以撤销。(3) 全国人民代表大会成立宪法委员会或者宪法监督委员会，直接受理公民的宪法控诉。既可以由其直接请求全国人大常委会进行解释，也可以授予其宪法解释权，由其直接作出判断。(4) 建立独立的宪法法院。

第三节 非诉讼程序概述

一、非诉讼程序的概念和类型

(一) 非诉讼程序的概念

非诉讼程序是对诉讼以外的其他各种纠纷解决方式、程序或制度的总称[②]，目前世界各国一般采用英文 Alternative Dispute Resolution (ADR) 来表述这一概念。[③] 一般而言，对其界定通常根据以下几个要素：

1. 替代性，是指对法院审判或判决的替代。在这个意义上，相对于诉讼和判决而言的任何非诉讼纠纷解决方式和程序都可称为 ADR。但需要强调的是，这种替代性 (alternative) 并不意味着“取代”司法和诉讼。

2. 选择性，是指非诉讼程序原则上以当事人的自主选择为基础，即使是法定前置非诉讼程序，也不能剥夺当事人的诉讼权利。选择权是当事人的一种自主权利，既可以是对程序和法律依据的选择，也可以是对其实体权利和诉讼权利的处分，其选择的动机和标准包括成本效益、情感和长远关系、规避诉讼和情理等追求。保证当事人的选择权不仅有利于

---

① 2001 年 8 月，最高人民法院针对山东省高级人民法院关于齐玉苓姓名权纠纷案，作出司法解释 (2001 年第 25 号)，试图建立一种直接援引宪法进行诉讼的宪法诉讼。此案受到了我国法学界的关注并引起了广泛争议。后该司法解释被撤销。

② “非诉讼”概念不同于民事诉讼中的“非讼案件”，后者主要是指民事诉讼程序中的非讼特别程序，如宣告失踪、公示催告、督促程序等。

③ ADR 概念源于美国，原来是指 20 世纪后期逐步发展起来的各种非诉讼纠纷解决方式，现在已引申为非诉讼纠纷解决程序或机制的总称。ADR 既可以根据字面意义译为“替代性 (或代替性、选择性) 纠纷解决方式”，亦可根据其实质意义译为“审判外 (诉讼外或判决外) 纠纷解决方式”或“非诉讼纠纷解决程序”、“法院外纠纷解决方式”等。

更好地解决纠纷，也有利于节约司法资源，提高纠纷解决的社会效果和效益。

3. 解决纠纷，是非诉讼程序的基本功能。基于这一功能，ADR能够与司法程序共同构成一种多元化的纠纷解决机制，形成衔接和互补。

（二）非诉讼程序（ADR）的基本类型

当代世界各国存在的非诉讼程序形式多样，依据不同标准可以作以下基本分类：

1. 根据纠纷解决主体，即ADR机构的性质，可分为：

（1）法院附设非诉讼程序（court-annexed ADR），即司法性ADR。一般设在法院，采用独立程序进行，但可以与诉讼程序衔接，如调解仲裁前置，调解协议的司法审核确认、转化为诉讼调解书或和解判决等。日本的民事和家事调停以及美国、澳大利亚等国的法院附设调解、仲裁等都属于这种类型。我国法院的委托调解、协助调解、诉前调解及人民调解窗口等，也可归入此类。

（2）行政主体所设非诉讼程序，即行政性ADR，包括行政调解、行政仲裁、行政申诉及行政裁决，以及专设的专门委员会、行政监察专员等及其解纷程序。行政执法中的附带性纠纷解决及行政和解，亦可归入此类。

（3）由民间社会组织主持的非诉讼程序，即民间性ADR。包括社区、行业、非政府机构（NGO）的自治性纠纷机制、独立的中介机构，以及由政府或司法机关支持的社会性纠纷解决机构等。我国的人民调解、美国的邻里司法中心（Neighborhood Justice Center），以及各国的商事仲裁的解纷程序都属于这一类型。由律师主持的专业咨询或法律援助性质的非诉讼程序，本质上也属于民间ADR。

（4）国际组织所设非诉讼程序，如WTO（世界贸易组织）根据其协定附属文件《关于纠纷解决的规则和程序的协定》（Understanding on Rules and Procedures Governing the Settlement of Disputes）建立的纠纷处理机关DSB（Dispute Settlement Body）的解纷程序。

（5）在线纠纷解决机制（ODR）。随着电子商务和互联网的广泛使用，一种新型的在线纠纷解决机制（Online Dispute Resolution）正在从电子商务逐步向更广阔的领域扩展。ODR在纠纷主体、解纷主体和解纷方式、程序、规则和制度等各个方面均与传统的纠纷解决迥然不同，由此产生了一系列新的原理和规则，拓宽了ADR的功能和范围。

2. 根据非诉讼程序的启动程序，可分为：

（1）合意性ADR，即当事人双方合意启动非诉讼程序。双方既可以通过事先的约定对解纷方式达成合意，如仲裁协议；也可以在纠纷发生后，协商同意选择某种ADR解决纠纷，如共同申请调解；在一方当事人选择某种非诉讼程序后，对方自愿“应诉”参加，也属于合意启动。然而，在实践中，由于纠纷发生后合意启动有时很难实现，因而第三方的主动介入亦很常见，只要双方当事人对这种介入表示认可或不明确表示反对（默示同意），就应视为符合合意条件。

（2）强制性ADR，即根据法律规定或法院的决定，要求某些纠纷必须先通过非诉讼程序处理，如婚姻家事纠纷、邻里纠纷、劳动争议和小额债务纠纷的调解或仲裁前置。此处的“强制”意味着非诉讼程序为必经程序，即非选择性，但并不意味着剥夺当事人的诉权——一方面仅限于参加的强制，而不是强制当事人必须接受处理结果；另一方面，在不能解决纠纷的情况下，当事人有权提起或继续诉讼。

（3）半强制ADR，即根据一方当事人的申请即可启动纠纷处理程序，对方当事人有

"应诉"，即参加的义务。如日本法院附设调解，一方当事人申请调解后，对方当事人有义务参加调解。很多国家行业协会主持的非诉讼程序要求本行业成员都有应诉义务，一旦消费者提出投诉，被投诉方必须应诉，但当事人亦可直接提起诉讼。

3. 根据非诉讼程序处理结果的效力，可分为：

（1）处理结果有拘束力或终局性的非诉讼程序。如商事仲裁裁决，具有强制性法律效力，如果一方不自觉履行，对方当事人可向法院申请强制执行。

（2）处理结果无拘束力或非终局性的非诉讼程序。大多数非诉讼程序属于此类，达成的调解协议或裁决均不具强制执行效力，主要依靠自觉履行，原则上仍可以提起诉讼。

（3）处理结果本身没有终局性和强制力，但经过特定程序（如法院审核、确认、合意判决，转化为仲裁裁决，以及公证等）可获得强制执行效力。如我国人民调解协议可以通过司法确认和公证获得强制执行力。

4. 按照非诉讼程序所处理的纠纷类型，可分为：

（1）解决一般民商事纠纷的非诉讼程序，如民事调解制度或商事仲裁。

（2）解决特定纠纷，如劳动纠纷、消费者纠纷、家事纠纷、医疗纠纷、交通事故纠纷、建筑纠纷、公害环境纠纷、知识产权纠纷、国际贸易纠纷的专门性程序等。

（3）处理行政争议、公共利益纠纷、公共或群体事件的常规或临时性机制，如救济基金等。

（4）刑事和解、辩诉交易、社区矫正等特殊类型。

5. 根据非诉讼程序的起源和运作方式，可分为：

（1）传统型非诉讼程序和现代型非诉讼程序。前者主要是以调解和仲裁为代表的从传统资源发展而来的非诉讼程序，如商事仲裁及各种民事调解等；后者则是指 20 世纪后半期以来迅猛发展的新型调解、仲裁、行政程序、法院附设 ADR、专门性机制及 ODR 等。二者在原理和程序设计上都存在很大差别。

（2）公益性、非营利性和营利性非诉讼程序。公益性 ADR 的目的是服务于社会公众，不从纠纷解决业务中获取收入或赢利，其运行需要公共资源的支持并接受社会监督，当事人原则上无须缴纳费用，如我国人民调解和劳动仲裁。非营利性 ADR 也具有公益性，不以盈利为目的，但主要依靠市场化机制运行，向当事人收取服务费用，自负盈亏，如商事仲裁。营利性 ADR 则是通过提供纠纷解决服务获取收益的企业或社团法人，依照市场规律进行运作，自负盈亏，如日本的交通事故纷争处理中心（财团法人），一些鉴定、认证等中介机构及律师调解事务所和公证机构等。

二、非诉讼程序的功能与价值

非诉讼纠纷解决机制的发展，是法治社会自身需要和发展的结果。当代法治更加重视法与社会的协调，尊重社会自治，纠纷解决机制日益从对抗走向协商对话，从对立走向和谐，从单一价值走向多元化，从胜负决斗走向争取双赢结果。这标志着法治的进步和善治的需要，使得非诉讼程序的功能和价值得到彰显。

（一）非诉讼程序的基本功能

非诉讼程序的基本功能，是以相对平和、灵活的方式解决纠纷，旨在减少对抗性，增加和解的机会，促进当事人之间通过协商对话，平和地解决纠纷，并顺利履行处理结果。其体现的价值主要包括：

1. 以协商对话而不是对抗的方式解决纠纷，有利于维护当事人之间的合作关系和人际关系，维护共同体的凝聚力和社会和谐稳定，减少纠纷解决的代价。

2. 经过当事人理性协商，争取双方利益的最大化，得到双赢（win-win）的结果。

3. 充分发挥专家（如心理专家、社会问题专家、技术专家）在纠纷解决中的作用，注重保护弱者和公共利益。

4. 适应多元文化的需要，允许当事人根据自主和自律原则选择适用的规范，如民族习惯、地方惯例、行业习惯和标准等解决纠纷，达到情、理、法的融合，实现多元价值。

（二）非诉讼程序的程序利益

非诉讼机制的程序利益是指非诉讼程序相对于诉讼程序的效益优势，主要包括：

1. 低廉、迅速，可以及时、快速解决纠纷，最大限度地节约解纷成本。

2. 程序简便易行、灵活，便于当事人利用并直接参与纠纷的解决，更好地发挥自主性和行使处分权，减少律师代理的需要。

3. 可以一次性地解决多方面和多层次的纠纷和利益诉求，如权益纠纷与感情、亲情、人际关系、历史上的恩怨等。尤其适合解决复杂纠纷，如行政与民事、刑事与民事交叉的权益纠纷，涉及法律与宗教信仰或地方习惯冲突的纠纷，众多利益群体或个体之间的纠纷等。

4. 原则上不公开，有利于保守个人隐私和商业秘密，降低纠纷解决对双方关系的破坏和道德成本等代价和风险。

（三）非诉讼程序的社会功能

对于现代社会而言，非诉讼程序不仅是一种解纷方式，也是一种社会治理机制，具有重要的社会功能和公共价值，主要包括：

1. 节约公共成本，合理利用司法资源，优化审判资源，分担法院压力。

2. 在纠纷解决的同时，维护共同体自治，改善社会关系，弘扬和延续传统文化与公共道德，促进社会和谐，预防或减少纠纷的发生，成为社会治理、社区自治的重要环节。如社区调解在基层社会具有旺盛的生命力和作用空间，与社区民众融为一体，可以在纠纷发生时及早介入，防止纠纷扩大或激化，并有利于预防纠纷的发生，促进形成新的共同体规范和公共道德体系，促进社区自治和凝聚力。

3. 促进新的司法模式、法律文化和司法理念的形成。20世纪后期以来，非诉讼程序成为世界性司法改革的重要内容，包括通过司法社会化（引进社会力量参与调解）提高司法效率，扩大司法便利性和亲和力，促进诉讼中和解及调解，以及刑事和解、诉辩交易、行政协调等许多制度创新。

4. 积累经验，促进新的规范、制度和机制的形成。当社会中出现新的利益冲突，需要重新分配权利义务关系时，在既定的法律规范和社会规范中往往找不到相应或合理的依据；司法判决不但未必符合实际，甚至有可能出现重大的政策性失误，导致较高的错误成本。非诉讼程序则可以依靠专家优势和当事人的协商，寻求可以接受的解决方案，从中积累经验、形成惯例，为此后的决策和立法提供信息和资料。当代协商理念已被引进到立法和制度建构中，旨在通过协商民主、对话使规则与制度更符合实际需要和多元正义的要求。

表 9—2　　诉讼与非诉讼程序的比较

	诉讼程序	非诉讼程序
主要参与者	法官和律师	当事人、中立第三方
中心问题	案件事实、时间、地点、后果等	纠纷的细节、历史、背景等
程序重点	举证责任；查明法律事实	交流与协商；有时无须查明真相
责任	明确法律责任	有时无关紧要
依据	证据、客观事实；法律规则	主观事实和观点；多元化规范
关注点	过去和现在；合法性、正当性	未来关系的继续；利益和需要
第三方作用	判断、决定	劝解、沟通媒介、影响
结果	胜负分明，零和	双赢，并能解决许多附带问题
形式	判决、裁定	合意、和解
效果	法律解决、程序公正	情、理、法结合，社会效果，实质公正

三、非诉讼程序法

(一) 法律在 ADR 发展中的作用

当代世界各国越来越注重通过立法推动非诉讼程序的发展，如制定专门的调解法、仲裁法、ADR 法等，对非诉讼程序的宏观发展战略、基本原则、资源配置以及具体制度、程序、机构、人员行为规范，当事人权利、义务等加以调整和规范；并通过单行法构建专门性解纷机制，如劳动争议处理机制等。例如，美国通过大量联邦法令和州法推动 ADR 的发展，日本在 2004 年制定了《ADR 促进法》，英国司法改革对 ADR 的促进和德国起诉前调解制度也都是通过立法实现的。此外，各国还注重适时建立配套法律、法规，及时修改法律法规以适应 ADR 发展的需要。

同时，很多国家通过授权，鼓励实务部门和社会组织在法律规定的范围内组建各种民间社会解纷机构，为各种 ADR 机构提供了较大的发展空间逐步积累经验。很多国家的法院则通过司法政策和具体措施成为推动 ADR 发展的主力。

当代世界各国有关纠纷解决机制的立法一般都是由宪法、司法法（法院组织法、法律援助法、诉讼程序法等）、部门实体法和专门程序法（环境、消费者权益保护、医疗、交通、证券、劳动和社会保障等），以及各种非诉讼程序法构成的综合体系。各国根据自身的条件、理念和文化，形成了多种不同的模式。

(二) 我国非诉讼程序法体系

1. 非诉讼程序法的概念

2001 年 3 月，第九届全国人大第四次会议《全国人大常委会工作报告》提出："根据立法工作的实际需要，初步将有中国特色社会主义法律体系划分为七个法律部门，即宪法及宪法相关法、民法商法、行政法、经济法、社会法、刑法、诉讼与非诉讼程序法"，首次提出非诉讼程序法的概念。根据中国特色社会主义法律体系的构成和非诉讼程序法的特点，在理论上可以对其概念作狭义和广义两种界定。

(1) 狭义的、即形式意义上的非诉讼程序法，指专门调整非诉讼纠纷解决机构及其程序的法律规范体系，主要包括：仲裁法、调解法、各种专门性调解仲裁法等。

(2) 广义的非诉讼程序法。主要是从功能意义或实质意义上对非诉讼程序法律体系进行界定，可定义为：由各种调整非诉讼纠纷解决方式、程序、组织和机制的法律、法规，司法解释及其他规范性文件共同构成的法律规范体系。

广义概念对于全面了解非诉讼纠纷解决机制的整体情况，准确把握其功能和发展趋势，具有更为重要的意义。因为，当今很多专门领域已经形成诉讼与非诉讼程序相结合的多元化机制，有关非诉讼程序的立法不再限于一些独立或单行法规，而是融合于各种实体法和综合程序体系中。例如，《道路交通安全法》中不仅涉及交通肇事罪及其司法处理，也规定了交通管理部门调解处理交通事故赔偿纠纷的权限和程序，同时地方法规、行政法规、保险业规范等也对实施细则、具体处理程序和理赔作出了细化，直接与交强险和保险公司理赔程序性相互衔接。在这个意义上，《道路交通安全法》及其附属规则体系都可以列入广义非诉讼程序法的范畴。

2. 法律渊源体系

根据广义的非诉讼程序法概念，实际上，除了少数单行法之外，大多数非诉讼程序法的法律渊源都散见于多种法律文件之中，分为以下几类：

(1) 宪法类法律。如《宪法》、《村民委员会组织法》和《居民委员会组织法》都对人民调解组织作出了规定。

(2) 各种单行法。如《人民调解法》、《仲裁法》、《劳动争议调解仲裁法》、《土地承包调解仲裁法》、《公证法》等。

(3) 行政法规和部门规章。国务院和有关行政主管部门制定颁发的有关规范性文件，如《医疗事故处理条例》、《人事争议处理规定》、《劳动保障监察条例》、《信访条例》等；有些行政法规间接涉及纠纷解决，如《法律援助条例》、《物业管理条例》等；某些领域的行业性规范也是纠纷解决的重要依据，如证监会、保监会有关金融、保险的规范性文件等。

(4) 地方性法规。各地方人民代表大会在其权限范围内可以通过制定地方性法规或相关文件，直接促进本地非诉讼纠纷解决机制的发展。例如，厦门市人民代表大会常务委员会2005年10月通过的《关于完善多元化纠纷解决机制的决定》以及各地制定的人民调解工作条例等。

(5) 其他法律中的相关规范。如《消费者权益保护法》中解决消费争议的五种途径的规定，《道路交通安全法》有关交通事故责任认定和民事赔偿方面的规定等。

(6) 司法解释和司法政策。例如最高人民法院2009年7月24日发布的《关于建立健全诉讼与非诉讼相衔接的矛盾纠纷解决机制的若干意见》和2011年3月发布的《关于人民调解协议司法确认程序的若干规定》等。

第四节　我国主要非诉讼程序

一、民间性非诉讼程序

(一) 民间性非诉讼程序的构成

我国现有的民间性解纷机制显示出一种多元化的格局，主要类型包括：

1. 地域性、公益性社区调解。包括基层人民调解组织和政府购买服务的社区调解等。一些新型社区居民组织如业主委员会等，也兼有解纷功能。

2. 社会团体和部分事业单位的纠纷解决。包括工青妇组织、消费者协会调解以及仲裁、公证机关等的解纷程序。一些依法成立的社团组织（NGO组织等）也参与纠纷解决活动。

3. 市场化、自律性和营利性的非诉讼机制。如专业咨询、鉴定、评估机构以及债务清偿、调查等中介机构组织等。

4. 行业组织调解，主要包括：(1) 行业协会调解，其职能包括：处理、解决企业或商家与用户之间关于产品或服务质量等方面的纠纷；处理行业内部诸如不正当竞争和债权、债务等纠纷；承担与纠纷解决直接相关的中介功能，如评估损害赔偿、鉴定、技术认证、咨询等；促进行业责任保险的建立。(2) 民间商会调解。(3) 保险公司或保险行业组织参与的专业性调解，如医疗纠纷和交通事故纠纷解决机制等。

5. 律师与法律援助类。律师既可以通过政府购买服务参与信访和调解；也可以担任仲裁员，受双方当事人委托担任中立和独立调解人，建立调解律师事务所。同时，还可以通过非诉讼法律援助为当事人提供服务。

(二) 人民调解

1. 历史沿革

人民调解制度形成于革命根据地时期，新中国建立后，得到继承和发展。1954 年 2 月，政务院颁布了《人民调解委员会暂行组织通则》，1980 年经全国人大常委会批准重新公布。1982 年 3 月通过的《民事诉讼法（试行）》确认了人民调解的法律地位。同年 12 月制定的《中华人民共和国宪法》第 111 条明确规定了建立在村居委自治组织中的人民调解，使人民调解成为一项为宪法所确认的基本制度。1989 年 6 月，国务院颁布了《人民调解委员会组织条例》。2002 年 9 月，中共中央办公厅、国务院办公厅批转《关于加强新时期人民调解工作的意见》，司法部制定了《人民调解工作若干规定》，最高人民法院制定了《关于审理涉及人民调解协议民事案件的若干规定》。第十一届全国人大常委会第十六次会议于 2010 年 8 月 28 日审议通过了《中华人民共和国人民调解法》，使这一制度进一步得到法律确认。①

2. 人民调解的性质

《人民调解法》第 7 条规定：人民调解委员会是依法设立的调解民间纠纷的群众性组织，明确了人民调解组织的性质，即：(1) 群众性，指人民调解组织属于群众自治性质，不隶属于行政和司法机关；人民调解委员来源于人民群众；调解员以兼职人员（包括村两委成员）、志愿者为主体，不谋求职业化或专业化。(2) 自治性，指人民调解活动植根于城乡基层社会，可以随时随地以灵活的方式解决民间纠纷；调解活动基于群众的自我管理、自我教育和自我约束；调解组织之间不存在行政层级关系；调解协议并无国家强制力，主要依靠当事人自觉履行。(3) 公益性，指人民调解委员会调解民间纠纷，不收取任何费用，属于一种公共服务，不以营利为目的。村民委员会、居民委员会和企业事业单位应当为人民调解委员会开展工作提供办公条件和必要的工作经费；县级以上地方人民政府对人民调解工作所需经费应当给予必要的支持和保障。

3. 人民调解组织和调解员

人民调解的组织形式是人民调解委员会，包括几种形式：(1) 村民委员会、居民委员

① 参见王胜明、郝赤勇主编：《中华人民共和国人民调解法释义》，北京，法律出版社，2010。

会设立人民调解委员会，是人民调解组织的主体和基本形态，基层自治组织均应设立人民调解委员会。（2）企事业单位根据需要设立人民调解委员会，属于选择性设置。（3）乡镇、街道以及社会团体或者其他组织根据需要可以参照人民调解法有关规定设立人民调解委员会，调解民间纠纷。这种开放性的制度设计为人民调解的多元化发展提供了较大空间。一方面，近年来各地乡镇街道建立的司法所调解、社区调解以及大部分公益性民间社会调解（如社会团体、消费者协会调解和交通事故、医疗纠纷、劳动争议调解等）都可以整合到人民调解组织中；另一方面，一些高端新型调解如法院的人民调解窗口、专业性调解机构等也由此获得了发展机会。

人民调解员的构成和产生方式包括：（1）村居委会调解委员会成员选举产生，可以由村居委会成员兼任；企事业单位设立的人民调解委员会委员由职工大会、职工代表大会或者工会组织推选产生。（2）调委会聘任调解员，调解员可以由不同身份的人员（包括专家、学者、法律职业人员等）兼任，也可以是专职调解员。调解法还以参与调解的方式，扩大了公众参与的机会。在征得当事人的同意后，可以邀请当事人的亲属、邻里、同事等参与调解，也可以邀请具有专门知识、特定经验的人员或者有关社会组织的人员参与调解。人民调解委员会支持当地公道正派、热心调解、群众认可的社会人士参与调解。

调解法规定：人民调解员应当由公道正派、热心人民调解工作，并具有一定文化水平、政策水平和法律知识的成年公民担任。县级人民政府司法行政部门应当定期对人民调解员进行业务培训（《人民调解法》第14条）。基层人民调解员主体以非职业化为特点，并大量吸收志愿者和社区民众参与；但法院附设人民调解窗口、委托调解、高端专业化调解等可根据需要制定相应的调解员资格标准和要求，保证其人员具有较高的专业和法律知识水准。各类调解员都应接受业务培训。

4. 调解程序

《人民调解法》第22条规定，“人民调解员根据纠纷的不同情况，可以采取多种方式调解民间纠纷”，人民调解应根据实际需要采用适宜的方式和基本程序，大致包括：

（1）调解的启动：1）基于当事人申请而启动调解程序。当事人双方（或各方）同时申请调解的，可即时启动调解程序；一方当事人申请调解的，调解组织可以通知对方当事人参加调解，但当事人一方明确拒绝调解的，不得调解。2）主动调解，调解员在纠纷发生时主动介入、避免纠纷激化，这是人民调解的传统特色。3）接受委托或移送调解，包括人民法院、公安机关和政府委托移送的调解案件。

（2）准备程序：包括指定或由当事人选择调解员，邀请适当人员参与调解；协商确定调解的时间、地点、场所；进行必要的调查等。

（3）调解。调解员应尽可能快速到达纠纷现场，及时、就地进行调解。根据纠纷的不同情况，可以采取多种方式，程序可以不拘一格，但应尽可能注意向当事人说明调解的意义和要求，告知其权利、义务，充分听取当事人的陈述；保证当事人有充分倾诉、表白和讨论的机会，以全面了解争点与和解的关键点；向当事人讲解有关法律、法规和国家政策，提供法律信息、事实、证据以及风险和利益等方面的客观分析，进行心理疏导等。在当事人平等协商、互谅互让的基础上，提出合理的解决方案，帮助当事人在自愿的前提下达成调解协议。

（4）制作调解协议。调解达成后，可以即时履行的达成口头协议后立即生效履行。

较为正式和无法即时履行完毕的，一般应制作调解协议书，载明当事人的基本情况，纠纷的主要事实，争议事项以及各方当事人的责任，当事人达成调解协议的内容，履行的方式、期限等内容，由各方当事人签名、盖章或者按指印，并经人民调解员签名，加盖人民调解委员会印章后生效。调解协议书由当事人各执一份，人民调解委员会留存一份。

（5）调解终结。调解协议达成后，调解程序即告终结。根据需要，双方当事人可以申请进行司法确认。调解不成的，应当终止调解，并告知当事人其他纠纷解决途径。

5. 调解协议的司法确认

（三）商事仲裁与商事调解

1. 历史沿革

我国商事仲裁制度始建于20世纪初。新中国建立后，设立了国内经济合同仲裁和涉外仲裁。1994年8月31日制定公布、次年9月1日起施行的《中华人民共和国仲裁法》标志着现代仲裁制度正式确立。除《仲裁法》外，《民事诉讼法》对仲裁或涉外仲裁也作了规定。进入21世纪后，《仲裁法》被提上了修改日程。①

2. 仲裁的定义

仲裁的定义包括几个要素：（1）独立的仲裁机构，即仲裁委员会；（2）根据当事人双方订立的仲裁契约启动仲裁程序；（3）当事人可自行选择具有特定资质的仲裁员；（4）仲裁员按照法定的程序对仲裁事项（案件）独立作出裁决（调解）；（5）一裁终局，但可以依法提起司法审查。

3. 仲裁的基本原则

（1）自愿原则。当事人通过仲裁协议自愿选择仲裁解决纠纷。（2）独立原则。仲裁机关独立于行政机关和法院，同时，其内部的仲裁协会、仲裁委员会和仲裁庭之间也相对独立，仲裁庭的审理过程是完全独立的。（3）合法、公平原则。商事仲裁适用法律、商事惯例和市场规制，并注重衡平。

4. 仲裁的范围

商事仲裁，主要解决市场经济主体（公民、法人和其他组织之间）的经济纠纷，包括合同纠纷及非合同经济纠纷，涉及人身关系的传统民事纠纷（婚姻、收养、监护、扶养、继承纠纷）不属于仲裁的范围；依法应当由行政机关处理的行政争议不能仲裁。

5. 仲裁程序

当事人应根据仲裁协议启动仲裁，仲裁协议应当具有下列内容：（1）请求仲裁的意思表示；（2）仲裁事项；（3）选定的仲裁委员会。

仲裁程序相对灵活，可以根据当事人的协议进行变通。仲裁原则上不公开进行。当事人应当对自己的主张提供证据。仲裁庭认为有必要收集的证据，可以自行收集。开庭中，当事人可以相互质证，有权进行辩论。当事人申请仲裁后，可以自行和解。达成和解协议的，可以请求仲裁庭根据和解协议作出裁决书，也可以撤回仲裁申请。仲裁庭在作出裁决前，可以先行调解。调解不成则作出仲裁裁决，当仲裁裁决送达当事人后，即产生终局效力。根据《仲裁法》，仲裁程序的基本流程如图9—1所示：

---

① 参见陈福勇：《未竟的转型——中国仲裁机构与发展趋势实证研究》，北京，法律出版社，2010。

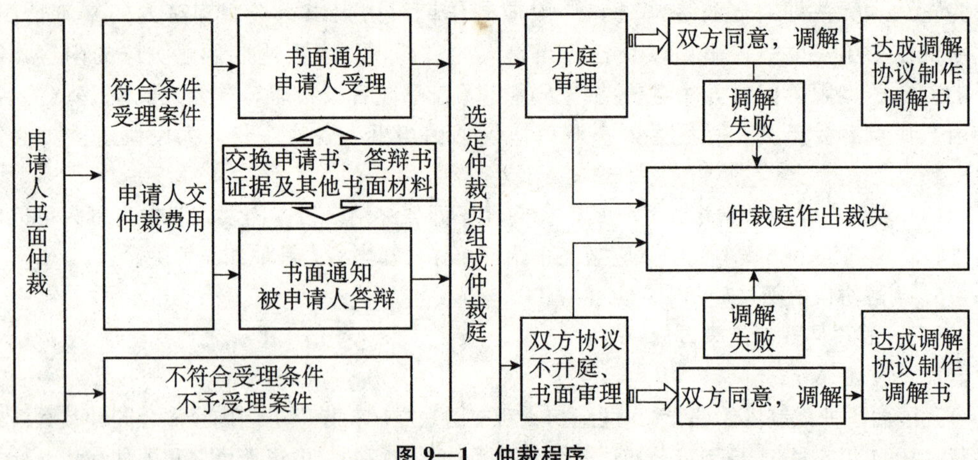

图9—1 仲裁程序

6. 仲裁与调解的结合及商事调解

我国仲裁重视和解、调解以及与仲裁裁决的衔接。特点是：(1) 调解是仲裁程序中的调解，而非单独程序。调解是依附于仲裁而存在的，当事人不愿调解或调解不成，即可直接进行裁决。(2) 仲裁庭的仲裁员既是仲裁员又是调解员，在不同的程序中担当不同的角色。(3) 调解协议可以根据当事人的意愿转化为仲裁裁决，获得终局性效力。

1987年，中国贸促会/中国国际商会（CCPIT/CCOIC）总会成立了附设在仲裁机构的调解中心，截至2006年，全国包括总会在内已有42家调解中心，它们适用统一的《调解规则》，形成遍布全国的网络。调解中心招聘的调解员中部分兼有仲裁员资格，根据国际通行的标准进行调解技能培训，建立起具有国际水准的商事调解员队伍。2006年以后，国内一些仲裁委也开始建立调解中心，其调解规则、调解员队伍、原则、程序等与中国贸促会/中国国际商会调解中心相似，同时更注重国内仲裁当事人的需求和特点。

调解中心的性质属于民间调解，其特点是：(1) 高端性，旨在为未订立仲裁协议的当事人提供高水准的专业化商事调解，当事人主要为高端客户。(2) 市场化运作，收取一定的中介服务费，费用相对于仲裁和诉讼而言具有效益优势。(3) 专业化或职业化程度较高，调解员均经过较高规格的培训和资质审核，并兼有特定专业资质或商务经验。(4) 国际性，调解中心的规则、组织形式、调解方式等均注意与国际标准接轨，受到国际贸易当事人的认可。(5) 调解与仲裁的结合：作为仲裁机构附设的调解机构，可以与仲裁相互衔接，满足当事人对合意仲裁的需要。商事调解达成的协议具有给付内容的可以通过公证和向法院申请支付令得以执行，也可以通过申请法院确认获得强制执行效力。

(四) 公证

1. 公证的概念和意义

公证是公证机构根据自然人、法人或者其他组织的申请，依照法定程序对民事法律行为、有法律意义的事实和文书的真实性、合法性予以证明的活动。

公证制度，作为国际通行的证明制度，是国家为保障法律的正确实施，稳定社会经济、民事秩序，预防纠纷，减少诉讼，保护公民和法人的合法权益而设立的一种预防性的司法证明制度。其宗旨是为社会提供真实、可靠、有法律效力的公证文书，属于一种非诉讼程序。公证制度本身并不是一种纠纷解决程序，但其本质功能是预防和证明，不仅可以预防纠纷，减少诉讼，在继承、合同等事务的处理中应用广泛；而且可以作为纠纷解决的辅助性手段，例如，对和解及调解协议进行公证、对证据进行公证保全等。因此，公证亦可以被涵盖于广义的非诉讼程序范围中。

2. 历史沿革

新中国建立初期，一些城市在人民法院设立了公证处，由审判员办理公证事项。1953年，司法部引进原苏联的公证制度，在县、市建立专门的公证处，与法院附设的公证室并行。1959年司法部撤销后，公证处工作基本停顿。1979年司法部恢复后，1980年开始重建公证制度。1982年4月，国务院公布了《中华人民共和国公证暂行条例》，2006年3月1日，《中华人民共和国公证法》开始施行。

3. 公证机构与公证员

我国公证机构是依法设立，不以营利为目的，依法独立行使公证职能、承担民事责任的证明机构。设立公证机构，需根据《公证法》的法定条件和程序进行申报登记，由所在地的司法行政部门报省、自治区、直辖市人民政府司法行政部门按照规定程序批准后，颁发公证机构执业证书。公证处依据事实和法律、法规、规章，独立办理公证事务，不受其他单位、个人的非法干涉。

公证员是在公证机构从事公证业务的执业人员。担任公证员，应当具备下列条件：(1) 具有中华人民共和国国籍；(2) 年龄在25周岁以上65周岁以下；(3) 公道正派，遵纪守法，品行良好；(4) 通过国家司法考试；(5) 在公证机构实习2年以上或者具有3年以上其他法律职业经历并在公证机构实习1年以上，经考核合格。从事法学教学、研究工作，具有高级职称的人员，或者具有本科以上学历，从事审判、检察、法制工作、法律服务满10年的公务员、律师，已经离开原工作岗位，经考核合格的，可以担任公证员。

4. 公证范围

根据自然人、法人或者其他组织的申请，公证机构办理下列公证事项：(1) 合同；(2) 继承；(3) 委托、声明、赠与、遗嘱；(4) 财产分割；(5) 招标投标、拍卖；(6) 婚姻状况、亲属关系、收养关系；(7) 出生、生存、死亡、身份、经历、学历、学位、职务、职称、有无违法犯罪记录；(8) 公司章程；(9) 保全证据；(10) 文书上的签名、印鉴、日期，文书的副本、影印本与原本相符；(11) 自然人、法人或者其他组织自愿申请办理的其他公证事项。

根据自然人、法人或者其他组织的申请，公证机构可以办理下列事务：(1) 法律、行政法规规定由公证机构登记的事务；(2) 提存；(3) 保管遗嘱、遗产或者其他与公证事项有关的财产、物品、文书；(4) 代写与公证事项有关的法律事务文书；(5) 提供公证法律咨询。

5. 基本程序

《公证程序规则》对公证程序作了具体规定，包括：(1) 申请与受理。公民、法人申请公证，应当向公证处提出，并填写公证申请表，并提交相应的材料。符合条件的申请，公证处应予受理；对不符合条件的申请，公证处应作出不予受理决定，并通知申请人。(2) 审查，是公证的必经程序，主要是对当事人的资格、申请公证的民事关系、民事行为和其他事实材料的真实性、合法性和可行性进行审查。必要时，公证员可以亲自进行调查。(3) 出证，公证处经过审核调查认为符合办证条件的，由公证员草拟公证书。(4) 审批。承办公证员将草拟的公证书，连同卷宗报公证处主任、副主任或其指定的公证员审批。任何人不得审批自己承办的公证事项。审批人对于重大复杂的公证事项，应提交公证处处务会讨论。(5) 公证书，必须按司法部规定或批准的格式制作，应包括：公证书编号；当事人的基本情况；公证证词；承办公证员的签名（签名章）、公证处印章和钢印；出证日期。

公证事项应在受理之日起一个月内办结；重大复杂的、当事人举证不足的，或者需委托调查的公证事项，经公证处主任或副主任批准，可适当延长，但最长不得超过6个月。因当事人原因不能在6个月内办结的，当事人撤回申请的，以及当事人死亡的，应终止公证。公证处对于不真实、不合法的事实与文书应拒绝公证。对于拒绝公证的，应向当事人说明，并允许当事人向司法行政机关提出申诉。

二、行政性非诉讼程序

(一) 行政性非诉讼程序的构成

1. 行政调解。行政调解是行政主体在争议双方当事人自愿的基础上，主持双方进行协商、达成和解协议从而解决争议的活动。基本形式有：(1) 基层人民政府对民间纠纷的处理。(2) 行政机关对主管领域内民事纠纷的调解。例如，派出所的治安调解，工商行政机关处理的消费者争议，交管部门在处理交通事故中对损害赔偿问题的调解，以及卫生主管机关对医疗事故赔偿的处理等。当事人对调解不服的，人民法院不作为行政案件受理。(3) 行政裁决程序（包括行政复议）中的调解，即行政主体在作出裁决之前对争议双方先行调解，如果调解成功，可以终结裁决程序。(4) 申诉、投诉或信访机构对纠纷个案进行的调解处理，以及解决突发事件、群体性、复杂疑难和历史遗留等特殊问题等。

2. 行政裁决。指行政主体根据法定职权和程序，以裁决方式处理争议的制度和程序，属于行政机关的职权处理，具有准司法性质。广义的行政裁决，指行政机关（或行政主体）解决民事、行政争议的活动。狭义的行政裁决，仅指行政机关解决民事纠纷的活动。[①] 行政裁决属于具体行政行为，当事人不服的，可以提起行政诉讼。

3. 行政复议，即行政相对人认为行政主体的具体行政行为侵犯其合法权益，依法向行政复议机关提出复查该具体行政行为的申请，行政复议机关依照法定程序对该申请的具体行政行为进行合法性、适当性审理，并作出行政复议决定的一种法律制度。特点是：(1) 程序简单、不收费、迅速及时，以便民为原则；(2) 复议决定一经作出即可依行政权力履行或执行，有一定的权威性和效力；(3) 在一般情况下，不具有终局性，不剥夺当事人的诉权。

4. 行政投诉。当代各国都存在类似的制度，但其形式各有不同。例如，西方国家的行政申诉专员（Ombudsman）[②]、日本的苦情相谈制度、我国台湾地区的行政诉愿制度，等等，我国的信访制度也是其中较有特色的一种。

5. 行政仲裁，行政仲裁是行政主体以仲裁的方式解决当事人之间争议的方式。特点是，仲裁机构由政府主导建立，设立在政府内，由政府财政支持运作，原则上不收费，但

---

① 参见张树义主编：《纠纷的行政解决机制研究——以行政裁决为中心》，29页，北京，中国政法大学出版社，2006。

② 或译监察专员，作为中立第三方接受公民的投诉，参与调查、进行调解并可以作出裁决。

仲裁委员会本身不是政府机构，其成员和仲裁员由包括各有关管理机构行政人员在内的各界人士担任。我国劳动仲裁委员会，《农村土地承包经营纠纷调解仲裁法》规定的农村土地承包仲裁委员会，根据2005年教育部《普通高等学校学生管理规定》设立的高校学生申诉处理委员会等都具有行政仲裁的特点。

6. 行政和解。指双方当事人之间通过协商达成和解的纠纷解决方式。主要包括行政诉讼和行政复议过程中的和解，以及行政主体与行政相对人自行协商达成的有关变更、撤销或部分撤销行政决定、行政补偿、行政赔偿或其他行政救济内容的协议。原则上必须是行政相对人自愿且争议属于行政主体权限范围，被称为契约模式。[①]

（二）行政性非诉讼程序主要类型

从启动方式看，我国行政性解纷机制可以分为三大类：

1. 法定前置必经程序，属于行政主管机关的专属管辖，当事人不能直接向法院提起诉讼。包括土地林木权属争议、农村土地承包纠纷、知识产权确权（商标、专利、版权争议）等裁决程序，可进行调解，对裁决决定不服可提起行政诉讼。

2. 选择性程序，当事人既可以选择行政解决，也可直接向人民法院提起诉讼，如交通事故赔偿、医疗纠纷处理等，主要采用调解处理。

3. 附带性纠纷解决，行政机关主要作为执法者参与纠纷解决，主要以调解方式解决，并可以与社会机构联动。

根据行政功能的分类，行政性解纷程序主要包括：（1）知识产权纠纷解决程序，包括商标纠纷处理程序、专利纠纷处理程序、著作权纠纷处理程序等；（2）资源纠纷解决机制，包括《森林法》、《草原法》、《矿产资源法》、《渔业法》、《水法》、《水土保持法》、《土地管理法》等法律中规定的行政调处程序；（3）农村土地承包经营纠纷调解仲裁制度；（4）附带性纠纷解决机制，包括公安机关的治安调解，劳动监察，交通事故赔偿调解，环境执法、工商执法等中的行政调解，等等。

（三）信访制度

1. 信访的概念

信访，指人民群众来信（通讯）来访（走访），是我国特有的民众政治参与和权利救济制度。

狭义的信访，指行政机关受理的人民群众的来信、来访，即《信访条例》第2条规定的"公民、法人或者其他组织采用书信、电子邮件、传真、电话、走访等形式，向各级人民政府、县级以上人民政府工作部门反映情况，提出建议、意见或者投诉请求，依法由有关行政机关处理的活动"。这类信访活动由《信访条例》所调整，国家据此在各级政府设立了专门的信访工作机构。本章主要介绍狭义的信访。

广义的信访，则包括行政机关、各级党组织、人民代表大会、司法机关、人民团体等相关机构、组织的信访机构的信访活动。现行《信访条例》第15条规定：信访人对各级人民代表大会以及县级以上各级人民代表大会常务委员会、人民法院、人民检察院职权范围内的信访事项，应当分别向有关的人民代表大会及其常务委员会、人民法院、人民检察院提出。各类信访活动、信访机构及程序均可以参照《信访条例》。

---

① 参见湛中乐等：《行政调解、和解制度研究》，第四章第96页以下，北京，法律出版社，2009。

2. 信访的功能

信访制度是我国政治体制的组成部分，承担着多种功能，主要包括：(1) 政治功能。信访制度的正当性来源于宪法赋予公民的批评建议权和申诉权，具有宪政意义。(2) 信息传递与中介功能。民众通过信访向政府及相关机构提出意见和建议，反映情况，使其可以及时深入地了解社会状况、政策执行情况、民众诉求、舆论反应等信息，及时发现问题、采取相应措施解决，改进工作，纠正错误，为决策提供依据。(3) 监督和纠错功能。(4) 纠纷解决或救济功能。信访机构在受理当事人（信访人）申诉时，可以通过咨询、处理、协调处理或转送其他机关处理提供救济、解决纠纷。一些地方把信访与人民调解、行政调解或法律援助工作等救济渠道加以整合，形成了有效的纠纷处理机制。

3. 历史沿革

信访制度在革命根据地时期已初具雏形，新中国成立后，从中共中央办公厅到原政务院都建立了接待和处理人民群众来信来访的工作制度。毛泽东主席曾作出批示，必须重视人民的通信，要给人民来信以恰当的处理。1951年6月，政务院颁发了《关于处理人民来信和接见人民工作的决定》，至1955年，信访制度基本形成。1957年5月召开了第一次全国信访工作会议，通过了国务院起草的《关于加强处理人民来信和接待人民来访工作的知识（草案）》。1978年9月，第二次全国信访工作会议召开，从1979年起到1982年初，中共中央专门成立了处理上访问题领导小组，各级领导负责，健全信访机构，抽调干部、进行培训，由中共中央办公厅、全国人大常委会办公厅和国务院办公厅分别设立来访接待机构。1982年2月召开了第三次全国信访工作会议，审议通过了《党政机关信访工作暂行条例（草案）》，以文件形式转发各地。1995年10月第四次全国信访工作会议召开，《信访条例》正式颁布，从1996年1月1日起施行。①

进入21世纪之后，我国面临着信访激增的严峻局面。信访总量连续上升。2005年1月5日，国务院第76次常务会议通过了修改后的《信访条例》，同年5月1日起施行。2007年6月，中共中央、国务院颁发《关于进一步加强新时期信访工作的意见》，提出新时期信访工作的目标任务。

4. 信访机构及其任务

县级以上人民政府工作部门及乡、镇人民政府应当按照有利工作、方便信访人的原则，确定负责信访工作的机构（简称信访工作机构）或者人员，具体负责信访工作。履行下列职责：(1) 受理、交办、转送信访人提出的信访事项；(2) 承办上级和本级人民政府交由处理的信访事项；(3) 协调处理重要信访事项；(4) 督促检查信访事项的处理；(5) 研究、分析信访情况，开展调查研究，及时向本级人民政府提出完善政策和改进工作的建议；(6) 对本级和下级信访工作机构的工作进行指导。

信访人可以针对行政机关及其工作人员，法律、法规授权的具有管理公共事务职能的组织及其工作人员，提供公共服务的企业、事业单位及其工作人员，社会团体或者其他企业、事业单位中由国家行政机关任命、派出的人员，村民委员会、居民委员会及其成员等提出信访事项，包括：批评、建议和要求；检举、揭发违法失职行为；控告侵害自己合法

① 参见刁杰成编著：《人民信访史略》，北京，北京经济学院出版社，1996。

权益的行为以及其他信访事项。

5. 信访的基本原则和程序

信访的基本原则是：(1) 尊重当事人的信访权利；(2) 属地管理、分级负责；(3) 领导负责，各部门相互配合，预防与综合治理相结合。

信访程序主要包括：(1) 提出信访。信访人可以通过书信、电子邮件、传真等书面形式、口头形式或采用走访形式到有关机关设立或者指定的接待场所提出信访事项。原则上，信访不应重复和越级提出。(2) 信访的受理。信访工作机构收到信访事项，应当予以登记，并区分情况，在15日内分别作出受理、不予受理、转送、交办以及协商受理、指定受理等处理。(3) 报告与通报制度，公民、法人或者其他组织发现可能造成社会影响的重大、紧急信访事项和信访信息时，可以就近向有关行政机关报告。地方各级人民政府接到报告后，应当立即报告上一级人民政府、主管部门直至国务院，不得隐瞒、谎报、缓报，或者授意他人隐瞒、谎报、缓报，同时，应当在职责范围内依法及时采取措施，防止不良影响的产生、扩大。(4) 信访事项的处理。行政机关办理信访事项，应当听取信访人陈述事实和理由；必要时可以要求信访人、有关组织和人员说明情况；需要进一步核实有关情况的，可以向其他组织和人员调查。对重大、复杂、疑难的信访事项，可以举行听证。经调查核实，应当依照有关法律、法规、规章及其他有关规定，分别作出予以支持、解释、不予支持等处理。信访事项应当自受理之日起60日内办结；情况复杂的，经本行政机关负责人批准，可以适当延长办理期限，但延长期限不得超过30日，并告知信访人延期理由。(5) 复查、复核程序。信访人对行政机关作出的处理意见不服的，可以自收到书面答复之日起30日内请求原办理行政机关的上一级行政机关复查。复查机关应当在30日内提出复查意见，并予以书面答复。信访人对复查意见不服的，可以自收到书面答复之日起30日内向复查机关的上一级行政机关请求复核。复核机关应当自收到复核请求之日起30日内提出复核意见。

三、诉讼与非诉讼程序的衔接

(一) 司法或准司法型非诉讼程序

我国缺少法定的司法性非诉讼程序，也没有设立强制调解程序。近年来，司法机关积极推进多元化纠纷解决机制的建构和司法的适度社会化，在实践中建立了人民调解窗口、委托调解、诉前调解、协助调解、委托刑事和解等多种司法性非诉讼程序，取得了很好的效果，并实现了与司法程序的衔接。目前已有的模式主要包括：

1. 法院附设型，包括法院人民调解窗口，委托调解、协助调解、诉前调解等。调解协议可通过确认，转化为法院调解书等方式与司法程序衔接。

2. 前置型，如劳动仲裁、特定行政前置程序（如土地、林木权属、知识产权）等。

3. 司法审查型，包括：(1) 对仲裁裁决的司法审查；(2) 对各类调解协议的确认；(3) 对调解协议合法性和效力的司法审查、确认或撤销、无效之诉。

(二) 调解协议的司法确认

2009年，最高人民法院发布了《关于建立健全诉讼与非诉讼相衔接的矛盾纠纷解决机制的若干意见》，其中有关调解协议司法确认制度被2010年制定的《人民调解法》确认为法律制度。2011年3月，最高人民法院制定发布了《关于人民调解协议司法确认程序的若干规定》。2012年修订的《民事诉讼法》第194条规定：由双方当事人依照人民调解法等法律，自调解协议生效之日起30日内，共同向调解组织所在地基层人民法院提出。第195条规定：人民法院受理申请后，经审查，符合法律规定的，裁定调解协议有效，一方当事人拒绝履行或者未全部履行的，对方当事人可以向人民法院申请执行；不符合法律规定的，裁定驳回申请，当事人可以通过调解方式变更原调解协议或者达成新的调解协议，也可以向人民法院提起诉讼。

四、专门性纠纷解决机制

（一）概念和特点

专门性纠纷解决机制，是指针对特定类型纠纷而专门建立的由多种不同程序或制度构成的解纷机制，即将特定问题的法律调整和纠纷处理专门化，制定专门的实体规则、法律责任和相对独立的纠纷处理机制，形成非诉讼程序与诉讼程序的衔接。

专门性纠纷解决机制的特点是：

1. 由多元化程序构成，通常包括协商、民间性调解、仲裁、行政调解与裁决，社会法院、行政法庭，以及法院的督促程序、小额程序、简易程序和普通程序等，多数为选择性程序，部分则以非诉讼程序为前置。专门的纠纷处理机构通常由主管部门、该领域的专家以及利益相关方的代表共同主持，通过谈判、调解和仲裁等方式解决纠纷，并与司法审查或救济形成衔接。

2. 实体规则（法律、惯例、市场、行业标准等）和专门化程序相互结合，形成一个区别于其他法律机制的独立系统。

3. 纠纷及其处理涉及重要公共社会利益，冲突的持续会影响社会秩序和稳定，当事人之间力量往往不对等，需要对弱势一方加以特殊保护或帮助，不适宜采用常规诉讼程序，需要国家权力积极介入干预。

（二）当代主要专门性纠纷解决机制

当代世界各国专门性纠纷解决机制呈现出多元化的状态，最普遍的包括：家事纠纷解决机制、劳动争议解决机制、消费纠纷解决机制、交通事故纠纷解决机制、医疗纠纷解决机制、环境纠纷解决机制、知识产权争议解决机制、校园纠纷处理机制、房屋租赁与物业纠纷处理机制、建筑纠纷解决机制、大规模侵权救济机制以及在线纠纷解决机制（ODR）等，并仍有更多的专门性机制在不断生成。

我国现行专门性纠纷解决机制仍在形成和完善过程中，其中较为成熟的包括：

1. 以协商、工会和社会调解、劳动监察、劳动仲裁和（民事）诉讼构成的劳动争议解决机制。

2. 以协商、消协调解、行政调处、仲裁和诉讼程序构成的消费者争议解决机制。

3. 以交通事故责任认定、（交警）行政调解、保险公司协商、法院委托调解、诉讼程序构成的交通事故处理机制。

4. 以医疗纠纷协商、医疗纠纷人民调解、医疗事故鉴定处理、行政调处、诉讼程序构成的医疗纠纷处理机制。

5. 农村土地承包纠纷调解仲裁机制。

【深度阅读】

1. 程荣斌．刑事诉讼法．3 版．北京：中国人民大学出版社，2009

2. 江伟．民事诉讼法．4 版．北京：中国人民大学出版社，2009

3. 张正钊，胡锦光主编．行政法与行政诉讼法．4 版．北京：中国人民大学出版社，2009

4. 季卫东．宪政新论——全球化时代的法与社会变迁．北京：北京大学出版社，2002

5. 范愉．非诉讼程序（ADR）教程．2 版．北京：中国人民大学出版社，2012

复习思考题

1. 各种诉讼程序之间有哪些相同点，有哪些不同点？
2. 违宪审查制度的意义、模式以及我国宪法监督制度的特点是什么？
3. 简述非诉讼纠纷解决机制的意义和基本类型。
4. 简述我国诉讼程序法与非诉讼程序法体系。

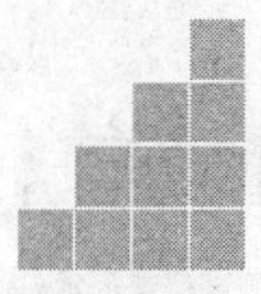

第十章

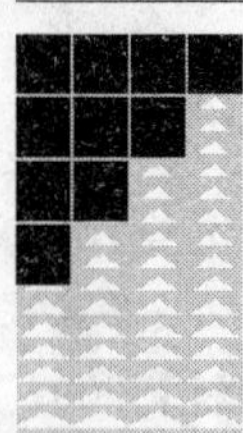

法律援助制度

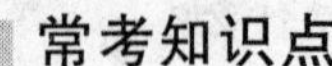

常考知识点

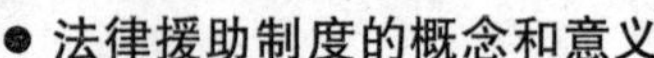

- 法律援助制度的概念和意义
- 法律援助的对象和内容
- 法律援助的主体和责任主体
- 法律援助的主要方式
- 我国的法律援助制度及法律援助机构

第一节 法律援助制度概述

一、法律援助制度的概念

（一）法律援助的概念

法律援助制度，又称法律扶助制度或司法援助制度，是为无力支付诉讼费用的公民或特殊当事人提供法律帮助的一项法律制度，目的是维护其合法权益，实现“法律面前人人平等”。

法律援助制度是当代世界各国普遍采用的一种司法救济方式，通常有广义和狭义两种理解。广义的法律援助，指国家为需要帮助的当事人提供的各种法律帮助，包括诉讼费用减免、缓交等司法救助措施，公职辩护人和律师为当事人提供的代理辩护援助以及各种非诉讼法律援助；狭义的法律援助，则特指在当事人确需律师的法律服务却无力支付律师费用时，由国家或律师为其提供的专业法律服务。本章采用的是广义的法律援助概念。

（二）法律援助的对象

法律援助的对象是特殊的社会阶层，即因经济等困难而难以通过法律救济手段保障自身基本社会权利的个人或群体，此外，还包括受到不公正待遇的人和其他需要获得法律帮助的主体。所谓社会基本权利，是指一国宪法所规定的为该国公民所享有的各项基本权利，如政治权利和自由、平等权、人身权以及财产权等。从当前各国的法律规定和实践来看，法律援助的对象的资格条件主要包括两个方面：

1. 由于存在经济、心理或者地域上的障碍而难以利用法律程序获得救济。主要体现在：(1) 经济上的障碍，指当事人的收入和资产低于一定水平，无力承担法院诉讼费用和律师费，无法寻求任何种类的法律服务。这是当事人寻求法律救济时遇到的最主要的障碍，也是法律援助需要解决的主要问题。(2) 心理上的障碍，既包括由于对法律和诉讼程序的无知与恐惧而无法充分了解和行使权利，也包括因为不同种族在语言风俗及宗教信仰等方面的差异而产生的交流困难，从而妨碍权利行使。(3) 地域上的障碍，主要是指由于律师和法律服务分布不均衡，在贫困人口聚居的边缘地区或人口稀少的乡村，法律服务资源严重短缺，民众往往难以得到及时的法律服务。

2. 确有胜诉或权益实现的可能。法律援助制度的宗旨，在于保障公民的合法权益。如果权益本身不存在或因缺少法律依据而毫无胜诉的可能，法律援助就产生不了任何社会效益。因此，许多国家都通过法律明确规定，将胜诉或权益实现可能作为获得法律援助的一个前提条件。很多国家和地区要求当事人申请法律援助时，须提出充分理由，须能证明其所申请法律援助的案件具备胜诉条件，应当采取或值得采取法律行动。法律援助案件都要经过"案情审查"或评估，原则上在确有胜诉可能的前提下，才可提供诉讼法律援助。

(三) 法律援助的内容

法律援助的内容是为援助对象提供法律帮助或服务，包括为贫穷的刑事诉讼被告人提供辩护，为确需帮助的民事诉讼当事人提供代理等法律服务，以及减免诉讼费用等。主要包括：

1. 诉讼法律援助，包括减免法院诉讼费、免费为当事人提供辩护和代理等法律服务。

2. 非诉讼法律援助。第二次世界大战以后，法律援助逐渐成为一些福利国家的一种社会权利，所涵盖的范围也扩大到国家法制运行的各个环节，法律援助在法庭外的作用日益重要，主要包括法律咨询、代理当事人参与谈判协商以及居间调解等，旨在为当事人提供低成本、高效率的法律援助。

(四) 法律援助的主体和责任主体

1. 法律援助的主体，是指具体实施法律援助的机构或个人，法律援助的主体是具有法律技能的法律职业人员或专门的法律机构，特别是律师和法院。

最初的法律援助主要是建立在律师的道德义务和慈善事业基础上的，律师本身并无法定义务承担这一责任。后来，法律援助逐步发展为公益社会慈善组织、宗教团体或律师行业的责任范围。当代的法律援助事业已经建立在更广泛的社会基础上，参与法律援助事业的包括国家行政机构和各种社会团体，如工会、福利机构、新闻媒介、银行以及其他非政府组织，它们都已成为法律援助的主体。

2. 法律援助的责任主体，是指由谁来承担对需要援助的对象提供法律援助的义务和责任，在当代主要是指国家或政府。随着法律援助事业在现代法治和人权保护中的意义不断提升，提供法律援助不再仅仅被认为是律师的一种道德义务，而逐渐被作为国家为公民提供的一种福利和保障，成为国家的责任。我国 2003 年 9 月 1 日起实施的《法律援助条例》明确规定：法律援助是政府的责任。当代的法律援助事业已经逐步变成国家司法制度的组成部分，成为公民应该享有的一项基本社会权利。国家已成为现代法律援助的责任主体，开始通过立法和财政投入保障法律援助制度的运作，并与原有的志愿义务式的法律援助事业资源进行整合，构成一种多元化的法律援助网络和机制。

二、法律援助制度的产生

（一）法律援助制度产生的社会原因

法律援助制度的产生和发展取决于社会的需求。法律援助产生的必要性首先在于法律制度和法律程序的特点及其内在的弊端。

1. 法律程序和法律职业的专门化。法律作为一种专门知识难于为一般人所掌握，普通人在涉及法律问题时，不得不求助于掌握法律知识和诉讼技能的律师。有无法律职业人员的帮助成为能否利用司法的前提，也成为诉讼成败的关键。法律援助就是为保障当事人能够获得最低限度的专业法律帮助而设的。

2. 诉讼成本过高。任何国家都存在着国家司法资源的投入与当事人的纠纷解决需求之间供求失衡的矛盾，体现为诉讼延迟和积案严重，诉讼的费用成本高昂。经济条件优越者，能够从容地支付法律服务费用得到优质的法律服务，能够不为诉讼费用所困扰而以最快的速度进入司法程序，并可为获得对自己有利的证据支付必要的费用，由此具有越多的优势和机会获得和利用司法资源，在诉讼中的地位也就越有利。反之，经济困难者，必然处于获取司法资源的不利或弱势地位，高昂的诉讼成本严重阻碍了弱势当事人利用司法的可能，贫富差别也不可避免地导致公民在权利保护和利用司法上的不平等。这说明，司法制度内在的缺陷，影响着司法平等和司法公正的真正实现。法律援助的目标就是提高弱势群体的诉讼能力，以保证司法的平等利用，实现社会正义。

（二）法律援助制度的发展

法律援助制度至今已有500多年的发展历史。1495年，英王亨利七世时期即确认“司法公正和社会正义，不应只给富人，应当同样给予贫困的人，这一点没有什么能够取代，包括财富和金钱；同样也应当根据司法公正和社会正义的原则选任律师，律师应同样地为当事人，包括贫困的人提供旨在维护正义的服务”。高等法院和上诉法院依据《最高法院章程》对不能支付民事诉讼费用的人给予法律援助。虽然这一规定仅是形式性的，并没有得到很好的实施，但它仍被西方法学界公认为是法律援助制度的雏形和起源。

17、18世纪，随着资产阶级革命的胜利和近代律师制度的产生，法律援助制度开始以“公设辩护人”的形式出现。1781年，奥地利法院程序法典规定：“提供了可靠的证据证明了他们贫困的人，以有关当局颁发的文件或其他任何形式说明他们在最基本的生活资料以外没有财富和财产，应被免除所有费用。”法律援助的理念开始得到法律的确认和保证。但是，直到19世纪末以前，国家的责任仅限于向刑事案件中贫穷的囚犯提供辩护，对穷人的法律援助则被视为律师为了公共利益并因其职业道德义务的要求而自发向穷人提供援助的一项慈善事业，具有很大的随意性，这限制了法律援助的范围和程度。

19世纪末20世纪初，随着人权观念的确立，法律援助开始被各国确认为一种人人都享有的社会权利。通过法律援助，为包括穷人在内的每个人公平地提供向法院申诉的机会，被认为是国家法律制度的责任。这一新观念标志着法律援助开始从律师的慈善行为向国家行为转化，法律援助制度开始进入政府积极干预的有组织发展阶段。这一时期，法律援助社会化的思想在理论上被广泛接受，但许多国家在立法上并未制定专门的法律来保证其实现。

第二次世界大战以后，随着传统的诉讼观念和诉讼模式的改变以及福利国家社会本位观念的发展，法律援助制度也发生了质的跨越。穷人不再被当做孤立阶层的成员而得到帮助，法律援助的内容也不再只是简单地满足于向穷人提供律师服务，而是在法制运行全过程的各个环节、各个层次上向全体公民提供帮助。在诉讼程序中，为保障当事人之间的真正平等，强调要使较弱一方当事人有充足的机会向法院提供证据与理由，并能有效地为自己辩护。同时，以社会本位为中心，强调国家最重要的任务是排除所有妨碍实现公民之间真正平等的经济障碍、心理障碍和地域障碍等各种障碍。法律咨询也开始被纳入法律援助的新体系之中。1958 年，国际律师协会发起组织了国际法律援助协会。

社会主义国家法律援助制度的产生，可以追溯到1871 年的巴黎公社时期。巴黎公社建立之初就把“法律面前人人平等”作为司法工作的三大基本原则之一，规定由公社财政拨款支付律师或其他从事刑事诉讼和民事代理工作的人的费用和报酬。1917 年 11 月，列宁领导的苏维埃政府也设立了法律保护人处，负责维护社会辩护职能。1939 年公布的《苏联律师条例》中进一步明确规定了律师有义务免费提供法律援助，维护无力支付诉讼费用的被告人的权利。随后，波兰、南斯拉夫等社会主义国家也相继建立了法律援助制度。

发展中国家的法律援助制度是在 20 世纪六七十年代才发展起来的。由于发展中国家经济发展水平不高，贫民占绝大多数，且缺少训练有素并愿意从事社会公益活动的律师，因而没有能力建立像西方那样完备的法律援助制度，而只能在本国司法实践中发展一些可行的援助方式来满足穷人的法律需求，如当事人本人诉讼、法官的帮助和简化诉讼程序等。

三、法律援助的宗旨与功能

法律援助制度的根本宗旨是：(1) 实现司法公正，促进司法制度的完善，保障法治秩序的正常运行；(2) 使全体公民平等地获得利用司法资源的权利，以维护公民的各种基本权利。

法律援助制度的功能主要有：

1. 保障公民权利，实现司法的平等。通过保障经济上贫困、诉讼地位上处于劣势的当事人的诉讼权利，努力扩大普通民众利用司法的机会和权利，通过社会和国家的力量加强保护弱势群体的诉讼权利和基本人权。以法律化、制度化的形式，提供 种解决公民在法律面前事实上不平等的弥补机制。

2. 保证当事人双方在诉讼中的实力对比平衡，实现程序的公正。律师为刑事被告提供法律援助，通过调查取证，证据交换，参加法庭诉讼等活动，帮助其行使法律赋予的权利，使原、被告双方的力量趋于平衡。在民事诉讼和非诉讼解纷程序中，律师的参与，有利于维护处于弱势地位的当事人的权利，达到相对公正的结果。

3. 有利于实现司法的实质公正和社会功能。法律援助首先追求的是一种程序公正，但法律援助制度的建立，有利于通过个案实现实质正义，保护人权，维护弱者权益，实际上也为追求司法的实质公正创造了条件，并有利于发挥司法在社会决策、公共利益和资源分配方面的作用。通过法律援助，将涉及阶级对立的社会冲突引入诉讼程序，就有可能将其转化为法律问题，在法庭上加以解决，有利于社会的稳定，减少激烈的社会对抗。

4. 有利于提高司法效率。通过律师的参与，提高调查取证、证据交换、法庭调查和辩论等环节的规范性，有利于准确把握事实争点和法律问题所在，大大提高司法活动的效率。非诉讼法律援助在及时、快速解决纠纷，减少讼累，节约司法资源方面具有更高的效益。

第二节　法律援助制度的模式与发展趋势

一、法律援助制度的基本模式

法律援助的模式，即一个国家或地区向法律援助对象提供法律援助的基本形式或方式。目前世界各国主要有以下三种模式：

1. 国家福利型。以保证公民平等利用司法的权利为目标，由国家设立专门机构，组织专门人员进行法律援助事业，具体包括通过建立公共基金支付律师费用、创设公共或私人保险预付法律服务费用和由私人律师提供免费服务等方式。实行这种模式的国家主要有意大利、西班牙、法国和德国等。

2. 行政指导与律师援助型。一方面，建立在行政机关指导或控制下的法律援助计划框架体系，由私人律师提供具有公共利益性质的服务；另一方面，不排斥社会组织向其所属成员提供援助。这种模式是私人律师提供援助的传统模式与由公共法律机构提供援助的需要相妥协的产物，当事人可以在两者之间进行选择。实行这种模式的包括英国、加拿大（部分省）以及瑞典等。这些国家或地区根据法律援助计划建立了专门的公共援助局，由国家提供资金，当地政府监督，私人律师提供援助。不过，由于律师不愿意接受任何形式的公共控制，律师协会自身利益的局限性也妨碍了该计划的实行，加之20世纪70年代以来公共援助基金因经济危机而大幅削减，大多数法律援助计划的目标都没有得到很好的实现。

3. 社会动员型。把法律援助作为广泛的社会服务的组成部分，法律援助体系的建构和运作主要依靠受政府资助的律师协会。以美国1964年至1974年实施的法律服务计划最为典型。该计划主要通过在大城市和贫困乡村建立邻里法律事务中心，由律师提供全日或非全日的法律援助，律师的工资由公共基金支付。同时大力开展公共宣传，并吸收社区代表参与管理。该计划是多重法律援助形式的有机统一体，各州采用的援助制度各有不同，同时也包括私人法律援助组织的活动在内。

上述三种模式并非彼此孤立无关，往往交叉并存、相互融合、互相影响。当代各国法律援助的资金来源主要是通过国家财政拨款和社会捐赠，建立法律援助基金，在此基础上或者由政府律师，或者由志愿义务性提供法律援助的律师提供具体的法律服务。也有人将其分为两类，即将上述第2、3类型作为同一种模式，分为政府主导和社会主导两种模式。

二、法律援助的范围

法律援助的范围，指一个国家以各种形式所提供的法律援助的具体领域。由于各国经济发展存在差距，文化、历史传统以及法律制度健全程度不同，法律援助所涵盖的范围存在一定的差异。一般而言，各国法律援助的范围主要包括：

（一）诉讼法律援助

1. 刑事诉讼法律援助。刑事被告人有权获得辩护是当代人权保护和刑事诉讼法的基本原则，各国都将其作为法律援助的重点。一般通过法律规定，凡无力聘请辩护律师的刑事被告，都有权获得法律援助，并通过政府律师或公职律师保证这一规定的具体实施。在许多国家，这已成为一项强制性规定，并覆盖到所有刑事被告人。

2. 民事诉讼法律援助。目的是帮助贫困、弱势或诉讼能力较低的当事人通过民事诉讼实现自己的权利。援助的对象一般是权利受到侵害、有胜诉可能，无法承担诉讼费用的民事案件当事人，特别是老弱病残、妇女或其他弱势群体。援助的方式除了由律师无偿提供服务外，还有利用缓、减、免诉讼费用，甚至胜诉酬金等方式。由于民事诉讼法律援助存在一定局限性和问题，因而不仅在世界各国发展不平衡，而且受到严格限制。

3. 行政诉讼与国家赔偿法律援助。这种方式与民事诉讼法律援助大致相同。

(二) 非诉讼法律援助

1. 法律咨询和法律辅导。例如，律师在为需要援助的当事人提供法律咨询和法律辅导时不收取费用；为特定弱势群体（如移民、受到家庭暴力的妇女、少数民族等）创建专门的法律咨询和法律辅导机构；设立免费为不特定的大众提供法律咨询的公益性机构（如消费者权益法律服务机构、社区法律服务机构等）。

2. 代理弱势群体当事人参与非诉讼纠纷解决活动，如出具法律意见书、代理或协助当事人参加谈判、调解或仲裁等。

3. 作为中立第三人为双方当事人提供调解和仲裁等服务，包括以政府购买、社区、社会团体以及行业协会等形式建立的公益性非诉讼纠纷解决机构；由律师及其他专门人员和志愿者担任调解人或仲裁人等。

三、当代世界各国法律援助制度概况

(一) 法律援助制度的规范化

当代世界各国主要从以下几个方面对法律援助制度加以规范：

1. 援助对象

当代世界各国法律援助的对象主要限定为自然人，并主要是针对本国居民，包括无行为能力人、失业者、儿童、老年人、土著居民和移民等。也有一些国家规定，法人或者非法人团体也可以作为受援对象。目前，很多国家都规定居住在本国的外国人或无国籍人可享受其法律援助。在实践中，对外国移民或非法入境者给予法律援助已经成为许多国家的通例。

2. 援助条件

各国一般规定，法律援助的对象必须同时具备经济要件和案情要件。(1) 经济要件，要求当事人的应纳税收或者可征税财产不超过一定数额，并且无力支付法律服务费用，或者支付法律费用将影响本人和家庭的正常生活。(2) 案情要件，要求当事人必须基于合理的理由起诉、应诉或成为诉讼中的一方当事人，民事诉讼还要求当事人有胜诉可能性。在小额争议等特殊案件中，申请人因胜诉而取得的利益必须合理，至少应与诉讼费用相当。为此，当事人申请法律援助应经过专门评估，符合条件的才可以获得法律援助。

3. 法律援助资金来源

当代世界各国法律援助资金来源的渠道主要包括：(1) 政府财政拨款。大多数发达国家的法律援助资金主要来源于政府财政拨款，法律援助经费都被纳入国家预算，其投入和运作受法律保障和权力机关的监督，具有其他渠道经费投入所无法比拟的稳定性、可靠性和可检验性。(2) 其他渠道，如专项基金、律师协会、慈善团体和基金会等民间组织和个人捐赠以及费用分担、诉讼保险等渠道的资金。这些资金来源对政府投入的不足起到了重要的补充作用。从总体上看，政府财政投入直接左右着法律援助的实施范围和规模，并对社会其他渠道的投入起着重要的引导作用。

4. 机构设置和管理

在法律援助的机构设置、运行和管理方面，目前世界各国主要存在以下三种基本模式：

（1）由私人开业律师提供援助的传统模式。美国是采用这一模式的典型。承担法律援助的律师事务所完全依靠一般当事人支付的费用维持，不接受公共基金的资助。律师在承办一般案件的同时，腾出时间做一些减免收费的法律援助，从而身兼一般私人律师和公益代理人两种角色。

（2）由私人律师在由行政机关指导或控制下，按照法律援助计划提供具有公益性质的法律服务。如英国1971年以后设立了25个邻里法律咨询中心，雇用职业诉状律师，为所在社区（通常是城市的贫民区）的居民提供综合性的法律服务。

（3）设立由专职律师（一般是由公职律师或政府律师担任）组成的公共援助机构，实施全国或地区性的总体法律援助计划。很多国家都有公职律师或公设辩护人，直接为诉讼中需要援助的当事人提供法律援助。同时，政府通过整体部署要求各律师事务所参与国家的规划，作为义务向社会提供一定的法律援助，或提供一定的资金支持、购买律师的法律服务。

上述三种模式各有利弊，但第三种模式被认为更符合将法律援助视为一种国家责任和社会权利观念的要求。

5. 法律保证

当代世界各国相继通过法律建立或确立了法律援助制度。一些国家把获得律师帮助权直接或间接地规定在宪法原则之中，使法律援助得到了宪法的确认和保证。同时，有关程序法（如刑事诉讼法和民事诉讼法）或专门的法律援助法中都明确规定了法律援助的具体实施方式和相关程序。

（二）各国法律援助制度比较

1. 法国

（1）法律援助制度的建立。法国的法律援助与其“社会互济”理念密不可分，“社会互济”理念为1946年和1848年法国宪法所确认。1972年法国制定了有关“司法援助”的法律，确认了“诉诸法院”是一项权利，建立了对贫困的人实行完全的司法援助，对收入不足的人实行部分司法援助的制度。1991年的法律对法律援助制度进行了改革，扩大了法律援助的范围，建立了复杂的行政管理体制。

（2）法律援助的适用范围。法国自然人、经常居住的外国自然人可以申请法律援助，在特殊情况下非营利法人也可申请。在所有诉讼程序，包括非讼程序和执行程序，乃至诉讼前的和解程序中都可以申请并获得法律援助。

（3）法律援助的条件。一般需要符合三项条件：第一，由申请人提出申请；第二，申请人应证明其收入不足，是领取最低平均工资和全国互济基金补贴的人，即申请抚恤金的认可当然获得法律援助；第三，原告的诉讼请求并非明显不应受理或明显无依据。

（4）法律援助的程序。法律援助申请由“司法援助办事处”负责管辖，分别设在各级法院。当事人提出申请后，由办事处进行审查分别决定给予全额司法援助、部分司法援助或驳回申请。

2. 德国

（1）法律援助制度的建立。德国的法律援助制度由政府直接负责管理。刑事诉讼法和民事诉讼法以及关于诉讼费用的法律中分别对刑事和民事法律援助作出了专门规定。1980年修改的诉讼费用救助法正式确立了“受求助权”的概念，并对相关的法律作了全面的修订。由于德国采用强制律师代理制度，因而诉讼费用中一般包括律师费在内。

(2) 法律援助的适用范围。申请诉讼费用救助的主体一般是公民个人，但是职务上的当事人、法人或有当事人能力的社团在特殊情况下也可申请诉讼费用救助。所谓特殊情况，根据法律规定，主要是指诉讼费用没有合理来源，而又有权主张权利的情况等。

(3) 法律援助的条件。在财产与收入条件方面，规定了客观的标准，收入在标准线以下的，给予全部诉讼救助；收入在标准线以上，但未超过一定限度的，给予部分诉讼救助，即准许分期（48个月内）交纳诉讼费用。在计算收入时把诉讼救助与社会救助联系起来衡量，具有很强的可操作性。此外，还要求申请救助的人有胜诉的可能和希望。

(4) 法律援助的程序。当事人申请法律援助应向受诉法院提出申请，同时须对本人的情况作出说明并提供相关证据，法院在作出决定之前应给予申请人发表意见的机会。法院经审查，对符合条件的作出准许的决定，分别给予全部诉讼费用救助或部分诉讼费用救助。

3. 英国

(1) 法律援助制度的建立及范围。英国早在1903年的《贫困被告保护法》中就对刑事法律援助作了规定。1967年的《法律援助法案》进一步规定，在规定的法院，为了审判的公正，必须实施刑事法律援助；但法律援助必须在法院认为被告的经济能力不能负担诉讼费用而需要援助的情形下才能提供。在巡回刑事法院的重大刑事案件中，扩大了法律援助的范围。刑事法律援助完全免费。刑事案件代理中对被告的法律援助由刑事法庭管理，刑事法庭受内政部监督。

英国的民事法律援助是在《1949年法律援助和咨询法案》之后提上议事日程的，主要适用于与婚姻和人身伤害有关的案例。此后英国的法律援助范围不断扩大，先后于1988年制定了《法律援助法》，1989年制定了《民事法律援助（一般）规则》，1999年制定了《接近司法法》。由于民事诉讼法律援助使政府财政负担过重，并有刺激诉讼增长的负面效果，在2000年以后的司法改革中，已经开始进行限制，鼓励当事人利用非诉讼方式解决纠纷，主要通过社区法律服务方式向公民提供法律援助。

(2) 法律援助机构。英国原由法律援助委员会（The Legal Aid Board）负责法律援助事业，2000年4月起改由法律服务委员会（Legal Services Commission）主管法律援助事务。司法大臣有权制定法律援助方面的规章和命令，监督和管理法律援助事务，协同财政部决定法律援助基金的使用。2010—2011年度，英国法律援助经费为21.151 71亿英镑，其中，刑事法律援助经费为11.298 01亿英镑，民事法律援助经费为9.853 7亿英镑。①

(3) 法律援助的方式。刑事法律援助的方式主要有：一般法律咨询及帮助、辩护帮助（亦为庭前准备）以及辩护代理三种。民事法律援助方式包括：法律咨询和帮助、法庭协助、家事调解、家事调解帮助以及诉讼代理等。

(4) 法律援助的条件和程序。申请人应向法律服务委员会或法院提出申请；诉讼的结果应对该当事人有利；申请人财产状况必须符合法律援助法律的规定，申请由法院作出

① See LSC, Annual Report and Account Report 2010—11. 转引自司法部法律援助管理干部赴英国培训团：《英国法律援助制度及借鉴意义》，载《中国司法》，2012 (2)。

判断。

4. 美国

(1) 法律援助制度的建立和发展。美国联邦宪法第六条修正案明确规定，在所在的刑事案件中，被告有权获得辩护人的帮助。此后，根据联邦最高法院的几个判例，法律援助的范围不断扩大，已涵盖了从死刑到轻罪，从少年犯罪案件到上诉的辩护等各个阶段。20世纪60年代以后，民权运动推动了法律援助机构的建立。1964至1974年间实施的法律服务计划，在全国设立了若干个公共法律援助中心，由公职律师提供全日或非全日的法律援助，社区代表直接参与法律援助中心的管理，律师的工资由公共基金支付，发展为由政府支持的法律服务公司。法律援助资金来源于国会的拨款、政府的资助，并接受经济组织的投资和律师及社会团体的捐款。

(2) 法律援助的范围。对刑事被告的法律援助，主要是由公职律师为其担任辩护人。民事法律援助主要是针对律师费用的减免。民事法律援助最初主要是在离婚案件、收养案件、破产、民事行为能力听证、未成年人诉讼以及农场主和雇工争议案件中为贫困者提供一些帮助。1939年，全国促进有色人种地位协会成立的法律辩护和教育基金会开始在包括婚姻、教育、选举、住宅、运输以及公共设施等方面承办大量试验性质的个案，使诉讼成为少数民族伸张正义的主要途径，促进了民事法律援助事业的发展。20世纪80年代以来，民事法律援助在以往的基础上，范围进一步扩大。除了传统的移民、住房和无家可归、老年者和消费者权益问题之外，又延伸到了儿童与教育、环境问题、艺术事业以及就业问题等领域，受援主体不再仅仅限于贫穷者阶层，而是扩大到艾滋病患者等特殊群体以及中产阶级和其他非营利性组织。

5. 日本

(1) 法律援助制度及范围。法律援助分为诉讼救助和法律扶助制度。诉讼救助指由国家负担的诉讼中的法律援助。在日本，宪法、刑事诉讼法和律师法都明确规定了律师的法律援助义务。宪法规定，在任何时候，如果被告不能通过自己的能力获得胜任的律师的帮助，国家应该为他指派律师提供帮助。民事诉讼法典第18条规定：基于无力支付诉讼费用的一方当事人的申请，可以给予诉讼帮助，但仅限于该案有胜诉希望的情况。民事法律援助的范围包括：为和解谈判提供免费法律咨询和帮助；在交通事故、金钱索赔、不动产和家庭纠纷中提供法律咨询；在因交通事故、其他侵权、货物买卖、债务、租金、贷款、不动产所有权、离婚、遗产和抚养等纠纷而提起的民事诉讼中提供法律援助。法律扶助制度主要是指民间社会团体在政府资助下进行法律援助活动，采取财团法人形式，向当事人提供法律帮助。

(2) 法律援助的方式。刑事诉讼法规定，无经济能力的被告有权获得律师辩护，这已成为一项强制性的规定。民事诉讼法律援助包括两种方式：法院允许当事人暂缓预交诉讼费用以及律师减免费用，以前者为主，后者则属于特殊情况。这是因为日本采取本人诉讼原则，律师代理并非诉讼必须要件。法律扶助，则是由法律扶助协会垫付律师费用并介绍律师，胜诉后必须偿还。但经审查后也可缓期、分期偿还或全额免除。

(3) 法律援助的条件。除了财产收入方面的条件外，民事诉讼法律援助还要求当事人“并非没有胜诉可能”。诉讼救助由当事人提出申请，法院审查决定。法律扶助申请则向法律扶助协会提出，经协会审查符合条件的，给予援助。

四、法律援助制度存在的问题与发展趋势

（一）法律援助制度存在的问题

经过五百多年的发展，法律援助制度已经被各国所接受和确认，发挥了重要的社会作用，但仍存在一些有待解决的问题，主要体现在以下几个方面：

1. 当代世界各国的法律援助制度发展极不平衡。由于受经济发展水平的制约，以及由此而产生的贫困人口较多、律师占人口总数比例较低以及现行法律体系的不完善等问题，发展中国家特别是非洲的许多国家，缺乏建立切实有效的法律援助制度的现实基础。

2. 资金问题是当代世界各国法律援助制度面临的普遍困难。由于西方国家经济不景气，各国政府对法律援助的财政投入大幅削减，其他渠道的资金投入也在现有的水平上停滞不前。与此同时，社会的贫困状况却在持续扩大，被划入贫困线以下的人也越来越多。资金紧张、资源匮乏与不断增长的法律援助需求之间的矛盾越来越突出，资金问题严重制约着法律援助事业的全面展开。

3. 律师参与法律工作的积极性不高。律师的报酬低，特别是在提供诉讼外的法律咨询和法律扶助时，报酬更低，因而参与法律援助的积极性受到很大影响。如在日本，律师大都不愿接受指定充任国选辩护人，即使接受了也是敷衍了事。此外，有些律师仅仅是为了扩大自己的知名度而利用法律援助制度。

4. 法律援助的质量较低。一般而言，参与法律援助的私人律师或公职律师并非是最优秀的律师，由于报酬低，一般仅能提供最低限度的法律服务，远远不能达到较高的专业标准。在一些国家中，有关法律援助的某些规定形同虚设，没有真正落到实处。如美国 1976 年《法律服务公司法》曾规定了“最低量法律服务”的目标，即每一万名低收入公民至少有 2 名律师提供免费法律服务，而现有状况远远达不到这一法定目标。

5. 操作存在问题。各国关于法律援助的现有制度中还存在着一些不合理的规定，如对申请法律援助者的资历调查和案情调查过于严格以及律师的拖延等。同时，民事诉讼的法律援助的标准，特别是提起诉讼的合理性的标准很难掌握。如果范围过大，在一定程度上可能诱发滥讼，加大法院的压力。

（二）法律援助制度的发展趋势

当代世界各国的法律援助事业仍在继续发展，其发展趋势主要体现在以下几个方面：

1. 继续改革完善法律援助制度

针对法律援助所面临的各种问题，当代世界各国采取积极的改进措施，例如，积极改进和完善有关法律援助的立法，肯定法律援助保障基本人权的社会福利性质；法律援助的受案更为灵活，标准更为合理，以更好地满足社会的需求；积极拓宽资金渠道来源，实行费用分担制度；进一步拓宽法律援助的范围，为社会提供更为充分的法律服务；适当增加律师人数，解决法律援助人力资源短缺的问题；提高对律师的法律援助的强制性义务规定等。

2. 法律援助的国际化

法律援助的国际化的趋势具体体现在：

（1）援助对象国际化，即一国根据国际待遇原则或互惠原则将给予本国公民的法律援助给予外国公民，从而使一国的法律援助通过域外效力而国际化，也称为单向国际化。如英国 1979 年《诉讼费用援助法》规定，除法人或非法人团体外，任何自然人，不论是英国

人还是外国人，均能申请援助资金。若接受援助的外国人败诉，援助资金将根据援助证书支付其应付的全部或部分辩护费，其中包括法院根据受援助的外国公民的经济情况而确定的支付对方律师费的合理金额。美国长期以来不承认其国民与外国公民享有同等的法律援助权，但1963年，联邦最高法院在简迪昂诉温科怀特案的判决中，首次承认民事案件的原告或被告均享有接受法律援助的权利。除上述国家外，很多国家都通过民商事诉讼法典、特别立法、法院制定的诉讼规范以及判例法，确定外国自然人享有法律援助权。目前，仅有少数国家明确规定不授予外国人（包括无国籍人）诉讼费用豁免权。

(2) 加强法律援助的国际合作，即国与国之间通过订立民事、刑事司法互助协定互相给予对方国家的公民以法律援助或者免费协助完成一定的司法行为，也称为双向国际化。在民事诉讼的法律援助中，很多国家在签订双边司法协助或协定时，往往在条约或协定中将其国内的法律援助条款部分或全部地、具体或概括性地加以规定，由此使法律援助转化为双向国际化。刑事司法协助中的法律援助，包括引渡费、过境解送费、被判刑人员移交费、调查费和翻译费的减免，对这些费用，各国间的条约规定不尽相同。

(3) 法律援助的多边国际化，即两个以上的国家之间通过订立民事、商事及司法协助协议或公约互相给予缔约国公民以法律援助或者免费协助完成一定的法律行为，包括多边性国际化、区域性多边化以及全球性多边化。

法律援助的多边性国际化，是指两个以上的国家共同签订一项多边民事、商事及刑事协助条约或协定，以规范它们之间互相给予法律援助的行为，往往是某一区域内相邻的数国，但不包括该区域内所有的国家。如1964年丹麦、芬兰、冰岛、挪威和瑞典在哥本哈根签订的《关于相互间司法协助的协定》规定，诉讼协助的费用应由采取措施的国家支付，但数额较大的翻译费用及血液证明以及外国专家鉴定证明费用除外。

法律援助的区域性多边国际化是指特定区域内的基于国家通过缔结区域性民事、商事、刑事司法协助公约相互提供法律援助或者免费协助完成一定的司法行为。这种多边化所涉及的范围较广，既包括对“贫民”或“穷人”的法律援助，也包括刑事诉讼移管、移交补充判刑人、诉讼费用担保金以及提供外国法资料等。

法律援助的全球性多边化，是指若干国家通过缔结全球多边公约在全球范围内彼此给予法律援助或免费协助完成一定的法律行为。经济全球化带来了全球依赖性的加强，而人类面临的日益繁重的困难和灾难（如妇女问题、儿童问题、难民问题、跨国犯罪等）成为世界各国的共同课题。随着现代科技的迅速发展，洲际或全球性交往日趋频繁，各种法律关系的产生和发展，经常突破国际或区域界限，法律援助也因此由区域性多边化走向全球性多边化，各国开始超越疆界或洲界，越来越多地在区域或全球层面上开展国际化的法律援助。20世纪50年代以后，有关法律援助的国际公约先后出台，如1954年海牙《民事诉讼法公约》、1979年《民商事国外调查证据公约》、1973年《承认和执行抚养义务判决的公约》以及1980年《国际司法救助公约》等，表明这种法律援助国际化合作的趋势不断发展。

3. 法律援助的内容和功能扩大

贫富差别在当代社会非常普遍，在部分国家和地区甚至在日益加剧。现代社会的发展引发了一系列的全球性问题，法律行为的产生、发展与结果有时候已不再囿于一国境内，法律关系的涉外性与跨国性明显增强。在国际化的趋势下，法律援助的内容和功能也上升到一个新的层级——人权保护。给予每一个人平等的法律保护，既是每个国家道德上的义务，也是现代国际人权保护和法律合作事业的共同目标。因此，法律援助的重点也开始向给予外国人、移民和少数民族等更多的法律帮助倾斜，并被赋予了国际人权保护的积极意义。

4. 合理配置法律援助资源

法律援助需要制度的支持，也需要依靠大量资金的支持，其发展不可能超越实际，只能植根于各国政治、经济和文化的现实土壤之中。同时，需要认识到，诉讼特有的局限性和司法利用上的不平等是法律与生俱来的问题，并不可能通过法律援助制度彻底根除。因此，在充分肯定法律援助制度的社会功能和意义的同时，也不应低估或否定这些局限性，应尽可能将有限的法律援助资源合理地配置于最重要的地方。在法律援助中，首先应确保对刑事被告辩护权的保护，与此同时，在民事纠纷解决方面不断扩大法律援助的范围和方式，发展非诉讼纠纷解决中的法律援助。

第三节　我国法律援助制度

一、我国法律援助制度的建立与发展

（一）我国法律援助的概念

我国的法律援助制度，是在国家设立的法律援助机构的指导和协调下，由律师、公证员和基层法律工作者等法律服务人员为经济困难或特殊案件的当事人给予减、免费用，提供法律帮助的法律制度。法律援助的目的是保障经济困难的公民获得必要的法律服务。

狭义的法律援助概念，特指由律师及其他法律服务人员实施的法律援助活动及其制度，不包括法院对诉讼费用的减、免、缓交制度。广义的法律援助概念，则包括律师及其他法律服务人员实施的法律援助活动和法院对诉讼费用的减、免、缓交制度两部分。

（二）法律援助制度的建立与规范化

1. 法律援助制度的建立与发展

我国的法律援助制度虽在新中国成立初期已有萌芽，但直到1979年律师制度恢复，才得以真正建立。20世纪80年代以后，随着法制建设的发展，大量法律、法规颁布实施，越来越多的社会关系纳入了法律调整的范围，社会对法律服务的需求日益增长。特别是，对刑事被告人的权利保护日益受到重视，并已经得到法律确认。然而，一方面，由于公民的经济收入存在较大差别，在低收入的群体中，一部分人由于经济困难，难以支付法律服务费用，因而不能利用法律途径维护自己的合法权益。另一方面，随着司法程序的改革，诉讼程序越来越专业化、正规化，在弱化法院职权、强调当事人举证责任的同时，诉讼成本和诉讼风险都随之增加。对法律知识相对欠缺的普通公民来说，参与诉讼越来越需要专业法律服务人员的帮助。在这种社会背景下，尽快建立和发展法律援助制度就被提到法制建设的日程上来。

1994年1月，司法部部长肖扬在讨论《律师法》草案时首次明确提出建立法律援助制度的构想。1994年初，司法部正式提出要探索建立和实施中国法律援助制度，并首先在一些大中城市开展了试点。1996年3月和5月，《刑事诉讼法》、《律师法》相继颁布，确立了法律援助制度在法律体系中的地位。由此，建立和实施中国法律援助制度的工作全面启动。

1997年1月1日，《律师法》正式实施。其中第六章中规定："公民在赡养、工伤、刑事诉讼、请求国家赔偿和请求依法发给抚恤金等方面需要获得律师帮助，但是无力支付律师费用的，可以按照国家规定获得法律援助。律师必须按照国家规定承担法律援助义务，尽职尽责，为受援人提供法律帮助。法律援助的具体办法，由国务院司法行政部门制定，报国务院批准。"这些规定明确了公民获得法律援助的范围和律师必须依法承担的法律援助义务。此外，《律师法》第六章第43条规定，"法律援助的具体办法由国务院司法行政部门制定，报国务院批准"，这为今后制定法律援助的专门立法奠定了法律基础。

继《刑事诉讼法》、《律师法》之后，1996年10月1日实施的《老年人权益保障法》也规定了对老年人提供法律援助的有关内容：老年人因其合法权益受侵害，提起诉讼……需要获得律师帮助，但无力支付律师费用的，可以获得法律援助。

1998年10月，中国政府签署了《公民权利和政治权利国际公约》，一旦立法机关正式批准，法律援助就将成为公民的一项基本法律权利，并成为政府根据宪法、法律和国际法的规定应承担的国际义务。

2. 法律援助制度的制度化与规范化

1996年12月，司法部法律援助中心成立，负责对全国法律援助工作的管理和监督。1997年5月，中国法律援助基金会经民政部批准成立。此后，司法部就刑事、民事和行政等法律援助工作与最高人民法院、最高人民检察院、公安部等发布了多个联合通知。例如，1994年4月发布《关于民事法律援助工作若干问题的联合通知》；1996年6月发布《关于迅速建立法律援助机构、开展法律援助工作的通知》；1996年10月发布《关于保障老年人合法权益、做好老年人法律援助工作的通知》；1996年11月发布《关于做好残疾人法律援助工作的通知》、《关于保障未成年人合法权益做好未成年人法律援助工作的通知》；1997年5月发布《关于开展法律援助工作的通知》；1997年4月发布《关于刑事法律援助工作的联合通知》；1997年5月发布《关于开展法律援助工作的通知》；1997年11月发布《关于开展公证法律援助工作的通知》；1999年5月发布《关于民事法律援助工作若干问题的联合通知》；2000年4月发布《关于在刑事诉讼活动中开展法律援助工作的联合通知》，等等。

与此同时，不少地方制定了有关法律援助的办法、规定、章程和规则，等，并已经出现了关于法律援助的地方立法。如1994年，北京市在全国首创法律援助基金会，并于1995年制定了《北京市法律援助基金会章程》和《北京市法律援助基金会管理办法》；1995年5月5日，武汉市律师协会制定了《武汉市律师法律援助办法》；1995年11月10日，广州市司法局制定了《广州市司法局法律援助试行办法》；1997年9月，广东省珠海市和清远市首次以地方立法的形式对法律援助制度进行规范。各地制定的地方性法规在其所管辖的行政区域内具有普遍效力，并为法律援助的全国性立法积累了经验。

2003年7月，国务院制定公布了《法律援助条例》（自2003年9月1日起施行），从此我国的法律援助事业有了全国性的法律规范，进一步走上了法制化的道路。2007年10月，第十届全国人大常委会修订通过了《中华人民共和国律师法》，并于2008年6月1日起施行。《律师法》第42条明确规定，"律师、律师事务所应当按照国家规定履行法律援助义务，为受援人提供符合标准的法律服务，维护受援人的合法权益"，并在第47条、第50条针对律师、律师事务所拒绝履行法律援助义务规定了明确的法律责任。2008年8月，中华全国总工会颁布了《工会法律援助办法》。2012年2月21日，司法部部务会议审议通过了

《办理法律援助案件程序规定》，自2012年7月1日起施行。整体来看，目前我国法律援助方面的法律、法规逐渐完善，相关部门认为法律援助立法时机已趋于成熟。①

二、法律援助制度的内容

（一）法律援助的对象和范围

根据《法律援助条例》及其他相关法律文件的规定，我国法律援助的对象和范围，包括以下几种情况：

1. 民事诉讼当事人。《法律援助条例》第10条规定：公民对下列需要代理的事项，因经济困难没有委托代理人的，可以向法律援助机构申请法律援助：（1）依法请求国家赔偿的；（2）请求给予社会保险待遇或者最低生活保障待遇的；（3）请求发给抚恤金、救济金的；（4）请求给付赡养费、抚养费、扶养费的；（5）请求支付劳动报酬的；（6）主张因见义勇为行为产生的民事权益的。民事诉讼当事人申请法律援助以经济困难为前提条件，法律援助的具体形式是为其提供民事代理人。

2. 刑事诉讼当事人，包括犯罪嫌疑人、被害人和自诉人。《法律援助条例》第11条规定，刑事诉讼中有下列情形之一的，公民可以向法律援助机构申请法律援助：（1）犯罪嫌疑人在被侦查机关第一次讯问后或者采取强制措施之日起，因经济困难没有聘请律师的；（2）公诉案件中的被害人及其法定代理人或者近亲属，自案件移送审查起诉之日起，因经济困难没有委托诉讼代理人的；（3）自诉案件的自诉人及其法定代理人，自案件被人民法院受理之日起，因经济困难没有委托诉讼代理人的。这些刑事诉讼当事人申请法律援助也应以经济困难为前提条件，法律援助的具体形式是为其提供诉讼代理人。

3. 特殊刑事被告人。根据《法律援助条例》第12条的规定，公诉人出庭公诉的案件，被告人因经济困难或者其他原因没有委托辩护人，人民法院为被告人指定辩护时，法律援助机构应当提供法律援助。被告人是盲、聋、哑人或者未成年人而没有委托辩护人的，或者被告人可能被判处死刑而没有委托辩护人的，人民法院为被告人指定辩护时，法律援助机构应当提供法律援助，无须对被告人进行经济状况的审查。这一类被告人属于法定受法律援助的范围，不受经济困难的条件限制，法律援助的具体形式是为其提供辩护人。

4. 外国籍刑事被告人。根据有关法律规定，刑事案件中外国籍被告人没有委托辩护人，人民法院指定律师辩护的，可以获得法律援助，法律援助的具体形式是为其提供辩护人。

经审查批准的法律援助申请人或符合条件、接受人民法院指定的刑事被告人、嫌疑人为受援人。在法律援助过程中，受援人可以了解为其提供法律援助活动的进展情况，受援人有事实证明法律援助承办人员未适当履行职责的，可以要求更换承办人。受援人因所需援助案件或事项的解决而获得较大利益时，应当向法律援助机构支付服务费用。

除民事诉讼和刑事诉讼之外，我国法律援助的范围还包括其他确需法律援助的事项，如法律咨询、代拟法律文书；非诉讼法律事务；公证及其他法律事务等。但司法部公布的统计数字中不包括法院的诉讼费救助，同时大量非诉讼法律援助也未被纳入。

---

① 参见陈丽平：《代表建议制定法律援助法确立法律援助的法律地位和效力 司法部认为立法条件日趋成熟可纳入立法规划》，载《法制日报》，2012-02-14。

表 10—1　　2006 年—2011 年全国法律援助案件以及受援人

	2006 年	2007 年	2008 年	2009 年	2010 年	2011 年
咨询（次）	3 193 801	4 069 972	4 322 329	4 849 849	4 874 083	5 334 383
案件批准总数（件）	318 514	420 104	546 859	641 065	727 401	844 624
民事案件（件）	204 945	297 388	418 419	515 414	610 198	726 826
刑事案件（件）	110 961	118 946	124 217	121 870	112 2764	113 717
行政案件（件）	2 608	3 770	4 223	3 781	4 939	4 081
受援人总数（人）	540 162	524 547	670 821	736 544	820 608	946 690
残疾人（人）	37 941	40 399	50 075	51 805	54 302	54 039
老年人（人）	60 198	57 546	69 566	76 027	95 026	102 206
未成年人（人）	83 131	878 330	98 053	94 853	87 530	89 132
女性（人）	94 712	117 932	164 474	181 937	195 620	223 369

注：数据来源：司法部法律援助中心。

（二）法律援助主体与法律援助机构

1. 法律援助责任主体

《法律援助条例》第 3 条规定：法律援助是政府的责任，县级以上人民政府应当采取积极措施推动法律援助工作，为法律援助提供财政支持，保障法律援助事业与经济、社会协调发展。法律援助经费应当专款专用，接受财政、审计部门的监督。这说明，我国已经通过法律明确国家是法律援助制度的责任主体。法律援助的经费主要由国家的财政支持。

《法律援助条例》第 7 条同时规定：国家鼓励社会对法律援助活动提供捐助。国家支持和鼓励社会团体、事业单位等社会组织利用自身资源为经济困难的公民提供法律援助（《法律援助条例》第 8 条）。这样就使得我国的法律援助事业在国家的主导下，吸收各种社会力量，成为一项社会各界广泛参与的公益事业。

2. 法律援助工作主管机关

《法律援助条例》第 4 条规定：国务院司法行政部门监督管理全国的法律援助工作。县级以上地方各级人民政府司法行政部门监督管理本行政区域的法律援助工作。这一规定，确定了司法行政机关是法律援助工作的主管机关，并明确了国家对法律援助工作的监督管理职责和权限，有利于使法律援助事业在政府的监督管理下获得落实。同时，通过政府的监管，对积极推动法律援助事业的机构和人员给予奖励，追究不履行法律援助义务的责任者的法律责任，能够使法律援助事业获得切实的制度保障。

3. 法律援助机构和主体

除诉讼费用的减、免、缓交外，我国的法律援助主要是通过律师及其他法律工作者具体实施的。司法部法律援助中心负责全国范围内法律援助的管理工作，各省（区、市）法律援助中心负责所辖区域的法律援助的管理工作，各地市、县（区）法律援助中心除担负所辖区域的法律援助管理工作之外，还直接为受援对象提供服务。《法律援助条例》中规定，中华全国律师协会和地方律师协会应当按照律师协会章程对依据本条例实施的法律援助工作予以协助。

法律援助具体由法律援助机构负责提供。《法律援助条例》第 5 条规定，直辖市、设区的市或者县级人民政府司法行政部门根据需要确定本行政区域的法律援助机构。法律援助机构负责受理、审查法律援助申请，指派或者安排人员为符合本条例规定的公民提供法律援助。我国的法律援助机构采取从中央到地方，按照现有行政区划、与法院的设置相对应，设立政府法律援助机构的方式，形成了中央、省（自治区、直辖市）、地（市）、县（区）四级法律援助机构体系。

表 10—2 **2007 年—2011 年全国法律援助机构设置及人员**

	2007 年	2008 年	2009 年	2010 年	2011 年
法律援助机构（个）	3 259	3 268	3 274	3 575	3 672
工作人员（人）	12 519	12 778	13 081	13 830	14 150
法律专业（人）	9 971	10 250	10 337	10 939	10 888

注：数据来源：司法部法律援助中心。

除法律援助机构的专职人员外，律师、公证员、基层法律服务工作者以及一些社会团体、法学院校的法律援助志愿者，在各级法律援助机构的组织和指导下也参与了大量具体的法律援助工作。

法律援助的主体主要是律师。《法律援助条例》规定，律师应当依照律师法和该条例的规定履行法律援助义务，为受援人提供符合标准的法律服务，依法维护受援人的合法权益，接受律师协会和司法行政部门的监督。法律援助机构可以指派律师事务所安排律师或者安排本机构的工作人员办理法律援助案件；也可以根据其他社会组织的要求，安排其所属人员办理法律援助案件。

（三）法律援助的申请和审查

1. 确定法律援助对象的基本原则

（1）除法定援助对象外，申请人必须是经济困难者。法律援助作为司法救济行为，其救济的对象是需要法律服务，但又没有能力支付法律服务费用的当事人。所以，对于申请法律援助的当事人，都必须进行经济状况审查，以确认其是否符合受援条件，并根据经济状况确定援助的方式和程度，即缓交、减交还是免交法律服务费用。由于我国地区经济发展不平衡，《法律援助条例》规定：公民经济困难的标准，由省、自治区、直辖市人民政府根据本行政区域经济发展状况和法律援助事业的需要规定。申请人住所地的经济困难标准与受理申请的法律援助机构所在地的经济困难标准不一致的，按照受理申请的法律援助机构所在地的经济困难标准执行。各地法律援助机构对申请法律援助的当事人进行资格审查时，基本上是以当地政府确定的城镇最低收入标准和农村贫困线标准，作为本地区法律援助条件的经济困难标准。

（2）申请人必须有采取法律行为的充分理由。这也是法律援助机构必须审查的条件，目的是防止申请人滥用诉讼权利、有效利用有限的法律资源。对于中请法律援助的当事人，法律援助机构必须进行案情审查，根据案情理由确定是否给予法律援助。一般来说，必须有胜诉的可能，才能获得法律援助。《法律援助条例》规定的援助范围，既考虑到申请人主张的实体权益的特殊性，也考虑到申请人身份和诉讼能力上的特殊性，体现了一种对弱者主张合法权利给予优先支持的原则和精神。这不仅符合法律援助的宗旨，也体现了人道主义、社会的进步和社会文明程度的提高。

（3）对部分刑事被告人提供法定援助。根据刑事诉讼法的规定，对公诉人出庭公诉的案件，被告人没有委托辩护人的，人民法院可以为他指定辩护人，即指定律师为其提供法律援助，包括：被告人是盲、聋、哑人，未成年人和可能被判处死刑的，以及外国籍被告人。在这类情形下，法院为被告人指定辩护人时，法律援助机构应当提供法律援助，无须对被告人进行经济状况的审查。法定法律援助体现了一种国家强制性，已成为公平对抗的诉讼程序的必要条件和制度保障，使这部分当事人的特殊权益有了明确的法律保护，也符合世界各国充分保障刑事被告辩护权的法律援助宗旨。

2. 法律援助申请的管辖

(1) 民事诉讼当事人申请法律援助，应当按照下列规定提出：1) 请求国家赔偿的，向赔偿义务机关所在地的法律援助机构提出申请；2) 请求给予社会保险待遇、最低生活保障待遇或者请求发给抚恤金、救济金的，向提供社会保险待遇、最低生活保障待遇或者发给抚恤金、救济金的义务机关所在地的法律援助机构提出申请；3) 请求给付赡养费、抚养费、扶养费的，向给付赡养费、抚养费、扶养费的义务人住所地的法律援助机构提出申请；4) 请求支付劳动报酬的，向支付劳动报酬的义务人住所地的法律援助机构提出申请；5) 主张因见义勇为行为产生的民事权益的，向被请求人住所地的法律援助机构提出申请。

(2) 刑事诉讼当事人申请法律援助的，应当向审理案件的人民法院所在地的法律援助机构提出申请。被羁押的犯罪嫌疑人的申请由看守所在24小时内转交法律援助机构，申请法律援助所需提交的有关证件、证明材料由看守所通知申请人的法定代理人或者近亲属协助提供。《办理法律援助案件程序规定》在此基础上进一步拓宽和完善了刑事诉讼法律援助的申请渠道。《办理法律援助案件程序规定》第8条规定，公民因经济困难申请刑事法律援助的，由办理案件的人民法院、人民检察院、公安机关所在地的法律援助机构受理。申请人就同一事项向两个以上法律援助机构提出申请的，由最先收到申请的法律援助机构受理。第11条规定，被羁押的犯罪嫌疑人、被告人、服刑人员，劳动教养人员、强制隔离戒毒人员申请法律援助的，可以通过办理案件的人民法院、人民检察院、公安机关或者所在监狱、看守所、劳动教养管理所、强制隔离戒毒所转交申请。

(3) 申请人为无民事行为能力人或者限制民事行为能力人的，由其法定代理人代为提出申请。无民事行为能力人或者限制民事行为能力人与其法定代理人之间发生诉讼或者因其他利益纠纷需要法律援助的，由与该争议事项无利害关系的其他法定代理人代为提出申请。

3. 申请法律援助的要件

公民申请代理、刑事辩护的法律援助应当如实提交下列证件、证明材料：(1) 法律援助申请表。(2) 身份证或者其他有效的身份证明，申请代理人还应当提交有代理权的证明。(3) 法律援助申请人经济状况证明表。法律援助申请人经济状况证明表应当由法律援助地方性法规、规章规定的有权出具经济困难证明的机关、单位加盖公章。无相关规定的，由申请人住所地或者经常居住地的村民委员会、居民委员会或者所在单位加盖公章。(4) 与所申请法律援助事项有关的案件材料。

申请人持有下列证件、证明材料的，无须提交法律援助申请人经济状况证明表：(1) 城市居民最低生活保障证或者农村居民最低生活保障证；(2) 农村特困户救助证；(3) 农村“五保”供养证；(4) 人民法院给予申请人司法救助的决定；(5) 在社会福利机构中由政府出资供养或者由慈善机构出资供养的证明材料；(6) 残疾证及申请人住所地或者经常居住地的村民委员会、居民委员会出具的无固定生活来源的证明材料；(7) 依靠政府或者单位给付抚恤金生活的证明材料；(8) 因自然灾害等原因导致生活出现暂时困难，正在接受政府临时救济的证明材料；(9) 法律、法规及省、自治区、直辖市人民政府规定的能够证明法律援助申请人经济困难的其他证件、证明材料。

4. 法律援助申请的审查

法律援助机构应当自受理申请之日起7个工作日内进行审查，并作出是否给予法律援助的决定；认为申请人提交的申请材料不齐全或者内容不清楚的，应当发出补充材料通知或者要求申请人作出说明。申请人补充材料、作出说明所需的时间不计入审查期限。申请人未按要求补充材料或者作出说明的，视为撤销申请；认为申请人提交的申请材料需要查证的，应当向有关机关、单位调查核实。

法律援助机构经审查，对于有下列情形之一的，应当认定申请人经济困难：（1）申请人及与其共同生活的家庭成员的人均收入符合法律援助地方性法规或者省、自治区、直辖市人民政府规定的经济困难标准的；（2）申请事项的对方当事人是与申请人共同生活的家庭成员，申请人的个人收入符合法律援助地方性法规或者省、自治区、直辖市人民政府规定的经济困难标准的；（3）申请人持无须提交法律援助申请人经济状况证明表的证件、证明材料申请法律援助，法律援助机构经审查认为真实有效的。

对符合法律援助条件的，法律援助机构应当决定给予法律援助，并制作给予法律援助决定书；对不符合法律援助条件的，应当决定不予法律援助，并制作不予法律援助决定书。不予法律援助决定书应当载明不予法律援助的理由及申请人提出异议的权利。

申请人对法律援助机构作出的不符合法律援助条件的通知有异议的，可以向主管该法律援助机构的司法行政机关提出。司法行政机关经审查认为申请人符合法律援助条件的，应当以书面形式责令法律援助机构及时为该申请人提供法律援助，同时书面告知申请人；认为申请人不符合法律援助条件的，应当维持法律援助机构不予法律援助的决定，书面告知申请人并说明理由。

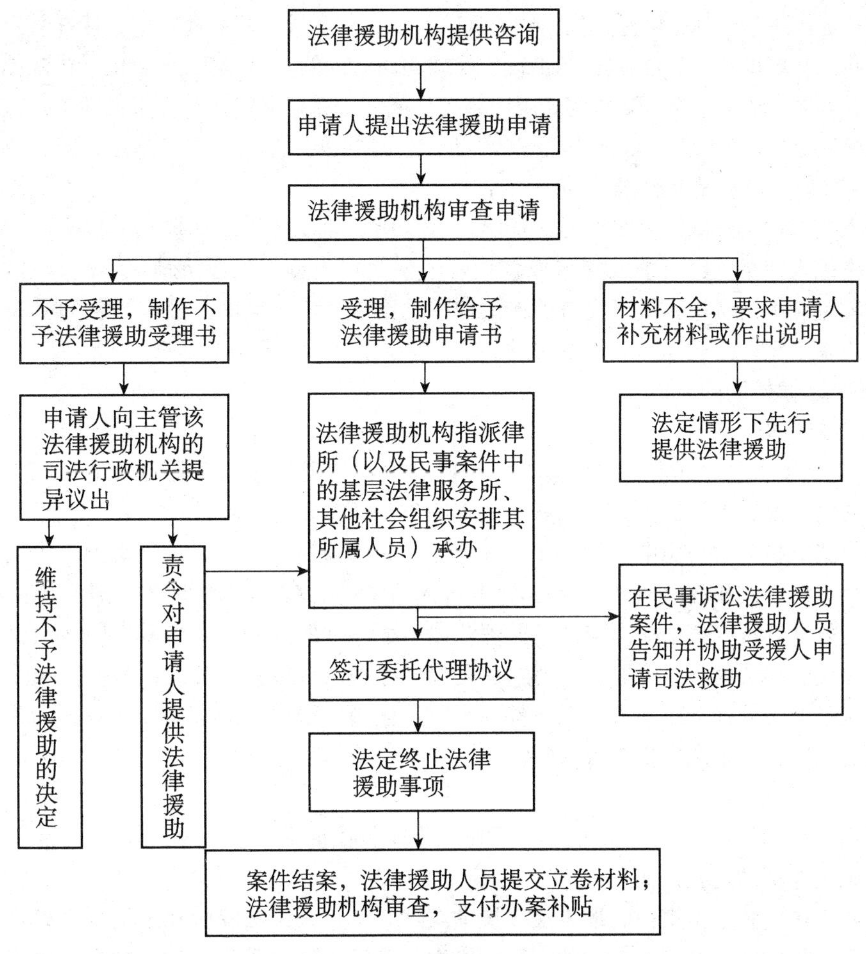

图 10—1 法律援助程序

注：据 2012 年 2 月司法部颁布的《办理法律援助案件程序规定》（2012 年 7 月 1 日起实施）。

5. 司法救助

法院的司法救助，即诉讼费用的减、免、缓交。《民事诉讼法》规定，当事人交纳诉讼费用确有困难的，可以按照规定向人民法院申请缓交、减交或者免交。

2000年7月，最高人民法院颁布《关于对经济确有困难的当事人予以司法救助的规定》，2005年4月公布《关于对经济确有困难的当事人提供司法救助的规定》，进一步扩大了司法救助范围。依照新规定，当事人符合下列14种情形之一的，可以向人民法院申请司法救助：(1) 追索赡养费、扶养费、抚育费、抚恤金的；(2) 孤寡老人、孤儿和农村“五保户”；(3) 没有固定生活来源的残疾人、患有严重疾病的人；(4) 国家规定的优抚、安置对象；(5) 追索社会保险金、劳动报酬和经济补偿金的；(6) 交通事故、医疗事故、工伤事故、产品质量事故或者其他人身伤害事故的受伤人，请求赔偿的；(7) 因见义勇为或为保护社会公共利益致使自己合法权益受到损伤，本人或者近亲属请求赔偿或经济补偿的；(8) 进城务工人员追索劳动报酬或其他合法权益受到侵害而请求赔偿的；(9) 正在享受城市居民最低生活保障、农村特困户救济或者领取失业保险金，无其他收入的；(10) 因自然灾害等不可抗力造成生活困难，正在接受社会救济，或者家庭生产经营难以为继的；(11) 起诉行政机关违法要求农民履行义务的；(12) 正在接受有关部门法律援助的；(13) 当事人为社会福利机构、敬老院、优抚医院、精神病院、SOS儿童村、社会救助站、特殊教育机构等社会公共福利单位的；(14) 其他情形确实需要司法救助的。《规定》还简化了司法救助审批程序，对当事人请求缓交诉讼费的，由审判人员或合议庭报审判庭庭长审批即可。减交或免交的审批程序也相应简化。2000年至2005年，全国各级人民法院共受理缓、减、免交诉讼费案件108万件，涉及金额53亿元。

当事人申请缓、减、免交纳诉讼费用，可以用书面或口头形式提出。口头申请的，人民法院应记入笔录，由当事人签名或盖章。法院根据当事人的经济情况，决定是否缓交、减交或者免交诉讼费用。对于民事诉讼法律援助案件，法律援助人员应当告知受援人可以向人民法院申请司法救助，并提供协助。

(四) 法律援助的实施

1. 实施机构

《法律援助条例》规定了法律援助由法院和法律援助机构相互配合负责实施。同时对法律援助机构及其人员的工作规范和相关程序作了具体规定。

法律援助机构对公民申请的法律咨询服务，应当即时办理；复杂疑难的，可以预约择时办理。在解答法律咨询过程中，认为申请人可能符合代理或者刑事辩护法律援助条件的，应当告知其可以依法提出申请。办理法律援助案件的人员，应当遵守职业道德和执业纪律，提供法律援助不得收取任何财物。受指派办理法律援助案件的律师或者接受安排办理法律援助案件的社会组织人员在案件结案时，应当向法律援助机构提交有关的法律文书副本或者复印件以及结案报告等材料。

2. 实施程序

根据《法律援助条例》和司法部《关于开展法律援助工作的通知》及其他文件的规定，实施法律援助的程序如下：

(1) 人民法院指定辩护的刑事法律援助案件，由该人民法院所在地的法律援助机构统一接受并组织实施；非指定辩护的刑事诉讼案件和其他诉讼案件的法律援助，由申请人向有管辖权法院所在地的法律援助机构提出申请；其他非诉讼法律服务，由申请人向住所地或工作单位所在地的法律援助机构提出申请。特殊情况除外。

(2) 同一法律援助事项，由同一法律援助机构办理。

(3) 法律援助机构负责审查和批准援助申请的工作人如果是援助事项的申请人或申请人的亲属，或与申请事项有直接利害关系的，应当回避。

(4) 法律援助申请必须以书面形式提出，同时提交必须提供的材料。申请人为未成年人或无行为能力人的，应由其监护人代为申请。代申请人应提交有代理权资格的证明。

(5) 法律援助机构对法律援助申请，应按规定进行审查。审查内容包括是否应由本法律援助中心受理；是否符合本通知规定的法律援助受援条件。法律援助机构认为申请人提供的材料不完备或有疑义的，应通知申请人作必要的补充或向有关单位、个人索取有关证明材料，并可视情况进行调查。

(6) 对申请公证法律援助事项的条件审查，由法律援助机构与有关公证处共同决定。

(7) 对于民事、行政法律援助案件，法律援助机构应当自作出给予法律援助决定之日起7个工作日内指派律师事务所、基层法律服务所、其他社会组织安排其所属人员承办，或者安排本机构的工作人员承办。对于刑事法律援助案件，法律援助机构应当自作出给予法律援助决定或者收到指定辩护通知书之日起3个工作日内指派律师事务所安排律师承办，或者安排本机构的法律援助律师承办。

法律援助机构、律师事务所、基层法律服务所或者其他社会组织应当自指派或者安排法律援助人员之日起5个工作日内将法律援助人员姓名和联系方式告知受援人，并与受援人或者其法定代理人、近亲属签订委托代理协议，但因受援人的原因无法按时签订的除外。

(8) 先行法律援助制度。为有效应对和解决紧急情况下当事人权益保障问题，《办理法律援助案件程序规定》增加了先行法律援助制度，即当申请事项具有某些特定情形时，法律援助机构可以决定先行提供援助后续补充审查。这些特定情形包括：1) 距法定时效届满不足7日，需要及时提起诉讼或者申请仲裁、行政复议的；2) 需要立即申请财产保全、证据保全或者先予执行的；3) 其他紧急或者特殊情况。

(9) 受援人申请更换法律援助承办人员的权利。受援人有证据证明法律援助人员不依法履行义务的，可以请求法律援助机构更换法律援助人员。法律援助机构应当自受援人申请更换之日起5个工作日内决定是否更换。决定更换的，应当另行指派或者安排人员承办。对犯罪嫌疑人、被告人具有应当指定辩护的情形，人民法院、人民检察院、公安机关决定为其另行指定辩护人的，法律援助机构应当另行指派或者安排人员承办。

(10) 法律援助人员应当在受委托的权限内，通过和解、调解、申请仲裁和提起诉讼等方式依法最大限度维护受援人的合法权益。法律援助人员代理受援人以和解或者调解方式解决纠纷的，应当征得受援人同意。

(11) 异地协作机制。法律援助机构在审查申请材料时需要异地查证，或者法律援助人员在办案过程中需要异地调查取证的，可以请求异地法律援助机构协作，被请求的法律援助机构应当予以协作。

(12) 法律援助承办人员在援助事项办结后，应向法律援助机构提交结案报告。

(13) 法律援助事项办结时，需由法律援助机构付费的，法律援助机构应按照国家规定标准及时核定，并向该事项的法律服务机构支付法律援助费用。

(14) 人民法院指定辩护的刑事法律援助案件，除《法律援助条例》规定的法定受援对象外，根据最高人民法院、司法部《关于刑事法律援助工作的联合通知》的规定，还包括法院根据案情认为确需律师辩护，具有以下条件的刑事被告人：1）本人确无经济来源，其家庭经济状况无法查明的；2）本人确无经济来源，其家属经多次劝说仍不愿为其承担辩护律师费用的；3）共同犯罪案件中，其他被告已委托辩护人，而该被告没有委托辩护人的；4）外国籍被告没有委托辩护人的；5）案件有重大社会影响的；6）人民法院认为起诉意见和移送的案件证据材料有问题，有可能影响法院定罪量刑的。

3. 法律援助的终止

办理法律援助案件的人员遇有下列情形之一的，应当向法律援助机构报告，法律援助机构经审查核实的，应当终止该项法律援助：（1）受援人不再符合法律援助经济困难标准的；（2）案件依法终止审理或者被撤销的；（3）受援人自行委托其他代理人或者辩护人的；（4）受援人要求终止法律援助的；（5）受援人利用法律援助从事违法活动的；（6）受援人故意隐瞒与案件有关的重要事实或者提供虚假证据的；（7）法律、法规规定应当终止的其他情形。受援人对法律援助机构终止法律援助的决定有异议的，可以向主管该法律援助机构的司法行政机关提出。

4. 办案补贴

法律援助机构收到前款规定的结案材料后，应当向受指派办理法律援助案件的律师或者接受安排办理法律援助案件的社会组织人员支付法律援助办案补贴。法律援助办案补贴的标准由省、自治区、直辖市人民政府司法行政部门会同同级财政部门，根据当地经济发展水平，参考法律援助机构办理各类法律援助案件的平均成本等因素核定，并可以根据需要调整。

5. 法律责任

（1）法律援助机构及其工作人员的法律责任。法律援助机构及其工作人员有下列情形之一的，对直接负责的主管人员以及其他直接责任人员依法给予纪律处分：1）为不符合法律援助条件的人员提供法律援助，或者拒绝为符合法律援助条件的人员提供法律援助的；2）办理法律援助案件收取财物的；3）从事有偿法律服务的；4）侵占、私分、挪用法律援助经费的。

办理法律援助案件收取的财物，由司法行政部门责令退还；从事有偿法律服务的违法所得，由司法行政部门予以没收；侵占、私分、挪用法律援助经费的，由司法行政部门责令追回，情节严重，构成犯罪的，依法追究刑事责任。

（2）律师事务所的法律责任。律师事务所拒绝法律援助机构的指派，不安排本所律师办理法律援助案件的，由司法行政部门给予警告、责令改正；情节严重的，给予1个月以上3个月以下停业整顿的处罚。

（3）律师的法律责任。律师有下列情形之一的，由司法行政部门给予警告、责令改正；情节严重的，给予1个月以上3个月以下停止执业的处罚：1）无正当理由拒绝接受、擅自终止法律援助案件的；2）办理法律援助案件收取财物的。有此项违法行为的，由司法行政部门责令退还违法所得的财物，可以并处所收财物价值1倍以上3倍以下的罚款。律师办理法律援助案件违反职业道德和执业纪律的，按照律师法的规定予以处罚。

（4）司法行政部门工作人员的法律责任。司法行政部门工作人员在法律援助的监督管理工作中，有滥用职权、玩忽职守行为的，依法给予行政处分；情节严重，构成犯罪的，依法追究刑事责任。

三、我国法律援助制度的问题与发展趋势

（一）主要问题

1. 法律援助的供需矛盾突出。一方面，国家和许多地方财政拿不出充足的经费投入法律援助；另一方面，社会对法律援助的需求不断扩大。由于人力、财力不足，加之一些地方律师义务办理案件的体制尚未理顺，对承担法律援助义务的律师缺乏规范管理，这种供需矛盾成为当前法律援助工作的主要矛盾。

2. 法律援助工作发展不平衡。现有法律援助机构和法律援助工作集中于大中城市，但贫困地区和基层农村对于法律援助的潜在需求量很大，怎样最大限度地满足其需求，成为法律援助工作深入开展的难点。

3. 法律援助形式单一，资源配置不够合理。刑事被告人的刑事辩护权尚不能得到全面保障，尤其是轻罪弱势群体被告人在简易程序中的辩护权难以实现。相比之下，民事诉讼法律援助比例过高，一些并无合理诉求和胜诉可能的当事人往往获得法律援助或司法救助，导致法律资源被浪费。非诉讼法律援助没有得到充分的重视和发展。

（二）发展趋势

2003 年《法律援助条例》制定实施后，我国法律援助制度有了长足发展，相关立法也已经提上日程。今后其发展的主要趋势是：

1. 法律援助将进一步法制化、规范化。制度、资金、机构和人员将得到进一步保障。

2. 法律援助的范围将进一步扩大。外国人会更多地成为法律援助的对象。

3. 随着经济和社会发展，政府更加重视和支持法律援助制度的建立和实施。

4. 法律援助的机构、人员将进一步得到充实。

5. 资源配置更加合理。由于法律援助制度资源短缺不可能从根本上解决，所以，应该优先解决刑事被告的辩护权、实现全面覆盖。在民事纠纷方面，则应更加注重以非诉讼方式或其他社会救济方式解决民事纠纷，广阔开辟非诉讼的救济渠道。

四、港澳台地区法律援助制度

（一）香港特别行政区法律援助制度

香港地区的法律援助主要适用于在区域法院、原讼法庭、上诉法庭及终审法院审理的案件。此外，亦适用于裁判法院聆讯的交付审判程序。任何人士，不论是否是香港居民，只要牵涉上述法院的法律程序，其财务资源符合法定规定且案情具充分理据提出诉讼或抗辩，均可获得法律援助。法律援助分为两类：一类是由政府的法律援助署负责提供的，一类是由律师公会负责提供的。香港特区政府的法律援助主管机关是法律援助署，该机构成立于 1976 年，是香港特区政府的一个部门，专门负责法律援助计划的实施。它实际上是政府所属的律师事务所，工作人员中相当一部分是专业律师。律师公会负责提供的法律援助主要是律师的免费咨询、代理等公益行为。

（二）澳门特别行政区法律援助制度

澳门地区的司法援助系统早在 1944 年 2 月即通过第 33548 号法令建立。司法援助制度适用于在任何法院所进行之任何诉讼形式，包括免除支付全部或部分预付金，或免除支付全部或部分需付金及诉讼费用，准许支付之延迟以及提供依职权指定在法院之代理。司法援助之申请得在程序中任何阶段提出，并维持至上诉，且可扩展至给予司法援助之诉讼之

附加程序。

所有居住在澳门地区，包括暂时性居住之人，如其能证明自己没有足够经济能力支付案件之全部或部分正常负担，均有权获得司法援助。司法援助须经利害关系人本人、代理利害关系人之律师等提出申请。申请人必须提交一些证明自己的经济状况较差的文件，例如由澳门社工局发出的经济状况证明，或者任何可以证明申请人目前正在接受公共救济的文件。在这些文件中，必须写明是用做申请司法援助用的。在某些特殊的情况下（如未成年人，交通案中的受害人)，可推定申请人经济能力不足，无须提交上述证明文件。对于已获司法援助而在有关诉讼案件结束前具有足够资产的人，法官可要求其支付该负担。如有关之人不作出支付，则会被提起征收有关款项的诉讼。而在诉讼案件结束后，即使申请人经济状况好转，具有足够资产，亦不能要求其作出支付。司法援助制度，主要由检察院、法院和律师公会相互配合、共同执行。

(三) 台湾地区法律援助制度

台湾地区法律援助制度包括公设辩护人诉讼救助和法律扶助。

1. 公设辩护人。台湾地区高等以下各级法院所在地设置公设辩护人，他们在法院办公，对法院指定的案件负责辩护，不收取被告人的报酬。公设辩护人应独立行使辩护权，对当事人负责，诚实依法办案。在刑事被告人无力委托律师进行辩护时，法院应依职权为其指定辩护人。遇有下列情况，审判长必须指定公设辩护人：(1) 最轻求刑3年以上有期徒刑或高等法院管辖的第一审案件，被告没有委托辩护人的；(2) 前项案件所委托的辩护人在审判日无正当理由而不到庭的；(3) 其他案件认为有必要的。被告人无力委托辩护人的，可以请求法院为自己指定公设辩护人。公设辩护人的年资应与推事、检察官相同。在诉讼中的地位相当于律师（辩护人)，但受该高等法院院长的监督。

2. 诉讼救助。民事诉讼救助主要是指法院对诉讼费用的减免制度，但受助人在败诉时不能免除诉讼费用负担。诉讼费用救助由当事人提出申请，由法院进行审查，并可以进行调查，根据不同情况分别作出准许或不予准许的决定。救助范围包括：(1) 暂免裁判费；(2) 免除诉讼费用的担保；(3) 暂免交付执达员应收之费用及垫款；(4) 在法院为受助人选任律师代理时，暂免交付律师费。

3. 法律扶助。台湾地区对平民的法律扶助由律师公会承担，主要方式为进行法律咨询、办理民事和刑事诉讼案件及非诉案件，为当事人充当调解人或辩护人等。律师公会规定，法律扶助由律师轮流承担，不得收取酬金，所需的必要费用由律师公会负担。律师公会每个月都要将法律扶助工作情况向地方法院首席检察官呈报，并由其转呈“法务部”。由“法务部”根据报告决定对律师进行奖励或处罚。

【深度阅读】

1. 张耕．中国法律援助制度诞生的前前后后．北京：中国方正出版社，1998

2. 张耕主编．法律援助制度比较研究．北京：法律出版社，1997

3. 宫晓冰主编．各国法律援助理论研究．北京：中国方正出版社，1999

4. [法] 维诺德·杰坎德．法律援助——模式与机制．刘欣燕译．环球法律评论，2003年冬季号

5. Regan, Francis, The Transformation of Legal Aid: Comparative and Historical Studies, New York: Oxford University Press, 1999

【问题与思考】

思考题:

1. 法律援助产生的必要性是什么?

2. 当代世界各国法律援助资金来源主要有哪些渠道?

3. 当代法律援助制度中存在的主要问题是什么?

4. 概述我国法律援助的范围。

5. 概述我国司法救助和法律援助的程序。

练习题(选自历年司法考试试题):

1. 法律援助制度是世界上许多国家普遍采用的一项司法救济制度。下列关于我国法律援助制度的哪一表述是错误的?(A)

A. 律师和律师事务所是法律援助的责任主体

B. 法律援助机构既包括四级政府的法律援助组织,也包括社会团体、民间组织的法律援助组织

C. 法律援助的实施形式包括法律援助咨询、刑事代理、民事代理、行政代理、仲裁代理、刑事辩护、调解和公证等方式

D. 在办理法律援助事项时,法律援助人员未经法律援助机构批准,不得终止法律援助或者委托他人代为办理法律援助事项

2. 下列哪一种情况不构成法律援助机构拒绝为申请人提供法律援助的理由?(A)

A. 申请代理的事项是主张因见义勇为行为产生的民事权益

B. 申请人提交的证明材料不齐全,又未按要求作出补充

C. 申请人提出申请后,自行委托了其他代理人

D. 申请人提出申请后,继承了一大笔遗产

3. 我国法律援助制度因其保障人权而体现司法正义,因其救助贫困而体现社会公平。关于该制度,下列哪一表述是不正确的?(C)

A. 我国法律援助是政府的一项重要职责,在性质上是一种社会保障制度

B. 实施法律援助的既有律师、法援机构,也有社会组织,形式上包括诉讼法律援助、非诉讼法律援助及公证、法律咨询

C. 对公民的法律援助申请和法院指派的法律援助案件,由法援机构统一受理、审查、指派、监督,必要时可以委托慈善机构协助受理事宜

D. 法援对象包括符合法定受援条件的经济困难者、残疾者、弱者,及符合规定的外国公民及无国籍人

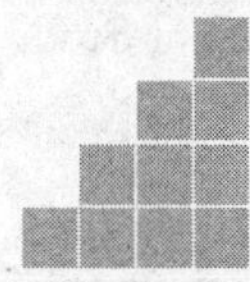

第十一章
司法环境与司法监督

常考知识点

- **司法环境的概念及构成**
- **司法与社会的互动关系**
- **现代西方国家司法形成和运作的社会环境**
- **当代社会、经济全球化对司法制度的影响**
- **法律移植与法制现代化**
- **司法监督**

第一节 司法环境概述

一、司法环境的概念及基本因素

（一）司法环境的概念

1. 司法环境的概念

司法环境，主要指司法制度形成和运作的社会环境。司法作为上层建筑的组成部分，始终由经济基础决定，并受到上层建筑其他因素的制约。司法制度的形成，决定于一个国家的经济基础、政治体制以及国家性质与结构，受到特定时代的社会需求、价值取向、传统习惯、法律文化、法学理念等社会因素以及特定历史条件的制约。司法制度在建立之后，同样要在具体的社会环境中运作，社会对司法运作的影响直接决定着司法活动的社会效果以及立法者的预期目标能否实现。

2. 司法环境的双重作用

社会环境对于司法的实际运作会产生双重作用：

（1）社会环境对于司法的积极作用，有利于司法既定功能的正常发挥，促进司法产生预期的效果，实现公正与效率的价值目标，减少司法运作的成本，并可能推动司法适应社会发展的需求不断进行改革和发展。

（2）社会环境对司法的消极作用，可能阻碍司法功能和既定目标的实现，增加司法运作的成本，腐蚀司法官和法律职业人员，破坏司法程序，并可能败坏司法的公信力和权威，最终对法治的运作和法律秩序产生严重的危害。在移植、继受西方法的国家，由于法与社会的相互适应需要一定的过程，社会对司法运作的消极影响尤为明显，因而在建设法治的进程中，必须注意法律和司法制度与社会的适应，克服社会对司法活动的消极影响，培养和提高全社会的法律意识，逐步创造良好的司法环境。

3. 构成司法环境的基本因素

社会环境是一个十分宽泛的概念，可以说，司法制度以外的各种社会因素对司法制度的产生和运作都有一定作用，因此都属于社会环境的组成部分。对司法制度的设置和运作具有较大影响的社会因素主要包括：经济、政治和社会理念等。

（二）经济因素

1. 经济的概念

“经济”是一个多义词，常常在不同意义上被使用：有时指生产方式，即人类获得物质生活资料的技术条件、组织形式和生产关系；有时指经济体制，即人们进行物质资料生产、分配、流通和消费等的具体制度模式及其运行机制；有时指具体的经济部门、经济活动，等等。本章论及的作为社会环境组成部分的经济因素，是指上述各个方面的总和。

2. 司法与经济的关系

全部的经济条件构成一个社会的现实基础，政治与法律制度是建立在这个基础之上的上层建筑，经济基础状况及其发展变化必然影响到一个国家的司法制度。具体地说，这种影响可以从以下几个方面进行考察。

（1）经济体制对司法制度具有重大的影响。在前资本主义社会的经济体制下，劳动者对奴隶主或者封建领主具有人身依附性，社会主体之间没有平等可言，自然不可能建立对社会主体完全平等的、以程序公正为基础的司法制度。在计划经济体制中，由于社会的生产和资源的分配主要是通过行政性的指令和计划来实施，整个社会几乎都属于一个巨大的行政单位，大量的社会纠纷都属于其内部纠纷，适于用行政方式来解决。在这种经济体制中，个人权利与利益空间较小，司法权的职能大幅度萎缩，而共同体与行政权在纠纷解决方面的职能相应扩大。在市场经济体制之中，独立的利益主体所进行的平等、理性的生产和交换培育了人们的自由、平等、财产权等权利意识和主体意识，主体之间的纠纷也要求通过公共权力进行公平处理，社会对法律和司法的依赖程度较高，并培育了现代司法制度及程序公正理念。

（2）在经济与社会发展的不同阶段，司法制度也呈现出不同的特点。从自由资本主义时期，到19世纪末、20世纪初西方主要资本主义国家进入垄断阶段，再到20世纪末现代社会逐步进入全球化时代，每个时期的经济和社会变化都冲击着各国国内的政治与法律制度，导致了司法制度的“危机”，促使司法适应时代的变化不断进行相应的改革。

（3）社会经济发展状况直接影响司法的运作。国家对司法的财政投入，包括法院的设置、司法官的配置和司法机关设施配备等，不仅决定着司法机关行使司法权的能力和质量，而且对司法管辖的范围、社会主体利用司法的程度发生直接作用，因此，现代法治国家在保证社会主体利用司法资源的同时，也必须考虑司法与国民经济的发展之间的协调发展和司法效益问题。一般而言，现代权利保护的扩大几乎都与经济资源的再分配有关，例如，有了雄厚的经济基础，才可能有法律援助事业的发展；只有建立了社会保障、保险等风险转移机制，法院才有可能作出严格责任、无过错责任的裁判。同样，当诉讼消耗掉过多的社会财富时，司法的效益及社会的公平就可能受到影响。因此，当代一些国家在民事司法改革中，越来越重视采用多元化纠纷解决机制分流或减少诉讼。

（三）政治因素

1. 政治的概念

政治是一种普遍而又十分复杂的社会现象，历代思想家曾从多种角度对政治现象进行了描述。西方政治学家为政治下过不同的定义，例如：(1) 政治是国家活动，是治理国家的活动，是夺取或保存权力的行为；(2) 政治是权力斗争，是人际关系中的权力现象；(3) 政治是人们在安排公共事务中表达个人意志和利益的一种活动，是制定和执行政策的过程；(4) 政治是一种社会的利益关系，是对社会价值的一种权威性分配。

孙中山认为，“管理众人的事便是政治”，也可以说政治是利用公共的强制力对众人之事的治理。马克思主义经典作家认为，政治是经济的最集中的表现，经济利益是政治立场、政治活动、政治斗争、政治制度等政治现象的最深刻的根源。《中国大百科全书》（政治学卷）对政治的定义是，政治是指上层建筑领域中各种权力主体为维护自身利益的特定行为以及由此结成的特定关系。

综上所述，可以把政治现象的内在组成部分概括为：(1) 政治主体。政治主体是一种利益主体，表现为普通的个人或者个人之间的联合，后者又表现为阶级、阶层、民族、集团、政党，等等。(2) 政治活动。政治总是体现为一系列的活动，包括权力的争夺、巩固和使用，政策的制定和实施，等等。(3) 政治目的。政治活动本质上是一种利益活动，争夺、巩固和使用权力是其直接目的，使用权力争取和维护特定的利益是其最终目的。(4) 政治立场、观念和理论。政治主体在社会中的经济地位决定了其政治立场，从这种立场出发，形成特定的政治观念和政治理论。(5) 政治力量。指特定的政治主体夺取和运用政治权力实现各种利益目标的力量，政治力量的大小受到政治主体的经济地位、人数多少、组织能力等因素影响。(6) 政治权力。指政治主体进行政治活动、实现利益目标的力量和手段，是政治活动的直接对象。在现代社会中，政治权力主要体现为国家权力，但这不是全部，除此之外，还有宗教权力、社会权力，等等。(7) 政治制度。是政治关系和政治活动的制度化，既是各种政治主体基于各自的利益目标进行政治博弈的结果，又是进一步政治活动的起点和框架。人类社会的政治文明，往往集中体现为一些具有特定价值的政治制度。

2. 司法与政治的关系

从根本上而言，人类社会的法律制度本身是政治文明的组成部分，但是，法律机制与政治又保持着相对的区别和独立。司法制度既具有政治属性的一面，又有法律属性的一面。司法制度的设置和运作显著地受到各种政治因素的影响。主要体现为：

(1) 司法制度作为政治制度的组成部分，是社会中各种政治力量博弈的结果，因此其设置和运作都受到特定社会利益的分化及其政治力量对比的影响。例如，不同阶级划分及其力量对比，宗教势力和世俗权力，中央势力和地方势力，基于性别、种族、民族、职业等标准划分的不同阶层或群体的势力，等等。不同的阶级、阶层、集团和个人有着不同的经济地位和利益需求，由此形成不同的政治理念，并不断试图通过各种政治活动对司法制度的设置和运行施加影响，借以实现自己的利益需求。司法制度作为这些政治活动的结果，总是在一定程度上反映了不同的政治主体之间的利益需要和力量对比。一般而言，那些社会实力强大的政治主体（如统治阶级或执政党）的需求在司法制度和司法政策中能够得到更多的反映，符合其利益的理念往往能够更多地被运用于司法制度的设计和运作之中。不仅如此，毫无疑问，司法本身必然承担着一定的阶级统治和政治职能。

（2）司法制度作为政治制度的组成部分，是在一个国家政治制度的整体机制中运行的，其设置和运行必然受到国家政治体制的影响，主要包括政体类型和国家的结构形式两个方面。政体，是指国家的政权组织形式，主要有君主政体和民主政体两种类型。现代宪政制度是现代司法制度的基本政治基础。国家结构形式，是指国家的整体与组成部分之间的关系，主要有单一制和联邦制两种类型，它直接决定着司法体制和司法权的划分模式。

（3）一个社会的各种政治因素必然会对司法运作发生影响。司法本质上也是一种政治，因此，司法活动必须充分重视社会效果和国家利益，社会上各种政治利益的较量必然直接影响到司法理念、司法活动及其结果。但是，现代司法制度由于实现了司法独立，保证司法权能够从国家和社会的根本和长远利益出发，而不会直接听命于执政的统治者，不会因执政者的更替而发生频繁的变化。司法一般是消极地参与政治的，政治对司法的作用需要通过立法和司法政策发生。同时，现代法治最大的特点是可以将一部分政治问题转化为法律问题，由司法机关独立解决，从而对社会的稳定和发展作出特殊贡献。

（四）社会理念因素

1. 社会理念与司法理念

（1）社会理念，包括传统文化、社会意识和社会科学理论等形态，指在特定社会中历史地形成的、相对稳定的价值观念和思维方式。它是指导行动的基本准则和理论推演的逻辑起点。社会理念往往是多元和相互冲突的，特定历史时期的主流价值观和理念，会直接体现在法的创制和实现中。其中，对于司法制度的形成和运作起直接作用的社会理念，就是司法理念。

（2）司法理念，是建构司法体制、司法制度和司法程序中的理论基础、价值观和法律意识，也是司法运作和实践的指导思想，是司法构成的思想和精神要素。司法理念是基于不同的价值观（意识形态或文化传统）对司法的功能、性质和应然模式的系统思考，表现为司法制度的价值取向、司法观念、司法的基本原则、法律职业伦理等，体现在司法制度的设计建构、对司法的评价、对法律职业的要求和司法运作的行为规范上，属于法律意识形态的组成部分。

2. 社会理念和司法理念的特点

（1）社会理念和司法理念是在一定的社会物质生活条件的基础上形成的，不同的物质生活条件导致不同的社会理念和司法理念，并形成特定的法律文化和传统。社会物质生活条件的变化，也会导致社会理念和司法理念的变化。理念作为一种意志中介，直接反映社会物质生活的需要和变化，是产生司法需求、促进司法改革和影响司法运作的重要因素。

（2）社会理念和司法理念具有一定的独立性和历史延续性，传统对司法的制度设计和运作有着极大的影响。同样是现代国家，美国与日本在司法运作上存在极大的差异；同样是在西方国家，又存在大陆法系和英美法系的明显区别。在相同的历史社会条件下，世界各国也存在各自的法律文化和传统，并体现在现实的司法理念之中。在移植西方法的发展中国家，传统社会理念对司法运作的作用尤为明显。理念的相对独立性还表现在它具有建构的价值和功能，可以通过理想和追求建构新的制度、形成新的规则，并指导实践。

(3) 社会理念和司法理念是社会主体的利益需求和价值观的反映，由于在特定社会中不同社会主体的经济地位和利益需求及其对司法的要求是不同的，甚至是根本对立的，因而社会理念和司法理念必然是多元化的。例如，在美国建国初期，联邦党人主张建立强大的、巩固的联邦国家，因而主张扩大联邦法院的管辖权；而共和党人则强调民权保护，主张限制联邦政府的权力并限制联邦法院的管辖范围。社会理念是多元的，多元理念的背后是利益和立场的差异。对司法制度的形成与运作产生直接作用的司法理念，是不同的利益和价值观之间互相冲突、斗争、妥协、融合的结果。

(4) 社会理念对司法运作的影响，是通过社会主体，包括当事人和一般社会成员，以及司法人员和其他法律职业发生的。司法人员、律师和当事人等都是生活在社会之中的，特定的社会理念决定他们的思想和行为，从而影响司法运作的样式和结果。其中，法律职业的思维和理念不同于其他社会主体，是维系法律和司法的统一、内在逻辑和促其发展的重要因素，也是法律职业教育所要灌输和培养的基本内容。其他社会主体的意识和理念，由于自身的多元性，对于司法活动的影响在方式、方向和作用程度上往往又各有不同。

3. 社会理念和司法理念对司法的作用

社会理念和司法理念对司法的作用是深刻和潜移默化的，其特点是：

(1) 每个国家的司法制度都是特定的法律文化和政治理念的产物，各国在司法制度的建构中，由于理念的不同，可能设计出完全不同的制度和程序。例如，美国在建国初期，基于对政治权力不信任的社会理念，确立了陪审团制度，目的是通过民众的参与增加司法的民主性，避免法院的司法权过大；随着法院地位和功能的提高，陪审团的使用已经大幅度减少，但陪审团及其司法民主理念仍然是整个司法制度的基石。而在我国，对司法的不信任则体现为建立各种监督机制和有错必纠的制度设计。

(2) 由于司法理念的不同，形式相同的司法制度或程序在运作中可能表现出完全不同的结果，在移植、继受的情况下尤为明显。例如，第二次世界大战后，日本仿照美国建立了最高法院的违宪审查制度，美国联邦最高法院由于特定的历史原因和社会理念发挥了积极的决策作用，但日本最高法院却严格恪守司法消极主义立场，很少对政府的立法作出违宪判决。在西方法治国家，由于尊重法院权威已经成为民众的社会理念，这种理念转而又形成巨大的舆论力量支持和维护着法院的权威和地位；而在缺少这种传统的国家，例如我国，司法的权威经常受到挑战，行政机关和普通当事人对法院的判决往往缺少应有的尊重，涉诉信访、再审、申诉的反复启动影响了司法应有的安定性和权威。

(3) 社会理念和司法理念的变化，是推动司法制度和程序改革的思想先导，当社会理念发生重大变化时，最终会导致重大的甚至根本性的司法改革直至社会变革。例如，权力制约的理念导致了司法独立制度的建构；当代社会理念和司法理念对社会自治、协商和效益的重视，极大地推动了现代ADR的发展，并进而深刻地影响到整个司法改革，等等。

二、司法与社会的互动

(一) 社会对司法制度形成的作用

就本质而言，法是社会的产物，司法的产生、运作和发展取决于社会的经济、政治和文化理念等多种因素。社会因素决定司法制度及其样式，社会需求决定司法的功能和管辖范围，社会的发展对司法提出新的要求，推动司法的改革。司法制度的设计和司法的功能都不能超然于特定的社会现实，在这方面，最重要的是司法与社会的适应程度问题。衡量司法与社会适应程度的指标，主要包括司法的社会公信力，公正与效益，处理案件的数量、质量，当事人和社会的满意度，社会主体利用司法的程度及便利性，等等。

社会对司法的要求往往会通过特定的理念表达出来，并具体化为一系列具有特定价值和功能的制度。考察特定时代和不同国家的司法制度及其运作情况，需要同时了解其背后的经济、政治和文化理念等因素，而不应仅仅停留在这些制度的表象上。司法制度和司法程序的设计往往是集合了多种历史和现实的因素，并经过各种势力的博弈和选择而最终形成的，其发展中的每一个重要变化和改革也同样如此。

（二）社会环境对司法运作以及法的实现的影响

1. 特点与途径

司法制度和司法程序在设计和制定完成后，就进入了实际运作及司法实践过程。司法的运作同样不能脱离具体的社会环境，社会从各个方面对司法的运作发生积极或消极的影响，其特点是：

（1）决策者及国家权力机关对司法的态度，决定了司法在政治权力体系中的地位和社会功能，以及司法独立的程度。

（2）由于司法活动和司法运作过程是由法律职业群体操作的，所以，社会环境会通过对法律家的选择、培养及其活动方式和法律意识，对司法的过程和结果产生影响。法律职业群体的素质及理念直接影响着司法的运作及其权威。

（3）当事人及其他诉讼参与人直接参与司法过程，他们对司法的信赖和尊重程度、对诉讼程序的参与程度和参与能力，以及对司法过程和结果的评价，都直接影响着司法实践和司法制度的运作。

（4）一般社会公众（包括普通民众和媒体）对司法的态度和评价，形成司法社会公信力的来源，司法民主和对司法的社会监督则是联系司法与社会的纽带，这些因素直接关系到司法独立与司法权威的实现程度。

（5）司法活动必须与其他社会调整机制形成相互协调的关系。司法在独立运作的同时，不能脱离其他社会机制的支持，需要在依法办事的前提下与道德、宗教、社会自治等多种机制形成良性互动，才有可能维护法律在社会调整机制中的至上地位，获得公众的认同和配合。否则，司法必将缺少社会基础以及信仰与理念的支撑，既不可能有效地解决所有社会纠纷，也很难满足不同社会主体的需要，达到满意的社会效果。

2. 两种作用方向及结果

（1）社会对司法运作的积极影响。司法的运作需要一定的社会条件和环境保证，良好的法制环境包括健全的法律制度，严格依法办事的社会氛围，国家权力机关及其工作人员的守法，公民的守法意识和行为等。良好的社会环境通过对社会法律意识和职业法律家的行为发生作用，促进司法的正常运作，维护司法和法律的权威，保证司法裁判的执行，使立法的精神和目的能够顺利实现，达到预期的社会效果，形成良好的法律秩序和社会秩序，促生社会主体的现代法律意识。法与其他社会机制（道德、自治、传统等）的良性互动，也是保证司法正常运作的重要基础。

（2）社会对司法运作的消极影响。社会与司法的不相适应，既有可能是司法制度的设计脱离社会现实，难以满足社会需求所致；也有可能是制度设计不完善，使得司法运作缺乏独立公正的制度保障；同时，即使建立了合理的司法制度，如果法律职业群体和社会主体尚未形成对司法制度应有的尊重和守法理念，不良的司法环境也会导致对司法运作的巨大侵蚀和制度异化。社会对司法运作的负面作用，会导致司法的运作背离预期目标，违背司法公正的基本原则，出现司法不公和司法腐败现象。例如，当事人试图用各种社会关系、权力、舆论或其他方式干预、影响司法人员和司法程序，干扰依法独立审判，由此导致枉法裁判等。社会的消极影响会直接影响社会主体对司法的信赖，影响司法的过程和结果，并影响到司法裁判的安定性和执行，导致法律的预期目的无法实现、司法成本过高，最终会形成一种恶性循环，危及司法的权威和地位、危及法治本身。

（三）司法对社会发展的推动和改造

法律作为上层建筑的组成部分，具有相对的独立性，一经形成，就可以对社会生活发生重要的调整作用。司法实践与社会的联系最为密切，是法与社会关系的晴雨表，同时，司法又是法作用于社会的最直接的方式。

1. 社会的需求和发展往往最先表现为一定的权益主张或争议，通过司法对纠纷的处理，既可以实现法律调整的目标，也可以探索新的利益和价值平衡的途径。司法过程可以检验现行立法和司法是否完善以及法律规范和司法的程序是否能够满足社会的需求，并通过揭示法律的缺漏、推动法律的革新。在特定的情况下，通过法官的自由裁量权，可以直接填补法律的空白，发现或确立新的法律规则，推进法的发展。随着现代违宪审查程序的建立，司法机关更多地直接、能动地参与决策过程，推动社会的发展。因此，司法程序的完善与否和运作是否正常，直接影响着立法者所确立的目标和法律秩序能否得到实现和维护，司法救济的广泛性和现实性是一个国家法律机制及法律调整程度的标志。

2. 司法活动是形成法律文化、决定社会法律传统乃至法的样式的一种独立的力量。司法是以法律职业群体为主体运作的。法律职业群体具有独立性和自治性，可以直接参与和推动法的发展，对司法改革、司法程序具有选择决定作用。司法活动能够通过法律解释、判例等方式，以专门的法律思维塑造和发展特定的法律文化和传统，并对决策者、执法者树立现代法治理念产生深刻的影响，乃至促进政治文化的变革。

3. 司法是一种对民众进行法律教育的方式。民众以陪审等方式参与司法的过程以及司法公开本身就是一种社会启蒙和法律教育的途径，可以提高民众的法律意识，增加民众对司法的了解和信任，并帮助他们逐步培养维护自身权利的意识和社会道德、责任观念，影响和改变社会主体的行为方式和思维方式，形成现代社会观念和法律意识。

综上所述，社会对司法制度和司法活动的决定作用以及司法对社会的推进改造作用是相辅相成的。一般而言，在司法制度并非产生自本土社会传统（即移植）的情况下，本土社会往往会以强大的作用力抵制或改造外来的司法制度，甚至可能将其变得面目全非，使其原来附着的美好的理念和价值丧失殆尽。毫无疑问，这种结果是我国法制建设中所不希望出现的。

三、现代西方国家司法环境

现代西方国家，主要是指欧美资本主义国家，在人类法制发展史上，这些国家的司法制度体现了人类文明的进步，对世界各国都产生了深远的影响。同时，这种司法制度与其社会环境之间形成的互动模式，对于非西方国家在社会现代化进程中如何处理法律与社会之间的关系，也具有很大的借鉴意义。尽管存在着明显的差异和本国的特色，但现代西方国家司法形成和运作的社会环境存在一定的共性。主要是：

（一）经济环境

现代西方国家普遍确立了资本主义生产方式，即以社会化的机器大生产为物质条件，以生产资料资本家私人所有为基础，以市场经济为主导，以资本剥削和雇佣劳动为主要特征的生产方式。19世纪自由资本主义的建立标志着这一过程的完成，同时，形成了维护这种生产方式的社会理念，建立了与其相适应的政治和法律制度。

（二）政治环境

总的说来，现代西方国家的政治制度是资本主义生产方式在政治上的要求，目的和职能在于维护和发展资本主义的生产方式，实现资产阶级对于剩余价值的追求；同时，这些要求又体现了西方国家的文化和历史传统。其特点是：

1. 多元政治力量并存，导致法律获得了至上权威，成为各种政治力量表达利益要求、进行政治斗争的舞台和道具。在西方国家自中世纪以来的历史中，一直存在多种政治力量，包括教会、国王、贵族、资产阶级、自治城市等，没有一种政治力量居于绝对优势地位，各种力量均获得了一定的自治空间。这些政治力量之间不断地斗争和妥协，其结果是，在中世纪中后期，法律获得了超越于任何政治力量之上的权威，各种政治力量都把自己置于法律之下，法律理论的表述、法律的制定和解释等成为各种政治力量表达利益要求的主要途径。同时，通过对罗马法的注释和评论，法律自身也获得一定的自治空间，法律的形式理性获得了继承和发展，并形成了一个相对自足的法律知识体系和法律职业共同体。法律的发展和社会政治力量的消长之间形成了理性的互动机制。

2. 资产阶级夺取了国家政权，成为社会中的统治阶级。在中世纪后期，资产阶级的力量逐步壮大，为了建立适应资本主义生产方式发展的政治制度，相继爆发了一系列旨在夺取国家政权的资产阶级革命，如1566年尼德兰资产阶级革命、1640年英国资产阶级革命、1775年北美独立战争和1789年法国大革命，等等。通过革命，资产阶级成功地夺取了国家政权，成为社会中的统治阶级。

3. 建立了资产阶级的政治和法律制度。资产阶级上升为社会的统治阶级之后，普遍建立了体现其阶级意志和利益、适应资本主义生产方式发展的政治和法律制度。其共同特点是：（1）以自由、平等、民主、法治、宪政作为基本原则；（2）基本上都采用资产阶级民主共和制政体，形成立法、行政、司法三权分立和互相制衡；（3）建立议会民主、政党制度，强调议会的权力；（4）实行宪政和法治，国家机关根据宪法和事先公布的、有效的法律管理国家和社会事务，强调公共权力必须依法行使。

（三）社会理念

西方现代的社会理念，源于资本主义的物质生活条件，并受西方国家的历史文化传统的影响，构成了现代西方国家司法制度的社会理念基础。其中，对司法制度具有较大影响的社会理念主要有下列几种：

1. 权利观念。包括三个层次：（1）权利（right）的概念。用以表示应当得到的利益、可以从事某种行为的资格或可以提出某种请求的能力等，是现代法的基本范畴。（2）自然权利（natural rights）观念，认为每一个人都有一些与生俱来的基本权利，如自由、平等、生命安全等，是与人的本性不可分离的，不可剥夺的。这种观念首先由格劳秀斯提出，后霍布斯、斯宾诺莎、洛克、卢梭等启蒙思想家又加以发展，成为长期流行于西方社会中的一种价值理念。（3）人权（human rights）观念。人权是指一个人作为人应当拥有的权利，包括民主、自由、平等、生命、安全、财产权等权利，它们是权利观念和人道主义的原则相结合的产物。

2. 个人主义。是在处理自己与他人、个人与集体、个人与国家和社会之间的关系时的一种观念和准则，强调个人的独立性和自主性，个人具有优先于国家与社会的地位，社会是个人之间的联合，国家是为了个人的目的才建立起来的。英国的霍布斯等启蒙思想家把个人主义普遍化为永恒的人性，并使之成为道德的主要内容和判断善恶的重要标准。19世纪德国哲学家尼采等人进一步使个人主义的观点系统化，把个人作为价值的基础和评价社会的唯一标准。

3. 理性主义传统。自从古希腊以来，西方国家在文化上就一直存在着鲜明的理性主义传统，将自然理性作为衡量社会现象的标准，把人类的制度和行为置于自然理性的监督与评判之下，"合理性"成了一切事物存在的正当性根据。这种传统影响了西方的法学理论。一方面，把法律的起源和本质同理性联系起来，从外部为法律的存在和权威寻求正当性根据。自然法学派就是这种影响的结果，它把法律的起源和本质归结为理性——自然规律，或者人的理性等，以此论证自然法原则的效力。另一方面，对人类社会中的人性、行为、制度、规则等，进行经验的、理性的考察，对法律自身的内部结构和运作过程进行合理性研究，目的是使法律成为具有高度形式合理性的制度和规则体系。这在分析实证主义法学、社会学法学理论中具有明显的影响，具体的法律制度和规则得益于这些理论，在很大程度上具备了经验上的和形式上的合理性。

个人主义、人权观念和理性主义结合起来，产生了宪政和法治的观念，其中个人主义和人权观念提供了宪政和法治的正当性根据。维护个人的独立自主地位，保障个人的自由和权利，是西方国家实行宪政和法治的根本目的所在。

4. 法治观念。法治可以看做是一种原则、一种制度或者一种观念，而这三者之间又是统一的。作为一种观念，法治是个人主义、人权观念和理性主义相结合的产物，其目的在于限制公共权力，维护和保障个人的权利和自由。基本内容是：（1）实行宪政制度，由宪法规定公民的基本权利和义务，规定国家机关的组织结构和活动原则，规定公共权力的性质、来源和行使方式，宪法具有最高效力，是国家机关及其公职人员制定法律、行使权力和处理国家与个人之间的关系的最高准则；（2）国家机关必须按三权分立的原则组建，立法权、行政权、司法权必须分离并互相制衡；（3）立法机关制定法律必须符合民主的程序，法律应当成为"公意"的体现，同时不得违反宪法的规定和人权保障的基本理念；（4）行政机关必须严格依照宪法和法律规定的权限和程序管理社会公共事务；（5）实行司法独立，法官只根据宪法和法律审判案件，不受立法机关、行政机关及其他个人和社会团体的任何干涉。

5. 程序公正观念。程序正义观念肇端于英国，最早表述为"自然公正"（natural justice），表示处理纷争的一般原则和最低限度公正标准，又叫做"诉讼程序中的公正"；在美国被进一步发展为"正当程序"（due process）观念，即"程序性正当程序"（procedural due process）。以后，扩大到对政府权力的限制，被称为"实质性正当程序"（substantive due process）。程序公正观念已被现代法治国家普遍接受，其中的一些基本原则已被联合国刑事司法准则吸收，作为人权保障最低标准的组成部分。

第二节　我国司法环境

一、法律移植与法制现代化

（一）法律移植

1. 法律移植的概念

法律移植（legal transplant），是指将特定国家（或地区）的某种法律规则或制度移植到其他国家（或地区），也可称为法的继受。

法律制度作为上层建筑，具有相对独立性，作为人类政治文明的成果和制度形态是可以为其他国家或地区借鉴、移植的。法律移植在人类历史上曾频繁发生，既可能发生在相近似的国家之间，如法国民法典制定后，欧洲大陆国家对它的普遍接受；也可能发生在经济、政治、文化完全不同的国家之间，如日本对西方法的继受。法律移植的原因既可以是由于外在压力，如殖民主义而导致的；也可能是出于内在的社会需求，如国内社会革命和司法改革等。

现代西方国家的法律及司法制度是在一定经济、政治和社会理念的基础上形成和运作的，这种法律制度和法律文化在一定程度上反映了社会发展的基本规律，同时在其运作实践中又积累了丰富的经验，因此，作为人类社会的共同财富和文明成果，其中的许多制度、理念等都可以为其他非西方国家所移植或继受。

2. 形式移植和实质移植

法律移植从理论上可以区分为形式移植和实质移植。形式移植，是指将法律体系作为上层建筑的一个组成部分，移植到另一个国家或地区的经济基础和社会环境之中，通过法制与社会的相互融合和本土化过程，最终转化为本国的法律制度。在这个意义上，法律移植只是一种借鉴和形式上的继受。实质移植，则是指在移植一国的法律制度时，同时将其经济、政治和社会理念等因素一同移植过来，并形成与所移植的国家完全相同的社会环境和法律调整结果。

由于法是由社会决定的，一定的社会必然产生与之相适应的法制，而社会本身是无法移植的，任何国家的社会环境和文化传统都具有历史延续性，因而本土社会往往会对外来制度产生不同程度的抵制或促其发生嬗变，而外来的制度也很难直接与本土社会立即融为一体，必然有一个相互磨合和本土化的过程。在这个意义上，任何法律移植都只能是形式移植或以形式移植为主的。尽管有些学者主张实质移植的可能性，但是根据比较法的实证研究结果，实际上并不存在这样的成功范例。

3. 法律移植与非西方国家的法制现代化

法律的形式移植既可以是一种全盘继受，即整体地以一个国家的法律体系为样板，通过法典、法律制度、司法体制甚至法律职业等全方位的模仿，在本国（或地区）建立起全新的法律制度；也可以是仅仅移植部分制度或从不同国家分别选择不同的制度进行综合或组合。非西方国家由于历史的原因，在近现代的发展中落后于西方国家，不具备在其自身的社会发展中自然产生现代法治的条件。在以后的现代化过程中，这些国家或者由于外来压力，或出于自身的选择，大都采用移植的方式实现其法制的现代化。但是，由于社会环境存在着巨大的差异，移植法与本国社会往往存在着巨大的文化差异、时代发展上的差异，移植而来的制度需要本土化。而在这一过程中，社会的改造往往又难免使移植而来的制度发生一定程度的嬗变，甚至失去原有的功能和价值，出现异化。此外，司法体系中每一个程序或规则都是与其整体共同存在并发生作用的，单独移植个别制度或程序本身也很难发生预期的作用。这是非西方国家司法制度面临的共同问题。

（二）法制现代化

现代西方法律制度与非西方国家传统法律制度的差异，一方面，是由于经济、地理、传统的不同而历史形成的文化差异；另一方面，则是现代社会与前现代社会在法律制度、理念和社会环境上的时代性的差异。因此，对非西方国家，尤其是在20世纪后半期进入法制建设的国家而言，其法律制度不仅面临着移植法与本土固有法的冲突，更重要的是面临着法制现代化的课题。

因为建立现代司法制度是法制现代化的组成部分，而法制现代化又是社会现代化的组成部分，所以，现代司法制度的建立是在社会现代化的背景中进行的，西方国家如此，非西方国家也不例外，不过二者又各有特色。

人类历史上曾出现过三次现代化浪潮。第一次现代化浪潮，是指从16世纪到18世纪左右西欧和北美的现代化过程。第二次现代化浪潮发生在19世纪末至20世纪中叶，现代化的社会变革扩散到日本和原苏联。20世纪60年代以来，一大批亚洲、非洲、拉丁美洲国家摆脱了帝国主义的殖民统治，建立起了独立的民族国家。这些国家为实现社会的经济、政治、文化的全面发展，缩小与发达国家的差距，掀起了第三次现代化浪潮。

非西方国家的社会现代化，主要是指第三次现代化浪潮，其实质是在西方国家的指导和援助下，在第三世界国家政府的主导下，试图全面移植西方国家的经济基础和上层建筑的过程。具体体现为：在经济上，实现工业化、市场化、私有化和城市化，实现经济的快速增长和社会生活水平的普遍提高；在政治上，实现民主化，建立分权与制衡的宪政制度；在文化理念上，张扬理性主义和个人主义，培育民主、自由、平等、所有权等权利观念，进而更新整个社会文明的价值体系。

法制现代化是社会现代化中的重要组成部分。由于社会现代化的目标就是全面实现现代西方社会的经济、政治和文化的模式，所以法制现代化的目标也就是实现现代法治国家实行的宪政制度和法治原则。具体到司法制度，就是依照现代法治国家的司法原则，组建现代司法制度，其中不仅包括建立现代司法制度，也包括确立现代司法的基本原则，即司法独立、程序公正和司法民主观念；同时，更为重要的是，培养一个具有现代法律精神和法律思维的法律职业集团。

（三）非西方国家司法现代化的道路

与西方国家比较而言，非西方国家建立现代司法制度的过程显得更为复杂和曲折。

1. 社会现代化和建立现代司法制度同时进行。在西方国家的历史上，现代司法制度是作为社会革命的结果出现的。而对非西方国家来说，却是在这一环境还不具备，或者还不完全具备的情况下建立这一制度。拉美等一些国家则试图通过移植现代法律制度推动社会现代化变革。在这种背景下，社会与法制的脱节、现代司法制度与社会环境的不协调就成为非常普遍的现象。因此，20世纪60年代西方国家对发展中国家输出法律制度的法律与革命运动最终以失败告终。

2. 主要通过法律移植建立现代司法制度。西方国家现代司法制度建立于其社会基础上，司法制度基于社会需求而建构和运作，服务于社会，二者之间在文化上和功能上具有互补性。相反，在非西方国家，现代司法制度的建立是移植的、设计的、政府主导的，相对于社会需求而言，有时是前瞻性的。这种超前于社会现实的司法制度往往导致两种状况：或者司法机关孤立于社会之上，保持西方法制的基本特征和权威性，但很难为社会的普通民众所利用；或者被与现代司法理念完全相悖的社会环境所包围，无法发挥其应有的功能、坚持其应有的原则、达到改造社会的目的，甚至无法保持自身的权威。在非西方社会，如果缺少道德、文化和社会主体的支持，司法的运作必将障碍重重。因此，在建立现代司法制度过程中的一个重要问题，就是如何解决外来文化与传统文化的冲突以及司法制度与其他社会系统之间的协调互动。否则，法制自身的正当性就会受到挑战，法律调整的效果难以达到预期的目标。

3. 要求在很短的时间内完成建立现代司法制度的任务。在西方国家，现代化的历程始于中世纪的中后期，现代司法制度是在近千年的漫长的历史时期内逐步发展演化形成的，制度和环境之间经过长期的互动和磨合，二者已经完全融为一体。而在第三世界国家，则要用数十年的时间来完成西方国家几个世纪所完成的现代化任务，经济、政治、法律、文化等的现代化要“毕其功于一役”，社会各个系统之间没有时间来进行磨合。尤其是，如果这一现代化的发展过程过快，很难在短时间内培养起一个高素质的、成熟的法律职业群体，这就使移植而来的现代司法制度由于缺少支持其有效运作的知识和人才条件而无法正常运作。同时，与司法制度运作相配套的政治体制、律师制度、法律教育制度等之间，很难在极短的时间内形成整体的配合和互动关系。

4. 面临着经济全球化对现代司法制度的挑战。非西方国家的法制现代化过程是在经济全球化和法律交往国际化趋势下进行的。一方面，多数国家仍在努力实现现代化的目标；另一方面，它们又处在全球化的影响下，面临着许多与西方国家相同的所谓“后现代”的课题，必须同时考虑应对这两个方面的需要。现代化不是完美无缺的，现代西方国家的司法制度也存在很多弊端，在当代社会条件下，这些弊端日益显现。在西方国家，人们正在思考如何纠正现代化带来的社会弊端。于是，对于后发国家来说，就必须考虑在现代化的同时，如何避免现代化的弊端，吸取西方国家的经验教训的问题。然而，这对于非西方发展中国家来说是个难题，人们很难判断是应该像西方国家那样，先实现现代化，然后再回过头来纠正现代化的弊端，还是在现代化初期就开始纠正现代化的弊端，解决所谓“后现代”的课题。

二、我国司法环境及司法体制

（一）我国当前的社会环境

我国当前的社会环境具备非西方国家社会环境的共同特点，即正处于社会转型和现代化过程中。这个过程是在政府主导下有计划地、自上而下地进行的，准备用数十年的时间完成西方国家经历了数百年的历程。此外，作为一个社会主义国家，我国与全面实行资本主义体制的其他非西方国家不同，具有许多自己的特征，主要包括：

1. 在经济方面，我国正处于加快和完善社会主义市场经济体制阶段。在改革开放之前，我国实行的是以公有制为基础的高度集中的计划经济体制，个体和民营经济的成分非常少。改革开放以后，逐步实行有计划的商品经济，1992 年又提出建立社会主义市场经济体制的战略目标，加入 WTO 以后，市场经济发展的步伐明显加快，目前的目标是全面深化经济体制改革和加快转变经济发展方式。但是，我国的经济体制仍存在一些问题，例如，政府和市场的关系还没有完全理顺，市场基础建设还不完善、诚信体系尚未建成，城乡二元结构亟待改革，社会保障制度还不健全，同时，作为以公有制为主体的社会主义国家，还有许多特殊的问题需要面对。

2. 在政治方面，我国实行人民民主专政的社会主义制度，实行人民代表大会制度和单一制的国家结构形式。尽管这些制度总体上符合我国国情，能够满足社会的经济和文化发展的需要，但是随着经济和文化的发展，政治制度中的一些基础问题、具体环节和操作方面逐渐暴露出一些问题，需要进行改革。例如，党政关系，中央与地方权限的划分，国家权力的配置和制约，司法独立与司法监督，依法行政，治理方式，等等。改革开放以来，我国在政治体制方面进行了一定程度和范围的改革，并正在深化司法体制改革，优化司法职权配置，规范司法行为，建设公正高效权威的社会主义司法制度，保证审判机关、检察机关依法独立公正地行使审判权、检察权。

3. 在社会理念方面，传统的权力至上、宗法思想、等级观念、特殊主义（差序格局、任人唯亲）、实质正义等社会理念，还有相当的影响，其中的一些观念已经深深渗入社会主体的思想和行为之中，并直接影响着我国的法律调整和司法的运作。改革开放之后，随着市场经济的发展和国际文化交流的开展，人们的权利意识不断增长，自由、平等、有限政府、程序公正等观念已得到一定程度的培育。与此同时，社会分化加剧，以及各种利益和价值观之间的冲突也不断显现，社会理念呈多元化的形态：传统文化和现代文化互相交织；主流文化与非主流文化并存。一方面，正统的社会理念、道德规范和法律意识并未确立；另一方面，对现行法律和司法起消极作用的社会理念和司法理念仍有很大的影响力。随着社会其他领域现代化的发展，二者呈现出此消彼长的关系。

（二）我国司法制度的特点

我国现行司法制度的基本框架是在改革开放初期确立的，它延续了以往的经验和传统，与计划经济体制下的各项政治制度相配套，借鉴了原苏联基本制度和现代司法制度的一些通行制度。改革开放以来，为了适应社会的经济和文化观念的发展，司法制度在上述基本框架的基础之上又进行了若干改革，由此形成了现行的司法制度。这一制度具有如下特点：

1. 司法独立尚未完全实现，仍处于深化改革的过程中。从法律规定来看，根据《宪法》、《人民法院组织法》、《刑事诉讼法》、《民事诉讼法》、《行政诉讼法》、《法官法》等的规定，司法权作为执法权的一种，来源于同级国家权力机关，对其负责，受其监督；人民法院依照法律规定独立行使审判权，不受行政机关、社会团体和个人的干涉。我国尚未实现法官的独立，法官的身份保障制度并未完全建立。这主要是由于社会和立法者对司法官素质的不满和戒备所致。因此，我国的司法独立是一种有限的独立，即司法机关依法独立行使职权；同时，司法活动要受到同级国家的权力机关的监督，法院内部实行集体审判和行政化管理，人民法院在财政和人事方面受制于地方政府，因此，从制度上还难以真正摆脱地方政府和各种因素对司法活动的干预。

2. 基本的体制和制度已经确立，但仍处在改革、完善和调适过程中。实体法和程序法律体系已经基本建立，并经过多次修改完善，基本可以满足司法运行的要求。但司法公信力不高，司法裁判缺少既判力和安定性。一些机制仍存在较大问题，例如涉诉信访，不仅招致社会的批评，也加剧了法律职业群体内部的分化，特别是律师与司法机关之间的紧张关系，因此，仍需要进一步改革调适。

3. 司法体制受到政治体制和传统文化的深刻影响，初步形成了具有中国特色的人民司法模式，具体体现为法院系统内部的党委领导和行政指导体制、服务大局的能动司法、司法机关的人民性和便利性、审判委员会等集体审判制度、规范性司法解释文件的特殊功能等特殊机制或制度。一方面，其优势在于可以积极回应社会需求，及时对法律的缺失、滞后、矛盾和错误加以补正、发展、细化和重构，并可能在既有制度的空间内，充分发挥地方法院的积极作用，通过参与地方的社会治理、进行社会管理创新和内部机制改革，促进其他调整机制的作用，形成司法与行政和民间社会机制的协调互动。但另一方面，这一模式不同于西方现代司法制度，独立性低，在体制、机制、制度和程序的设计上理性及科学性不足，面临着一系列深刻的矛盾和困境。如对司法的高度依赖与司法能力不足的矛盾；政治体制、治理理念的民本主义以及社会传统文化对实质正义的偏好和追求，与法律的形式理性和司法的程序正义定位的矛盾；司法的职业化和现代化所带来的结果，如高成本、对抗性、技术性，与人民司法固有的便利、低廉、协商性、非正式性的矛盾；对司法规模、效率和扩大的追求及对司法需求的刺激和司法资源滥用的矛盾，等等。这些问题需要在今后较长的时期内逐步改革完善。

（三）法制现代化与司法改革

针对我国目前法律制度和司法运作中的各种问题，我国司法机关自 20 世纪 80 年代开始进行了持续不断的司法改革。由于我国法制现代化的目标与社会转型同时进行，一方面，国家通过法律改造社会、规划社会发展的期待非常明确；另一方面，传统和本土因素与现代法治之间存在明显的差异和对立，法制与社会之间的冲突加剧。这就需要在司法制度的建构中立足国情，注意协调传统文化和现代理念、国际标准之间的冲突，注意解决外来文化和制度的本土化问题，注意在本土资源中挖掘有利于当前制度建设的制度知识和文化观念；同时，应重视社会道德和自治自律机制的建设，提高社会主体的守法意识和诚信意识，逐步形成良好的司法环境。(详见本书第十二章)。

（四）社会主义法治理念

20 世纪 90 年代，我国对于法治的认识和追求不断提高。1996 年 3 月，第八届全国人大提出依法治国、建设社会主义法治国家的治国方略。1997 年 9 月，中共十五大报告中正式提出："依法治国，是党领导人民治理国家的基本方略，是发展社会主义市场经济的客观需要，是社会文明进步的重要标志，是国家长治久安的重要保障。"由此确立了依法治国的方略，具有划时代的意义。1999 年 3 月，第九届全国人大第二次会议通过的宪法修正案宣告："中华人民共和国实行依法治国。建设社会主义法治国家。"2002 年，中共十六大把健全社会主义法制，依法治国，建设社会主义法治国家，作为全面建设小康社会的重要目标。

2006 年 4 月，中央政法委提出社会主义法治理念，要求全国政法系统以邓小平理论和"三个代表"重要思想为指导，全面落实科学发展观，深入开展社会主义法治理念教育，坚持马克思主义在政法意识形态领域的指导地位，进一步加强政法队伍思想政治建设，保持政法队伍永远忠于党、忠于国家、忠于人民、忠于法律的社会主义政治本色。

社会主义法治理念是构成我国政治生态和司法环境的重要因素。根据中央政法委的阐述，其内容可以概括为五个方面：(1) 依法治国；(2) 执法为民；(3) 公平正义；(4) 服务大局；(5) 党的领导。

此后，社会主义法治理念一直作为我国法律工作的指导观念，并在近年的司法考试中占有重要地位。同时，中国共产党十七大、十八大文件中有关法治的理念也属于社会主义法治理念的组成部分。鉴于这部分内容在法理学中已有系统阐述，本书不再赘述。

第三节 司法监督

一、司法监督的概念和意义

1. 司法监督的概念

司法监督，也称司法监督制约，即通过一定的制度设计，使其他国家权力机关、社会公众有权对司法权行使的合法性与正当性进行制约和督促，并要求司法权对社会承担一定的责任，以保证司法公正的社会机制。司法监督一般分为法律监督和社会监督两部分，前者是指法律明确规定的审级制度、上诉（抗诉）、再审制度等法律监督制度；后者则包括舆论监督、社会团体（利益集团）的监督、选民监督等多种形式。

2. 司法监督的意义

现代法治理念的本质，就是限制和规范公共权力，保障个人的权利和自由，实现国家、社会和个人之间的平衡：国家通过宪法、法律和程序获得正当性的权力管理社会事务，裁断社会纠纷，维护公共利益；同时，人们又通过宪法、法律和程序来限制和规范公共权力，使个人的权利和自由得以保障。司法作为一种国家权力，其行使当然应当受到监督。因此，现代国家普遍创设了规范和制约司法权行使的监督制度。

3. 司法监督的特殊性

相对于立法权和行政权而言，司法权具有自己独特的性质：（1）司法权是一种判断权，正确、公正的判断要求法官具有消极和中立的立场；（2）为了保证判决的确定性和可预测性，要求法官只能根据既定的、事先公布的规则裁判，并保证各种案件的处理在逻辑上具有内在一致性。这两个特点要求司法权必须独立行使，不受立法机关、行政机关及其他个人和社会团体的任何干涉，也就是必须遵循司法独立原则。由于司法独立是行使司法权的内在要求，因而司法监督应以不得危害司法独立为前提。在制度设计上，司法监督具有不同于对其他类型的权力的监督的特点。

二、司法监督的具体方式

在现代法治国家，司法监督的具体方式主要包括：

1. 立法机关监督。在现代法治国家，司法活动一般都要受到立法机关的监督。不过在西方国家，这种监督是非常有限的，主要方式是议会对法官的选任等人事任免、法院预算、司法行政事务的管理和监督。此外，法官弹劾程序一般也是由议会主持的（参见本书第四章）。议会一般应避免对法院审判活动或个案的直接干预。近年来，欧盟国家一般通过建立司法委员会的形式来行使这种监督权。

2. 行政机关监督。西方国家的司法部部长（总检察长）一般拥有司法监督权，但主要是对法官人事等对司法行政事务的管理和监督。例如在德国，法院隶属于司法部部长的管辖范围，他要在议会为法院承担责任，并对法院拥有职务监督权。但基于司法独立原则，这种监督权的内容和范围非常有限。德国《法官法》第26条第1款规定："法官只在不影响其独立性的范围内接受职务监督。"监督的目的仅在于"督促以合法的方式，毫不拖延地履行公务”。

3. 选民监督。实行法官选举和任期制度的国家和地区，法官的司法活动客观上要受到选民的监督，尤其是希望连任的情况下，必须接受选民的评议和监督。有些国家，如日本，尽管不是采用选举制，但也依据司法民主原则建立了对法官，特别是最高法院法官的评议投票制度，不过由于法官拥有身份保障制，这种监督一般并不会导致任意裁处法官的结果。

4. 上诉审监督。通过上诉审监督下级法院的审判活动，是现代世界各国所普遍采用的制度。但是各国在上诉审的审级、上诉审审查的范围方面又有所不同。就审级而言，有二级、三级、四级等不同情况。就上诉审审查的范围而言，有的国家实行法律审，即只对上诉判决的法律适用进行审查；有的国家第二审既审查法律也审查事实，但限于上诉的范围，而三审则只审查法律问题。尽管存在这些不同，但其共同的目的和功能，就是通过上诉审监督原审法院的诉讼活动，防止权力滥用，保证法律的统一适用。同时，这种监督不能侵犯下级法院法官的独立性，必须在司法独立原则的框架内进行。原则上，上级法院的改判并不意味着原审法官的错误，无须追究其责任。

5. 纪律惩戒。在西方一些国家，设有纪律法院、纪律惩戒委员会或类似的机构，通过对违纪或违规的法官实施纪律惩戒来达到监督司法活动的目的。

6. 公众和媒体监督。现代法治国家普遍实行审判公开的原则，允许社会公众旁听，允许新闻媒体报道和评论司法活动，以此对司法活动实施舆论监督。此外，陪审制度等民众参与司法的方式，也具有内在的监督功能。

上述监督方式表明了现代司法监督的特点，即必须在司法独立的框架内进行。但是，在现实生活中，合理的司法监督和侵犯法官独立性之间的界线并不总是很清楚的，二者之间的矛盾和冲突也并不鲜见。因此，如何在制度层面和司法实际中协调这种矛盾和冲突，是司法制度设计中的一个难题，而且是不能回避的难题。

三、我国的司法监督机制

我国的司法监督是法律监督中的重要组成部分，法律监督的主要对象和范围是执法主体及其活动，司法监督就是指以司法机关及其活动为主要监督对象的监督，包括法定监督和社会监督两部分。

1. 法定监督

法定监督，即宪法和法律规定的由特定的国家机关依照法定权限和程序对司法活动进行的监督。包括：

（1）立法机关的监督，指各级人民代表大会对司法机关的监督。宪法规定人民法院和人民检察院对同级人民代表大会负责，向其报告工作。司法人员亦由同级人民代表大会选举、任命。司法机关向人大报告工作，接受人大代表的质询，并经人大代表投票通过、作出决议。如果人大代表未能通过司法机关的工作报告，就意味着该司法机关的人事和司法活动需要进行调整。这说明人大对司法机关的监督属于一种实质性的监督。2006 年 8 月 27 日，第十届全国人大常委会通过了《中华人民共和国各级人民代表大会常务委员会监督法》，并自 2007 年 1 月 1 日起施行，旨在保证监督的规范性，本着事后监督、依法监督和集体监督的原则进行监督。我国目前尚未建立法官弹劾制度。

（2）司法机关内部的监督，指上级司法机关对下级司法机关的监督。由于我国尚未建立真正的法官身份保障制度，这种监督具有行政管理的特点。例如，上级法院通过人事调动、司法指标和司法政策的指导、内部机构的调整（如审判长选任）等方式对下级法院的工作进行监督和指导，此外，有些司法机关采用错案追究、竞争上岗、末位淘汰等方式对司法官进行管理，并不符合司法运作的规律，属于内部设立的过渡性措施。

(3) 司法程序上的监督，主要是通过上诉和再审制度对下级法院的审判进行监督。我国实行两审终审制度，但对生效判决发动再审的比率较高，一定程度上影响到裁判的安定性和司法权威。

(4) 不同司法机关之间的监督，主要指法律所规定的人民法院、人民检察院和公安机关之间分工负责、互相配合、相互制约的监督关系，以及检察院通过抗诉等方式对法院进行的监督等。

2. 社会监督

社会监督，是指监督的主体并非法定的国家权力机关，监督行为并无法定程序、不产生法定效力的监督。我国的社会监督属于司法民主的特殊形式，范围非常广泛，主要包括：

(1) 中国共产党的监督，主要包括：通过党的组织系统，包括各级政法委和司法机关内部党组织贯彻党的司法政策和政治原则；通过纪律检查，对党员司法人员进行党纪方面的监督等，其中一些处分措施具有实质性效力。

(2) 人民政治协商会议的监督，主要是通过对司法机关的活动进行调研、批评、建议等方式进行监督。

(3) 各民主党派、人民团体和专业性、学术性团体的监督。

(4) 新闻媒体的舆论监督。由于我国媒体影响力大，同时受政府和市场双重机制控制，缺乏法律保护和行业自律，舆论监督一方面对保证司法公正、促进司法公开等方面具有重要的作用和积极意义；另一方面，又不可避免地对司法独立产生一定的消极影响。近年来，司法机关通过尝试建立新闻发布制度等措施，正在努力改善二者的紧张关系。

(5) 人民群众的直接监督，包括选民的监督、当事人的监督等，通过对法院和法官的评议，人民来信来访，院长接待，申诉制度等方式直接对司法机关的工作提出意见和建议等，其中一些可能启动申诉、申请再审等程序。近年来，网络等新形式已成为公众监督和参与司法的重要渠道，并通过对一些案件的讨论对司法产生了较大影响。

3. 我国司法监督的特点和问题

(1) 我国司法监督制度是在司法独立尚未完全实现的前提下进行的。一方面，符合现行社会体制、司法体制及其理念，但另一方面，与司法独立的目标构成内在矛盾和冲突，容易转向实质性监督，甚至导致对司法活动的干预。

(2) 现行司法监督的广泛性得到社会公众的支持，具有现实的“合理性”。这主要是由于司法运作中存在的问题较多，司法人员素质较低，“司法腐败”现象确实存在，公众对司法普遍缺乏信赖。因而，司法机关必须努力通过各种措施积极回应和接受监督，加强自律，以提高自身的公信力。

(3) 由于缺少真正有效的公众有序参与司法的机制，监督机制或法定程序往往并没有发挥其应有的纠错功能，司法活动本身仍然缺少公开性和透明性，上诉程序的作用低下，再审频繁发动，影响了司法的安定性和裁判的既判力，成为新的社会问题。

【深度阅读】

1. 朱景文．比较法社会学的框架和方法——法制化、本土化和全球化．北京：中国人民大学出版社，2001

2. 苏力．送法下乡——中国基层司法制度研究．北京：中国政法大学出版社，2000

3. Herbert Jacob et al. Courts，Law，and Politics in Comparative Perspective，New Haven and London：Yale University Press，1996

4. ［美］马丁·夏皮罗．法院：比较法上和政治学上的分析．张生等译．北京：中国政法大学出版社，2005

5. 范愉．司法监督的功能及制度设计——民事行政案件抗诉与人大个案监督制度比较. 见：蔡定剑主编．监督与司法公正——研究与案例报告．北京：法律出版社，2005

【问题与思考】

思考题：

1. 经济因素对司法制度的形成和运作会发生哪些影响？

2. 司法制度的设置和运作是否和怎样受到政治因素的影响？

3. 社会理念和司法理念有哪些特点？对司法有哪些作用？

4. 社会环境对于司法制度的形成和运作有哪些作用？

5. 司法怎样保证和推动社会的发展？

6. 如何看待司法独立、司法民主与司法监督之间的关系？

练习题（部分选自历年司法考试试题）：

1. 某高校司法研究中心的一项研究成果表明：处于大城市“陌生人社会”的人群会更多地强调程序公正，选择诉诸法律解决纠纷；处于乡村“熟人社会”的人群则会更看重实体公正，倾向以调解、和解等中国传统方式解决纠纷。据此，关于人们对“公平正义”的理解与接受方式，下列哪一说法是不准确的？（C）

A. 对公平正义的理解具有一定的文化相对性、社会差异性

B. 实现公平正义的方式既应符合法律规定，又要合于情理

C. 程序公正只适用于“陌生人社会”，实体公正只适用于“熟人社会”

D. 程序公正以实体公正为目标，实体公正以程序公正为基础

2. 关于我国司法制度，下列哪一选项是错误的？（B）

A. 我国实行两审终审、人民陪审员、审判公开等审判制度，促进实现审判活动科学化、规范化

B. 基层法院除审判案件外，还处理不需要开庭审判的民事纠纷和轻微的刑事案件，但不能指导人民调解委员会的工作

C. 我国实行立案监督、侦查监督、审判监督等检察制度，实现对诉讼活动的法律监督

D. 检察官独立不同于“除了法律没有上司”的法官独立，要受到“检察一体化”的

限制

3. 以下有关司法监督的说法，哪些是错误的？（ABCD）

A. 立法机关监督主要是通过对法官的选任、法院预算以及法官晋升等途径来实施的

B. 上诉审监督不能侵犯下级法官的独立性，但上级法院的改判意味着原审法官的错误

C. 我国近些年出现的错案追究、竞争上岗、末位淘汰等是司法机关内部监督的有效形式

D. 我国历来重视立法机关对司法的监督，个案监督更是意味着人大对司法机关的监督迈出了坚实的一步

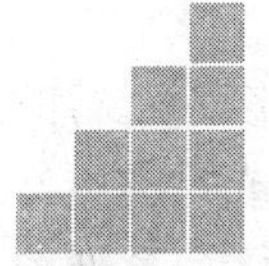

第十二章

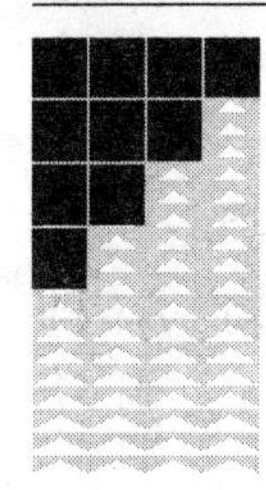

司法改革

常考知识点

- 司法改革的概念和特征
- 当代世界各国司法改革的社会背景
- 当代司法改革的不同类型
- 司法改革的一般步骤
- 我国司法改革的特点和问题
- 我国司法改革的目标

第一节　司法改革概述

一、司法改革的概念和特征

(一) 司法改革的概念

司法改革，指国家和司法机关适应社会发展的需要，通过一定的规划和措施，对现行的司法制度和司法程序进行重构或完善，以解决或改善现存的制度缺陷和弊端，促进司法的公正与效率的活动。司法改革是社会发展的要求和必然结果，也是促进现代法制发展的重要因素。

(二) 司法改革的基本特征

1. 司法改革并不是以推翻现行制度为目标的社会革命，而是一种在国家的政治、经济和社会制度不发生根本变动的情况下所进行的制度变革。司法改革可能是局部的，也可能是与政治体制和经济体制的改革同时进行的，但无论哪一类的改革，都应该是在现行宪法和法律的框架下依法进行的。

2. 司法改革的主体是国家的专门机构和司法机关，而不是自发的群众运动。改革应该在民主的基础上进行，一般应有国家的统一规划或授权，并应该集思广益，最大限度地吸收民众的参与，但改革的启动和推进不应该是任意的民间性活动或社会革命。

3. 司法改革是一种有序和有计划推动实施的变革，其目的不是彻底否定或废除现行的司法制度，而是革除其不适应社会需要的弊端，解决其存在的问题，通过改善或重构更好地发挥司法制度的作用，同时根据时代发展的要求对司法的功能、程序等进行一系列的调整。

4. 司法改革本身是由社会的实际情况决定的。当代世界各国的司法改革具有一些共同的时代背景、共同的价值取向和内在的规律，但更多的是适应本国的实际情况和社会需求，在各阶层民众和社会组织的参与下，由立法机关和司法机关根据一定价值取向和标准进行利益平衡，确定改革的目标、内容、方法和步骤。改革的成功与否最终取决于国内各种力量的支持及其客观效果。

二、司法改革的社会动因

近现代以来，西方国家的司法制度适应社会的需要，始终在进行局部的变革，司法理念和司法实践亦始终在发生潜移默化的变化。进入20世纪以后，局部的变革已经不能适应社会的需要，全面改革的时机和社会条件已经日趋成熟，很多国家都不约而同地开始以各种方式进行司法改革。20世纪50至60年代以后，各国司法改革进程不断加速，70至90年代又推至一个新阶段，其发展趋势也日渐明朗。从法制传统悠久的英国，到日本等移植法国家；从发达国家美国，到发展中的拉丁美洲国家巴西；从处于不同发展阶段的欧洲国家，如德国、法国、瑞士、芬兰，到俄罗斯、中国、越南等体制转型国家，都在进行司法改革，从而汇成了一种世界性的司法改革潮流。世界各国司法改革的社会原因和背景各有不同，概括起来，大致有以下一些共同的因素：

（一）社会发展的要求

司法制度、司法实践和司法理念都是由社会物质生活条件所决定的，社会的发展会不断对司法提出一系列新的要求，主要体现为：

1. 法律调整范围拓展。社会发展增加了对法律调整的需求，越来越多的社会关系和新的领域被纳入法律调整的范围，司法面临大量新的社会问题、新型案件和纠纷，需要建立相应的新的制度和程序，调整原有的司法救济机制，以满足社会需求。

2. 公民诉权的扩展。公民利用司法程序获得救济（Access to Justice，又称接近正义）的权利，已经被确立为一种基本权利，具有宪法上的意义。因此，国家有义务和责任为每一个社会成员提供利用司法的途径和便利，扩大民众参与司法的机会，排除或减少利用司法中的障碍，包括经济能力和诉讼能力方面的障碍。

3. 司法压力及资源短缺问题突出。随着社会的发展，诉讼量（包括犯罪率和民事、行政等诉讼案件）增长，案件量不断攀升，给司法机关带来了极大的压力，司法资源短缺和司法能力不足的问题日益凸显，司法制度运作状况招致强烈的批评。司法制度已面临“危机”，无法满足社会的要求，无法克服日益严重的供求矛盾。鉴于司法资源不可能无限制地应对案件的增长，因此，改革的思路只能是通过调整司法资源的配置和诉讼程序加以分流，减轻司法压力，改善司法。

（二）法治自身发展和完善的要求

近现代以来，法治自身始终处在不断发展完善的过程中，经过数百年的发展，西方近现代以来建立的司法体制和司法程序随着社会的发展已经出现了许多不适应之处，改革的要求主要体现在以下几个方面：

1. 加强打击犯罪、保护人权。现行司法程序不能有效地打击和遏制犯罪、及时地处理刑事案件，一方面不能有效地保护受害人的合法权益和公共社会利益；另一方面，也不能切实保护犯罪嫌疑人的合法权益。因此，一些国家试图通过对刑事司法制度和诉讼程序进行改革，以平衡打击犯罪和保护人权两方面的价值和要求。为此，既要加强刑事侦查、起诉程序的功能，强化检察官的作用，又要适当简化程序，加快对刑事案件的处理；既要保护受害人的权利，又要保护刑事被告人的基本人权。

2. 改善民事诉讼积弊。民事司法制度和诉讼程序中普遍存在着积案、拖延、诉讼成本高昂的问题，随着诉讼量的增长，不仅司法资源的供应与纠纷解决需求之间形成尖锐的矛盾，而且诉讼程序的一些固有弊端，如高度对抗性、程序复杂、成本高昂、拖延、当事人本人参与困难等也受到批评，因此，世界各国一直在持续不断地推动民事司法程序的改革。

3. 改变司法利用的不平等。改善由于当事人能力不平等导致司法利用及处理结果上可能存在的实质不平等；加大国家对法律援助的财政投入和支持力度，扩大救济渠道。

4. 加强司法民主和公众对司法的参与。高度职业化、精英化的法律职业集团及其对纠纷解决的垄断已不能适应社会正义和社会发展的需要，因此，为了提高司法的正当性，在刑事案件（特别是死刑案件）和重大新型案件中，陪审等非职业法官和其他公众参与方式受到重视。司法社会化程度也在不断提高。

5. 通过改革法律教育、法律职业选任制度、司法培训和职业伦理自律机制适应新的社会需要。

（三）社会理念和司法理念的变革

社会理念和司法理念在司法制度的形成与运作中至关重要，随着社会的发展，这些理念本身也发生了不同程度的变化，成为推动司法改革的理论基础和指导思想。

1. 效益。近代初期的司法理念的着眼点始终放在正义、权利的实现以及权力的合理行使等方面，对效益的考虑较少。20 世纪后半期以来，诉讼的增长和司法能力低下使得社会不得不认真思考司法效率问题；与此同时，经济分析法学把功利主义的成本—效益分析应用到了法治的每一个领域。当代社会应该把成本和效益的平衡作为维持司法正常运行的一个基本尺度，努力实现有限的司法资源的效益最大化。因此，现代司法改革很大程度上都是围绕提高效率、简化程序，便利诉讼和合理配置司法资源展开的，并通过加强法官的职权管理和指挥权使这些措施得以实施。

2. 社会自治。近代初期，法治理念力图把纠纷解决集中于国家司法权的管辖下，尽量限制“自力救济”和“私力救济”的范围，以致纠纷解决被职业法律家群体所垄断，当事人只能把自己的纠纷及其处分权委托给律师和法官，自己则被排斥在复杂的诉讼程序之外。当代世界开始重新认识社会自治的价值和正当性，一方面，自治的范围在不可遏制地扩大，社区自治、行业自治、团体自治乃至“共同体主义”开始成为一种新的社会理念，私人自治和协商及其纠纷解决权利和正当性也得到确认，民间社会规范得到尊重；另一方面，司法机关开始把协商和自治因素引进司法程序，从民事和解、行政协商直到诉辩交易等方面的司法改革都表明了这种趋势。法官在诉讼中的调解或和解促成义务也在加强。

3. 程序正义与实质正义的统一。现代法治建立在形式合理性基础之上，并以“程序正义”为基本理念。但当代的执法者开始越来越多地在个案中追求程序公正与“实质合理性”的统一。一方面，执法者的自由裁量权不断扩大；另一方面，司法过程中对弱势群体和当事人的援助也开始加强，并通过法官的释明和调解义务以及提倡诉讼程序中的诚信原则来克服程序正义的一些不足，求得更符合情理的处理结果。例如，在现代型诉讼或公益诉讼中为各方当事人提供协商平台，通过达成和解直接采取社会性福利措施等救济方式，有利于克服法律的局限性，增加国家在资源再分配中的实质公平与效率，更好地保护弱者。

4. 实现正义途径的多元化和司法的社会化。以实现“接近正义”为目标的司法改革已进入第三个阶段，即替代性纠纷解决方式（ADR）的发展。通过对“司法”或“正义”的扩大解释，把纠纷解决的功能适度从法院向社会转移。法院对于社会纠纷解决机制越来越尊重和支持，使更多的专业人员、社会组织和民众参与到纠纷解决的过程中来，既降低了社会纠纷解决的成本，取得了更好的效益和社会效果，也提高了司法社会化程度。法院在减轻诉讼压力的同时，承担起对非诉讼机制的司法审查和制约功能，成为多元化纠纷解决机制的核心和主导。

（四）司法功能扩大

随着现代社会经济发展，社会的法治化程度还在继续提高，由此，社会对司法的要求不断提高。为了适应社会的需要，司法机关的功能也必然发生一定的转变，对司法机制进行相应的调整，主要体现在法院司法审查功能扩大，向司法积极主义和决策功能转化，法院不同审级和程序的多元化，独任制法官的适用范围进一步扩大等方面。

三、司法改革的目标

当代世界各国的司法改革，由于每个国家司法机制运作状况和时代背景不同，所要解决的问题也各有不同，因而，在司法改革中提出的具体目标也并不完全一致。一般而言，可以将目前正在进行司法改革的国家分为三种类型①，其改革目标亦各有侧重。

（一）西方发达国家的司法改革

由于具有相同的时代背景和社会需求，西方社会司法改革的基本目标具有一些鲜明的共性，概括起来有以下几点：

1. 从政治、社会体制看，司法在权力结构中的权限不断扩大，特别是法院通过违宪审查及现代社会公益性诉讼的审理，提高了司法的社会功能。同时，由于法官的素质和经验及其公正性已普遍得到社会认可，法官的自由裁量权和司法过程中法官的造法功能得到承认，司法、审判权的行使更具灵活性和创造性。许多欧盟国家在司法改革中，都建立了司法委员会来取代政府司法行政部门处理国家司法预算分配，履行法院行政管理职责，以更好地维护司法的独立和权威并履行社会监督职能。由于法官素质和职业法官在诉讼中作用的提高，审判组织和审级制度都相应地发生变化，如大陆法系国家独任制法官的作用提高，审级之间的功能分化也愈加明确，上级法院主要通过法律审实现发展法律、形成或确认规则的功能。

2. 从司法的运行机制看，由于近代以来形成的司法正义观、正当性理念逐步让位于现实主义的法理念，对司法效率、效益的强调成为司法改革的主要因素或动力。对现行诉

---

① 另可见苏永钦教授有关“建立法治”、“深化法治”、“简化法治”与“转化法治”的分类。参见苏永钦：《飘移在两种司法理念间的司法改革——台湾司法改革的社经背景与法制基础》，载《环球法律评论》，2002年春季号。

讼、审判制度的批评主要集中在诉讼的延迟，诉讼费用、成本昂贵以及由于诉讼费用（特别是律师费用）昂贵导致的司法资源利用上的不平等、不公正上。因此，司法改革的重点集中在加强法官在诉讼中的指挥权（同时以“释明义务”增加了法官的责任）、简化诉讼程序、改革对抗制中的形式主义、提高诉讼效率、降价诉讼成本、方便当事人诉讼等方面。

3. 民事司法改革的社会目标，在于提高司法的公正和效率，实现纠纷解决机制的多元化。一方面，形形色色的 ADR 的迅速发展与诉讼、审判制度的改革相互促进；另一方面，诉讼、审判制度自身也在向多元化的方向发展。主要表现为：适应多层次的法律需求实行多元化的程序设计和运作，例如，建立完善各种专门法院、法庭，在不同类型案件中，采用不同的审判组织，包括非职业法官，采用不同的程序和举证责任分担原则等，加强简易程序和小额法院的作用，提倡和促进和解与调解等。

4. 在刑事司法改革中加大对严重犯罪的打击，重点向保护被害人权利、证人权利和社会公益方向倾斜。诉辩交易、刑事和解、社区矫正制度的普遍推广，在节约司法资源的同时，增加了国家、社会与当事人之间的协商互动。

在西方国家的司法改革中，各国之间的相互借鉴非常明显，尤其是欧盟国家通过政治上的联合和欧盟法院的作用，对各国的司法体制、司法理念和司法程序都产生了深刻的影响。美国的司法审查制度对大陆法系国家也产生了重要影响，而英国和美国在司法改革中也开始借鉴德国等大陆法系国家的经验。英国甚至在司法改革中摈弃了传统的大法官体制，向现代分权机制靠拢。在日本的司法改革中，两大法系的交融则显得愈加明显。

（二）政治体制转型国家的司法改革

政治体制转型国家的司法改革主要包括两类：

1. 俄罗斯、东欧国家的司法改革

原来的社会主义体制解体后，原苏联东欧国家分别进入了建立市场经济和民主政治的体制转型。由于政治体制的全盘转化，这些国家基本上重新修订了宪法，改变了原来的人民代表大会或所谓议行合一的政治体制，模仿西方国家建立了以三权分立为基点的司法体制和各种制度与程序。不同国家在司法改革中可能选择不同的模式，例如，俄罗斯模仿英美国家重建了陪审团制度；一些国家以美国的法学院为榜样改革了本国的法律教育。但是，多数东欧国家很自然地选择了大陆法系和欧盟的司法体制和程序；同时，这些国家的司法制度和程序中都保留了一些原有的司法制度和司法传统，例如检察制度等。

2. 中国、越南等发展中社会主义国家的司法改革

这些国家在建立社会主义市场经济的同时，把实现法治作为政治体制改革的目标，司法改革是以循序渐进的方式进行的。特点是：(1) 由于国家政治经济体制改革的目标是逐步确立的，因而司法改革的目标也是逐步形成和发展深化的。(2) 基本上是以西方国家的司法制度为模式，往往混杂着大陆法系和英美法系、现代司法因素和当代（后现代）司法因素，并面对着本土文化与移植法、社会主义体制与西方市场经济体制之间的矛盾。(3) 由于这些国家本身属于发展中国家，社会经济、文化和意识方面的现代化过程尚未完成，法律体系处在初建过程中，司法制度刚刚步入正轨，法律职业集团本身亦非常年轻。因此，这些国家的司法改革与西方的司法改革处于完全不同的时代背景之下，与其说是改革，不如说是建构或确立法治。司法改革所需要解决的问题更多的是建立健全司法程序、克服司法腐败、提高司法人员素质等。这些司法改革的具体目标也往往与西方国家的司法

改革不完全相同，甚至具有逆向性。例如，更多地倾向于程序正义、司法程序的正规化、司法人员的职业化等。

（三）其他发展中国家的司法改革

一些发展中国家尽管已经建立了现代司法体制和诉讼程序，但由于所移植的西方国家的司法制度往往不能与社会很好地协调，难以满足社会的需求，因而其司法改革的目标是进一步实现司法的本土化和现代化的协调，促进和保证民众对司法的利用。例如，亚洲一些国家的法官具有贵族化、精英化地位，法院却很难为普通民众所利用，司法效率较低，因此，其改革的主要目标是提高司法效率、简化程序；同时，也开始重视通过民间纠纷解决机制，满足民众纠纷解决的需要，缓和司法的压力。拉丁美洲各国所进行的司法改革目标之一则是要解决司法腐败问题，这主要是法官集审判权和司法行政管理权于一身，因而需要对司法组织机构及权限进行调整。一些伊斯兰国家的司法改革，同样是进一步实现司法的现代化和司法独立、扩大司法的社会功能等。

四、司法改革的推动和进行

当代世界各国司法改革的推动和进行方式各有不同，大体有以下基本方式：

（一）总体部署、规划

一般而言，司法改革的主体和社会参与程度是与司法改革的目标直接相关的。司法改革一旦成为国家的政治目标，就不仅是改变或调整一些个别的制度和程序可以完成的。因此，由谁来推动司法改革，怎样进行改革，怎样确定改革的目标、战略和具体方案，是决定改革成败得失的关键。凡涉及国家政治体制改革的司法改革，应该有全民的参与讨论，通过民主方式确定改革的总体目标和阶段性目标，以及具体步骤、方案、推进方式等。离开了政治体制改革，实际上很难将司法改革进行到底。在这种情况下，单纯由司法机关进行自下而上的改革，容易出现包括律师和法官在内的职业法律家各自为政，热衷于维护自己的身份性特权以及垄断性利益的问题，只有通过统一部署、统一规划、统一领导，才能打破这些既得利益集团盘根错节的关系网，真正将改革深入进行下去，实现既定的目标。因此，改革往往需要对宪政进行必要的修改或以最高权力机关的名义启动司法改革程序。许多国家都组成专门的国家司法改革委员会领导、协调司法改革的进行。然而，如果主要是解决司法程序和运作中的技术性问题，由司法机关进行程序改革往往具有重要的意义，容易产生具有可操作性的方案，但最终这些改革方案也需要得到立法机关的批准和民众的评判。

（二）法律修改

改革应该依法进行，一旦司法改革的总体方案确定，就需要国家重新配置政治资源，以法律确定改革的方案。一般而言，根据改革的目标，可能需要相应修改或制定宪法、司法机关组织法、各种程序法，等等。依法改革，可以在立法或修法的过程中通过民主程序进行充分的论证，根据现行法律和司法制度中存在的问题和改革的目标，通过价值和利益选择，系统确定改革的具体模式、原则、规则和程序。这一方面符合民主原则，另一方面又不致因局部的改动导致体系的混乱或无济于事的结果。目前，多数国家的司法改革都是通过法律修改或发布改革法案的方式进行的。

（三）循序渐进和试点

司法改革应注意发挥司法机关的改革主体作用。由于许多司法改革属于程序方面的改革，需要通过实践和具体运作积累经验、验证效果，因而在司法改革中，往往通过授权方式由一部分司法机关特别是法院，进行司法改革的试点。例如，美国民事司法改革就是通过国会于1990年制定的《民事司法改革法案》确定改革的目标，并授权各联邦法院积极尝试建立各种ADR机制，制定出了试点和推进的时间表及范围。此外，有些涉及整体性改革的制度建构，往往也需要先经过试点、逐步尝试、循序渐进地推进。一般而言，改革试点通常应经过授权，并在改革的总体规划范围内进行。例如，日本的法学院和法律家一元化改革方案设定了若干阶段性目标，首先选定若干所大学试办法学院，从2004年4月开始招生，同时开始废止司法考试合格人数限额制度，两种司法考试并行，在2011年最终实现并轨。

第二节 当代西方国家的司法改革

一、当代西方国家司法改革概况

（一）社会变革与司法改革

当代西方国家经过了从自由资本主义向当代资本主义的发展，经历了从自由竞争到垄断的过程，并曾出现法西斯主义对法制的破坏。在第二次世界大战之后，西方资本主义国家普遍进行了社会经济、政治和法律方面的调整，生产方式、政治体制和社会理念都发生了一系列的显著变化，并对法律和司法产生了相应的影响，概括起来主要有以下几个方面：

1. 加强了国家对社会生活的干预，国家通过福利政策、社会保障制度、行政机关自由裁量权的扩大重新调整了社会治理方式。其中一个重要特征是打破了传统的公法与私法的界限，社会立法大量出现，私有财产所有权神圣也开始受到一定限制。这些都对司法产生了重大影响，许多国家为此设立了各种专门法庭或法院以及新型诉讼程序（如社会保障法院或程序、保险法庭等），来解决适用社会立法处理的各种纠纷。

2. 为了缓和社会矛盾，实行了一系列福利政策。随着社会保障制度和保险等机制的建立健全，社会权利、义务和法律责任的分配原则和方式也发生了变化， 部分特殊类型的纠纷从传统的过错责任原则转向严格责任、无过错责任原则，并通过举证责任分配原则的转换达到新的利益平衡，以更好地使受到侵害的当事人获得救济。在司法实践中，程序公正开始向兼顾实质公正或结果公正的方向转化，司法理念中出现从以法律规则为中心向以目的和社会政策为中心的方向转化，表现为法律解释方法和举证责任分配上的转变，以及增加法官在诉讼中的案件管理职权和相应义务（如调解、释明等）。

3. 在行政机关授权立法和裁量权扩大的同时，司法的社会功能也在不断扩大，并通过违宪审查权参与到决策和对社会资源的分配之中。例如在美国，为了适应社会发展变化的需要，法官调整了过去的消极被动政策，采取积极的司法能动主义，创造了一系列的旨在适应现代化大工业生产的判例，通过积极运用宪法解释权和违宪审查权，发展了民权保护的法律规则。新的体制已经极大地改变了资本主义三权分立的体制，议会立法的中心地位受到削弱，权力之间的相互制衡已出现了一定的真空。

4. 法官的自由裁量权进一步扩大并得到社会认可。考虑到社会发展的需要，国家立法较多地采用一般原则或确定法的基本框架，用以指引司法，使司法具有一定的灵活性，能够适应社会的变化，及时作出符合实际和情理的司法裁判，表明自由资本主义时期注重严格依法办事、注重形式和理性的司法理念和实践已经发生重大变化。

5. 在社会理念和司法理念方面，更加重视法外因素对司法过程和具体诉讼案件处理的作用，司法理念具有明显的实用主义特征。法律和司法程序注重引进一些道德原则，如诚实信用、公序良俗等，并且越来越注重经济、社会利益、成本效益、政治、道德、传统、习惯等因素与法律的相互作用。公平与效率的关系也成为法哲学的新课题。但是，这也不可避免地增加了法的不确定性。

（二）经济全球化对当代司法的挑战

自20世纪末以来，现代社会逐步进入全球化时代。经济全球化所带来的一系列社会变化，包括全球经济的一体化，政治伦理和人权理论的国际化等，必然冲击着各国国内的政治与法律制度，也会对司法制度形成挑战。这些社会变化及挑战表现在以下几个方面：

1. 原来被国界所区分的法域逐步淡化，出现了按照国际标准或者全球标准统一立法的趋势。最突出的表现是，世界贸易组织（WTO）的多国公约体制和强制性解决纠纷机制导致各成员国按照客观化的调整规则来修改国内法并建立或改革相应制度。在缓和政府对市场的限制这一原则的指导下，各国司法改革的内容也非常近似。主权国家在经济管理以及政治支配等方面的作用都大大弱化，超国家组织以及非政府组织的规范功能日益凸显，而不同组织之间的权限划分和委托管理的程序和规则成为非常重要的法律课题。

2. 经济的一体化使得各国司法制度的运作增加了涉外因素，大量的纠纷在当事人、规则适用、判决执行中都涉及国际因素。在这种社会环境中，各国司法制度不断进行交流和对话，相互之间提供司法协助，由此必然导致制度上互相靠拢和接近。法律服务也由此出现了国际化趋势，大型跨国法律事务所应运而生，成为律师执业的新形式。

3. 政治伦理和人权理论的国际化导致大量关于人权保护的国际公约和区际公约缔结，这些公约不仅影响国内的实体法，而且影响国内的诉讼程序和司法制度。一国的宪法、法律必须以更多的篇幅来处理跨国度和文化多样性（cultural diversity）的问题，具体表现为怎样应对要求民族自决权的群众运动，怎样处理非法移民问题，怎样保障所有公民享有利用公共传播媒介、教育、福利以及社会保障等方面的平等权，特别是少数民族或种族、妇女或弱势群体的司法平等权，怎样处理不同价值体系和正义观之间的冲突，等等。

4. 法律事务的国际化导致许多具有司法性质的国际机构作用提高，例如，设在海牙的国际刑事法院、WTO的纠纷解决机制以及设在卢森堡的欧洲法院等，这些机构的存在及其纠纷处理活动必然会与一国的司法机关的主权、权威和独立发生一定的冲突，并导致纠纷解决更多地向无强制的协商和自律及经济制裁的方向发展。

经济全球化对法律和司法的这些影响，使得司法的概念、本质和功能都大大超出了其本来的定义，司法已经不再仅仅是属于一国主权范围内的制度；司法的依据不再是一国的基本法律规范，出现了规范多元化的趋势；司法也不再必然为法院等司法机关和法律职业所垄断，司法的主体和司法活动的参与者越来越复杂，这些因素都必然推动世界各国的司法制度和司法理念向新的历史阶段发展。

二、英国司法改革

(一) 民事司法改革[①]

英国民事司法改革启动于20世纪90年代中期。当时，社会对民事司法制度进行改革的呼声不断高涨。调查表明，98%的受访者表示支持进行民事司法改革。1994年，沃尔夫勋爵（Lord Woolf）被任命为改革的负责人。他认为，英国民事司法制度存在五个主要缺陷：案件审理过分拖延；诉讼成本过高；不适当的复杂性；诉讼时间与金钱成本的不确定性；不公正性，即经济实力强的当事人可利用制度的弊端获胜。

司法大臣于1995和1996年相继公布了沃尔夫勋爵完成的关于英格兰及威尔士民事司法制度的中期和最终报告，在此基础上，英国于1998年10月公布了《民事诉讼规则》，该规则于1999年4月26日起正式实施。

根据最终报告的设想，民事司法改革应该实现以下目标：尽可能避免采取诉讼；减少诉讼的对抗性，增加合作；简化诉讼；缩短诉讼时间，并且使其更具确定性；诉讼费用变得更具可支付性与可预见性，和个案的价值及复杂程度更相称；经济拮据的当事人可以在更平等的基础上进行诉讼；司法部门与行政部门在民事司法制度中的职责分工上更为明确；设计法院的结构与法官的配置以满足诉讼的需要；有效地配备法官，以便使其能够根据民事诉讼规则和议定书管理诉讼；民事司法制度能够对诉讼需求作出反应。根据新《民事诉讼规则》第1条的规定，其基本目标是确保法院公正地审理案件。

英国民事司法改革的内容主要涉及以下几个方面：统一了高等法院和郡法院的诉讼规则；为加强法院对诉讼的控制，重点推行案件管理制度；为防止诉讼过分迟延，采取在快速程序中制定确定的时间表等措施；通过完善“早期卸除”（front loading）程序，严格控制诉讼费用；鼓励当事人采用ADR解决纠纷。

2001年3月，英国大法官办公厅公布了《初现端倪：民事司法改革的初步评估》（Emerging Findings：An Early Evaluation of the Civil Justice Reforms），对1999年以来的民事司法改革做了冷静、客观和开放式的评估与展望。该评估认为，总体上说，两年来民事司法改革受到了普遍欢迎。据调查，80%的受访者表示对新民事诉讼规则满意，其中“十分满意”和“相当满意”的比例分别占7%和73%。具体来看，两年来民事司法改革在减少诉讼数量、简化诉讼程序、缩短诉讼周期、重构诉讼文化等方面都取得了明显成就。当然，在某些方面，特别在法律援助方面尚未取得明显成效，在降低诉讼费用方面则无法骤下断论。

有学者认为，英国民事司法改革所取得的最令人吃惊的、也是最伟大的成就是诉讼文化的根本性转变，即强调当事人间的合作，这是与ADR运动兴起的文化基础相契合的。对于ADR，长期以来，英国立法者、司法者以及法律服务阶层基本上是持一种怀疑，乃至排斥的态度。在民事司法改革前，英国ADR的实践是初步的，其主要成就体现在ADR组织化建设和ADR人力资源建设方面。

此外，英国还对民事上诉制度进行了一系列改革。[②]

---

① 参见齐树洁主编：《民事司法改革研究》，厦门，厦门大学出版社，2000；徐昕：《英国民事诉讼与民事司法改革》，北京，中国政法大学出版社，2002。

② 参见齐树洁：《英国民事上诉制度改革及其借鉴意义》，载中国民商法律网，访问日期：2002-10-29。

(二) 刑事司法制度改革①

2002年7月，英国内政大臣、大法官和总检察长向上下两院提交了具有准法律性质的《司法改革白皮书》，意在重新调整司法制度，重心向着有利于被害人、证人和维护社会利益方面转移。改革的内容主要包括以下几个方面：

1. 证据制度改革。规定三种传闻证据可被采信；禁止双重审判规则（一事不再理原则）不适用重罪，重罪如谋杀、强奸、武装抢劫等可再审一次；犯罪前科证据可区别对待。

2. 减少轻罪的陪审审判。扩大治安法官权限，可以判处有期徒刑12个月（原为6个月）的犯罪；一部分案件从陪审审判改由刑事法院法官独任审判；赋予被告人要求刑事法院法官单独审判的权利；鼓励未成年人法庭审判更多的犯重罪的未成年犯；允许刑事法院法官在治安法院审理案件。

3. 建立一个以被害人和证人为中心的刑事司法制度。所有刑事司法机关都应该将被害人和证人置于更为优先的地位。在整个司法程序的运转过程中，必须保障被害人和证人的公正待遇，保障他们的合法权益，尤其是刑事诉讼的初始阶段的待遇，因为这将影响他们对整个案件甚至整个刑事司法制度的看法，直接影响到他们以后是否愿意提供证据和出庭作证。为此，英国政府自1997年以来，将被害人援助基金提高了一倍；禁止被告人在没有法定代理人的情况下直接交叉询问强奸案被害人；投资1 100万英镑，用于检察院将起诉决定直接通知被害人；建立了“社区法律服务机构”，服务范围覆盖全社会。其他措施包括：以立法的形式确定精神病犯罪的被害人享有与其他被害人同等的权利；设立被害人专员，由“国家被害人咨询小组”支持其工作；在人力许可的情况下，任命被害人联络官参加“未成年犯罪小组”的工作；为容易受伤害和恐吓的证人提供更多的作证方式，如使用屏风、录像和电视连接等，避免证人直接与被告人面对面接触；为交通事故的被害人和家属提供专门援助；减少参加陪审团的条件限制，让更多的人服务于陪审团；编撰刑法典便于社会了解；加强信息网络建设，实现被害人能够在网上跟踪案件的进展情况。

4. 加强打击犯罪的力度。建立一个新的“国家刑事司法委员会”，协调各司法机关密切协调与合作，共同打击犯罪；加大投资，以加强刑事司法系统案件管理信息技术建设。

5. 扩大检察官权限，限制法官在刑事定罪量刑方面的自由裁量权。

6. 致力于减少重新犯罪。希望法官在量刑的时候考虑减少重新犯罪因素；由“假释委员会”决定是否释放因犯有重罪而判刑的未成年犯；尝试对候审阶段的未成年人的领养计划；把戒毒作为社区刑的一部分，既适用于未成年犯也适用于成年犯；在18岁至20岁的服刑者中试行“诚实合同”；改造和新建监狱，使其设施更加现代化。

7. 对被告人及其律师在刑事诉讼程序方面的权利作出一些限制，加快案件审理进程，限制和减少不必要的拖延；加强律师在证据开示中的责任。

(三) 司法体制改革

2003年6月，时任英国首相布莱尔对内阁进行了重大改组，撤销了英国政治和司法体制中历史悠久并最具特色的大法官、苏格兰大臣和威尔士事务大臣三个内阁大臣的建制，新设了一个宪法事务部。据首相的解释，传统的大法官既是司法界的领袖，又是内阁部长，同时还是上议院院长。这次改革使得行政机构与司法机构得以彻底分立，改革的目的

① 参见李洪郎：《改革向被害人和证人倾斜———英国〈司法改革白皮书〉内容之三》，载《检察日报》，2003-04-11。

是使英国的司法体制更加适合现代化的要求。英国此次改革使其传统的司法体制及政治体制发生了重大的变化。2007年，英国内政部中处理内部事务的内务部与宪法事务部合并组建了司法部，实现了司法行政事务由司法部相对集中管理。根据《2005年宪制改革法案》，英国于2009年10月1日成立了最高法院，作为全英国民事案件的最高上诉机关和英格兰、威尔士和北爱尔兰地区刑事案件的终审机关，并拥有对于因权力下放（devolution）而衍生的诉讼的审判权。

三、美国司法改革

（一）联邦法院民事司法改革

美国的司法改革主要集中在民事司法制度方面。1990年，国会通过《民事司法改革法》（CJRA），以联邦议会立法的形式推动民事司法改革，被称为历史上第一次"基础性的改革"（grass-roots reform）。该法案并非直接对民事诉讼程序进行具体改革，而只是为民事司法改革制定改革思路及政策指导。该法案要求，美国所有的联邦地区法院制定改革计划，即"减少费用及延迟计划"（Expense and Delay Reduction Plan），除了实行案件管理，加快诉讼进程，简化诉讼程序、改革完善证据开示制度之外，各法院都把ADR的利用作为改革的重要组成部分。改革法案确定5个地区法院为实验法院（demonstration district），与10个先导法院（pilot district）作为民事司法制度改革的试点，要求其中13个法院采用ADR，从而开始在全国的联邦法院范围大规模地进行司法改革和推广应用法院附设ADR。1996年，美国国会修改了《行政争议解决法》（ADRA），并于1998年通过了《ADR法》（Alternative Dispute Resolution Act of 1998），表明国会已经完全相信ADR的价值，促使其为ADR计划另行拨款，而不是要求法院从现有预算中自行为实施ADR计划拨款。此外，民事诉讼程序的改革还集中在提高法院的案件管理职权、改革证据开示制度、加快诉讼进行等方面。

（二）州法院的改革

20世纪后期以来，为弥补高度职业化所带来的不良后果，发挥司法功能在社会治理中的基础作用，一种新的观念和实践在美国司法系统悄然而生，这就是"回归人群、服务社会"的司法倾向。ADR机制的发达，"社区法院"的兴起，约束手段与负责方式的扩展，法庭建筑的人性化，法律援助拨款的增加，都标志着传统的司法职能与司法理念发生了巨大的变化。在这种背景下，美国"全国州法院中心"（NCSC）与司法扶助局（BJA）于1997年制定了"初审法院运作标准及评价体系"，规定了五类22项标准、68项考评方法。由于这些标准被分为五类，所以也可以称之为美国"五好法院"的标准。其中，初审法院运作标准包括：

1. 方便公众寻求司法救济：（1）公开审理。法院公开审理案件，公开办理其他公共事务。（2）安全、可使用性和方便性。法院的设施是安全的、能够和便于使用的。（3）有效参与。法院应当为所有诉讼参加人提供有效的参加诉讼的条件和机会，包括为那些有语言障碍和身体残障的人，消除不适当的困难与不便。（4）礼貌、有问必答和尊重。法官和法院所有其他工作人员对于公众应当礼貌、有问必答，尊重来法院办事的人。（5）减轻当事人负担。因运用司法救济途径、查阅案卷而承担的负担（可能是金钱、时间或必需的程序），应当是公平、合理和负担得起的。

2. 便捷与及时：（1）案件审理。法院应为及时处理案件制定规则并严格遵守，同时要保持与受理案件数量的比例一致。(2) 遵守预定安排。法院应及时履行其他任何职能，如提交报告、提供信息和其他服务。(3) 及时适用法律和程序。法院应及时适用变化了的法律和程序规则。

3. 平等、公平和尊严：(1) 公平与可靠的司法程序。法院的程序应忠诚地遵守相关法律、程序规则和既定政策。(2) 陪审团。陪审团候选人名单应是本司法管辖区内的代表。(3) 法院裁判与活动。初审法院给予每一起具体案件相应的关注，对于相似的案件不应作出过分背离的裁判，并且要基于法律上相关的因素而作出裁判。(4) 清晰。法院作出裁判时应当清晰、明了地阐述所裁判的问题，并清楚地指明如何执行裁判。(5) 执行义务。初审法院对于其裁判的执行承担适当的责任。(6) 制作和保管案卷。法院裁判和活动的所有记录应当准确并保存良好。

4. 独立与负责：(1) 独立与尊重。法院应保持其机构的尊严，遵守各个国家机构之间相互尊重的原则。(2) 公共资源有效利用。法院应当负责任地寻求、使用公共资源。(3) 人事准则和决定。法院应当采用公允、平等的人事管理准则。(4) 公众教育。法院应将其所从事的各种项目和活动告知公众。(5) 适应变革。法院能够预见新情况、紧急事件的发生，并根据需要调整其活动。

5. 公众信任与信心：(1) 可使用性。应当让公众感到法院以及法院所提供的正义是可以获得和实现的。(2) 便捷、公允和可靠的法院功能。应当让公众相信法院职责能够得到便捷、公允的履行，相信法院裁判的尊严。(3) 司法独立与负责。应当让公众感到法院是独立的，不受政府其他部门的不当影响，而且是负责任的。

为检测上述标准的实现程度，使各级法院对症下药、改进工作，专家还设计制定了详尽的法院运作标准检测表，其中列有50项陈述。法官、律师、当事人或普通公众可以根据自己的经历，判断法院运作是否达到了上述标准。①

此外，美国法院传统上不作刑事、民事和行政诉讼等划分，也不设立专门法院，但近年来，各州设立了一些专门法院，包括小额债务法院、交通法院、破产法院、专利法院、遗嘱检验法院、税务法院等，表明了一种司法专门化倾向。

(三) 刑事司法改革

在刑事司法方面，改革主要是提高检察官的作用和独立性。1978年以后，为了加强对政府高官进行调查处理，一度设立了联邦独立检察官制度，该制度在调查克林顿总统丑闻中发挥了重要作用，但1999年6月30日《独立检察官法》效力到期，国会议员多数反对延长该法期限，因此，这一改革已经失败。此外，在改革中还注重加强对警察的监督和管理，以提高警察的素质。

四、德国司法改革

德国从20世纪50年代以后一直在进行司法改革，1993年曾制定实施《减轻司法负担法》，推进简化司法程序方面的改革。1998年10月起，德国政府决心对德国司法制度，包括刑事司法制度和民事司法制度进行整体性改革。

(一) 刑事司法改革

通过对刑法的修改，在刑法总则中增加了刑罚种类，加强犯罪行为人对受害人的赔偿

---

① 参见于秀艳、赵荔：《美国“五好法院”的标准与考评》，载《人民法院报》，2002-11-12。

并将公益劳动确立为独立的刑罚手段；在分则方面增加了罪名，加大了对腐败和有组织犯罪的打击，同时加强了对犯罪受害人的权益保护。检察机关的功能发生了相应的变化，拥有了更大的独立性和决定权，从原有的起诉法定原则转变为起诉权衡原则，即不再以提起公诉为重点，而是以决定是否终止刑事诉讼程序或起诉为重点。

（二）民事司法改革

2000年9月6日，由联邦司法部部长格梅林所提出的《民事诉讼改革法案》获得联邦参议院会议通过，于2002年1月1日起正式生效。民事诉讼制度改革的基本目标是：使民事诉讼更具透明度，更加高效并且更易为一般民众所理解。为达到这一目标，必须遵循以下一些基本原则：应当强化民事诉讼中的和解理念；通过审判作出裁判的过程应当尽可能透明，并且更易为当事人所理解；第一审程序的强化应当与上诉审程序的重构结合起来；第二审程序的进程应该加快；上诉救济的许可不应当与案件的标的价额相挂钩。改革法案认为，德国民事诉讼的结构性缺陷是：(1) 和解结案率低；(2) 程序法透明度不足，难以为普通人所理解；(3) 以争议标的价额作为上诉标准不够适宜；(4) 第二审程序规定不合理，导致当事人上诉投机、规避证据义务或拖延诉讼；(5) 法官配置失衡，应加强一审程序中的审判力量。

改革法案提出了以下几项关键的改革措施：

1. 强化一审程序，主要包括以下三个方面：(1) 法官推进诉讼职责的强化，要求法官应该通过明确的指令，将法院的相关法律意见告知当事人，使当事人更有效率地把握诉讼的进程，并且更容易接受裁判结果。对于那些对最终裁判具有关键性影响的事实，当事人能够更清楚地观察法官是否全面地厘清并评估了这些事实。(2) 促进非诉讼纠纷解决，提高案件的和解结案率。允许州法院在特定类型民事案件中设立强制调解（前置）程序，需经过法院调解机构调解方可提起诉讼。在民事诉讼中设置预备程序，要求法官尽可能早地在诉讼的初期将和解提议提供给当事人，以避免用裁判的方式来解决民事纠纷，并减少案件的上诉率。为了增加法庭与当事人之间的信息交流，法官必须命令当事人亲自出庭参加诉讼。长期以来，当事人通常并不亲自参加庭审而是由律师代理，而司法实践的经验表明，离开当事人的参与往往难以查清案件的事实。为了使程序更具透明度，并且更易为普通人所理解，改革法案强调应该尽最大可能使程序一启动就将当事人包含在内。为了应对因此而增加的工作量，有必要对法院的审判资源进行重新配置。通过精简上诉法院审判人员的方式来加强一审的审判力量。(3) 法院内的纠正程序。为强化一审程序，减少联邦宪法法院的案件，改革法案规定一审法院可以通过纠正程序自行纠正一审裁判。

2. 扩大独任制法官。根据德国现行法律，州法院审理案件是由3名法官组成法庭进行审理。不过在司法实践中，在州法院审理的案件通常会交由3名法官中的一位独任审理。相关的调查显示，由独任法官进行审理并不存在不可接受的难题，并且较之由合议庭审理的案件，独任法官审理的案件的和解率更高，而上诉率则更低。为了有效地区分合议制与独任制的功能，改革法案规定，对于那些无论在法律还是事实方面均非重大疑难的案件，统一交由独任法官审理。不过对于那些疑难案件，改革法案依然在州法院保留了合议制，以保证案件的公正审理并发挥其培训年轻法官的作用。

3. 降低与废除上诉的诉讼标的额标准。改革法案规定所有案件的裁判都将在平等的基础上获得上诉救济。为此，提起控诉的标的价额从1 500马克降至600欧元。同时，考虑到纠纷的标的价额不是一个评价案件法律意义的合理标准，改革法案规定了许可上诉制度。这就意味着，如果该制度获得实现，即使诉讼价额低于600欧元，只要纠纷涉及法律原则问题或该纠纷的意义已经超越了案件本身，法官也可以允许当事人上诉。这样，民众获得司法救济的可能性就扩大了，而民事诉讼制度本身也就变得更加合理。只要案件存在法律意义或者需要联邦法院对案件进行最后的裁判以进一步发展法律或保证法律适用的统一性，都允许提起上诉。

4. 上诉程序功能的分化。改革法案将把上诉程序重构为错误控制与纠正的机制。这就意味着，那些通过一审程序事实已经完全查明的案件，在控诉审（二审）中将不会再对事实进行调查，法院在审查了证据之后认为适当就应直接解决，而避免将案件发回下级法院，以加快诉讼的进程。另外，改革法案还试图将联邦最高法院审判工作的重心界定在重大法律问题的厘清、发展法律以及确保法律适用的统一性等方面，并将控诉审集中于州高等法院。这样，上诉程序对寻求司法救济的当事人来说将更具透明度，也更有助于增进司法权的统一性。

5. 简化处理无意义上诉的程序。对于那些显无胜诉可能又无重大法律意义的控诉案件，改革法案提出应该允许控诉法院的法官在不经过完整的庭审的情况下，通过一个“一致与无争议”的裁定驳回上诉。该规定的实施将大大加快诉讼的进程，控制拖延诉讼的企图。但要求控诉法院在作出这种裁定时，必须给予一审败诉方足够的劝告并提供发表意见的机会。①

五、法国司法改革

1997年10月，法国新任司法部部长发表了司法改革的宣言。这次改革是全方位的改革，涉及宪法、民法、民事诉讼法、刑法、刑事诉讼法、行政诉讼法、国籍法等各方面的内容。改革的目标是：第一，使司法制度更方便公民寻求法律救济，使司法程序更加全面和公正；第二，提高诉讼效率，解决积案问题。具体措施包括：

1. 完善最高司法会议制度。根据1998年提出的改革方案，最高司法会议负责法官和检察官事务，由总统担任主席，司法部部长任副主席，其成员包括选举产生的法官与检察官各5人，以及行政法院和其他行政机构的成员。其法官和检察官事务委员会分别对法官和检察官提名或任命，并制定纪律条例和提出咨询意见。由此，法官和检察官的身份保障得到了统一。

2. 改革检察体制。明确了司法部部长、检察长和共和国检察官各自的职责及他们之间的关系。检察院更加独立，在个案中，检察官不再接受司法部部长的指令。检察院仍与法院合署，但独立行使公诉权。

3. 调整司法机构和人事等。司法机构本着简单化、适应人口和企业分布的原则重新对司法机构的分布作了调整，同时适当地增加了法院的编制，1999年共增加140名法官，是多年以来增员最多的一年。

4. 改革刑事司法制度。通过修改刑事诉讼法，对侦查和起诉制度作了一系列改革，简化了部分程序，并对受害人的民事赔偿请求加以关注，增加了轻微犯罪的起诉替代性措施，如罚金、公益劳动、没收犯罪所得等。加强独任法官的作用和国际司法协作。改革特

---

① 参见齐树洁、黄斌：《德国民事司法改革的新动向》，载《人民法院报》，2002-10-22。

别加强了对被告人和被害人双方的权利保护，如包括不起诉制度，加强落实无罪推定原则，增加诉讼程序的对抗性和双方的权利，加快审理，建立司法过程的公开性，保护受害人尊严，加强向受害人提供帮助，保护受害人提起民事诉讼等。

5. 改革法律援助制度和协商调解机制。1998 年 12 月，通过修改法律援助法，确定公民有权获得法律援助和救济，对法律援助费用、财政支出、机构和运作原则作出了新的规定。与世界性的 ADR 潮流一致，法国的司法改革也大力发展协商性纠纷解决机制（transaction），一方面将法律援助的范围扩展到非诉讼阶段，另一方面鼓励法官积极推进用调解和协商解决纠纷。同时，完善和简化法律援助程序，发展刑事调解制度，但不同于诉辩交易。

6. 改革民事司法制度。1998 年 12 月，制定关于改革民事诉讼程序的法令，1999 年 3 月开始生效，改革的内容包括：小审法庭职权扩大，程序更加简化；小审程序不适用强制律师代理制度，但可以由律师、亲属及专职人员等代理。在各级法院和程序中都积极鼓励和促进当事人和解，调解可以不开庭，或由调解员进行。建立了紧急司法制度，专门用于迅速、简便地审理需要尽快加以解决的、具有紧急性或明确性的案件；同时还决定实行案件的专门化审理，并增加独任法官的作用。

7. 改革经济、金融、商事和企业司法制度。重点是加强打击金融犯罪，改革商事法庭的分布、人员构成和法官录用制度。

六、日本司法改革

（一）司法改革的推进及方案的形成

日本在近代司法制度建立之后，曾经进行过多次司法改革。其中第二次世界大战后的改革使其法律和司法体系具有兼容两大法系要素的特征，并且由于建立了严格的法律职业的遴选和培训制度，使得司法人员素质较高，司法的社会评价亦很高。

世纪之交，经过社会各阶层的长期酝酿讨论，一个政治体制改革和司法改革的整体方案出台了。这一司法改革的目标既有与其他西方国家相似或相同的要求，但更多的是基于日本社会的特殊需要而选择的，是一次根本性政治社会体制的重组，其宗旨实际上是实现更大程度的自由化，打破垄断，以自由竞争促进经济、政治和法律的活力和发展。司法改革的背景是，社会在扩大和调整司法的社会功能和地位的同时，要求司法实现民主化、自由化——不仅要打破法官职业的垄断，让律师和检察官等能够进入法官行列，而且要打破职业律师对法律事务的垄断，允许非法律家进入法律代理等工作中。对法律家，特别是法官，则要求他们更加接近社会，接受民众监督和民意的制约。

这次司法改革，是继 1868 年明治维新、1947 年日本战败后新宪法制定实施以来的“第三次司法改革”。实际上，第二次世界大战后，日本司法改革的呼声始终在持续，并曾实行过若干局部性的改革措施，例如，1975 年设立了“司法三曹协议会”，以协调各法律职业间的关系；1990 年日本辩护士连合会（律师协会）提出《司法改革宣言》；1991 年改革了司法考试制度；1995 年修改《民事诉讼法》等。但直至 20 世纪 90 年代末，改革才开始进入实质性阶段。1999 年 6 月，日本国会通过了《司法改革审议会设置法》，并成立了由 13 个委员会组成的审议会，正式拉开了全面改革的序幕。在此次关于司法改革的讨论中，社会各界，尤其是法律界报以极大的热情，司法改革审议会经过一系列海外考察、实务调研、听证会和长时间的论证，以及 2000 年 11 月的中间报告，于 2001 年 6 月向政府提出了关于改革的“最后意见书”（最终报告）。之后，政府据此向国会提出了《司法制度改革推进法》，即改革的实施方案。2001年12月，该法案被国会通过。2002年3月，政府内阁会议决定了司法改革的推进计划。同时，在内阁中设立了“司法制度改革推进本部”，以内阁首相为总长，各部部长为成员，下设11个小组，即劳动（强化劳动相关事件的综合处理）、司法窗口（通向法院窗口的扩大）、ADR（扩大与充实裁判外解决纠纷手段）、仲裁（仲裁法制的整顿）、行政诉讼（司法对行政审查功能的强化）、裁判员制度及刑事（导入新的参加刑事诉讼的程序、刑事审判的完善及迅速化）、公共辩护制度（公共辩护制度的导入及整顿）、国际化（国际化的适应）、法曹培养（法曹培养制度的改革）、法曹制度（律师、法官、检察官制度的改革）、知识产权（国际化视野中的知识产权保护）。各组均由相关人员组成。司法制度改革推进本部在完成其任务后于2004年11月解散。从2002年到2004年，日本国会通过了大量关于司法制度改革的法律，对新的司法制度作出了详细规定。

（二）司法改革的具体内容

日本司法制度改革审议会最终报告——《司法制度改革审议会意见书——支撑21世纪日本的司法制度》（2001年6月12日）由绪言、第一部分“本次司法制度改革的基本理念和方向”、第二部分“满足公民期待的司法制度”、第三部分“支撑司法制度的法律家的应有状况”、第四部分“确立公民性基础”、第五部分“本次司法制度改革的推进”和结束语构成。司法改革的制度设计主要包括：

1. 法律家一元化。主要是指司法统一考试合格者必须首先都成为律师，在执业10年、积累了丰富的社会经验之后，只有其中的优异者才能被选任为法官的做法。除了律师之外，法学研究者、检察官等如果符合条件也可以担任法官。

2. 在大学建立法科大学院（law school）进行法律职业教育，即从大学毕业生中招收法学院研究生，法学院毕业生才可以参加司法考试，成为律师。2004年4月，日本在68所高校开设了法科大学院。

3. 确立裁判员制度。2004年5月，日本制定了《关于裁判员参加刑事审判的法律》。根据该法，从2009年起，3名法官和6名从市民中选任的“裁判员”一起审理刑事案件。裁判员制度主要适用于可能判处死刑或无期徒刑以及相当于禁锢罪的刑事案件、法定合议案件、因故意犯罪使受害人死亡的案件。

4. 充实和强化替代性解决纠纷方式（ADR）。2004年12月，日本公布了《促进利用审判外纷争解决程序法》，2007年6月1日起施行。与此同时，为了减轻当事人的经济负担，从2004年4月开始下调诉讼费用，修改了关于民事诉讼费用的法律，规定民事诉讼费用由败诉方负担。日本还扩大了简易法院的管辖案件金额的上限，2004年4月1日起由90万日元提高到140万日元，对小额诉讼的上限由30万日元提高到60万日元。

5. 加强法律援助，作为方便市民保障权利和解决纠纷的制度性措施，与ADR并列而论的还有法律援助。2000年制定了《民事法律援助法》，2004年6月施行《综合性法律援助》，2006年4月成立日本司法援助中心并于同年10月开始运作，在全国各地法院所在地和缺少律师地区设立了事务所，为市民服务。

6. 建立公平而合理的审判方式。包括提高民、刑案件审理的效率和专业化水准、充实调查取证的程序、导入惩罚性赔偿、承认团体诉权和由代表人进行的共同诉讼、加强执行制度等大量技术性内容，目的在于改变审判时间过长、案件处理不太充分、司法制度不能方便为群众利用、判决结果不能令当事人感到满意的现状。

7. 律师的重新定位。要求律师必须具备三种属性，即维护顾客的“当事人性”、维护法律秩序的“公益性”以及维护事务所生存的“经营者性”。在顾客的私益与社会的公益发生冲突时，应该把优先实现公益作为律师职业的道德规范；可以容许律师自由从事各种兼职活动，既包括作为各级政府法律代理人的公益活动，也包括作为企业法律顾问的经营性活动；为了扩大律师业务的范围和提高其质量，积极推进法律事务所的合伙化、法人化、专业化以及大型化。

经过几年的实行，一些改革措施已经显示出成效，如裁判员制度开始被民众接受；但一些改革措施，如法学院教育与法律职业人员的增长则出现一些问题，面临着新的挑战。日本正在对这些改革进行评估，并准备根据实际情况进行必要的调整。

七、俄罗斯司法改革

1991 年，俄罗斯联邦最高苏维埃通过了《俄罗斯司法改革构想》（以下简称《构想》），作为俄罗斯司法改革的纲领性文件，以法律的形式确立了司法改革的方向和目标。俄罗斯司法改革的方向主要是：第一，把保护个人权利放在首位；第二，确立司法独立的目标，扩大司法权限和功能；第三，确立现代法治的一系列原则和制度，如实行法官终身制、陪审团制度、辩论制等。具体内容包括：

1. 确立司法独立，建立和完善司法体系。《构想》通过后，俄罗斯先后颁布了《宪法》、《法官地位法》、《宪法法院法》、《仲裁法院法》、《军事法院法》、《最高法院法》和《司法体系法》等一系列法律，对法院的设置、职权、地位、作用等作出了明确规定。在 1993 年颁布的《宪法》中，仿照西方国家的政治体制建立了三权分立的体制，取消了法院报告工作的制度和检察院对法院的一般监督权，规定司法权由法官和陪审团行使，法院经费由联邦财政统一调拨。实行法官身份保障制度和终身制。

2. 完善宪法法院，规定宪法法院是司法权的组成部分，是负责宪法监督的机关，拥有审理宪法诉讼案件；解释宪法；向议会提出立法动议等权力。

3. 重建陪审团制度。模仿英美国家的陪审团制度，陪审团在案件审理前随机组成，实行多数原则，但其权力不仅是对事实问题作出判断，还有权决定被告是否应被判决有罪，向量刑法官提出宽大处理的建议。与此同时，在仲裁法院中引入专家参审制度。

4. 修订刑法、刑事诉讼法，取消过多的刑罚，加重对严重犯罪的打击，加强了对公民权利的保障，修订了预防犯罪法。

5. 修订检察院法，仍保持了检察院的一般监督原则，但规定检察院的重点是诉讼监督。

第三节　中国司法改革

一、改革开放以来司法改革的进程

中国的司法改革，主要是指改革开放以来进行的司法改革，迄今为止，大致经历了三个发展阶段。

（一）第一阶段：20世纪80年代年代后期到20世纪90年代年代中期（司法重建和司法程序改革）

20世纪80年代以来，我国的民主法制建设步入正轨，司法机关也得以重建。但是，伴随着计划经济向市场经济的转轨，社会关系和社会结构急剧变动，人民群众的法律意识逐渐提升，案件数量大幅上升，既有的司法理念、制度、程序以及设施、经费和办案效率都已经远远不能满足人们的司法需求。因此，自20世纪80年代末期以来，一场以举证责任改革为切入点的司法改革渐次展开。

这一阶段的司法改革的主体是法院，主要采用的是自上而下的方式，主要目的在于完善和落实宪法和相关法律，以公开审判为重心，主要围绕着审判方式的改革而进行，即改变我国司法过程中过于浓厚的职权主义，努力在民事诉讼过程中确立对抗制主义，在刑事诉讼过程中确保控辩平等。前期主要以民事审判方式改革为核心，1991年第七届全国人大第四次会议通过了《民事诉讼法》，确立了"谁主张，谁举证"的规则，各地围绕庭审方式和诉讼制度进行了大量的改革和探索。与此同时，刑事审判方式改革也在逐步展开，1996年修订《刑事诉讼法》，基本确立了控辩式的刑事庭审方式。

这一阶段的改革，在加强司法机关正规化建设的同时，初步建立了现代法律程序，树立了程序正义、无罪推定、人权保障、司法公正等现代司法理念，取得了一定成效。不过，司法改革较多地从司法机关的立场出发，对中国国情及当事人能力考虑不足，公众参与较少，司法腐败和权力寻租、司法权的地方化与行政化等问题突出。

（二）第二阶段：20世纪90年代后期至2002年（司法机关改革）

1997年中共十五大明确提出"推进司法改革，从制度上保证司法机关依法独立公正地行使审判权和检察权，建立冤案、错案责任追究制度"的目标。此一时期，各相关司法机关的改革力度很大，呈现出中央推动、各司法机关主导的局面，其主要目标仍然是实现司法现代化，进一步建立和完善现代司法程序。例如，1999年10月和2000年1月，最高人民法院和最高人民检察院先后出台了《人民法院五年改革纲要》和《检察改革三年实施意见》。法院改革包括实行立审分开、审执分离、审监分立；改革审判权行使方式，推行审判长和独任审判员选任制度，还权于合议庭和法官；探索法官职业化建设，尝试推行法官员额和法院人员分类管理；改革司法礼仪，如法袍、法槌，等等。此外，法律职业共同体与司法职业化建设取得了重大进展。2002年开始举办国家统一司法考试。法学界积极参与司法改革进程，传播现代司法理念并提出了大量改革建言。但各司法机关在司法改革实践中存在着利益本位和博弈的现象，公众仍然被排除在改革进程之外。在改革过程中，一些举措也出现了某些偏差，例如，片面地将学历水平等同于职业素质等。由于忽视了中国特定的国情和社会环境，一些改革举措没有取得预期成效，司法腐败等现象没有得到根本遏制。

（三）第三阶段：2003年以后（司法体制改革）

2002年中共十六大作出了推进司法体制改革的重大战略决策，指出"推进司法体制改革……按照公正司法和严格执法的要求，完善司法机关的机构设置、职权划分和管理制度"。2003年5月，由中央政法委牵头成立了中央司法体制改革领导小组，2004年12月形成了《中央司法体制改革领导小组关于司法体制和工作机制改革的初步意见》，提出了改革和完善诉讼制度，改革和完善诉讼收费制度，改革和完善检察监督体制，改革劳动教养制度，改革和完善司法干部管理体制，改革有关部门、企业管理"公、检、法"体制等10

个方面35项改革任务。该文件经中央批准下发后，最高人民法院、最高人民检察院、公安部、司法部相继成立了本部门的司法改革领导小组，并分别出台了《人民法院第二个五年改革纲要》、《关于进一步深化检察改革的三年实施意见》、《公安部关于落实〈中央司法体制改革领导小组关于司法体制和工作机制改革的初步意见〉的分工方案》，对落实中央司法改革任务的具体措施和步骤作出安排部署。2006年5月，中共中央作出了《关于进一步加强人民法院、人民检察院工作的决定》，对司法改革、司法建设、司法工作、司法理念所涉及的一系列重大问题和突出问题作出了明确的决定，明确了"公正与效率"的法院工作主题。

2007年10月，中共十七大报告提出："深化司法体制改革，优化司法职权配置，规范司法行为，建设公正高效权威的社会主义司法制度，保证审判机关、检察机关依法独立公正地行使审判权、检察权。"2008年年末，中央政法委在《关于深化司法体制和工作机制改革若干问题的意见》中提出新的司法改革方案，内容包括优化司法职权配置、落实宽严相济的刑事政策、加强政法队伍建设、加强政法经费保障4个方面，提出了60项改革任务，包括：改革现行民事行政案件执行体制，切实解决判决、裁定"执行难"的问题；优化侦查权的配置，切实加强对侦查活动的制约监督；规范司法机关上下级之间的关系，切实防止和克服司法行政化倾向；改革和完善法律院校招生分配制度，培养造就政治业务素质高、实战能力强的复合型法律应用人才，从根本上规范政法机关的进人体制；进一步落实"收支两条线"规定，实现政法经费由财政全额负担，改革和完善政法经费管理制度，等等。

这一阶段司法改革由中央政法委统一领导，改革思路从理想主义回归到现实主义，提出了"三个至上"、"司法为民"、"社会主义法治理念"、"政法干警核心价值观"等理念和价值观，针对前期改革过程中证据制度、再审、司法考试等问题进行了调整，能动司法、大调解、刑事和解、案例指导制度等成为改革的热点。不过，随着社会主体、利益和价值观念的多元化，该阶段的司法改革围绕着司法民主与司法大众化、程序正义与实质正义、现代司法的一般规律与中国国情以及能动司法、大调解等产生了诸多争议。

在中央司法体制改革领导小组的统一部署下，最高人民法院和最高人民检察院都成立了司法改革专门领导机构（司改办），具体落实各项改革措施。以法院为例，其改革的主要方式包括：（1）统一部署，制定《人民法院第三个五年改革纲要（2009—2013）》（"三五"纲要）部署各项改革；（2）试点，发布诸如《关于开展行政诉讼简易程序试点的通知》、《关于部分基层人民法院开展小额速裁试点工作的指导意见》等，在全国各级法院确定相关改革试点，总结经验，经过检查评估后加以推广；（3）制定司法解释及其他规范性文件，例如，最高人民法院在2009年以后发布了《关于加强人民法院审判管理工作的若干意见》、《关于加强基层人民法院审判质量管理工作的指导意见》、《关于开展案件质量评估工作的指导意见》、《关于在审判执行工作中切实规范自由裁量权行使保障法律统一适用的指导意见》、《关于全面加强接受监督工作的若干意见》、《最高人民法院特邀咨询员工作条例》、《人民法院量刑指导意见》、《人民法院量刑程序指导意见》、《关于进一步加强和规范执行工作的若干意见》、《关于执行权合理配置和科学运行的若干意见》、《关于建立健全诉讼与非诉讼相衔接的矛盾纠纷解决机制的若干意见》、《关于人民调解协议司法确认程序的若干规定》、《关于对民事审判活动和行政诉讼实行法律监督的若干意见（试行）》、《关于在部分地方开展民事执行活动法律监督试点工作的通知》、《关于司法公开的六项规定》、

《关于人民法院接受新闻媒体舆论监督的若干规定》，等等。2012年11月，中国共产党第十八次代表大会召开，胡锦涛总书记在大会报告中指出：十七大以来，“司法体制和工作机制改革取得新进展”。同时针对今后的目标提出：全面推进依法治国。进一步深化司法体制改革，坚持和完善中国特色社会主义司法制度，确保审判机关、检察机关依法独立公正行使审判权、检察权。

2012年12月4日，习近平总书记在《在首都各界纪念现行宪法公布施行30周年大会上的讲话》中提出：要深化司法体制改革，保证依法独立公正行使审判权、检察权。全国人大及其常委会和国家有关监督机关要担负起宪法和法律监督职责，加强对宪法和法律实施情况的监督检查，健全监督机制和程序，坚决纠正违宪违法行为。

这说明，中共十八大将进一步延续深化司法体制改革的方针，重点是确保审判机关、检察机关依法独立公正行使审判权、检察权，即司法独立，以及建立健全宪法实施监督机制和程序。

二、司法改革的成绩、特点和问题

（一）成绩与特点

经过多年的探索和努力，我国的司法改革已经取得了一些成绩，司法制度和程序日趋正规化，职业化程度显著提高，司法经费逐步得到保障，司法人员的待遇和职务保障有了较大改善，司法机关独立依法行使职权逐步得到落实，司法机关的地位、作用和权威日益提高。司法改革也更加接近政治体制改革的方向。通过一系列法律的制定和修改，部分改革成果已得到确认，并初步形成了一些成功的经验和模式。

目前，司法改革的重点开始从诉讼程序向机制和体制延伸。早期的司法改革的重点是改变“传统的”司法审判制度的模式，实现司法审判制度的规范化、正规化，确立程序正义的理念和程序保障制度。在民事诉讼方面，是通过举证责任制度和庭审制度改革实现当事人主义的审判模式，加强当事人双方在诉讼中的对抗性，加强律师的作用，减少和限制法官的诉讼指挥权。在刑事诉讼中，旨在加强保护犯罪嫌疑人的基本权利，减少刑讯逼供，改变有罪推定和先入为主的办案方式，实行抗辩式诉讼。这些基本任务已经逐步完成，一些改革措施通过刑事诉讼法和民事诉讼法的修改得到了法律确认。目前，司法改革的重点已经向完善司法权力和资源配置，改革司法制度、机制和体制的目标转移。与此同时，法院在司法改革中开始积极推动多元化纠纷解决机制的发展，在诉讼与非诉讼衔接、司法社会化方面发挥了积极的作用。

在司法改革的方式和目标上，显示出我国与西方国家司法改革的不同特点，特别是改革的路径，最初以司法机关自下而上、各自为政、“摸着石头过河”的方式推进，之后进入到中央统一部署、各机关具体落实、上下结合的阶段。目前，该进程仍在以社会管理创新的方式继续演进。

（二）司法改革中存在的问题

1. 改革的总体目标和统一规划尚未形成，司法改革与政治体制改革尚未形成联动

我国司法改革不同于西方法治国家的司法改革，是在“法的现代化”进程中进行的，其目标是在强化立法权、强调法律统一的前提下，加强司法在“社会主义法治”中的作用和职能。因此，中国的司法改革尽管与政治体制改革息息相关并被视为其中的一个环节，却并不具备推动政治体制变革的条件。近几年提出的依法治国和司法改革目标，主要是加

强法律与司法在社会调整中的功能和作用，在现行政治体制基础上，加强对司法资源的投入，规范诉讼程序，提高法院纠纷解决的能力和社会地位，实现司法公正和提高效率。改革仍是在现行法制的框架中对司法制度进行完善和改进。许多改革，实际上只是对现行法的原则和具体规定的落实，如公开审判等。

2. 改革的根本目标和具体内容并未达成共识，公众的参与度低

在司法改革的目标方面，法学界期待以西方法治作为普适模式，实现司法独立和程序公正，彻底改变司法体制（如地方化、行政化）、司法理念和司法机制（如审委会、内部行政化组织等）；而决策者则期待司法改革能提高司法的作用和能力，解决现实的治理需求，为改革开放提供保障；司法机关和实务界的改革多迫于现实压力，从实用性入手，以法制现代化为目标，更多的是期待改革能带来自身权限、地位、能力和权威的提高，同时回应社会需求，获得更大的发展。但是，这些改革很大程度是部门权力的分割和制度建构，很多目标和措施相互冲突，效果较差。尽管改革声势夺人、司法机关的地位也不断提高，但社会对人民法院的评价、特别是对司法腐败的激烈批判也并未减弱。此外，改革往往会突破现行法，导致司法运作空间和自由裁量权过大；一些地方法院的创新超越自身权限，招致关于改革的合法性、正当性及成本等方面的质疑。目前，公众对司法改革的目标和具体措施的参与度和社会认同度较低，相关理论的争辩和制度的博弈仍将持续。

3. 司法机关和实务界是改革的积极推动和实行者

司法改革最初主要是通过司法机关自下而上、各自为政、“摸着石头过河”的方式推进的，往往是起源于一种简单的功利性动机，如民事审判中的举证责任，开始是为了提高办案效率、减轻法院负担而全力推行的；调解优先则是为了解决“案结事不了”和“案多人少”的压力。一方面，这些改革蕴涵着重要的实践理性，可能在短期内出现明显的效果，有利于克服司法机关长期以来存在的某些错误做法或惯例，以一种积极的态度回应社会对司法公正和效率的需求，并可能通过司法实践设计出符合司法实际需要的改革方案。然而，另一方面，这种方式也不可避免地存在着固有的、不可克服的局限性，司法机关自行进行的改革，既不可能从全局上掌握司法改革的正确方向，也难以克服体制上的障碍，同时，可能会因为其自身利益的作用，对改革的走向产生不利影响，其地位和能力也不足以将改革真正推动下去。在中央政法委统筹司法改革之后，各司法机关设立了司法改革领导机构（如司法改革办公室），落实中央部署，各机关的改革创新之间的矛盾和内耗减少，开始出现上下结合的良性状态。但整体而言，在有关改革的目标、路径和方案方面，仍缺少社会的参与和互动，因此需要动员社会各界和全体公民广泛参与，以使改革获得应有的正当性和合理性。

4. 对改革措施的效果缺少及时、客观的评估，特别是对失误和问题缺少明确的判断和对策

近年来，一些司法政策和改革措施已经显现出一定的问题，并进行了局部调整，例如，统一司法考试、法律教育、法官年轻化等，但很少向社会作出公示和说明，在宣传中通常只讲成绩。这种方式使得司法改革缺少透明度，不利于改革的发展，也会影响公众对司法改革的信心和关注。

【深度阅读】

1. 司法改革研究课题组编．改革司法——中国司法改革的回顾与前瞻．北京：社会科学文献出版社，2005

2. 苏永钦．司法改革的再改革．台北：月旦出版社，1998

3. 孙谦，郑成良主编．司法改革报告——有关国家司法改革的理念与经验．北京：法律出版社，2002

4. ［意］简玛利亚·阿雅尼，魏磊杰主编．转型时期的法律变革与法律文化——后苏联国家法律移植的审视．魏磊杰，彭小龙译．北京：清华大学出版社，2011

5. Asia Pacific Judicial Reform Forum，Searching for Success in Judicial Reform：Voices from the Asia Pacific Experience，edited by Livingston Armytage and Lorenz Metzner，New Delhi：Oxford University Press，2009

【问题与思考】

思考题

1. 当代世界各国的司法改革有哪些相同之处和区别？改革的社会动因主要是什么？

2. 司法改革的推动和进行的主要方式有哪些？

3. 分析我国司法改革的特点和问题。

4. 简述改革开放以来我国司法改革的历程。

5. 分析我国司法改革的特点和问题。

练习题（部分选自历年司法考试试题）：

1. 素材一：中国古籍《幼学琼林》载："世人惟不平则鸣，圣人以无讼为贵。"《增广贤文》也载："好讼之子，多数终凶。"中国古代有"无讼以求"、"息讼止争"的法律传统。

素材二：1997年3月11日，时任最高人民法院院长任建新在第八届全国人民代表大会第五次会议上做最高人民法院工作报告时指出，1996年全国各级人民法院共审结各类案件520多万件，比上年上升约16%。2007年3月13日，时任最高人民法院院长肖扬在第十届全国人民代表大会第五次会议上做最高人民法院工作报告时指出，2006年各级人民法院共办结各类案件810多万件。

根据所提供的素材，请就从古代的"无讼"、"厌讼"、"耻讼"观念到当代的诉讼案件数量不断上升的变化，自选角度谈谈自己的看法。

2. 近年来，政法机关通过"大接访"、"大走访"、"大下访"等做法，通过开门评警、回访信访当事人等形式，倾听群众呼声，了解群众疾苦，为群众排忧解难。关于这些做法的意义，下列哪一表述是不恰当的？(C)

A. 政法机关既是执法司法机关，也是群众工作机关

B. 政法干警既是执法司法工作者，也是群众工作者

C. 人民群众是执法主体，法治建设要坚持群众运动

D. 司法权必须坚持专门机关工作与群众路线相结合

3. 材料：2007 年以来，金融危机给全球经济造成了深刻影响，面对法院执行中被执行人履行能力下降、信用降低、执行和解难度增大等新情况、新问题，最高人民法院在《关于应对国际金融危机做好当前执行工作的若干意见》中指出："在金融危机冲击下，为企业和市场提供司法服务，积极应对宏观经济环境变化引发的新情况、新问题，为保增长、保民生、保稳定'三保'方针的贯彻落实提供司法保障，是当前和今后一段时期人民法院工作的重中之重。"

例一：2007 年 8 月，同升市人民法院判决张某偿还同升市外经贸有限公司（以下称"外贸公司"）2 亿元人民币。近 1 年时间，张某未按时履行义务，且下落不明。外贸公司遂向同升市人民法院申请执行。

同升市人民法院执行法官李某调查发现，被执行人张某除一些变现难度大且价值不高的财产外，还持有上市股票 ZX 科技 3 000 万股，遂进行了查封。当时股票的市值每股仅 3 元，如抛售可得 9 000 余万元。李法官综合分析市场大势，认为 ZX 科技不仅近期会有送股，而且还有上涨可能，主张股票升值后择机出售。李法官的这一想法得到了同升市人民法院及其上级法院的一致支持，也取得了外贸公司的同意。

此后 1 年多时间，ZX 科技先后 2 次送股，被查封的股票数量达到了 4 000 多万股，股值上涨到 7 元多。李法官请示法院领导后，速与证券公司营业部交涉，以当时市场价格强制卖出股票，所得钱款足以支付被执行人张某所欠本金及利息。

例二：2007 年 6 月，中都市人民法院陆续受理了湘妃科技发展有限公司（以下称"湘妃公司"）等单位申请执行太平洋娱乐有限公司（以下称"太平洋公司"）10 余起欠款纠纷案，标的约 2 000 万元。执行法官张某查明，太平洋公司主业是水族馆，因经营不善已歇业，除剩有 4 年期的水族馆经营使用权外，已无其他可供执行的财产。

张法官经过对水族馆项目前景谨慎评估后，经请示法院领导，决定在经营使用权上想办法，敦促被执行人寻找新的投资合作人，盘活资产。张法官主动找到最大债权人湘妃公司，经细致工作，使其接受水族馆资产及其经营使用权，以抵偿该公司的 1 500 余万元债权。同时，湘妃公司另行支付部分款项给法院，由法院分配给其他债权人。经张法官努力，还为太平洋公司找到一家私营企业注入资金，使太平洋公司重新焕发了生机。

此外，一些地方法院在执行中还采取了"债权入股"或"债转股"等灵活执行措施，社会上形象地将此表述为"放水养鱼让鱼活"。但对于执行法官涉入股市、推动企业运作等做法，网上时有质疑，法院内部也不无疑虑。

问题：

1. 从正确把握案件执行的法律效果与社会效果有效统一的角度，评价法院（法官）在案件执行中的上述做法。

2. 结合法理学和民法、商法、民事诉讼法的相关原则，对案件执行中的上述做法进行分析。

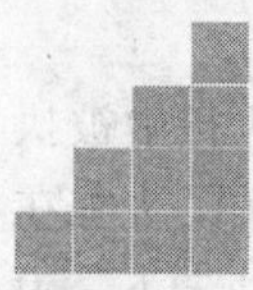

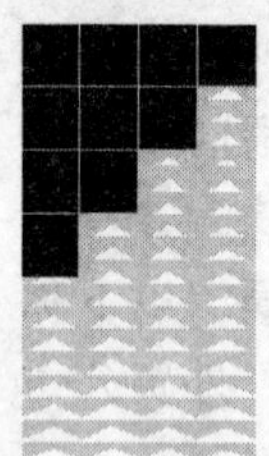

参考文献

中文文献

［澳］娜嘉·亚历山大主编．王福华等译．全球调解趋势．北京：中国法制出版社，2011

［德］茨威格特，克茨著．潘汉典译．比较法总论．贵阳：贵州人民出版社，1992

［法］勒内·达维德著．漆竹生译．当代主要法律体系．上海：上海译文出版社，1984

［荷］兰布克，［意］法布瑞著．范明志等译．法院案件管辖与案件分配——奥英意荷挪葡加七国的比较．北京：法律出版社，2007

［美］贝勒斯著．张文显译．法律的原则——一个规范的分析．北京：中国大百科全书出版社，1996

［美］伯尔曼著．贺卫方等译．法律与革命——西方法律传统的形成．北京：中国大百科全书出版社，1993

［美］布莱克著．郭星华等译．社会学视野中的司法．北京：法律出版社，2002

［美］布莱克著．唐越，苏力译．法律的运作行为．北京：中国政法大学出版社，1994

［美］戴伟·鲁本著．戴锐译．律师与正义——一个伦理学研究．北京：中国政法大学出版社，2010

［美］亨利·J·亚伯拉罕著．泮伟江等译．司法的过程．7版．北京：北京大学出版社，2009

［美］理查德·L·埃贝尔著．张元元，张国峰译．美国律师．北京：中国政法大学出版社，2009

［美］马丁·夏皮罗著．张生等译．法院：比较法上和政治学上的分析．北京：中国政法大学出版社，1994

［美］米尔伊安·R·达玛什卡著．郑戈译．司法和国家权力的多种面孔——比较法视野中的法律程序．北京：中国政法大学出版社，2004

［日］大木雅夫著．范愉译．比较法．北京：法律出版社，1999

［日］谷口安平著．王亚新译．程序的正义与诉讼．北京：中国政法大学出版社，1996

［日］棚濑孝雄著．王亚新译．纠纷的解决与审判制度．北京：中国政法大学出版社，1994

［日］森际康友编，于晓琪，沈军译．司法伦理．北京：商务印书馆，2010

[日] 小岛武司等著．汪祖兴译．司法制度的历史与未来．北京：法律出版社，2000

[日] 小岛武司著．陈刚等译．诉讼制度改革的法理与实证．北京：法律出版社，2001

[意] 简玛利亚·阿雅尼，魏磊杰主编．魏磊杰，彭小龙译．转型时期的法律变革与法律文化——后苏联国家法律移植的审视．北京：清华大学出版社，2011

[英] 阿德里安·A，S·朱克曼主编．傅郁林等译．危机中的民事司法．北京：中国政法大学出版社，2005

蔡定剑主编．监督与司法公正——研究与案例报告．北京：法律出版社，2005

常怡主编．比较民事诉讼法．北京：中国政法大学出版社，2002

陈建民主编．检察院组织法比较研究．北京：中国检察出版社，1999

陈业宏，唐鸣．中外司法制度比较．北京：商务印书馆，2000

陈真，陈合权主编．世界警察概论．成都：四川大学出版社，2008

董开军主编．司法行政学．北京：中国民主法制出版社，2007

樊崇义主编．检察制度原理．北京：法律出版社，2009

范愉．非诉讼程序（ADR）教程．2 版．北京：中国人民大学出版社，2012

范愉．非诉讼纠纷解决机制研究．北京：中国人民大学出版社，2000

范愉．纠纷解决的理论与实践．北京：清华大学出版社，2007

冯德文编著．警察学概论．北京：中国人民公安大学出版社，2005

公安部政治部编．公安基础知识．北京：中国人民公安大学出版社，2001

宫晓冰主编．外国法律援助制度简介．北京：中国检察出版社，2003

龚祥瑞等．西方国家的司法制度．北京：北京大学出版社，1980

郭成伟，宋英辉主编．当代司法体制研究．北京：中国政法大学出版社，2002

郭成伟主编．外国司法制度概要．南京：江苏人民出版社，2001

何家弘，胡锦光主编．法律人才与司法改革．北京：中国检察出版社，2003

贺卫方编．中国法律教育之路．北京：中国政法大学出版社，1997

贺卫方．司法的理念与制度．北京：中国政法大学出版社，1998

洪浩．检察权论．武汉：武汉大学出版社，2001

胡夏冰．司法权：性质与构成的分析．北京：人民法院出版社，2003

黄松有，梁玉霞主编．司法相关责任研究．北京：法律出版社，2001

季卫东．法律程序的意义．北京：中国法制出版社，2011

季卫东．法治秩序的建构．北京：中国政法大学出版社，1999

季卫东．宪政新论——全球化时代的法与社会变迁．北京：北京大学出版社，2002

黎敏．西方检察制度史研究——历史缘起与类型化差异．北京：清华大学出版社，2010

李学尧．法律职业主义．北京：中国政法大学出版社，2007

李永清主编．警察法学．北京：中国民主法制出版社，2008

林钰雄．检察官论．北京：法律出版社，2008

刘家琛．诉讼及其价值．北京：北京师范大学出版社，1993

刘思达．割据的逻辑——中国法律服务市场的生态分析．上海：上海三联书店，2011

罗昌平．检察改革理论与实务．上海：上海社会科学出版社，2002

孟宪嘉，江礼华主编．警察学．重庆：重庆出版社，1990

彭小龙．非职业法官研究：理念、制度与实践．北京：北京大学出版社，2012

齐树洁主编．民事司法改革研究．厦门：厦门大学出版社，2000

任允正，刘兆兴主编．司法制度比较研究．北京：中国社会科学出版社，1996

司法改革研究课题组编．改革司法——中国司法改革的回顾与前瞻．北京：社会科学文献出版社，2005

宋冰编．程序、正义与现代化——外国法学家在华演讲录．北京：中国政法大学出版社，1998

宋冰编．读本：美国与德国的司法制度及司法程序．北京：中国政法大学出版社，1999

苏力．法治及其本土资源．北京：中国政法大学出版社，1996

苏永钦．司法改革的再改革．台北：月旦出版社，1998

孙国华，朱景文主编．法理学．北京：中国人民大学出版社，1999

孙谦，樊崇义，杨金华．司法改革报告——检察改革、检察理论与实践专家对话录．北京：法律出版社，2002

孙谦，刘立宪主编．检察理论研究综述（1989—1999）．北京：中国检察出版社，2000

孙谦，郑成良主编．司法改革报告——司法考试、司法官遴选、司法官培训制度．北京：法律出版社，2002

孙谦，郑成良主编．司法改革报告——有关国家司法改革的理念与经验．北京：法律出版社，2002

孙谦，郑成良主编．司法改革报告——法律职业共同体研究．北京：法律出版社，2003

孙万胜．司法权的法理之维．北京：法律出版社，2002

王勃．发达国家警察管理制度．北京：时事出版社，2001

王大伟．英美警察科学．北京：中国人民公安大学出版社，1995

王进喜．美国律师职业行为规则理论与实践．北京：中国人民公安大学出版社，2005

王利明．司法改革研究．北京：法律出版社，2000

王盼，程政举等．审判独立与司法公正．北京：中国人民公安大学出版社，2002

王亚新等．法律程序运作的实证分析．北京：法律出版社，2005

王鹰．政府公共警察研究．成都：四川大学出版社，2001

吴磊主编．中国司法制度．2版．北京：中国人民大学出版社，1997

肖扬主编．当代司法制度．北京：中国政法大学出版社，1998

熊先觉．司法制度与司法改革．北京：中国法制出版社，2003

熊先觉．中国司法制度新论．北京：中国法制出版社，1999

徐家力，王文书：律师实务．4版．北京：法律出版社，2009

杨一平．司法正义论．北京：法律出版社，1999

张柏峰主编．中国的司法制度．修订版．北京：法律出版社，2002

张耕主编．法律援助制度比较研究．北京：法律出版社，1997

张晋藩主编．中国司法制度史．北京：人民法院出版社，2004

张培田．法与司法的演进及改革考论．北京：中国政法大学出版社，2002

张绍彦主编．中国司法制度．北京：法律出版社，2001

张卫平等．司法改革：分析与展开．北京：法律出版社，2003

章武生，左卫民．中国司法制度导论．北京：法律出版社，1994

章武生．中国律师制度研究．北京：中国法制出版社，1999

甄贞等．检察制度比较研究．北京：法律出版社，2010

钟玉瑜主编．中国特色司法制度．北京：中国政法大学出版社，2000

朱景文．比较法导论．北京：中国检察出版社，1992

朱景文．比较法社会学的框架和方法．北京：中国人民大学出版社，2001

朱景文．现代西方法社会学．北京：法律出版社，1994

最高人民法院司法改革小组编．美英德法四国司法制度概况．北京：人民法院出版社，2002

左卫民等．最高法院研究．北京：法律出版社，2004

外文文献

Alexander B. Aikman. *The Art and Practice of Court Administration*. Boca Raton，London，New York：CRC Press，2006

Regan，Francis. *The Transformation of Legal Aid：Comparative and Historical Studies*. New York：Oxford University Press，1999

Tim Koopmans. *Courts and Political Institutions：a comparative view*. Cambridge University Press，2003

Russell，Peter and David M. O'Brien（ed.）. *Judicial Independence in the Age of Democracy*. University Press of Virginia，2001

图书在版编目（CIP）数据

司法制度概论/范愉，黄娟，彭小龙编著．—2版．—北京：中国人民大学出版社，2013.1
21世纪法学系列教材
ISBN 978-7-300-16789-3

Ⅰ.①司… Ⅱ.①范…②黄…③彭… Ⅲ.①司法制度-高等学校-教材 Ⅳ.①D916

中国版本图书馆CIP数据核字（2012）第313946号

21世纪法学系列教材
总主编　曾宪义　王利明
司法制度概论（第二版）
范愉　黄娟　彭小龙　编著
Sifazhidu Gailun

出版发行	中国人民大学出版社		
社　　址	北京中关村大街31号	**邮政编码**	100080
电　　话	010－62511242（总编室）		010－62511398（质管部）
	010－82501766（邮购部）		010－62514148（门市部）
	010－62515195（发行公司）		010－62515275（盗版举报）
网　　址	http://www.crup.com.cn		
	http://www.ttrnet.com(人大教研网)		
经　　销	新华书店		
印　　刷	北京市鑫霸印务有限公司	**版　　次**	2004年3月第1版
规　　格	185 mm×260 mm　16开本		2013年1月第2版
印　　张	21.5插页1	**印　　次**	2013年1月第1次印刷
字　　数	519 000	**定　　价**	39.00元

《　　　　　　》※任课教师调查问卷

为了能更好地为您提供优秀的教材及良好的服务，也为了进一步提高我社法学教材出版的质量，希望您能协助我们完成本次小问卷，完成后您可以在我社网站中选择与您教学相关的 1 本教材作为今后的备选教材，我们会及时为您邮寄送达！如果您不方便邮寄，也可以申请加入我社的**法学教师 QQ 群：83961183（申请时请注明法学教师）**，然后下载本问卷填写，并发往我们指定的邮箱（cruplaw@163.com）。

邮寄地址：北京市海淀区中关村大街 31 号中国人民大学出版社 411 室收

邮　　编：100080

再次感谢您在百忙中抽出时间为我们填写这份调查问卷，您的举手之劳，将使我们获益匪浅！

基本信息及联系方式：※

姓名：________　性别：________　课程：________________

任教学校：________________　院系（所）：________________

邮寄地址：________________　邮编：________________

电话（办公）：________　手机：________　电子邮件：________

调查问卷：※

1. 您认为图书的哪类特性对您使用教材最有影响力？（　　）（可多选，按重要性排序）

　A. 各级规划教材、获奖教材　　B. 知名作者教材

　C. 完善的配套资源　　D. 自编教材

　E. 行政命令

2. 在教材配套资源中，您最需要哪些？（　　）（可多选，按重要性排序）

　A. 电子教案　　B. 教学案例

　C. 教学视频　　D. 配套习题、模拟试卷

3. 您对于本书的评价如何？（　　）

　A. 该书目前仍符合教学要求，表现不错将继续采用。

　B. 该书的配套资源需要改进，才会继续使用。

　C. 该书需要在内容或实例更新再版后才能满足我的教学，才会继续使用。

　D. 该书与同类教材差距很大，不准备继续采用了。

4. 从您的教学出发，谈谈对本书的改进建议：________________

____

____

选题征集：如果您有好的选题或出版需求，欢迎您联系我们：

联系人：黄　强　联系电话：010-62515955

索取样书：书名：________________________

书号：________________________________

备注：※ 为必填项。